香帅金融学讲义

香帅
-
著

中信出版集团 | 北京

图书在版编目（CIP）数据

香帅金融学讲义 /（加）香帅著 . -- 北京：中信出版社，2020.10（2025.7 重印）

ISBN 978-7-5217-2037-2

Ⅰ . ①香… Ⅱ . ①香… Ⅲ . ①金融学—通俗读物 Ⅳ . ① F830-49

中国版本图书馆 CIP 数据核字（2020）第 127090 号

香帅金融学讲义

著　　者：[加] 香帅

出版发行：中信出版集团股份有限公司

（北京市朝阳区东三环北路 27 号嘉铭中心　邮编　100020）

承 印 者：北京盛通印刷股份有限公司

开　　本：880mm × 1230mm　1/32　　印　　张：19　　字　　数：500 千字

版　　次：2020 年 10 月第 1 版　　印　　次：2025 年 7 月第 15 次印刷

书　　号：ISBN 978-7-5217-2037-2

定　　价：98.00 元

目　录

Contents

第六章｜股：来自欧洲的伟大创新

第七章｜金融衍生品：是天使也是魔鬼

第八章｜资产定价：评估和量化风险

第十一章｜世界投资：大师的顶级智慧

第十二章｜投融资决策：每个决定都重要

前言
一门古老的学问，一个年轻的学科

和现代金融学这门年轻的学科不一样，金融是一门古老的学问。“世事洞明皆学问”，学问是知识、智慧、经验（knowledge，wisdom，experience）的总结提炼。学科是现代科学体系的概念，对应一套知识体系，经常和专业、课程（discipline，subject）等相关联。

古老的金融学问：人类关系数字化表达的总和

和所有的学问一样，金融的学问是从现实问题开始的。私有财产的出现、对抗天灾人祸这些不确定性的需要，使财富转移和交易成为刚需。随即，对财富进行精确衡量、计算的“货币”出现，资金的融通借贷，即跨期的价值交换也开始出现。

通过价值和资源的跨期安排，人类对抗不确定性的能力大为提高，更重要的是，财富从具象的物品转变成抽象的数字。与财富、货币密切相关的知识经验逐渐成为古代社会的数字化认知和抽象化思维，支持着社会的规模扩大和结构复杂化。

从这个意义上来说，“金融”就是人类社会关系的抽象化数字表达，是人类社会对抗不确定性的学问。

年轻的金融学科：给不确定性定价

关于金融的学问中，一个核心问题是如何跨期交易和配置资源，降低不确定性。到20世纪五六十年代之后，学者们沿着机械物理的科学研究路径，开始了这方面的探索。从马科维茨的投资组合理论、莫迪利亚尼和米勒的MM定理到夏普的资本资产定价理论、法玛的有效市场假说，再到罗斯的套利定价理论、布莱克和舒尔茨的衍生品定价模型，现代金融学的学科大厦逐步落成。

所谓学科，是现代科学体系的一种范式表达，它要求将某种学问用现代科学的范式和体系进行结构化包装。只有这样，才能把非标准化的知识、智慧、经验变成标准化的产品，才能适应工业时代标准化教育和科研的需求。

而现代科学体系有两个方向：一个是达尔文的生物演化路径，一个是牛顿的机械物理路径。作为和"人"的行为联系紧密的学问，经济金融学科的发展应该更适应于生物体演进的方向。但是，人是个太过复杂的物种，如果按照生物演进的路径来研究金融，我们很难得到一套严密的标准化的方法论。

所以，从阿尔弗雷德·马歇尔（Alfred Marshall）开始到保罗·萨缪尔森（Paul Samuelson），古典经济学家们将动态的市场简化处理成相对静态的点，引入大量的数学计算方法，去寻找市场的最优均衡。"机械物理路径"成为现代经济学科演进的方向。现代金融学科正是借鉴了微观经济学的这套方法论，给风险定价，以便更好地实现对不确定性的交换和交易。

金融天然数字化的特性让它的学科化非常成功，并很快在全世界产生了旋风式的效应。这门"离钱最近"的学科成为全球各类教育的"显学”。今天我们在各种教材上看到的金融学，就是这样标准化的金融学科产品。

但这并不是真实世界的“金融学问”—— 巴菲特说自己从来不信金融学，其实他不相信的是这套相对规律化和标准化的金融学科教育。他本人也言行一致，从沃顿商学院退学，成为这个世纪最伟大的投资者。

作为一门人的“学问”，金融是动态的，人性在金融市场中扮演着最重要的角色，从利弗莫尔到索罗斯，现代金融投资大师都是洞察人性和动态决策的高手。

作为人类关系的抽象化数字表达的学问，金融和数字化时代密切相关，提供了将人类社会不断资本化的工具、路径和思考框架。

而这些内容，正是得到 App《香帅的北大金融学课》一年的课程所努力提供的——摒弃金融学教材惯常的公式计算和晦涩术语，以中国本土的数据、案例、现实为线索，用平常的语言、生活化的场景完成一次从学科到学问的金融通识教育。

你面前的这本书，是 300 多讲课程内容浓缩成的约 50 万字的讲义，是在课程原有逻辑的基础上，对所有文稿进行了精简、整理和重新结构化的产品。

讲义保留了现代金融学和金融经济学的核心内容：第二章、第三章覆盖了货币银行学和投资银行学的基础知识点；第四章到第七章则拓展了投资学中的基础部分，从历史和人文的角度对金融工具进行了重新诠释；第八章到第十章、第十二章到第十五章则分别涵盖了商学院经典课程“资产定价”和“公司金融”的基本知识点。

另外一些章节则是教科书中很少涉及，但和个人、机构的金融决策密切相关的内容：第十一章从宏观背景和微观操作方面整理总结了 20

世纪六大投资大师的投资逻辑；第十六章将金融创新、监管和危机放在一个统一框架下进行分析；第十七章用长达 10 讲的篇幅对目前最炙手可热的科技金融做了全景式的解析和释疑——科技金融的行业全景是什么、代表性平台企业的内在演化逻辑、比特币的特征和未来、区块链的原理和应用前景，以及科技金融带来的社会变迁前景。

第一章和第十八章则对应着金融世界观和金融思维方法论。这也是我对这本讲义最大的希望所在—— 在这样一个注定金融深化的大时代中，打破金融教育高不可攀的门槛，帮助普通人建立自己的金融思考框架，以在求职、求学、创业、婚姻、家庭的各种决策中，能运用金融工具和思维，成为善于权衡风险和收益的人。

这段约 600 页的旅程已经开始。

祝你好运。

香 帅

第一章

金融世界观：

建立理解金融的思维坐标

人类社会面临三大约束：时间的不确定性、资金的匮乏和个体无法承受的系统性风险。而金融技术和工具可以帮助我们实现时间的价值、资金的聚集、风险的分散。

金融市场形态的产生不是历史的偶然，而是不同文明制度演化的结果。中国的金融市场，从中央集权的帝国内部演化出来，形成了以中央财政为核心、以税收和资源分配为重点、自上而下的货币经济体系。而欧洲的金融市场产生于“小国林立、分封而治”的大背景之下，形成了以银行为核心、分权制衡下的信用货币经济。

金融的本质：时间、资金和风险

金融技术就像我们建造的时光机器……它拓展了我们想象和计算未来的能力，然后塑造了一个可量化、可交易的时间维度，让我们人类越来越变成时间的生物。

——耶鲁大学教授　威廉·戈兹曼

第 001 讲　一万美元赠品里的秘密

20 世纪 90 年代，美国汽车市场处于高度饱和的状态。某汽车公司推出了一款价值 1 万美元的车，但无论经销商们使出什么招数，甚至不惜血本降价 15%，销售还是疲软。一筹莫展之际，一位聪明的经销商想出了一个“免费送车”的主意：买一辆车，送一张面值 1 万美元的 30 年期的美国国债。

买 1 万送 1 万，这个诱惑实在太大，很多原本没有购车计划的人都争先恐后地往这家车行跑，担心稍一迟疑，这个天上掉的馅饼就砸不到自己，车辆销售一时疯涨，这个经销商车行一战成名。

但这真是“馅饼”吗？

聪明人应该已经注意到：这个赠品不是 1 万美元现金，而是“30 年后到期面值 1 万美元的美国国债”，消费者拿到的“1 万美元”是 30 年后的 1 万美元。

按照20世纪90年代中期平均8%的美国国债利率算，30年后面值1万美元的债券折合到当时，相当于994美元。[①] 也就是说，销售商送出的是仅994美元的赠品，让利幅度为9.94%，远不如15%的打折力度。

在一定的利率水平下，面值1万美元的30年期国债，只相当于当下的994美元。这意味着30年的时间折掉了9000多美元。在这里，时间被量化成了具体的金钱。这就是金融最基础，也是最重要的一个概念，叫“货币的时间价值”（time value of money）。翻译成大白话，就是我们从小听到大的朴素真理——“时间就是金钱”。

时间就是金钱

在金融世界里，“时间就是金钱”是客观存在的真理。货币的时间价值是可以度量、计算以及用来支付的。这不是抽象的概念，而是会深刻改变我们每个人生活轨迹的事实。

假设能坐上时光机器，让时间从2017年12月倒回到2007年12月，这时你22岁大学毕业，家里给了你10万元。你是选择吃光、用光、身体健康，还是选择做些金融安排？比如：

（1）存银行。如果2007年存10万元，10年后可以拿到14.8万元。（用5年期定期存款利率，2007年到2012年平均利率4.87%，2012年到2015年平均利率3.48%，2015年到2017年平均利率2.75%，按复利计算。）

（2）买股票。如果你买的是中石油的股票，10万元在10年后就变成了3.3万元；如果你当时很有眼光，10万元全买了腾讯股票，10年后

① $PV=FV/(1+r)^n$，国债期末值 FV（国债面值）为1万美元，国债利率 r 为8%，国债期限 n 为30年，计算得出国债现值 PV（价格）为993.77美元，约等于994美元。

这笔钱就变成了 330 万元。两种选择，10 年后的价值差了 100 倍。

（3）买房子。按照 30% 的首付比例，10 万元够买一个价值 30 多万元的房子。2007 年北京海淀五道口某著名小区的房价是每平方米 1 万元出头，10 万元意味着你可以拥有一个位于“宇宙中心”——五道口的 30 平方米的小单间。10 年后，这笔投资值 330 万元，而且还在持续上涨中。

一笔数额不大的资金（10 万元），因为使用不同的金融工具，在相同的时间维度（10 年），产生了差距上百倍的时间价值。更重要的是，这种“时间的价值”不仅体现在这些数字上，更会影响一个人的人生轨迹。

我们仍然把时间从 2017 年倒回到 2007 年，刚大学毕业的你，还面临着其他的人生决策——在找工作的时候，是使尽浑身解数挤进一家像诺基亚这样的世界 500 强公司，还是被一家成立不久、求贤若渴的创业公司，比如 58 同城，用薪水加股票期权的方法招到麾下？

在这 10 年中，你聪明、努力、上进，在诺基亚已经干到了中层；但 10 年后，诺基亚大势已去，开始裁员，你必须重新进入人才市场寻觅下家。而在另一个选择中，同样上进的你，在 58 同城已经成为业务骨干，“1 个亿的小目标”也已经实现了——因为 58 同城已经在美国上市成功，你的期权变成了财富。

10 年前的决策，10 年之后深刻地影响了你的处境、生活和未来。

这些不同决策和路径的背后，其实都是同一个逻辑：金融工具对我们拥有的相同时间（未来 10 年）进行了深度的加工，形成了完全不同的时间价值。

再想想古话里说的“一寸光阴一寸金”，你就会感到人类认知的底层逻辑真的是历久弥新。古人已经模糊意识到时间是有价值的，但直到近现代，这种认知才被拓展成了体系化的金融学和金融行业：

“时间”是一种原料，金融工具则是对这种原料进行加工，做成不同的产品。用学术语言表达，金融就是为时间定价，我们购买金融产品、做金融决策，本质上就是购买时间不同的未来价值。

这种选择带来的时间价值差异是普遍适用的。金融市场越发达的地方，差异就越明显。假如 1986 年一个美国人买了 1 万美元的政府债券，另一个美国人买了 1 万美元的微软股票。30 年后这两个人的生活会大相径庭：买债券的 1 万美元变成了 8 万美元，而买微软股票的 1 万美元变成了 1086 万美元。

这种魔法故事在不同的国家、领域反复上演：一样的原始资金，经历一样的时间，因为选择了不同的金融产品和金融工具，未来财富的格局被完全改写。

就像耶鲁大学的戈兹曼教授所说：金融技术就像人类建造的时光机器，它没有移动我们的身体，但在时间轴线上移动了我们的金钱，也改变了我们的处境。

| 思考题 |

过去 10 年中，你的人生因为什么金融决策而改变了吗？

第 002 讲　美国南北战争的第二战场

稀缺是人类社会的基本特征，所以资金约束永远是我们最大的敌人之一。

但资金约束不是指“时刻被资金约束”，而是指在某些关键的节点可能会面临巨大资金缺口，比如，个人结婚、买房、生病、出国留学，或者企业创业、研发投入、项目投产……在这些节骨眼上，我们需要拥有迅速筹集大笔资金的能力。

毋庸置疑，资金汇聚能力是个人和企业成长最重要的助力。那战争胜负、城市兴亡这些更宏大的事情，是否也需要资金集聚能力的支持呢？

美国的南北战争给出了肯定的答案

在南北战争中，北方取得了压倒性胜利，废除了黑奴制，彻底地改变了美国的命运。但你可能没有想到的是，这场伟大战争的背后其实是金融的较量。

内战初期，北方军队节节失利，战争资金告急。北方政府必须在短时间内筹集一大笔长期资金，否则军队开支无以为继。财政部决定马上发行 5 亿美元的国债。但是理想丰满现实骨感，军事上的节节失利让北方政府的信用大打折扣，没有银行家愿意认购国债。几个月过去了，5 亿美元债券才认购了 28%，军队连军饷都发不出来，士气更是低落。

这时，一位叫杰伊·库克（Jay Cooke）的银行家挺身而出。他设计了一套融资方案，改变向富人筹资的传统思路，转而向普通的美国家庭兜售债券。这个方案包括以下内容：

（1）降低投资门槛。为了适应普通家庭的购买力，债券发行面额降到 50 美元，保证普通人也能参与。

（2）地毯式宣传。库克深谙营销的重要性，雇用了大量的金融中间商，深入美国中部、西部的各个农村和小地方，以“农村包围城市”的策略来做宣传。

（3）理念塑造。媒体和传单都传达了一个清晰的信息——买债券是一个“爱国 + 投资”的双赢举动。一方面，投资人可以享受国债 6% 的利息，而且利息是免税的；另一方面，只要北方政府取得胜利，债券就会疯狂涨价，投资人相当于以少量资金分享国家的胜利果实。

这个日后被奉为圭臬的融资方案大获成功，库克一年之内就为北方政府筹集了 4 亿美元资金，这些资金迅速被转换成了粮食、军备和医药，源源不断地送到了战场上。

与此同时，旷日持久的战争导致南方的资金开始告急，军队的补给跟不上，战斗力下降。著名的小说《飘》里对此有一段特别传神的描述：大批衣不蔽体、食不果腹的南方士兵在战场上受伤溃败，流浪到斯嘉丽家的塔拉庄园讨生活。

南方军队的惨状是南方财政的一面镜子，战场上的失利又使政府的筹资能力更弱。为了解决资金问题，南方政府在一年内印刷发行了 17 亿钞票。这种饮鸩止渴的方案虽然短期内让南方政府看上去有了钱，但是这些钞票“哗”地一下涌入南方市场，导致物价飞涨、民不聊生，整个南方的经济迅速崩溃。经济的崩溃加重了军事危机，南方军队节节后退，一直退到弗吉尼亚的阿伯马克托斯镇。最后，南方联盟的总司令罗伯特·爱德华·李（Robert Edward Lee）将军不得不决定投降。

回看历史深处的细节，我们会发现，是资金集聚的效率决定军事力量的对比。战争胜负背后其实是金融的较量。难怪有位南方的将军不无悲情地说：“我们不是输给了北方的士兵，而是输给了北方的金融。”

纽约繁荣的背后也是金融“资金集聚”的力量

资金集聚不仅仅是决定战争胜负的关键，城市兴衰的背后同样是

“资金集聚”在起作用。

19 世纪的纽约是一个寂寂无名的港口小城，直到伊利运河出现。

在这条运河修建以前，美国西部的一吨面粉运到东部，要绕过密西西比河，在路上花3周时间，运费约为120美元，但这条运河修通以后，相当于在美国东西部打通了一条交通动脉，运输时间减少到 8 天，运费则从 120 美元下降到 6 美元，随着运输效率的提高，纽约的外来货运量飞速上涨，到 19 世纪中期已占据了美国货运量的 62%，纽约人口也从 10 多万激增到 100 多万。①

很多历史学家都说，纽约的奇迹是伊利运河的奇迹。但很少有人知道，如果没有金融的助力，伊利运河差点成为海市蜃楼。

修运河这种工程耗时长、耗资大。当时估算投资建设这样一条运河最少要 700 万美元，而美国全年的财政收入不过 2200 万美元，联邦政府不可能进行支持。而纽约老百姓不知道运河能给他们创造什么效益，也不愿意纳税支持。资金问题不解决，再宏伟的计划也会泡汤。

这时，华尔街的银行家再次扮演了“美国队长”的角色。他们主动提出帮助纽约州发行伊利运河债券。由于对伊利运河的未来缺乏一个统一预期，银行家们想出了“分期发债”这种金融创新：第一笔通过发行债券筹集的资金就用来修第一段运河②，如果第一期发行和建设成功，后面的筹资和建设再迭代进行——这种 IT（信息技术）行业常见的“小

① 伊利运河西起伊利湖畔的布法罗，东至哈得孙河岸的奥尔巴尼，经该运河南下哈得孙河后，即可畅达纽约港。伊利运河绵延五百余公里，将北美五大湖串联起来，成为连接美国东西部最便捷、最经济和最繁忙的交通干线。

② 第一段运河位于纽约州奥奈达县罗马（Rome）与由提卡（Utica）之间，长 24 公里（约 15 英里）。

步快跑，迭代试错”的方法论，华尔街在几百年前已经用在了金融产品的设计和发行上。

作为美国第一个市政债券、华尔街第一个工程债券，伊利运河的首次融资非常成功：100 万美元的债券通过华尔街的全球销售网络迅速销往全美国和欧洲。资金快速到位，运河第一段的工程于 1817 年如期开工。两年之后，第一段运河通航，当年的收益就高达 25 万美元。

丰厚的收益刺激了投资者的热情。如华尔街所料，伊利运河债券开始受到追捧，资金源源不断涌入，工程的速度也大为加快。1825 年，整条运河通航。仅当年就有 1 万多艘船使用运河，美国国内的贸易和全球的贸易都源源不断地涌入纽约。从 1820 年到 1860 年，纽约用 40 年时间上演了麻雀变凤凰的故事，从一个不知名的小港口城市一跃成为美国东部乃至世界的贸易和金融中心。

和南北战争的胜负一样，纽约繁荣的背后，是资金集聚的魔力，是金融的力量。

一言以概之，不管是银行，还是债券、股票，金融工具的核心功能都是类似的：帮助人类将散落的、点状的资金累积起来，突破时间、地域的限制，进行更快速有效和规模化的资金集聚，从而实现更宏伟的目标。个人成长、企业发展，甚至战争胜负、城市兴衰，莫不如是。

思考题

中国隋朝修建过一条著名的京杭大运河。为什么中国在没有金融工具和金融市场的情况下，也能完成这样耗资巨大的工程？这件事产生什么样的后果？

第 003 讲　现代人如何抵御风险

风险与人类社会如影随形。死亡、疾病、失业、交通事故……都是人类个体无法避免的风险。各产业更面临着无数的不确定性：农业靠天吃饭；工业投入大，失败率高；服务业弹性大，变化快。

风险承受力不但决定人们的生命长度和质量，也决定经济发展的高度。古代社会主要靠家庭、宗族内部共担风险。书生进京赶考，经常需依靠族里的富人接济；孤儿寡母则需仰仗家族里的家长。这些风险共担机制以“血缘”“地域”为纽带，很脆弱，也很难量化，所以不可能大规模推广。正因为风险承受力弱，人类经济活动受到很大限制。制造业只能停留在小规模、受限于地域的作坊时代，技术进步极慢。

现代金融市场和金融工具的出现改变了这一切。

保险：让社会分担个体的风险

2012 年夏天，美国遭受了自 1956 年以来最严酷的旱灾。玉米是受灾最重的农作物，中西部有的传统玉米产区甚至颗粒无收。 这种天灾如果发生在古代中国，一个不小心可能就有大批农民陷入绝境，造成“民不聊生，流寇四起”的后果。

幸好美国有极为发达的农业保险机制，这个机制规定：全美所有农户缴纳一定的保费，一旦参保农户发生问题，这些资金就会用来补偿他们的损失。有趣的是，因为保险赔偿金额是按照历史产量乘以市场价格来计算的，这次灾后由于玉米减产，收购价上涨了 60%。受灾前一个农民种一公顷玉米的收入在 1000 美元左右，现在因为市场收购价格暴涨，最后每公顷玉米地农民能拿到的赔偿金额居然达到 1280 美元。种植玉米的农民收入不但没有下降，反而上升了。而“安全感”恰恰是人类最基础的需求，是社会进步、创造、创新的必要条件。通过保险机制，农民对冲了天灾风险，获得了安全感。

除了保险以外，其他金融工具也大多具有风险共担的功能。风险的“共担”让人类社会减少了对自然及其他个体的依赖性，获得了经济和人身的自由，而这种自由又激发出人类社会更大的创造力。

股票：让更多人“利益共享，风险共担”

荷兰曾是世界上最强大的海上帝国之一。这个帝国的形成和一种金融工具密切相关。

16 世纪末，欧洲国家纷纷进行海上拓展。荷兰东印度公司的远洋海上贸易事业面临两个约束：（1）造船的耗资太大；（2）海上贸易的不确定性太大。光靠船长、船员的力量很难完成长途远洋探险。

像葡萄牙和西班牙的远洋拓展就主要由王室资助，但荷兰缺乏强有力的王室支持。怎么办呢？聪明的荷兰人设计出了一种机制：将东印度公司的股权拆分成极细小的标准化契约。“细小”保证门槛低，普通荷兰人都可以购买；“标准化”则保证可转让，容易产生流动性，这就是“股票”。任何人只要购买了东印度公司的股票，就能按照认购的比例，分享其远洋贸易的利润，这叫“利益共享”；万一探险失败，大家投入的资金就算沉没了，这叫“风险共担”。通过这个机制，荷兰的远洋贸易项目筹集了大量资金，项目风险也被分摊到了购买股票的国民身上。船员们没有了后顾之忧，大胆地踏上了远征东方的航线，开始了荷兰的“海上帝国”时代。

风投、创投：让社会分担创业创新风险

在现代社会，风险投资、创业投资这些金融工具的风险共担功能，更是鼓励创业和创新的基础要素。

社会进步要靠创新。但创业创新是大概率会失败的“游戏”，不要说普通人，就算亿万富翁，一个不小心也可能倾家荡产。著名的科技狂人埃隆·马斯克（Elon Musk）从小就梦想着探索宇宙。在成功创立在线支付服务 Paypal 并成为亿万富翁之后，马斯克在 2002 年创立了一个制造火箭的私人企业 SpaceX，野心勃勃地要“实现未来人类星际移民的计划”。

开始，马斯克单枪匹马地干。但他没想到，火箭发射是真正昂贵的“游戏”，每发射一次就耗资上亿美元。2006 年到 2008 年，SpaceX 多次发射失败，贵为亿万富翁的马斯克也差点为梦想窒息，濒临破产。从 2008 年开始，马斯克痛定思痛，连续进行外部融资。全球 100 多家著名基金、科技巨头都参与到了这一系列风投中，光 2015 年年初的 E 轮融资，富达基金、谷歌等几家公司就向 SpaceX 一共投了 10 亿美元。

有了风投，马斯克将项目风险分散给了投资人，他的雄心犹如插上了翅膀，SpaceX 项目推进更快，步子更大。2010 年，SpaceX 的“猎鹰 9 号”运载火箭顺利将一个“龙飞船”模型送入预定轨道，开创了私人企业成功发射火箭的历史。这次成功为 SpaceX 赢得了大量火箭发射业务订单，美国国家航空航天局也准备让它为国际空间站运送货物和航天员。

和荷兰人的海上探险一样，马斯克奇瑰浪漫的宇宙之旅也是“风险共担”的产物。如果没有风投的支持，伟大的梦想可能在绽放之前已经夭折。

不管是保险、股票，还是风投、创投，金融使人类对风险的承受能力突破了地域和时间的限制，个体、企业都被赋予了更大的能量，人类活动的范畴、思维创新的能力都被拓展到新的高度。

| 思考题 |

一个创业者现在面临两种融资选择：一是借钱或者拿抵押品到银行贷一笔钱出来，二是寻求风投和创投的帮助。你觉得哪种方法更好？为什么？

金融的演化：财政与信用

演化的基础是差异，而不是平等。

——历史学家 尤瓦尔·赫拉利

第 004 讲　王的信用：中央货币财政体系

中国金融市场一直为人诟病：资本市场缺乏层次，大起大落，各种金融诈骗层出不穷，民营企业融资困难。这种乱象丛生的局面让人很容易产生疑问：为什么我们不搞点“拿来主义”，把欧美发达金融市场的产品和监管方法照葫芦画瓢，放到中国市场上来呢？

这种想法忽略了一个事实，即所有金融市场的发展都有自己的历史制度根源：欧洲的金融市场产生于“小国林立、分封而治”的大背景。而中国的金融市场，是从一个中央集权的帝国内部演化出来的。基因不同，移植不是那么简单的事。

中央集权与国有经济：中国金融制度的根源

历史上的中国是一个富有金融传统的国家：秦朝就有统一的货币；汉朝商业信用发达；唐朝出现了完整的商业汇票体系，还有飞钱和柜坊；宋朝则更是发明了世界上最早的纸币交子，比欧洲早了六七百年。

但中国这种发达的货币金融体系，是和强大的中央集权及国营经济体制密切相连的。

公元前 221 年，秦始皇建立了高度集权的中央帝国。和欧洲的君权神授不同，古代中国的神权和王权是合二为一的。皇帝即“天子”，拥有至高无上的绝对权威。在早期社会，这种高度集权的制度更容易形成“信用”，有利于发展统一的货币，形成发达的货币经济。

公元前 120 年左右，汉武帝穷兵黩武，导致中央财政捉襟见肘。为了解决财政困难，大臣桑弘羊实践了“官山海”的理论，把经营盐、铁这种利润丰厚商品的行业全部收归国有，实现国营专卖。这个金融举措为汉武帝筹集到了大量的经费，也加强了中央集权，遏制了地方势力的膨胀。这一举措被后世皇帝纷纷效仿。后来，除了盐、铁，茶叶、丝绸等几乎所有重要的经济物资的经营都被收归了国有。“国营”成了绵延中国几千年的重要经济制度。

“高度集权”和“国营经济”的特征，使古代中国的货币经济体系逐渐形成了以中央财政为核心、以税收和资源分配为重点的、自上而下的结构。所有货币政策和对经济的控制都是为了满足财政需求。

在早期社会生产力低下、资金聚集能力很弱的情况下，这种制度所具有的强大动员能力，让中国的货币经济体系拥有一定的优势，也让中国经济在农业时代长期处于领先地位。

但明清之后，这种体系的弊端开始显露。金融是建立在“信用”基础上的行业，但在中央集权的帝国制度下，只有皇帝拥有绝对权威和信用，皇权不受约束，民间的财产私有权得不到保障，所以民间缺乏广泛的信用基础。相对于民间这种“铁打的营盘”来说，皇家官家都是“流水的兵”，一朝天子一朝臣，前朝信用如水流。像曾盛极一时的山西票号就是典型例子，清朝末年帝国式微，外资洋行一进入，山西票号很快就衰落下去，再也没有恢复元气。

历史照进现实

历史的基因不会轻易改变。今天的中国金融市场，看似和古代货币经济体制已经完全不同，但是深入探究，仍然是“熟悉的配方，熟悉的味道”，内核仍然是中央货币财政体系的翻版：国家将金融资源掌握在自己手里，决定信贷规模、资金成本，引导经济发展模式，为的是“集中力量办大事”。绝大部分的金融制度、市场机制，都是为中央财政目标的实现而实施的“顶层设计”。

客观地说，这种中央控制大量资源的方式有其优越性：我国完备的工业体系的形成和20世纪90年代以来全国高水平的城市基础设施，正是得益于国家将大量资金投向能源、电力、城市基础建设等领域。

但另一方面，这一体系的弊端也很明显。比如说中国A股市场常常因为各种怪现状遭到诟病，但究其历史起源就会觉得“合理”，A股市场的设立不是市场演化的结果，而是出于行政化的考虑。20世纪90年代，中国经济硬着陆，国企面临改革开放后的一系列冲击，坏账飙升，连累银行体系濒临破产。国家急需找到新的融资渠道，保全国有资产，解救国有企业。A股市场就是在这样的背景下起步的。所以，早期A股市场设置了很多歧视性的制度和条款。比如：实行配额制，把上市筹资名额分配给各地、各部委下属的国企；设立股权分置，将上市公司的股票分为可以流通的大众股以及不可以流通的国有股和法人股，由于持股成本差异较大，导致了两类股东之间的严重不平等……种种设计，大都是为了实现“为国有企业解困”这个目标。此后A股市场虽然经历了多次改革，但仍然有很多计划的痕迹，留下了很多权力寻租的空间，所以常常出现内幕交易、股价跌宕的情况。

除此之外，由于中央控制了绝大部分资金，掌握了大量资源，所以只有官方的信用，民间的信用缺失或极度脆弱，整个社会缺乏信用意识。这也造成了我们和现代金融体系在文化和制度上的隔阂。今天中国金融市场上的各种“魔幻现实”，大多是这一基因的产物。国家垄断了金融资源，老百姓的金融需求被压制，最后只能在各种灰色地带“冒泡”。比如，20 世纪 90 年代的各种“非法集资”案件，前几年风险较大的互联网理财、P2P（点对点网络借贷）等，以及各种炒石头、炒邮票、炒香烟等见啥炒啥的资产泡沫……这一切，看上去是独立的事件，但是背后的制度根源类似，即以财政为核心的货币金融体系。

| 思考题 |

中国人喜欢把钱藏在缸里，埋在地下。直到现在，很多爷爷奶奶仍然会将钱放在床垫下面或者抽屉深处。你觉得这其中的金融逻辑是什么？是因为中国人特别“抠门”吗？

第 005 讲　圣殿骑士团：欧洲货币银行信用体系

和古代中国大一统的政治形态不同，欧洲的金融体系产生于四分五裂的城邦国家。从圣殿骑士团开始，像银行这样的私人信用机构开始崛起为欧洲的公共财政金融机构，产生各种复杂金融实践，从而形成一张互相制约的“信用网络”，演化出以信用抵押扩张为核心的一套现代金融体系。

圣殿骑士团的故事

看过电影《达·芬奇密码》的人都知道一个叫“圣殿骑士团”的神秘机构，这个机构掌握着基督教的秘密和财富，因此遭到长达数个世纪的迫害。虽然电影多有虚构色彩，但是圣殿骑士团确是一个历史上真实存在的机构。

公元 476 年西罗马帝国覆灭后，基督教势力衰落，宗教圣地耶路撒冷被伊斯兰教势力占领。直到公元 1096 年，随着罗马教廷势力的坐大，罗马教皇支持西欧的贵族和骑士开始了长达 200 年的十字军东征运动，旨在收复地中海沿岸的领土。

公元 1119 年，十字军东征占领耶路撒冷后，将这座城市开放给欧洲各地的朝圣者。为了保护朝圣者的人身安全，十字军成立了圣殿骑士团。在这一过程中，由于朝圣者都带着很多钱财，他们需要一种安全的财物托管方式。随着朝圣者越来越多，圣殿骑士团创立了一个异地汇款系统：朝圣者可以在欧洲存钱，然后在圣地取用。这个功能和中国唐朝的“飞钱”非常像。不同的是，圣殿骑士团背后是罗马教廷，在欧洲“君权神授”的氛围中，骑士团拥有凌驾于世俗权力之上的力量。更何况他们的武装力量也能保证异地汇兑业务的安全。这种业务的服务范围很快就超越了朝圣者，在欧洲流行开来。

随着十字军的东进，圣殿骑士团的金融版图也飞速扩张：他们为英国王室保管王冠、征收税费，为英国和法国王室经营皇家债务账户，还为各国国王和贵族进行“信托理财”：英王亨利三世打仗需要军费，就用贵重物品向圣殿骑士团抵押借款；法国国王路易九世将自己的一个城堡抵押给圣殿骑士团，换取了一款每年 300 金币的永久年金产品。随着圣殿骑士团势力的扩大，这些汇款、存贷、理财、支付等标准的金融中介业务也渗透到了欧洲各个阶层。有记录表明，当时地位很低的厨师也通过与圣殿骑士团签订协议进行财务支付。

理解圣殿骑士团的演化，是理解欧洲金融演化的重要线索。作为一个宗教团体，圣殿骑士团历经了组织结构和业务模式上的变迁，它在 12 世纪已经成为一个大型的超政府机构。欧洲各国国王、贵族之间的金融业务，包括资金汇兑转移、账户管理、信托理财、吸储放贷、发行土地抵押债券等，几乎都能在这里找到起源。一直到 14 世纪圣殿骑士团衰落，欧洲各国或多或少地继承了这个神秘组织的金融遗产，意大利的汇兑银行、法国的土地抵押银行、英国的储蓄银行和中央银行相继出现。这些早期金融实践在相当程度上奠定了现代欧美金融体系的基础。

圣殿骑士团的金融遗产：欧洲的银行货币信用体系

从历史这面镜子看去，和圣殿骑士团同时代的大宋王朝正处在历史巅峰，发明了对后世影响极大的纸币，整个社会就像《清明上河图》描述的，工商业分工细致发达，人口稠密；与此同时，官僚政治体制也走向非常成熟的阶段，国家形成了一个由中央财政驱动的中枢 – 附属型社会结构。这个结构与中央集权政治制度相适应，维护着彼时中国庞大疆域的稳定与治理，当然，也不可避免地伴生着经济生活国有化和民间信用脆弱的特征。

反观圣殿骑士团，它的所有金融活动都是在政治力量软弱和政治结构分权制衡的背景下产生的。自西罗马帝国覆灭之后，欧洲大陆就陷入了长期分裂的状态，成千上万的贵族统治着小块领土，形成了分封而治的局面。这些缺乏金融力量的大小统治者常年征战，不得不依赖贷款来满足军事和政治需要。同时，他们也需要将财务运营委托给圣殿骑士团这样中立的、有宗教力量加持的非政治团体。作为超政府型机构，圣殿骑士团同时效忠于教皇、英国、法国，甚至伊比利亚半岛上的阿拉贡王国（现在的西班牙和葡萄牙）的君主。当这些国家互相征战的时候，国王的私人财产在圣殿骑士团得到了安全保障。封建城邦制及神权、王权的分离，导致欧洲大陆缺乏一个统一的信用市场，各国缺乏系统的财政手段，圣殿骑士团的金融活动（工具）弥补了这一空白，以一张互相制约的“信用网络”代替了至高无上的“王的信用”。在这个时候，东西方金融的大分流已经开始。

14 世纪初，圣殿骑士团财富的不断累积引起了国王们的觊觎。1307 年，因为圣殿骑士团一直没有免除法国国王腓力四世的债务，腓力四世恼羞成怒，开始血洗巴黎的圣殿骑士团。随后，教皇、英国国王和西班牙国王都支持了这一清洗活动，骑士团庞大的财产被瓜分，一个盛极一时的组织就此烟消云散，只留下了很多零星传说。

骑士团消失了，但是它留下的重要金融遗产却没有流失——意大利城邦国家中的银行业随即兴起，取代圣殿骑士团成为欧洲的公共金融机构。随着各国商业形态越来越复杂，这种银行信用网络也变得更加复杂，许多创造性的金融实践被激发了出来：威尼斯等城邦的国债，荷兰的期货、股权众筹等金融工具，英国的海运保险相继出现，为欧洲信用网络提供了“信用创造”和“增信”的功能。与此同时，以分权为基础的社会治理模式演化又为这些金融工具的发展提供了必要的制度保证，对“信用”进行专业化运营的外部化金融市场开始形成，这又反过来促进了欧洲大陆的经济增长、市场扩大，导致规模化生产盛行，技术创新加速，工业革命和欧洲崛起的时代随之到来。

整体上看，欧洲的金融演化一直在一个分权制衡的环境中，以银行为核心，提供信用抵押和扩张服务。我们可以称其为“银行货币体系”。

这个体系的根本特征——信用的抵押和扩张恰恰是现代金融的核心变量。

| 思考题 |

中国金融体系的制度根源是“中央 + 财政”，欧洲的则是“银行 + 信用”。你觉得哪种制度更好？为什么？（可以结合时代背景思考。）

| 延伸阅读 |

个人资产配置的生命周期

一个人在青年、壮年、老年的不同阶段，家庭婚姻、财务状况以及面临的约束条件有很大的不同，风险偏好和可选择的金融工具也会完全不同。所以，大家普遍关心的问题是：在不同的人生阶段，该做什么样的金融决策？

正确回答这个问题的重要性毋庸置疑。十几年前，对中国楼市的看法分为两派：“空方总司令”是摩根士丹利前董事、总经理谢国忠，他劝大家千万别买房；“多方总司令”则是任志强，他让大家快买房。当时听从他们的意见而做出不同决策的人，相信现在人生都有了很大的不同。

虽然每个人的人生轨迹各不相同，但在“不同人生阶段，配置什么资产最合适”的问题上，却有一些普遍的规律。

青年期：加大实物资产的配置

通常而言，青年时期资金是最大的约束：消费欲望强，收入却不高，没多少余钱进行投资。但年轻人有一个最大的优势——拥有漫长的“未来时间”。金融工具恰好能实现资金在时间上的转化。所以，青年期最应该做的是加大实物资产的配置，将未来的现金流转换成今天的投资和消费。

哪些实物资产值得在青年期投资？在这个货币大量发行，也就是俗话说的“钱越来越不值钱”的时代，能让老百姓持有的实物资产并不多，房地产算是其中最重要的一种。房产具有“居住”的消费功能，同时可以对抗资产贬值。更重要的是，它给了年轻人以“未来时间换空间”的权利。

从目前全球宏观大环境来看，纽约、伦敦这些世界核心城市的房地产仍然是不错的投资标的，中国发展较好的城市的房子也是投资热点。

有人说，我在北京也就 1 万元的月薪，每个月剩不下多少钱，资金不够，没法买房。这是缺乏金融思维的想法。买房既是“投资”，又是“储蓄”。既然是投资，就需要选择好的投资标的，具体城市选择可以参考《钱从哪里来》[①]。年轻人在配置房地产这种实物资产时要遵循几个原则。

第一，投资原则。受限于资金无法在一线城市买房，一些发展较好的二线城市的房地产也具有投资价值。要把投资和居住两个功能分开来看，从收益最大化的角度来做决策。但要记住，在 2020 年这个节点，“任何房产都是好的投资标的”的时代过去了。

第二，上车原则。买房时要考虑的是家庭的最大购买力。买不了 100 平方米的，买 50 平方米的；买不了 50 平方米的，买 30 平方米的。这也是大家曾听说过的“年轻人要早买房，快买房，买不起大房，买小房”。（提示：上什么车参考原则一。在一个房产分化的年代，只有部分城市有投资价值。）

---

① 本书已由中信出版集团出版。——编者注

这不是鼓励年轻人做“房奴”，而是建议大家在年轻时增强资本积累的意识。在条件允许的情况下，加大实物资产配置，用你的时间换空间。

壮年期：加大风险资产的配置

到了壮年期，做到了中高层的职位，赚钱能力越来越强，资产收入都处于上升期，这一时期是一生中风险承受能力最强的时期。所以，这时要果断地加大高收益的风险资产的配置。股票、股权投资都是壮年期资金配置的方向。

除此之外，人到中年成为家庭主力，要在多重角色间进行转换。父母的养老、医疗，孩子的教育，这些都是要考虑的问题。所以，除了加大股票、股权投资这些传统风险资产的配置比例外，资产配置的多元化最好也纳入考虑范围。你可以充分运用信托、保险、基金等金融工具，进行更多元的资产配置。高净值但受限于一线城市限购政策的家庭，也可以考虑配置一些国际资产，比如国际大都市的房地产。另外，你还可以聚焦全球的资本市场，尤其是美国资本市场上有较多可供选择的金融工具和金融产品。

老年期：加大流动性资产的配置

美国的家庭资产调查显示，风险资产配比会在 50 岁左右到达顶峰，之后一路下滑。因为大部分人 50 岁过后，逐渐面临退休、现金流减少的资金约束，同时面临着未来时间所剩不多的约束，这些约束意味着我们的风险承受能力下降。所以，老年期要做的第一件事是降低风险资产的配置比例，提高国债这样的安全资产的配置比例。（这里要提醒一点，随着科技进步，“50”这个年龄段可能后移 5~7 岁。）

更重要的是，随着年岁渐长，大笔用钱的场合越来越多，比如，孩子出国留学、结婚成家，或者自己生病，都要用钱。所以，老年期要做的第二件事情是逐渐加大流动性资产的配比，避免陷入现金流不充裕的困境。

如果你年轻时配置了不少非流动性资产，存量资本已经很高，此时就可以利用金融工具把自己的非流动资产转化成高流动性资产。这些年海外的“房地产反向抵押”在年长者中比较流行，一个人年轻时投资了多套房产，现在拿一套房子出来进行反向抵押，办理抵押业务的公司则按照房子市值逐年（逐月）付给他一笔现金，直到老人去世为止。这种将固定资产转化成流动性资产的方式在欧美发达的金融市场上已经比较普遍了，这几年我们国家很多人寿保险公司也开始推广类似的产品。随着中国逐渐接近老龄化社会，类似的金融产品在中国也会慢慢发展起来。

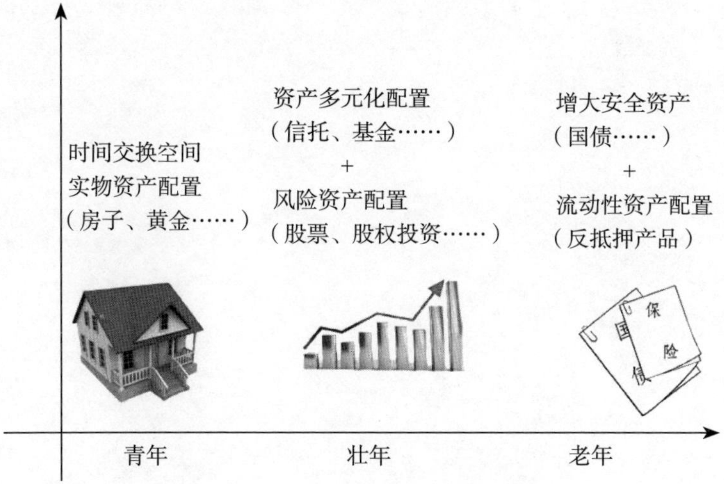

图 1–1　人生不同阶段的资产配置

所以我在开篇说道，金融工具就像一个个时光机器，把我们的财富在时间的轨道上进行移动，优化资金的时间配置：让我们在年轻没钱时也能过上比较好的生活，在年老需要流动性时能获得更多的流动资金。

对于任何普通人来说，不管处在哪个阶段，善用金融工具是人生通往自由的第一步。

第二章

银行：

现代经济社会的血管

银行体系是一个主权国家进行信用创造、资金配置流转的载体。

民族国家概念的兴起、国家治理体系都和银行体系密不可分。

现代语境下的国家，本质上是一个信用共同体。现代货币体系则是一套国家信用体系，中央银行通过银行体系控制货币的供给和价格，从而调控整个社会的信用规模以及经济冷热。

信用创造：银行体系与货币信用

国家创造了银行，银行创造了国家。

——史蒂芬·哈伯、查尔斯·凯罗米里斯[①]

第 006 讲　银行创造了国家？

著名的经济学家哈伯和凯罗米里斯说，“欧洲民族国家的演化，依赖于统治者、商人与银行家之间的伙伴关系”。

这是一个具有深刻历史背景的论断。文艺复兴几百年间，欧洲小国林立，贸易往来频繁，银行业发达。繁荣的金融商贸和薄弱的政治军事集权背景下的国家扩张，自然地形成了一个统治者、商人和银行家的紧密同盟：统治者需要商人构建商业网络，加强自己和各国之间的联系；商人则需要国家在背后提供军事支持，保障贸易安全，国家军队经常为西班牙、葡萄牙的远洋贸易商人护航。与此同时，银行家们为贸易拓展和版图扩张提供了强大的资金后援：汇票、本票、清算、保险、债券、

① 史蒂芬·哈伯（Stephen Haber）是斯坦福大学胡佛研究所教授，对产权有长期的研究。查尔斯·凯罗米里斯（Charles Calomiris）是美国哥伦比亚大学教授，金融制度学和金融史是其专长。这句话源自查尔斯·蒂利（Charles Tilly）的名言“战争创造了国家，国家发动了战争”。他俩在其合著的《人为制造的脆弱性》（*Fragile by Design*）一书中，将蒂利的这句名言改成了“国家创造了银行，银行创造了国家”。

股票这样的金融工具被不断创造出来，为商人提供了远洋贸易所需要的融资管理体系，为统治者提供了源源不断的战争资金。当然，银行家也从统治者手中取得了特许权利，获取垄断收益。

技术突破使得这种同盟更加紧密：16 世纪之后，人类的航海能力有了巨大提高，全球范围的贸易和征服成为可能。在“扩张”的目标下，欧洲的统治者、商人和银行家三个群体形成了真正意义上的强大利益同盟，支持着欧洲小国的全球征服事业。

首先是葡萄牙和西班牙突破了地理与彼时人类认知的限制，开辟了横渡大西洋到达美洲、绕道非洲南端到达印度的新航线，为欧洲的全球殖民吹响了号角。接着是 11 世纪以后才成立的两个边缘小国——荷兰和英国，凭借最先进的资本市场和中央银行体系，分别在 16 世纪和 17 世纪完成了全球霸主的伟业。

可以说，现代欧洲史是远洋贸易、国家征服和银行金融业交错影响、共同演进的历史。在现代欧洲崛起的历史中，银行家扮演了重要的角色。

但这还不是银行和国家之间关系的全部。

走出欧洲的小国君主们发现，破坏一个旧世界只是开始，建设一个新世界才是真正的考验：基础设施要修建，战略行业要发展，公民福利要保障，国家意志要贯彻……这些都需要巨量的资金以及高效的资金调配体系。

在漫长而繁杂的实践中，统治者们意识到，通过银行体系，国家可以形成一套更有黏合度和更富效率的治理体系。

比如，通过授予银行发行法定货币的特许权，国家控制了社会资金的“水库闸门”，这使得国家对经济增长和就业的掌控力度实现了巨大跃升。通过规定银行的“特许经营权”，国家能让资金流入战略重点行业。德意志帝国的铁血宰相俾斯麦就曾要求银行体系为本国钢铁、化工、电力行业提供大量融资。可以说，德国完整的工业体系是建立在银行基础之上的。更重要的是，国家特许下的法定货币发行实质上创造了一种脱离贵金属的信用价值标准。这个标准使增长、国家和信用被内生连接在一起，成为现代经济运行的基础。

再比如，银行信贷体系也可以作为现代社会治理的工具。从 19 世纪开始，美国、加拿大都通过银行对居民房地产抵押贷款实行福利补贴；德国要求银行以及证券市场必须对养老金、公共医疗和失业救助方面的政策提供大量的支持——熟悉历史的人可能知道，直到 15、16 世纪，欧美居民对国家的概念还很淡漠，而保障“居民享受福利的权利”是塑造国家概念的重要举措。也就是说，银行信贷体系和国家治理更加紧密地联系在了一起，银行信贷体系对社会生活的渗透，对于现代意义上“国家、公民、政府”概念的形成具有重大意义。

从人类 400 年的近代史来看，银行信贷体系是现代经济运行的基础，它就像一个城市的地下管道工程一样，不一定时时可见，但却支撑着整个城市的循环和呼吸。

难怪哈伯和凯罗米里斯感叹说，“国家创造了银行，银行创造了国家”。

| 思考题 |

为什么 16 世纪之后，中国没有像欧洲一样出现银行和国家相互交错演进的局面？

第 007 讲 比特币是货币吗？

自 2008 年面世以来，单个比特币的价格从 0.00076 美元涨至最高价 19870.6 美元[①]，涨幅高达 2614.5 万倍。在“币圈”成为暴富的代名词之后，比特币的价格又在接下来的 12 个月里遭遇腰斩，波动起伏之大，堪称 21 世纪以来金融市场最疯狂的一幕。

这股狂潮让一个古老又全新的问题浮出了水面：到底什么是货币？去中心化、去银行化的数字加密货币是人类社会的未来吗？

经典教科书告诉我们，满足“交换媒介、度量单位、价值贮藏”这几项功能的一般等价物是货币。但别忘了，美元、人民币、英镑这些我们熟悉的货币还有一个共同的名字，“法定货币”。这个词才是现代货币的灵魂，它意味着现代货币是由国家赋予银行（比如中央银行）某种特许权力而发行的，支持货币的关键是国家信用。

现代货币的背后是国家信用

在现行国际货币体系下，美元是唯一的“硬通货”：几乎所有国际贸易都用美元结算，各国在海外发行国债用美元，国际大宗商品、石油、天然气、铁矿石等也都用美元计价。美元这样“一统江湖”的地位，并不是一蹴而就的，而是通过布雷顿森林会议确立的。

二战后，全球亟待重建货币金融秩序。1944 年 7 月，44 国代表汇集在美国新罕布什尔州的布雷顿森林镇开会，其中最关键的一个议题就是决定“用什么做全球货币体系的锚”。

英国代表团的团长是大名鼎鼎的经济学大师约翰·凯恩斯，他提出的方案是建立一个叫“银行券”的国际货币单位，用一定的权重包含

① 2017 年 12 月 17 日，比特币的价格达到历史最高点 19870.6 美元 / 个（报价来自 investing.com）。

各国的货币，所有国家货币都以此为锚。而美国代表团团长叫哈里·怀特，他的方案则是以美元为锚，美元盯住黄金，其他的货币盯住美元，具体包括下面这些内容。

第一，美元与黄金挂钩（35 美元等于 1 盎司黄金），其他国家货币与美元挂钩。各国政府规定各自货币的含金量，通过含金量比例确定同美元的汇率（法定汇率）。

第二，各国货币对美元实行可调整的固定汇率，超过法定汇率 1% 的波动，各国政府有义务进行干预。

第三，确立美元的国际储备资产地位。美元取得等同于黄金的地位，成为各国最主要的国际储备货币。

倘若从全球化和公平交易的角度看，凯恩斯的计划更全面合理。25 年后，国际货币基金组织发行的特别提款权就是当年凯恩斯"银行券"的翻版。但在 1944 年夏天的布雷顿森林镇，经过 22 天的激烈争论，名不见经传的怀特战胜了大名鼎鼎的凯恩斯爵士，美元提案战胜银行券提案，美元登顶全球货币体系的铁王座。

这个结果并不奇怪，当时美国实力太强：经济总量占全球主要经济体总量的 1/3，占西方工业生产产值的 50% 以上，钢铁和石油产量都占到了全球 60% 以上，还拥有全球 2/3 以上的黄金储量。更重要的是，欧洲各国急需进行的战后重建，要仰仗美国的贷款和各种援助。换句话说，美元成为国际货币之锚，是因为其背后的国家经济、军事实力足够强大，黄金储备量足够强大，能够"取信"于全世界。

布雷顿森林会议之后，全球进入以美元为中心的国际货币体系时期。

但 1 盎司黄金兑换 35 美元、1 英镑兑换 2.8 美元的这种固定比例要求两国经济状态处于稳态，一旦一国经济增长变快或变慢，固定汇率就会受到挑战。20 世纪 60 年代，各国经济复苏，美元面临贬值压力，黄金价格飙升，美元盯黄金、其他货币盯美元的固定汇率制度出现了危机。

1971 年，美国宣布美元和黄金脱钩，美元发行不再受黄金储量的限制，只取决于美国的经济增长和信用规模，布雷顿森林体系解体——这个事件斩断了“货币”和贵金属之间的联系，全球进入了完全的信用货币时代。但这个信用的基础不是私人信用，而是美国和其他经济体的国家信用。

在这个逻辑上，很多常见的货币现象就变得不再奇怪：为什么人民币在国际上的地位上升？因为中国的经济实力强了。为什么欧盟一有风吹草动欧元就下跌？因为大家对欧盟的信心才是支撑欧元的底盘。为什么日元在 20 世纪 80 年代牛气冲天，到了 90 年代又开始下行呢？同样是因为世界对日本增长的信心在变化。

更准确地说，今天人类社会经济运行所依赖的“货币体系”，是一套国家信用体系。法定货币的本质就是“国家信用”，即国家实力以及其他国家对该国的信心。国际货币体系可以被视为国家信用的全球流通体系。

国家通过银行完成对货币的“法定”

各国货币“法定”的过程也不是一蹴而就的。在现代货币演进的漫长进程中，银行和国家交织在一起，共同塑造了信用货币的概念。

我们将历史镜头拉回到 13 世纪的欧洲：随着贸易往来的日益扩大，各国流通的不同种类、不同成色、不同重量的金属货币的兑换成了商人们最头疼的问题。需求刺激了供给创新的出现——在贸易最发达的意大利北部城市，开始有人专门从事各国货币兑换。佛罗伦萨的美第奇家族[①]就是做这种外汇交易的，他们坐在街头桌子后面的长凳上开展货币兑换的业务。因为“长凳”在意大利语中是“banca”，于是人们开始称呼他们的业务机构为“bank”（银行）。这就是现代银行的雏形，汇兑业务也一直是银行的重要业务。

专业化的货币兑换业务促进了国际贸易的发展。随着融资需求不断变大，商人相互之间的债务关系也越来越复杂，为了支持这种复杂的商贸债务关系，早期银行家们又发明了一种见票即付的借据，“汇票”。贸易涉及货物在空间上的转移，从交易的开始到货物交收完成、支付需要相当长的时间。在这个过程中，银行充当担保的中介，向卖家开具汇票，等交易完成后通过银行进行支付。同时，汇票也可以当作抵押品，在交易完成前以低于票面价值的价格转让出去，套取现金。这样一来，交易双方的风险被降低，市场上资金周转加速，从而得以支持更复杂的商贸关系。

经过上百年的演进，这套以银行为基础的商业支付清算体系和以“贴现”为核心的商业信用模式逐渐在欧洲成形。16、17 世纪，欧洲已经出现了比较完整的银行业，很多大银行发行的汇票都可以在市场上流通，用来支付和计价。银行支持的信用体系开始成为欧洲经济运行的内核。在这个过程中，欧洲各国又逐渐学会为银行提供增信背书来扩大本国信用。

1694 年，英格兰银行成立，国家和银行的绑定又进一步加深：英格兰银行成立之初，英王室和英格兰银行达成了一项“合作协议”，英

---

① 美第奇家族是文艺复兴期间最重要的家族，产生了两位教皇、两位王后、两位大公，还赞助了从米开朗琪罗到伽利略的几乎所有科学、艺术天才。

王室将把伦敦及周边地区银行券的发行权独家赋予英格兰银行，英格兰银行则为王室提供长期的、稳定的、低成本的战争融资。有了“国家信用”的背书，英格兰银行很快将其他竞争者挤出了市场，而英王室也获得了源源不断的低成本的长期资金，支持他们在战争中取得先机，同时，战争的胜利又进一步加强了英国的国家信用。

这种通过政府授权垄断发行，以国家信用为担保的银行券，就是“法定货币”的雏形。通过这样一个金融创新，英王室的国家信用、资金成本等要素以英格兰银行为枢纽被连接起来，形成一个正向的反馈机制：银行体系为战争提供了持续的廉价资金，获取战争胜利，而军事实力优势反过来又可以进一步巩固本国信用。有历史学家认为，这一金融创新是英国成为全球霸主的关键因素。

之后，英格兰银行的做法被全球主权国家普遍效仿。到19世纪，以特许货币发行权为基础的中央银行逐渐成为主流，国家通过主导法定货币发行来调控社会信用规模的时代就此拉开序幕。

换言之，是国家和银行交织塑造了现代信用货币的概念。通过赋予特定银行特许权力，垄断银行券发行，形成了“法定货币”。国家借此获得了长期稳定的资金来源，更通过银行的货币发行对经济进行调节和控制，国家、银行、信用货币之间也因此形成了一组内生关系。

现在再回到“比特币是货币吗”的问题，答案可能就会比较清晰了。在人类社会数字化的进程中，数字货币是发展的必然趋势。作为迄今数字加密技术在金融领域最成功的应用，比特币在很多场景下都能完成货币的计价、支付，甚至价值贮藏功能。但也正因为它是去中心化、去银行化的，在国家仍然是人类社会最重要组织形式的大背景下，比特币要取代各国央行发行的法定货币，可能还是路漫漫其修远兮。

| 思考题 |

欧元现在是全球货币体系中的第二大货币。结合现在全球政治经济的大格局，你觉得靠欧元打破美元垄断地位的想法现实吗？为什么？

第 008 讲　存款准备金和基准利率：经济冷热调节的闸门

银行体系在现代经济运行中有着至关重要的地位。国家经常通过银行体系来调控整个社会的信用规模和经济冷热。其中，存款准备金制度和基准利率是两个最重要的政策工具。存款准备金制度主要涉及资金的量，而基准利率调整的是资金的价格，通过量和价两个维度的调节，国家也因此拥有了调控信用规模和经济冷热的能力。

如果我们将经济体运行看作农田，那么银行体系就是一个巨型的水利工程。央行是巨大的水库，其发行的法定货币就是水库里的水，商业银行则是途中大大小小的送水站，直接影响信贷规模和经济冷热；存款准备金和基准利率就是这个水利工程的两个大闸门，闸门开关的效果都会快速反映到经济运行的农田中。

存款准备金制度下的货币扩张机制

存款准备金，是银行为了应付储户提现的需求留存在央行的一部分现金。留存的金额占存款总额的比例就叫作“存款准备金率”。17 世纪末，瑞典银行首次对存款准备金制度进行了立法，之后各国逐渐效仿。到 20 世纪初之后，对存款准备金的调节成为国家调控经济的一个重要手段。

这个制度的重要性在于，存款准备金率的微小变化，通过银行体系的循环，会引起社会信贷规模的巨大变化。所以调节存款准备金率，就像控制水库闸门一样，会影响全社会的信用规模。

著名历史学家尼尔·弗格森（Niall Ferguson）在他的《货币崛起》一书中，用哈佛大学 MBA（工商管理硕士）学生的一个课堂游戏来讲解存款准备金和信贷扩张之间的关系。游戏很简单：一个学生充当央行发行 100 美元，作为咨询费付给教授；教授将这笔钱存在由另一个学生充当的 A 银行处；假设央行规定的法定存款准备金率为 10%，且所有银行都非常激进，希望多放款，那么 A 银行必须将 10 美元存在央行，剩下 90 美元则会放贷出去；客户获得贷款后将钱存在由第三个学生充当的 B 银行处，B 银行同样按照 10% 的存款准备金率存 9 美元在央行，将剩下的 81 美元贷出去……两次之后，教授要求学生们计算现在社会上的货币增量。

央行投放的货币量是 100 美元，也就是平时说的"基础货币"，但是经过两次放贷后，全社会流通的现金和银行存款变成了 271（100+90+81=271）美元。换句话说，只经过两轮放贷，货币供应量就增加了 2 倍多。这个放贷过程继续下去，最后的狭义货币（M_1，即现金加活期存款）会达到 1000 美元。这意味着，货币增量是基础货币投放量的 10 倍，而这个数字恰好是存款准备金率 10% 的倒数——这个数字叫作简单货币乘数，表示由存款准备金引起的基础货币变动的倍数。

明白了上面的逻辑，央行通过存款准备金率调节信贷规模、影响经济运行的原理就很容易理解了：假设我们现在将 10% 的存款准备金率下调到 9%，那么，简单货币乘数会变成 11.11，也就是说，100 美元的基础货币投放会导致货币供应量 M_1 达到 1111 美元。相反，如果存款准备金率上调到 11%，那么简单货币乘数马上下降到 9.09，同样 100 美元的基础货币投放，货币供应量 M_1 会降到 909 美元。所以，通过调节存款准备金率，央行很容易就控制了社会上的货币供应量，对经济实施“宽松”或者“紧缩”的干预政策。

当然，以上货币扩张和收缩的实现需要借助两个很强的假设：第一，银行不愿意持有任何超额准备金；第二，所有获得贷款的机构（人）都不持有现金，而是将贷款完全转成存款。在现实世界里，这两个假设经常会被打破，所以货币扩张的情况要复杂很多。

比如，在刚才的游戏里，A 银行认为经济形势不好，贷款有风险，缴完法定存款准备金后决定只贷款 50 美元，剩下的 40 美元作为自己的超额准备金……如果每个银行都决定持有一定比例的超额准备金，很明显，货币扩张的倍数就会减小。如果客户从 A 银行贷到 90 美元后，在短期内有较多的生产或消费需求，决定持有现金，不将这部分资金存入银行，那么 B 银行就收不到新的存款，整个存款创造的过程也会被中断。

这意味着，并不是只有中央银行影响货币供应的水平，银行、企业，甚至个人的行为都会影响货币的供给。比如，经济形势不好、市场风险大时，银行就会“深挖洞，广积粮”，加大自己的超额存款准备金，并导致货币扩张机制萎缩。2008 年次贷危机时，美联储实施“量化宽松”政策，也就是通过贷款和大规模购买资产，使其基础资产扩张了 377%，但 M_1 的增幅还不到 111%，这主要就是银行惜贷，主动加大了自己的超额存款准备金导致的。再比如，春节期间企业要发奖金，朋友亲戚之间要发红包，相较于平常月份，社会的现金持有量会大幅上升，因此节假日货币扩张的规模会下降。为了维持一定的货币供应量，春节期间央行会有意识地“放点水”，加大基础货币投放量，维持正常的货币扩张机制。

基准利率：经济冷热的调节器

如果说存款准备金率是用来调节资金量的，那么基准利率则是调节资金价格的。在农业生产中，如果用水成本太高，农民可能就宁可让土地荒芜。如果水量充足且价格低廉，农民可能就愿意多开垦一些荒地，多种一些庄稼。

同样的道理，降低基准利率就是降低资金使用成本、刺激经济，而提高基准利率则是要抑制投资消费行为，给经济降温。比如，20 世纪 80 年代初，美国出现经济过热，通货膨胀率一度达到 13.5%，美联储在 1983—1984 年连续加息 12 次，基准利率从 8.5% 上调到 11.5%，抑制投资消费行为，使通胀率回落到了 4% 以下。再比如，我国央行为了应对 2014 年出现的宏观经济下行趋势，从 2014 年年底到 2015 年年底，一年内 5 次降息，将 5 年以内贷款基准利率从 6.00% 下调到 4.75%，刺激市场投资消费欲望，经济随之在 2016 年回暖，出现近年来的一个经济“小阳春”。

所以，调节基准利率，就是通过调节资金价格，影响人们的投资消费意愿，从而达到调控经济的目的。这个逻辑本身是自洽的，而银行体系具有杠杆效应，一旦利率调整幅度过大，市场预期被彻底扭转，就可能在相反的方向上形成反馈效应：比如加息的力度过大，经济容易收缩过猛，引起“旱灾”；降息尺度宽了，又可能导致“大水漫灌”，产生资产泡沫。所以，加息、降息的力度和节奏很难把握。

中国在 20 世纪 90 年代中期就经历过加息幅度不当导致经济“旱灾”的情形。20 世纪 90 年代初，中国经济开始“大干快上”，很快就出现过热局面——1994 年通货膨胀率达到了 24%，大米价格涨了 1 倍，老百姓陷入了恐慌，开始疯狂兑换外汇、囤积商品，市场上的大米、油盐，甚至肥皂都被抢购一空。面对这种情况，央行很快连续出台了 10 多项压缩信贷规模的措施，基准贷款利率更是从 1993 年的 10.8% 提高到 1995 年的 13.5%，提高了近 30%。加息又快又猛，社会预期突变，导致经济降温的幅度比中央预计的要强烈得多。贷款利率太高，企业不愿意投资贷款，即使已经开工的项目，也宁可丢弃让它烂尾；经济环境不好，贷款风险加大，银行也完全没有了放贷意愿。更严重的是，由于经济环境恶化，大批企业破产，企业贷款都成了银行的烂账、坏账—— 这就是中国经济史上著名的“经济硬着陆”。1998—2000 年，国有企业下岗工人共 2137 万,四大国有银行坏账率达到 39%。① 世界银行称，当时的中国银行业从技术层面看已经破产。

同样，降息力度稍有不慎也容易出问题。日本 20 世纪 90 年代的房地产泡沫、美国 2008 年的次贷危机，都和过度降息刺激经济的政策有密切关系。

20 世纪 80 年代中期，为了提振下滑的经济，日本央行从 1983 年 10 月到 1987 年 2 月，连续 5 年调低基准利率，将利率从 5% 下调到 2.5%。而同一时期欧美国家平均贷款利率为 8%~9%。2.5% 的超低利率强烈刺激了日本的投资消费欲望，居民和企业不断加杠杆，房地产价格也开始急速攀升。到 1989 年，东京银座商业地产的价格达到 300 万元人民币 1 平方米，号称东京帝国广场 1.15 平方英里土地的价格就可以买下整个美国加利福尼亚州。为了抑制泡沫，日本政府再次出手，1989 年和 1990 年连续加息 5 次，基准利率从 2.5% 升至 6%，就像高速路上狂飙的跑车猛然刹车，日本资产泡沫迸裂，地产危机爆发，高杠杆的

① 2000 年之前银行坏账率没有公开的数据。著名债券评级机构穆迪公司估算的坏账率为 35%~70%。39% 的数据来自施华强、彭兴韵：《商业银行软预算约束与中国银行业改革》，载《金融研究》2003 年 10 月。

企业倒闭，个人破产，各大金融机构也被拖下水，日本也从此结束了从20世纪50年代以来持续高增长的神话。

太阳底下没有新鲜事。10多年后的美国又踏入了同样的河流：2001年，在经历了高科技泡沫破灭和“9 · 11”恐怖袭击后，美国经济陷入衰退。美联储从2002年开始连续11次下调联邦基准利率，到2004年，基准利率逼近1%。这种超低利率水平意味着“借钱即赚钱”，所以美国社会消费投资的欲望大涨。除此之外，小布什政府放宽房地产抵押贷款的条件，让大量低收入人群也能贷款买房。大量缺乏偿还能力和抵押的贷款，即著名的“次级贷款”流入市场。再经过华尔街的各种炫目包装，加上多重杠杆后，这些质量差、风险高的贷款摇身一变成了“高收益的金融创新产品”，闪烁着肥皂泡一样美丽的色彩，被卖到了全世界。随着美国房地产价格不断创出历史新高，次贷产品引发的资产泡沫也越来越大，直到最后破灭。

所以说，存款准备金率和基准利率的调控，是技术含量很高的活儿。掌握着这两个工具的各国中央银行，也普遍被认为是经济运行中最重要的核心机构。

| 思考题 |

1. 微信和支付宝这些移动支付工具的出现，会不会影响货币扩张的机制？（提示：春节红包你还用现金吗？）
2. 2019年，美联储前主席耶伦（Yellen）在某次谈话中稍微暗示了一下加息的可能性，第二天，美国股市就大幅下挫，连带全球的股市都下挫。你能解释一下这个现象吗？

第 009 讲　中央银行：最后贷款人

在现代经济循环体系中，中央银行是绝对的系统中枢。它管控着货币发行的闸门，更是市场的最后贷款人。

央行是市场的最后贷款人

要理解央行“定海神针”的作用，需要对央行最后贷款人的角色有深刻的理解。这一点要先从银行挤兑的危害说起。

在现代国家经济的发展过程中，银行挤兑曾是最大的痛。一般来说，很少发生所有储户同时要取出存款的情况，所以银行账上只需要留下少部分现金应付储户提现的需求即可。但一旦同时取款的需求突然来临，银行很容易会出现流动性危机。此时，银行只能尽快出售自己的资产以缓解危机。但一般火速出售的资产都有很大的折价。此外，一旦出现流动性危机，坏消息比风跑得还要快，更多的储户都会闻风上门挤兑，进而造成更大的流动性黑洞——资产甩卖、信用受损、挤兑加剧，一步步形成恶性循环，银行危机愈演愈烈，直到破产。

更麻烦的是，如果宏观经济的基本面不好，挤兑很容易传染。一家银行出了问题，其他银行的储户也会开始担心自己资金的安全，也去挤兑，出现更大规模的银行挤兑或倒闭。银行倒闭会带来连锁反应：储户家庭受重创，企业资金链断裂破产，失业率开始飙升；恐慌还会蔓延到股市、债市、房市，影响外汇、大宗商品交易等，整个市场会像多米诺骨牌一样倒下。

这种情形并不是杜撰。在人类历史上，金融恐慌举不胜举：1929 年波及整个资本主义世界的大萧条、1948 年国民党政府的金圆券危机、

2000 年阿根廷货币危机……在这种恐慌中，轻则财富灰飞烟灭，经济一泻千里；重则社会动荡，甚至政府倒台。

这其中的逻辑并不复杂：现代经济建立在信用的基础上，而信用和“预期”密切相关。这种经济结构下的危机具有高度的传染性，所以危机也常被称作“自我实现的预言”——只要有对危机的预期，就会发生市场恐慌，甚至踩踏出逃，进而导致价格和流动性同时下降，然后危机真的来临。所以终止危机的办法，就是掐断这种自我实现的预言——比如有一个具有“强信用”的个体向出现危机的金融机构注入流动性，稳定信心，像隔断瘟疫一样隔离市场恐慌，让预言无法“自我实现”。

英国在这方面的实践经验非常丰富。从 18 世纪到 19 世纪，英国银行每隔几年就会发生挤兑危机。在观察了英格兰银行的种种措施之后，一个叫沃尔特·白芝浩（Walter Bagehot）的记者于 1873 年总结出了著名的“白芝浩原则”。这一原则主要包括两项内容。第一，央行应担负起“最后贷款人”的职责。在一个市场发生了金融恐慌时，央行应该果断给有安全抵押品的银行和金融机构放款，给市场注入流动性，避免多米诺骨牌效应。第二，央行应对这种临时性放款规定很高的惩罚性利率。否则一旦有兜底担保，金融机构就容易胡乱借贷，导致市场逆向选择。对这种应急的流动性注入收取高额费用，可以防止没有借款需求的金融机构搭便车（free-ride），产生道德风险问题。

没有最后贷款人，世界会怎么样

和大部分现代社会机构的功能一样，央行最后贷款人的角色定位不是凭空设计的，而是在历史的经验教训中逐渐摸索出来的。

在亚当·斯密（Adam Smith）去世后的 100 多年中，自由市场的概念在欧美深入人心，大家对政府那只“看得见的手”都很警惕。到20世纪初，尽管大大小小的银行危机已经发生过很多次，但是央行不该干涉市场的观念还是占主流。1929年，发源于美国的大萧条蔓延到欧洲，作为一战战败国的德国“屋漏偏遭连夜雨”——一战的赔款还压在肩上，经济危机又来袭，经济状况更加恶化。1929年到1932年，德国社会生产总值下降近40%，失业人数近600万，民不聊生的状况导致德国国内民粹主义高涨，而当时魏玛政府仍然坚持传统的自由放任的经济政策，社会矛盾愈演愈烈，民众转而开始支持承诺恢复社会稳定、推进改革的纳粹党。此后，希特勒开始逐步掌握国家政权，建立起了集权统治的法西斯体制，并且加紧扩军备战，挑起了第二次世界大战。

后来，很多历史学家和经济学家认为，20世纪30年代各国政府和央行的不作为导致了金融危机的全球蔓延，而这是二战爆发的一个重要导火索。其中美联储没能履行好最后贷款人的职责，导致大批银行倒闭，企业陷入绝境，才让危机从美国一路蔓延发展到不可收拾的地步。如果当时美联储能联合英格兰银行等其他大国的央行，遏制危机，历史可能会被改写。

战后各国都进行反思，大家终于意识到，在一个紧密相连的全球信贷经济体中，各国一荣俱荣、一损俱损。一个局部的“信用危机”很容易造成溃堤的后果。此后，全球央行逐渐形成一种默契，经济风暴来临时要齐心协力共渡难关。所以，2008年次贷危机发生之后，全球主要央行果断协同救市，积极充当“最后贷款人”：2008年10月，七国集团（G7）的央行行长和财政部部长即刻共同发表声明，表示会采取措施，避免金融机构破产，恢复市场信心；接着，以美联储为首的央行开始履行最后贷款人的职责，向市场上发生问题的金融机构进行贴现，大力地向市场注入流动性，有效控制了挤兑事件的蔓延，也平复了投资者的恐慌情绪。20 世纪 70 年代之后，全球高度金融化，2008 年金融危机的惨烈程度和涉及面其实要远远超过 1929 年，但由于各国央行（政府）及时干预，恐慌的蔓延得到了遏制，这才使全球金融危机没有演化成社会危机，造成更严重的后果。

| 思考题 |

1. 除了央行充当最后贷款人外，还有什么机制设计能够防止银行挤兑？（提示：挤兑发生的原因是对资金安全的预期不好，如果有机制能保证资金安全，就能有效防止恐慌扩散。）
2. 你怎么评价和看待 2020 年新冠疫情中各国央行的表现？

银行与理财：财富流转的通道

金钱是有史以来最普遍，也最有效的互信系统。

——尤瓦尔·赫拉利

第 010 讲　银行躺着赚钱的秘密

21 世纪以来，中国的银行业是典型的“高富帅”行业，2016 年招商银行和上海银行的平均年薪分别是 46 万元和 45 万元。全国最赚钱的企业中，银行业永远占据最显著的位置和比重。

银行利润来自存贷差

为什么中国的银行这么赚钱？我们不妨拆解一下中国银行业的收入构成。图 2–1 是 2016 年银行业金融机构的收入结构，从图上很容易看出，存贷差（利息净收入）、通道业务费用（手续费及佣金净收入）、投资收益这三块是银行收入的最主要来源，其中仅存贷差一项就占了整个收入的 3/4。[①]

① 剩下 1/4 的收入主要来自通道业务费和银行自己投资的收入。一般来说，银行会在债券这类比较安全的资产上投资，中国 90% 以上的国债都是商业银行购买的。所谓通道业务费用，是指银行不直接给资金需求方提供资金，而是和其他金融机构合作，为其提供一个通道，并收取“过路费”。平时我们在银行买的理财产品，多属于通道产品。

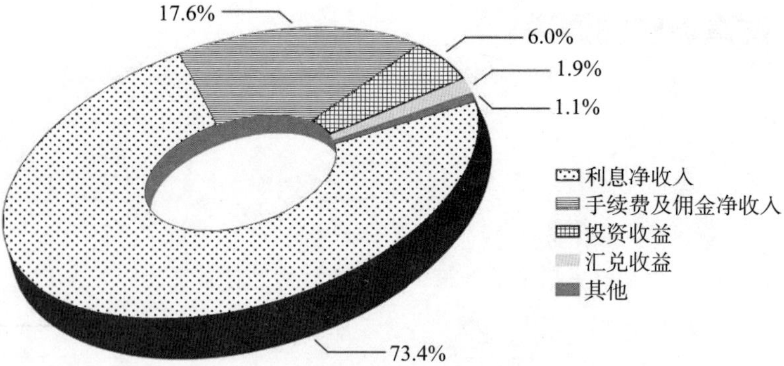

图 2–1　2016 年中国银行业金融机构收入结构

资料来源：《中国银行业监督管理委员会 2016 年报》

顾名思义，存贷差就是存款和贷款收入的差额。虽然听上去很简单，但存贷差所涉及的其实是银行的本质，即通过资金规模、期限和风险的转换，实现资金的更优配置，并从中赚取利率差额。

我们不妨将这种抽象表达转换成生活中的小故事来加深理解。

假设有两个村庄：一个村庄比较富裕，村民手里储蓄多；另一个村庄正在大规模开办工厂，发展酿造等工业，急需资金，村民们琢磨去隔壁村庄借钱。现在问题来了：开工厂要租（买）地，建厂房，进原料，请工人……资金的需求量很大，任何一家村民都不会有这么多闲钱，得多借几家——这就是借贷双方的资金规模差异。此外，从开厂办实业到创造利润需要一段时间，所以需要借长期资金，任何一家村民都不愿意把钱放外面这么久——这就是借贷双方的资金期限差异；还有，大多数人跟隔壁村的人完全不熟，对方不信任你，根本借不到钱——这就是借贷双方的资金风险差异；为了保障借款的安全，借贷双方都得签合同，如果一方违约了，另一方还得追讨债务——这属于借贷过程中的交易成本。

借贷双方的资金规模、期限和风险差异问题不解决，或者借贷过程中的交易成本太高，都没法完成资金的匹配，银行则恰好帮助解决了这些问题。

首先，银行可以吸收众多村民小笔的存款，汇聚起来借给那些需要大量资金的人，这叫规模转换。其次，银行将这些从不同时间点汇聚来的资金，匹配给那些资金使用期限不同的人，比如 1 年的、2 年的、5 年的，打一个时间差，这叫期限转换。再次，不管贷款是否能收回来，银行都会给存款的居民还本付息，承担借贷中间的风险，这叫风险转换。另外，两两签订、执行合同的巨大交易成本可以通过银行平摊到所有储户和贷款上，降低单位交易成本。通过银行，资金在两个村庄之间实现了有效流通，两个村庄都能受益，而银行在进行转换、完成匹配的过程中，也从借贷双方的资金成本差异中获得了利润。在其他条件不变的情况下，借贷双方资金成本差额越大，银行利润自然也就越高。

中国银行业“躺赚”的秘密

理解了存贷差的本质，我们再来分析影响存贷差的因素。

很明显，资金供需两端的成本决定了存贷利率的差额。一般来说，高速增长的经济体投资机会多，能获得的利润高，所以贷款需求旺盛，贷款利率水平也会上升。从 20 世纪 90 年代末开始，中国经济持续高速增长，贷款需求一直相对旺盛，（企业）贷款利率也保持在比较高的水平。2008 年经过“4 万亿计划”的刺激后，我国市场上的贷款需求和贷款利率同时攀升，中型企业的资金使用成本达到 8%~9%，小微企业的更达到 14%~15%。

中国银行业属于国有垄断性行业，采用的是“集中力量办大事”的官办金融模式，所以国有银行体系的筹资成本可以维持在比较低的水平：从 2000 年开始，我国对存款利率实行严格管制，2012 年利率市场化之前，银行存款利率一直稳定在 3% 左右。相对于处在高位的贷款利率水平来说，我国的存款利率一直偏低。换句话说，中国经济的高增长拉高了资金需求端的成本，而对金融行业的强管制压低了资金供给端的成本，所以，这十多年间，中国银行业确实享受了一段“高存贷差”的黄金时光。

但是花无百日红。从 2012 年开始，中国经济的政策面和基本面都发生了很大的变化，银行业也出现了贫富分化：有像四大国有银行这样利润丰厚的，也有像包商银行这样即将破产清算的。那种所有银行“躺赢”的时代结束。

这个变化包括两个方面。一方面来自政策面。监管层放松了银行牌照发放的限制，银行数目从 2000 年的 40 家飞涨到 2018 年的 4000 多家，银行间的竞争加剧；利率市场化的推进也使存款利率管制逐渐放开，银行明里暗里通过提高利率来吸引储户。另一方面则来自基本面。中国经济增长速度放缓，2015 年后 GDP（国内生产总值）增长下降到 7% 以下，市场上不再是遍地黄金，贷款需求和贷款利率都出现了下行趋势。这两方面的此长彼消，意味着存贷差收窄，银行的利润空间也就缩小。

当然，尽管银行业不再是一个可以“盲选躺赚”的行业，但也不等于“银行不赚钱了”。因为经过十多年的高速增长，中国经济这块蛋糕已经今非昔比，即使 6% 左右的增速，在全球也仍然独树一帜，极富竞争力。而且就金融资产总额来说，根据中国人民银行的数据，2019 年我国银行业金融资产总额已经达到 285 万亿元，是 2000 年 20 万亿元资产总额的 14 倍多。所以，只要是能在中国市场这块巨大的蛋糕上分得一杯羹的银行，都能“活得滋润”。

哪些银行能分到这杯羹呢？揽储能力强、信用网络密集、资金成本低的国有大银行当然能拔得头筹，那些金融创新能力强、有自己特色金融业务的股份制大银行，或者发达地区的城商行都有机会。和美国 20 世纪 90 年代的情形类似，我国银行业以后也可能会出现大规模的兼并收购潮，大银行可能强者恒强，甚至更强，而众多小型的地方银行既缺乏低成本揽储能力，也缺乏低成本触达客户的能力，随着未来中国区域增长的分化加剧，这些银行可能会面临更大的生存压力。

| 思考题 |

在你知道的银行中，你觉得哪些有可能在银行分化的浪潮中胜出，哪些则可能失败？为什么？

第 011 讲　货币基金抢了银行的利润吗？

2013 年 6 月，中国金融市场被一个叫“余额宝”的产品搅乱了一池春水。

阿里集团旗下的支付宝推出一个金融产品，1 元起购，可以随时购买、赎回。尽管流动性堪比活期存款，但这个产品的利率却比活期存款高了 18 倍（2013 年 7 月余额宝利率为 6.3%，同期银行活期存款利率为 0.35%）。同时，余额宝和支付宝绑定，在手机上动动手指就能快速实现理财支付等各种功能。这样一款流动性和收益率兼备的产品一面世就被疯狂追捧，2013 年 6 月到 2014 年 6 月，余额宝的资金规模从零增长到了 5741.6 亿元，用了不到 1 年时间就超过了当时中国规模最大的华夏基金，2014 年 6 月其总资产净值为 3168.07 亿元。

更重要的是，这个产品的出现引发了中国理财行业的一场革命：为了应对余额宝带来的竞争压力，各大银行纷纷推出类似的“宝宝类”产品，开启了中国老百姓的“现金管理”时代。

余额宝就是现在老百姓熟悉的“货币基金”。从2014年二季度开始，货币基金这个后起之秀以16807.46亿元的规模占据了中国基金业的半壁江山（占中国基金行业份额的47.34%），成为基金业的第一大种类。但从2017年开始，包括余额宝在内的货币基金收益率又一路下滑，到2019年下降到2.5%左右。

很多人都在问，以后买货币基金还是理想的理财选择吗？要回答这个问题，我们首先得知道货币基金的来历，及其收益率到底是怎么决定的。

货币基金和银行之间的恩怨情仇

货币基金起源于20世纪70年代的美国，当时美国仍然实施利率管制。根据Q条例，活期存款没利息，定期存款的利息则设有上限，所以老百姓的储蓄意愿非常低。为了吸引储户的资金，一个叫鲁斯·班特（Ruth Bennett）的投资银行家想出了一个办法：他设立了一只基金，吸收老百姓手里零散的钱，然后投向利率较高、普通人又不被准入的银行间货币市场。由于基金主要投向货币市场产品，所以被称为“货币基金”。

相比银行存款，货币基金不属于银行体系，成立货币基金不需要缴纳存款准备金，也不受利率管制，可以让老百姓的“闲钱”增值，所以一推出就大受欢迎。从1978年到1999年，美国货币基金占存款的比例从1%直线上升到63%。一大半美国老百姓都去买货币基金，不在银行存钱了，这正是美国历史上著名的银行存款大搬家，史称

“金融脱媒”。

究其本质，货币基金就是在利率管制下的金融创新。它绕开了对利率的监管，帮老百姓突破了银行间货币市场的准入门槛。更有意思的是，由于存款流失严重，银行感到了危机，开始游说国会废除 Q 条例，实施利率市场化改革。之后美国逐步放松对利率的管制，拉开了美国金融自由化的序幕。货币基金兴起带来的蝴蝶效应，估计是当时鲁斯·班特也没有预计到的。

2010 年之后，中国从政策面上开始逐步放松利率管制。余额宝的出现，恰好利用互联网技术，加速了中国利率市场化的进程，也让中国百姓“多收了三五斗”。

从银行业改革的角度看，余额宝等产品的出现是一个警钟，面对流动性接近活期存款，但利率却比活期存款高出 10 多倍的货币基金，如果银行还是按兵不动，老百姓一定会用脚投票，为存款搬家。所以各银行迅速反应，纷纷推出自己的货币基金产品。到 2019 年 7 月，我国 114 家金融机构一共推出了 730 只货币基金，总规模差不多达到了 7.74 万亿元。如果没有货币基金的兴起，这 7.74 万亿元中的大部分可能还躺在银行的活期存款里，拿着 0.3% 左右的利息。

从百姓理财的角度看，货币基金也提供了更多元化的选择。曾经有人说“余额宝是银行的吸血鬼”，但看看数据就会发现这种说法是一种误导——2019 年 6 月，余额宝规模达 1.034 万亿元，收益率 2.61%，而银行同期活期存款利率仅为 0.35%。和同样流动性的活期存款相比，余额宝让老百姓多了 234 亿元的收益。换言之，货币基金的出现无非在投资理财上让老百姓多一种选择，让一小部分利润从银行手里流回老百姓手里而已。更何况中国并没有像美国一样发生银行存款大搬家的情形。2013 年至今，居民的储蓄存款总额一直是上升的。截至 2019 年 6 月，我国货币基金仅占存款总额的 3% 左右，在整个中国金融体系里还只是沧海一粟。

货币基金收益率随市场资金松紧而波动

从收益的角度来看，货币基金收益率主要取决于银行间货币市场的利率。和普通人一样，银行也会有资金短缺和盈余的时候，所以经常互相借钱（银行间拆借），从而形成了银行间货币市场。这个市场不对个人投资者开放。而且，和一般借贷市场不一样，银行之间的拆借资金量大、时间短，隔夜、3 天、7 天期限的居多，所以银行间货币市场是一个大额的、短期的资金拆借市场，对流动性要求很高，拆借利率也会远远高于银行给储户的利率。

图 2–2 显示了 2013 年到 2017 年货币基金的平均利率和银行间隔夜拆借利率之间唇齿相依的关系——相关性高达 0.89。换句话说，想知道

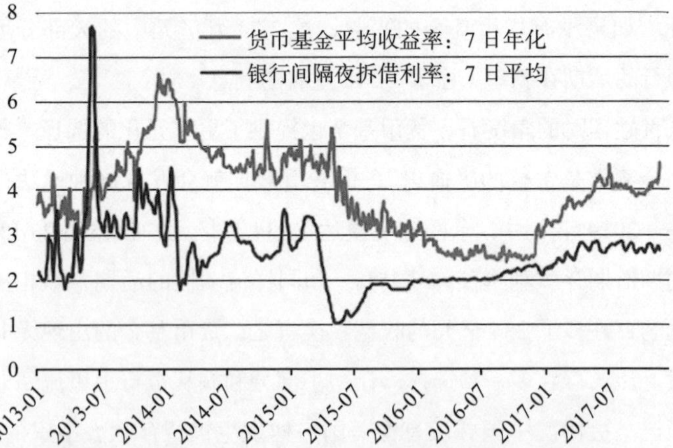

图 2–2　货币基金平均收益率与银行间隔夜拆借利率走势

什么时候买货币基金更好，只要看银行间货币市场利率什么时候更高就行了。

银行间货币市场利率的变动主要受宏观经济环境和央行货币政策的影响：市面上资金流动性充沛，银行间货币市场的利率就下降；反之，市面上资金流动性紧张，银行间货币市场的利率就上涨。

2013 年我国市场上闹钱荒，银行间隔夜拆借的利率一直很高，6 月平均为 6.7%，下半年平均 4% 左右，所以这一年货币基金的平均收益率是 4.87%，余额宝收益率甚至一度突破过 7%。从 2014 年开始，中国的经济增速放缓，央行开始实施宽松的货币政策，市面上资金的流动性就没那么紧张了，银行间货币市场的利率又慢慢地降了下来。2019 年银行间货币市场的利率大概是 2.66%[①]，所以，2019 年货币基金的平均收益率就是 3% 左右。

| 思考题 |

未来，中国货币基金的总量会一直扩大吗？结合美国的历史情况，说出你的理由。

第 012 讲 银行非保本理财产品：中国的影子银行

在各种财经要闻中，我们经常听到“影子银行”（shadow banks）这个词，但很少有人觉得它跟自己有什么关系。其实，只要你买过非保本银行理财产品，就参与过中国的影子银行体系了。

① 此为 2019 年 7 月 31 日的利率数据。

金融创新与金融监管的博弈

所谓影子银行，就是指那些具有银行信贷扩张能力，但又游离于银行监管体系之外的金融活动，就像“银行的影子”一样。影子银行是金融机构和监管之间博弈的产物。

在中国，作为唯一被允许吸收居民存款的机构，银行在金融体系中占据着绝对主导的地位。在全国300多万亿元的金融总资产中，银行资产占据了90%以上。银行业受国家的严格监管。比如说，我国银行业和证券业实行分业经营，银行业的资金不允许进入证券市场。再比如，银行资金投向要服从国家宏观政策调控目标，受到严格限制。当年调控房地产时就不允许银行的贷款流向房地产业。除此之外，银行的放贷规模也受到管控，此前商业银行要服从75%的存贷比限制。虽然现在这一规定已经取消，但国家对信贷额度的其他行政控制依然非常严格。

但站在商业银行的角度，作为企业，追求利润最大化和企业价值最大化是本能行为，所以什么行业赚钱，银行就希望放贷给什么行业，在市场环境好的时候银行就有冲动扩大信贷规模，在证券市场发展火热的时候，银行也想利用手里的资金分一杯羹。换言之，商业银行和监管之间的摩擦是一种必然存在。

而银行之外的金融机构，诸如证券、信托、基金等，在资金筹集方面的能力和银行相比都偏弱，但它们受到的监管也相对比较宽松。所以，银行和这些金融机构一拍即合，“我出钱，你出力”——银行通过和证券、信托、基金等其他金融机构合作，绕开金融监管，把资金投到利润最高的行业和市场上去，开展一些“类银行”的金融业务。这些业务或多或少都具有银行信贷扩张的功能，但是又在银行监管体系之外，形成了俗称的影子银行。

银行和信托的“银信合作”就是一个典型例子。2010年，中国经济出现过热现象，房地产市场更是一片沸腾。为了给经济踩刹车，防止房价过快上涨，国家开始限制商业银行对房地产行业放贷。可是对银行来说，在当时的市场环境下，房地产行业贷款利润丰厚，风险还低，简直是“唐僧肉”一样的存在。怎么办？曲线救国。信托公司受到的监管限制不严，银行就和信托合作，做信托贷款，然后发行底层资产为信托贷款的非保本银行理财产品，吸收大量资金，再通过信托公司的通道，将钱投到当时最热门、最赚钱的房地产和基建项目上。由于项目利润高，所以银行理财产品给出的收益率也相当可观，但是“不保本”。这就是非保本的银行理财产品。

非保本银行理财产品：银行仅仅是通道

中国很多百姓理所当然地认为银行产品没有风险。其实从2012年开始，华夏银行、平安银行、交通银行这样的大银行都曾出过违约事件[①]。

以华夏银行的“中鼎财富”系列理财产品为例。这个理财产品背后其实是河南新通商投资集团主导的股权融资计划，华夏银行只是作为销售通道来募集资金。项目投资门槛是50万元，承诺的年化收益率高达11%~13%，是当时存款基准利率的3倍多，加上华夏银行的信用背书，这款产品很快就募集了1.6亿元的资金。但之后由于经济下滑、公司破

① 华夏银行的“中鼎财富”系列理财产品，平安银行的“聚金宝”，交通银行的“得利宝”都分别出现了违约事件。

产，这个公司人去楼空，募集的资金也不知去向，购买该产品的银行客户的累计损失高达1亿元。换句话说，买“中鼎财富”的投资者以为自己买的是银行信用，其实他们买的是一个高风险的股权融资计划。银行仅仅是“通道”。

这些企业之所以找银行做通道，一方面是因为监管的要求，任何单位或个人未经批准都不能以股票、债券、投资基金证券等方式向社会公众筹集资金；另一方面是由于银行天生销售渠道广、信用好、容易募集资金。对于通过理财产品募集到的资金，银行收取1%到2%的通道费用，对理财产品的安全性则没有监管的义务。如果融资计划失败，银行是不负有保本责任的。

经济上行的时候，一切看上去很美好，但一旦经济下行，项目无以为继或大面积亏损，以为银行产品“刚兑”的百姓就只能自认倒霉。在这种模式中，银行实际上是给其他金融机构的项目贷款做“通道”，拉长资金使用链条，掩饰资金最终使用用途，从而绕开监管。这些“像影子一样的银行业务”就是影子银行，所以也被监管所不允许。

除了银信合作，银基（金）、银证（券）都曾有过类似金融实践。2014年中国经济增速放缓，实体经济行业的贷款需求减少了，资金开始流向证券市场。股票和债券市场分别出现了一波牛市，这时银行资金又有了流向证券市场的冲动。但是，根据监管要求，银行业不允许向证券市场投资。于是，银行开始和基金公司、证券公司合作，推出了银券、银基等金融产品。和银信合作模式类似，银行募资后以基金公司、证券公司为通道，将资金投入证券市场，推高了金融资产价格，这就是监管层后来一直批评的“资金在金融体系内空转”。更重要的是，为了逃避监管，很多金融产品会设计得比较复杂，中间会嵌套很多层，杠杆很高，风险也很大，形成了庞大的高风险的影子银行，使得监管无法穿透。这些问题使监管层下决心开始整顿市场。从 2017 年 4 月起，国家连续发文，要求金融去杠杆，严防金融风险，截至 2019 年，这些银基、银券的影子银行产品被“去”得七零八落。这两年各种金融产品的暴雷，和前期影子银行的快速扩张及近期的去杠杆都多少有些联系。

整体而言，影子银行就是金融机构和金融监管之间“猫捉老鼠”的游戏。一方面，这些金融产品会促使资金流向投资效率更高的地方，提高整个社会的资金使用效率；另一方面，为了躲避监管，这些金融产品会设计复杂的中间通道，导致监管无法穿透，底层资产的质量更缺乏监管，很容易产生风险，给普通投资者带来较大的损失。

那么，一般人要怎么判断某个银行理财产品的风险度呢？总结而言，有以下几种技术和策略。

第一点，不过度关注银行头衔，而关注理财产品投向。要紧密关注产品说明书上的“产品投向”是否清晰安全。如果理财产品投的是现金贷、消费贷、小额贷这类产品，在金融去杠杆的大背景下要非常谨慎。

第二点，避免“银行代销”的理财产品。银行代销意味着银行充当销售渠道，中间信息的不对称性太大，很难把握。

第三点，重点关注募资方信息，避开那些“名头响亮、头衔多，但缺乏具体经营业绩细节”的募资发行方。比如，“中国好声音佛山演唱会基金”就和《中国好声音》节目组没有任何关系。

| 思考题 |

你认为影子银行对中国金融市场利大于弊还是弊大于利？

| 延伸阅读 |

历史上的银行

有时候我们会发现，被灌输的历史知识并不完整和精确。

教科书上说欧洲的银行起源于金匠，中国的银行起源于当铺。但是仔细想想，早在金匠和当铺之前，当私有财产出现之后，借贷行为就产生了。那这些借贷行为究竟是怎样进行和维系的呢？换句话说，“银行”这种信用活动中介，应该和借贷行为密切相连，随着借贷的规模、形式和地域特性而演进变化。它可能以各种形式存在，只是没有统一的称谓罢了。

回看历史长河，寺庙、客栈、布庄、药铺都曾充当过银行的角色。

药铺银行

药铺银行的历史可以追溯到唐朝的时候。古代著名的纪实小说《太平广记》里就有不少有关药铺银行的故事：实力雄厚的大药铺不仅代人保管财物，还接受存款、发放贷款。而且药铺发放的取钱凭证——“帖子”，跟现在银行用的凭证几乎一模一样。

我母亲的祖家曾在当地开了一家大药铺，百年老店，信誉特别好，资金实力也雄厚。据说在20世纪三四十年代，药铺开出的票据就被当作货币在县城里流通。开出的票据有了货币的功能，药铺自然也就开始办理一些抵押、借贷的业务。发行货币、办理存贷等业务，都是标准的银行业务。

药铺会成为银行，逻辑一点也不奇怪。在乡土中国，什么地方最重要？药铺，因为这是事关人命的地方。稍加研究你就会发现，历史上开大药铺的都是当地财力雄厚、信誉良好的著名乡绅。也就是说，“药铺”

是乡土中国的一个重要信用点，充当银行是逻辑自洽的。

寺庙银行

在古希腊，寺庙也曾扮演银行的角色。在公元前5世纪时，雅典娜神庙就充当了雅典的中央银行和国库。伯罗奔尼撒战争爆发前，雅典娜神庙后面有一个巨大的储藏室，里面存储着几千万枚硬币，都是雅典的储备货币。雅典娜神庙周围有很多经营银行业务的摊位和桌子。不久前，考古学家就在那里发现了很多希腊人留下的石板桌，上面有刻度数字，还有计算用的线条，和中国古代的算盘很像。古希腊的银行家们就坐在这种有计算功能的桌子后面，开展与信用紧密相关的揽储和放贷业务。在希腊语中，银行被称为τράπεζα，就是桌子的意思。

中国古代的“寺庙银行”和西方类似。南北朝时期，皇帝们笃信佛法，寺庙的香火旺盛，于是大量财富向寺庙聚集。资金实力雄厚的寺庙也有财富增值保值的需求，便逐渐开始向民间放贷。当时，规模较大的寺庙都有为数众多的分支机构，又有皇权的支持，这些优势让寺庙比私人的信用机构更加便利、风险更小。很多富人、地主都愿意委托寺庙来放贷，普通民众也愿意到寺庙里抵押、借款，长此以往，寺庙就形成了一个信用网络。到了南北朝后期，寺庙成立了专门的经营信贷业务的机构——“寺库”。宋朝以后，“寺庙银行”的规模变得越来越大，金融业务的种类也越来越多，放贷出去的钱不断生出新钱，所以人们又叫它“长生钱”，寺库也慢慢地改名为“长生库”，已经出现银行专业经营的雏形。可惜后来元朝打压汉传佛教，明朝和清朝又尊崇儒家，佛教的势力日渐衰落，“寺庙银行”也随之销声匿迹了。

寺庙成为银行的逻辑同样不奇怪。第一，寺庙是公共场所、人流量大，资金在这里特别容易集聚、流通和交易。第二，银行依靠信用生存，但信用是看不见、摸不着的。在生产力低下的古代，人们都相信“头上三尺有神明”，在某种程度上说，寺庙的威慑力就是信用的支持和背书。

“驻京办”、客栈、布庄银行

除了药铺和寺庙，商业流通也容易催生银行业务。欧洲的现代银行业就起源于地中海的贸易，当时商业的繁荣让办理票据汇兑、融资业务的机构应运而生。

我国唐朝也有过类似的机构。唐朝的商旅特别发达，作为当时的国际第一大都市，首都长安之盛况犹胜如今纽约。巨大的人流量和资金量让长安城里的“银行业务”百花齐放。

最著名的是“飞钱”：各地商人常常运货到京城出售，但唐朝的货币以金属为主，售货所得的大量钱币再带回去既不安全也不方便，于是商人和官员们就创造了类似银行汇票的“飞钱”，既方便又安全。

还有唐朝各州县都要往长安派驻人员，在长安建立进奏院（相当于现在的驻京办），这些“驻京办”逐渐开始银行汇兑业务。“驻京办”联合各地富商和大户制作凭证，有需要的商人们可以把钱币交给“驻京办”，由“驻京办”发给半联凭证，另半联凭证寄回商人当地富商和大户的机构。商人回去之后只要拿出相符的凭证，就可以取款。

除了“驻京办”，当时的旅馆和客栈也有银行业务。起初，为了方便顾客，旅馆和客栈会在店里放一些柜子，替人保管财物。后来，这类业务越做越大，长安的西市还形成了存钱、取钱一条龙的柜坊业务。这和现在的银行营业大厅及 ATM（自动取款机）有异曲同工之妙。

大布庄也曾充当银行的角色。布帛在我国古代是最常见的货币之一。唐朝实行“钱帛平行本位”制度，规定“绢值与钱值并重”。也就是说，布匹和钱价值相当。中学课本里一首叫《卖炭翁》的诗里还写道，“半匹红绡一丈绫，系向牛头充炭直”，说的就是当时布匹当钱币使用的现象。所以，布帛在当时被频繁地当作货币使用。正因为如此，布庄天生具有银行基因，渐渐也开始替人保管财物、接受存款、发放贷款。

不管是药铺、寺庙，还是“驻京办”或者客栈，之所以发展出银行业务，究其根本都有一些共同的线索。第一，人多的地方，资金流通就多，就容易产生借贷融资的信用行为。第二，早期的银行大多在当地起家，因为银行做的是信用生意，信用的积累需要时间，也会有空间限制。第三，人际交往互动多的场所更容易产生信用网络，也就更容易催生出银行业务。

反观现代的银行，依赖信用、商业发展等条件存续的情形与古代如出一辙，与之前最大的不同是突破了本地的限制，拥有了庞大的分支机构。但如今很多的本地小银行，比如农商行之类的银行仍然以当地的业务为主。所以仔细想想，从古到今、从东到西，“银行”名字形态各异，但其发展并不是羚羊挂角无迹可寻，而是遵循着“信用业务”的基本逻辑。

中国银行圈的血统和阶层

中国现在有4000多家银行，种类五花八门，既包括老字号的五大国有银行，浦发、招商等股份制银行，还有势头凶猛的城市商业银行。这些银行分别代表了中国银行圈不同的阶层和血统。

皇帝的女儿不愁嫁：五大行

工商银行、农业银行、中国银行、建设银行，再加上后来的交通银行，是国家直接管控的大型国有商业银行。这五家银行的金融资产加起来占了全国金融业资产的40%左右。1949年到1984年，中国一共就这五家银行，而且每家银行在各地都有分行，还设有大量的支行、营业厅。上一代人很多一辈子的工资和储蓄基本都没有离开过这几家银行，对于他们来说，这五大国有银行就是银行的代名词，地位很高。

人类是一种受惯性驱使的动物，这种惯性在金融账户上体现得尤其明显。很少有人会不停地换金融账户，用金融术语来说就是“金融账户是有黏度的”。所以，历史悠久、分支机构众多、有国家信用保底的五大国有银行就属于“皇帝的女儿不愁嫁”，吸储能力好、信用好，明显处于银行圈的上流阶层。

不过，五大国有银行的分支机构太多，“林子大了以后，什么鸟都有了”。在2014年著名的泛亚金融诈骗案中，有接近70亿元的理财产品是通过中国银行内蒙古分行代售的。所以，“上流阶层”也不意味着绝对的安全。

大都市精英白领：股份制银行

除了大型国有商业银行以外，大家比较熟悉的招商、浦发、民生、兴业等股份制银行则属于银行业的第二梯队。它们也是全国性的银行，只是股权结构比较灵活。

如果说五大国有银行是“皇帝的女儿”，那么这些股份制的银行就像电视剧《欢乐颂》里的安迪，是海归精英，具有国际视野，但是不属于“蓝血贵族”，还得靠自己奋斗。最典型的表现就是，这些银行在吸收储蓄的能力上和五大行比有天生的劣势。所以，它们必须做特色业务，搞差异化竞争。

比如出生在深圳蛇口的招商银行就是著名的零售银行，信用卡业务在全国首屈一指。招商银行的信用卡发行量大，申请也方便，微信、电话、网络等各种途径都可以申请。更重要的是，招行信用卡合作的落地商铺很多。之前朋友在钱柜唱歌时，因为只有招行的信用卡可以打五折，为了优惠，就特地去办了张招行的信用卡。招行善于使用类似促销手段，比较容易吸引年轻客户。在提高信用卡额度方面，相对于其他银行，招商银行的程序也是比较简单的。

像民生银行则在小微企业贷款领域做得比较有特色。中国的民营小微企业处境一直很艰难，企业发展资金的筹措只能靠自我积累，或者灰色、不合规的民间金融业务。所以民生银行最开始就把自己的业务领域定位在了小微企业贷款这块未开垦的处女地上，避免和大型银行在对公业务上形成竞争。到目前为止，民生银行的小微企业客户总数是60多万户，居各家商业银行之首。

正因为没有“衔着银钥匙出生”，所以股份制银行一般都努力上进，尤其注重形象。浦发银行的总行就坐落在上海外滩一座古罗马式的古典建筑里，它被誉为从苏伊士运河到远东白令海峡最讲究的建筑。为了吸引人才流入，股份制银行的薪水也是几类银行中最高的。同时，由于市场化程度较高，股份制银行在个人业务上服务态度好，收取的服务费少，提供的理财产品的收益也会稍高一点。

地方电视台主播：城市商业银行

在中国，还有一类非常特殊的银行，叫作城市商业银行，简称城商行。上海银行、北京银行、重庆银行都属于这一类银行。

这类银行的前身是20世纪80年代为搞活地方经济在各地设立的城市信用合作社，是国家经济和金融体制改革的产物。到了20世纪90年代中期以后，中国人民银行开始全面整顿城市信用合作社，《商业银行法》实施后，部分地级市在城市信用合作社的基础上组建了城市商业银行，服务地方中小型企业。

城商行在我国金融体系中的地位比较特殊，国家对其采取的是双线管理的方式。在行政上，城商行隶属于地方政府，由地方政府控股；在业务上，城商行从事的是金融业务，归银监会监管。各城市的城商行都是当地的钱袋子，特别是各地在搞建设时，财政、土地等方面的贷款都会通过城商行进行。但是，在规模、体量和实力上，城商行和国有银行、股份制银行又有差距。这样来看，城商行就像二、三线城市电视台的主播，在当地是时尚的偶像，但是一到了“帝都”“魔都”，气势就矮了半截。

因此，城商行属于地域性特别强的一类银行。目前全国现有的130多家城商行的差异特别大，基本上是区域经济发展的一面镜子。最近10多年，30多家城商行已经上市，它们看上去和股份制银行几乎没有差别。排在首位的上海银行已经跻身全国500强企业，北京银行则比很多股份制银行实力还要强。但是，大多数的城商行还是地方性银行，在资金实力、规模和信誉度上还没有冲出省城。这类银行吸收储蓄的能力普遍不强，在这种情形下，它们会开发收益率远高于市场平均水平的激进的理财产品，你在买这些产品时要多加小心。

除了“皇亲国戚五大行”“大都市丽人股份制银行”“小家碧玉城商行”之外，中国还有千家农商银行和其他农村信用合作社，这些机构体量相对较小，大多隶属于所在省份的地方法人金融机构，省联社。

第 三 章

投资银行：
改变市场生态的新物种

投资银行的本质就是资金中介，但是其业务形态、组织模式随着全球资金面和监管的变化不断演进蜕变。

过去大半个世纪，投资银行的创新是金融市场演化的主要原动力。

零售经纪扩展了金融市场的规模和宽度，杠杆并购加快了企业的结构调整和更新，量化交易帮助人们更有效地挖掘数据、认识市场。资产证券化更是改变了金融市场的生态。作为20世纪60年代以来全球金融深化的最大推手之一，资产证券化将房地产市场、直接融资市场、间接融资市场打通，创造了巨大的流动性，为大量金融创新提供了土壤。

传统血脉：金融市场的清道夫

太阳照常升起，一切都没有改变。

——帕特里克·梅尔罗斯①

第 013 讲　资金与监管：投资银行的双螺旋

作为过去 100 多年来最惹人注目的行业，很少有人能给投资银行下个准确定义。因为投资银行就像一个不断演变进化的新物种：发行承销、兼并收购、投资顾问、零售经纪、杠杆收购、量化交易、资产证券化，各种模式层出不穷，业务线纷繁复杂，很难一言以蔽之。

但如果仔细思考，我们会发现，投行的变形并不是杂乱无章的，资金和监管两个因素的变化，犹如生物的双螺旋 DNA（脱氧核糖核酸），决定了投行这个“新物种”的演化进程。

资金从稀缺到富余，业务从融资到投资

资金面的变化是投行演化变形的第一条线索。

---

① 帕特里克·梅尔罗斯（Patrick Melrose）是英剧《梅尔罗斯》中的主人公，该剧讲述了梅尔罗斯从小遭受家人虐待，长大开始吸毒，最终克服困境，恢复到健康人生的故事。

投资银行本质就是资金市场的中介，将融资者和投资者的资金进行匹配、创造效益。这意味着，投融资双方的资金状况决定着投行的业务模式。过去一个世纪，全球资金经历了从“稀缺”到“富余”的变化，投行业务也随之从“融资主导”转向了“投资主导”。

直到20世纪中叶之前，全球更多时候面临的是资金稀缺的问题，投行的主要任务是为企业募资，即俗称的“卖方业务”，通过帮助企业或政府发行承销证券、兼并收购赚取利润。20世纪60年代，投行总收入中来自传统卖方业务的佣金、承销收入超过70%；而现在，这两项主要业务的收入占比下降到30%以下，募集资金、资产管理、代客理财等买方相关业务的利润占比已经远超过50%。

这个变化背后反映的是二战后全世界的政治经济格局：战后70年是人类的黄金时代，其间没有爆发过大规模战争，欧洲、美洲、亚洲都相继和平崛起。除了非洲以外的全球各地进入了人类历史上持续时间最长的政治和平、经济高速增长的时期。根据世界银行的数据，在这70年的时间内，全球财富的增长速度，年均超过10%。

随着财富累积，全球中产阶层迅速崛起。根据世界银行的保守估计，目前全球的中产人数已经高达20亿，人们的财富水平在不断攀升。20世纪60年代全球高收入国家的人均年收入在1500美元左右，现在则是4万多美元[①]。这意味着全球财富总量在积累，财富的分布也变得更广泛。

换言之，战后70年的财富创造累积，造就了今日世界资金富余的

---

① 在考虑通货膨胀后，人均年收入上涨近3倍，在1960年后有13个国家及地区成为高收入经济体。

基本格局，投行的业务也随之变化演进，从为项目找钱转向了为钱找项目，从融资转向了投资，从“替富人服务”转向“替中产阶层服务”，这期间投行业务模式的创新恰恰反映了这种变化。

零售经纪业务的发展是一个重要分水岭。之前的时代证券投资只是少数人的游戏，直到中产阶层崛起，普罗大众才开始“有财可理”。投行敏锐地发现了这个机会，开始降低投资门槛，帮助普通人进行证券投资，自己也逐渐从“少数富人的私人银行”慢慢地转变为“公众的投资经纪人”。

紧接着，各种融资工具出现。过去，只有资产雄厚、财大气粗的巨头才有机会公开发行证券进行融资，垃圾债券、杠杆收购的兴起则通过直接融资和收购，扶持帮助了大批中小创新企业的发展。融资不再是大企业的专利，美国的直接融资市场也变得更有层次。

再之后，杠杆收购变身为私募股权基金，投行的买方性质加强。随着管理资金规模的扩大，对投资多元化的诉求越来越强，资金开始寻求不同的风险－收益匹配模式，创投、风投以及量化交易日渐兴起，投行开始变身为“私募基金管理人”。

资产证券化使得金融深化进程加快，为全球财富创造了无与伦比的流动性。资产证券化盘活了银行的资产负债表，将表内和表外业务打通，更打通了银行与资本市场间的渠道，为更多金融创新提供了土壤。

监管的圆舞曲：分久必合，合久必分

除了资金之外，监管的变化是决定投行演化路径的另外一条线索。

过去的大半个世纪，监管“加强”和“放松”的循环往复决定了投行变形创新的速度和力度。

投行的雏形可以追溯到 18、19 世纪的“私人银行”。当时社会整体收入水平极低，投行主要从少数富人那里吸收资金，属于“私人银行”。由于不涉及大众，投行受到的监管相对很松。但在发展的过程中，银行家们发现自己完全可以涉足商业银行业务，从公众处吸收更多的资金。商业银行和投行的界限也开始逐渐变得模糊，混业经营在 20 世纪初达到了巅峰。

混业经营是相对高风险的：公众资金容易流入高风险的资本市场，资产价格的波动又会牵连银行信贷，甚至引发挤兑，导致经济和社会动荡。1929 年股市崩塌传导到实体经济，引发银行企业破产，导致经济危机全面爆发的教训让美国政府痛定思痛，于 1933 年颁布了《格拉斯 – 斯蒂格尔法案》，对商业银行和投资银行实施严格的分业经营。投行不允许涉足揽储业务，商业银行资金则不允许流入资本市场。这一“分业经营”的思路成为之后半个世纪全球的金融监管主流。之后银行家们开始绞尽脑汁，设计各种产品，争取突破“揽储”和“资本市场”之间的藩篱。经过战后 20 多年的高速增长，到 20 世纪 60 年代，欧美市场资金规模日益增大，金融机构越来越复杂多元，投资银行开始不断想办法挣脱监管束缚，创造更多利润，金融创新前所未有地发展起来。

20 世纪 70 年代，欧洲率先开始了金融自由化浪潮。美国金融业感受到压力，也开始不断创新。在这一时期，投资银行推出货币基金，导致银行存款大量流出。银行开始不断向美国政府施加压力，利率市场化得以加速，商业银行也开始向混业经营的状态转型。

20 世纪 80 年代之后，随着层出不穷的金融创新，严格分业经营逐渐被瓦解。1999 年，美国总统克林顿颁布《金融服务现代化法案》，给混业经营赋予了一定合法地位。在接下来的 10 年，监管的放松让美国经历了令人目眩的金融繁荣，这又刺激了更多更大胆的金融创新，市场越来越复杂，杠杆率越来越高，风险也越来越隐蔽。

2007 年爆发的次贷危机又将“监管”推向了台前，危机的巨大危害让美国政府开始重新审视金融自由化。鉴于投行创新业务模式的巨大能量，加强监管开始成为主流的声音。从 2012 年《多德 – 弗兰克法案》起，美国政府开始对创新业务采取更加严格的监管。虽然市场仍然处于混业的状态，但是降低杠杆、对金融产品实施更严格的穿透式监管。

但这并不意味着金融创新步伐的停止。“野火烧不尽，春风吹又生”，那些受到监管比较少的业务部门，比如私募类的业务，可能会获得更大的发展。同样，在新兴的数字金融领域，大投行也有机会创新求变，继续向“科技金融”演化，去拔得下一个金融时代的头筹。

| 思考题 |

中国有投资银行吗？如果有的话，列举几个，并说出它们和高盛、摩根士丹利这些国际大投行的异同。

第 014 讲　发行承销：投资市场上的“婚介中心”

证券的发行承销是投资银行最吸引眼球和最赚钱的核心业务之一。发行承销的英文是“underwrite”，“under”就是“在下面”，“write”就是“写”，可以衍生为“支持与承诺”的意思。

某种意义上，发行承销和媒人的介绍撮合很类似。一边是企业要筹集资金，一边是投资者想投资赚钱，但双方不了解，一个有信用的中间人进行沟通介绍，撮合资金匹配，这就是投行的支持和承诺。

投行：企业和投资者的“婚姻中介”

发行承销的各个程序环节可以理解成投行帮助企业“嫁出去”的过程。尽职调查，就是投资银行详细了解企业的经营情况，相当于媒人查女方家底；路演，其实就是投资银行帮企业掌握市场上的信息，相当于了解哪家愿意出聘礼、哪家条件合适，然后把姑娘好好地包装一下去各家做宣传；承销团，其实就是多家投行机构共同担任承销人，相当于一个媒人担心实力还不够，邀请其他媒人一块来替姑娘站台；至于发行价格，就是证券卖给初始投资者时的价格，相当于替姑娘要聘礼，这个分寸拿捏很需要技术，聘礼太高男方不乐意，聘礼太低女方会觉得吃亏。

好投行和好媒人一样，能够将一个企业更好地“嫁”出去。在这个过程中，怎么对企业进行包装、怎么和监管层沟通、怎么扬长避短地进行表述，都是投行功力的体现。

“六个核桃”算是家喻户晓的饮料，那个魔性的广告曾经铺天盖地出现在电视、公交车等各处。从财务数据上看，这家企业盈利能力不错：母公司养元智汇饮品股份有限公司 2016 年的净利润是 27 亿元人民币，是同期 A 股上市公司平均利润的 3 倍。但奇怪的是，这家企业从 2011 年开始冲击上市，经历 5 次失败，直到 2017 年才取得上市资格。

凭业绩而言，这样的企业算市场上的“靓女”，为什么会出嫁得这么辛苦呢？分析一下证监会针对其招股说明书[①]的意见，我们就会发现监管层主要有两个顾虑。

一是上市有“圈钱”的嫌疑。“六个核桃”计划募集 33 亿元资金用于营销网络和市场的开发。但财务数据显示，上年度企业的净利润是 27 亿元，股东还分红 24 亿元，企业不仅没有银行贷款，而且还购买了 47 亿元的理财产品。监管层认为，如此良好的财务状况，企业根本不需要钱，上市筹资有圈钱嫌疑。

二是持续盈利能力存疑。企业 95% 以上的收入来自核桃乳，监管层认为企业的产品过于单一，而且过度重视营销、轻研发，担心其未来的持续盈利能力。

但其实如果换个角度诠释，财务状况好意味着信用能力强、偿债能力强，“圈钱跑路”的风险就很低。至于产品单一，也可以看作“主营业务集中突出”。所以，“六个核桃”的这些特点既可以理解为弱点，也可以理解为优势，关键看怎么跟监管层诠释和沟通。

另一些企业则和“六个核桃”形成鲜明对比。比如由中信证券承销的大理药业，从 2014 年到 2017 年，业绩连续 3 年下滑，但却在 2017 年 7 月一次性通过证监会发审委的审核，成功上市。还有中泰证券承销的华瑞电器，只生产一个叫电机转向器的产品，在当时累计净利润没有

---

① 招股说明书又经常被金融圈人称为“红鲱鱼募股书”（red herring prospectus）。关于鲱鱼有个趣闻，说是监狱的逃犯在逃跑的路上放红鲱鱼吸引警犬的注意力，借此逃脱，后来“红鲱鱼”这个词就慢慢演化成了转移焦点和注意力的意思。从 20 世纪 60 年代开始，美国证监会（SEC）要求上市企业和投资银行递交初步招股说明书，里面包括公司的财务和经营等各种信息，为了保证投资者能关注到这些重要信息，SEC 要求招股说明书的封面一定要用大红色的字，吸引投资者的注意力，这和红鲱鱼的典故颇为类似，所以圈内人也就用“红鲱鱼”来作为招股说明书的代名词了。

达到 3000 万元的上市标准的情况下，因为对“业绩下滑”给出了合理解释，对“企业未来业绩能够实现增长”进行了充分的证明，成功地说服监管层，所以也一次性通过审核，成功上市。

不同企业的不同命运，虽然原因很复杂，但和投行的“包装能力”确实有很大关系。从 2014 年 IPO（首次公开募股）重启以来，99 家券商对 3152 家公司服务了 IPO 申请。其中，有些券商服务过 100 家以上企业，还保持了 90% 以上的过会率，也有些券商仅仅服务数家公司，其过会率还低于 70%。

注册制和核准制孰优孰劣

截至 2020 年 3 月，A 股市场实行的是核准制（除了科创板外），欧美以及大部分国家上市则是实行注册制。

在注册制下，上市融资成功与否的决定权主要在市场。监管机构主要对企业报送的文件进行形式审查，不进行实质审查。也就是说，监管层只管文件中的信息披露是不是准确，至于这家企业是好是坏，由市场自己决定。

核准制则不一样，监管部门不仅要对材料进行形式审查，还要对企业进行实质审查，剔除那些不好的公司。也就是说，监管部门会对上市企业的质量进行把关，充当“市场质检员”的角色。

两种不同制度导致监管权力不一样：在欧美国家及我国香港地区等金融市场上，监管部门只对企业是否充分履行了信息披露义务负责；而中国的监管层在企业上市中被赋予了生杀予夺的大权。但监管是个抽象概念，最后实施监管的还是人，而人对企业的判断会带有主观性。更准确地说，在注册制下，企业主要应对的是“制度”；而在核准制下，企业主要应对的是“人”。所以在核准制的大背景下，投行对监管层的沟通能力、对监管意图的理解和把握必然显得更重要。

俗话说，美女是“三分靠长相，七分靠打扮”。企业上市更是这样。尤其在中国这种僧多粥少的融资环境以及监管权力边界更宽的条件下，投行做“媒人”的能力不同，经常会导致完全不同的结果。

| 思考题 |

你能否列出投行发行承销和媒人的三个相似之处?

第 015 讲　兼并收购：企业的二手交易市场

除了发行承销，投资银行还有另一项传统业务——兼并收购。兼并收购市场颇类似再婚市场，旨在通过资产重组提高效率、创造价值。从美国传奇银行家 J.P. 摩根（John Pierpont Morgan）整合美国铁路行业开始，美国逐渐形成了兼并整合的“企业二手交易市场”。这个市场增强了企业的流动性，也让企业更容易保持快速新陈代谢的能力。

兼并收购是企业价值创造的方式

俗话说，幸福的婚姻是相似的，不幸的婚姻各有各的不幸。解决不幸婚姻的一个方法就是“重组优化”：从历史经验来看，兼并收购曾在不同时期帮助解决了企业和行业发展中的几种典型问题，实现了一定的价值创造。

第一，实现规模和协同效应。20 世纪早期，钢铁、铁路这些重工行业非常分散，大量小企业各自为政，很难实现行业业务的协同和标准化，从而陷入成本过高、效率过低的泥沼。在老摩根等投资银行家的支持下，美国开始了一次兼并收购浪潮，美国钢铁公司（United States Steel Corporation）、通用电气公司（General Electric Company，简称GE）、美国电话电报公司（American Telephone & Telegraph Company，简称AT & T），这些早期美国巨头公司都是这次浪潮的产物。通过兼并收购，这些行业集中度提高，企业的效率和盈利能力都得到提高。

第二，多元化经营，分散风险。20世纪60年代，市场上大多数人认为，企业如果业务单一，容易受行业景气度的影响，如果将业务拓展到其他领域，可以规避行业的周期性风险。著名的投资银行摩根士丹利和高盛集团敏锐地意识到，这其中有巨大商机，它们开始四处推动企业通过兼并收购的方式开展多元化经营。其中有纵向的兼并，比如房地产企业并购下游的家具、装修企业，这样可以产生协同效应，实现风险分散；还有横向的兼并，比如烟草企业跨界去做健康食品，不仅拓展了业务范围，而且东方不亮西方亮，当一个行业不赢利时，其他行业还可以有收益。美国林–泰姆科–沃伊特公司、利顿工业公司和美国电话电报公司都是多元化兼并浪潮的产物。

但是也有不少人认为，到工业化后期，兼并收购更多是资本游戏，带来的行业规模化和协同效应已经非常微弱。比如哥伦比亚大学的马克·赛罗沃（Mark Sirower）教授就在其著作《协同效应的陷阱》中指出，在1979—1990年的重大并购案中，因为并购方过于乐观地估计并购带来的协同效应，支付了过高溢价，约65%是失败的。还有研究发现，20世纪70年代之后的并购大约只有三分之一能实现协同效应。

到20世纪80年代之后，多元化经营的弊端更是逐渐显露，由于涉及行业多、业务线复杂，企业管理上的复杂度直线上升，主业经营绩效下降。很多多元化经营的企业因为机构臃肿、效率低下而普遍被市场看空，股价低迷，这被称为多元化折价（diversification discount）。折价的压力使得各企业开始产生剥离非主营业务、进行重组的需求。

第三，专业化瘦身。随着“多元化”的退潮，投资银行家们又开始扮演“离婚律师”和“再婚咨询”的角色，帮助企业进行专业化瘦身。他们牵线搭桥，帮助企业将非核心的业务拆分卖出去，希望能借此提升企业效率，摆脱市场的多元化折价，提高股价。现在，中国监管层在进行上市审核时，一般要求企业主营业务清晰，其本质就是遵循专业化瘦身的原则。

第四，强强联合。这是最近一二十年流行的企业“再婚”模式，颇有点“门当户对”的意思。它指的是两个特性、特质不一样的优秀企业走在一起，其可能产生的资源互补、市场垄断或者其他化学作用，可以导致“1+1>2”的效果。比如，20 世纪末至 21 世纪初，市值高达 1000 多亿美元的美国在线并购了时代华纳：一个线上资源广袤，一个线下资源丰厚，它们的强强联手让市场产生了无数遐想。现在互联网行业里，建立这种互补加强型的关系也是非常流行的，比如 2017 年阿里巴巴收购高鑫零售、亚马逊收购全食超市，2018 年腾讯入股永辉超市，思路都比较类似：强大的线上资源和庞大的线下零售网点结合形成一个具有想象空间的“新零售”概念，从而撬动巨大的潜力市场。

在兼并收购的发展历程中，投资银行一直扮演着重要角色，它们凭借对市场风向的敏锐洞察、专业知识和庞大的资金人脉资源，创造了各种业务模式，推动着兼并收购不断向前发展。

杠杆收购：门口的野蛮人？

在兼并收购中，最容易“日进斗金”的莫过于杠杆收购。顾名思义，“杠杆收购”依赖于高杠杆，即用较少自有资金撬动大量外部资金进行收购，四两拨千斤，获得超高收益。这种高杠杆模式下容易产生空手套白狼的现象，造成较大市场风险，所以经常被人诟病。

门口的野蛮人

1988 年 11 月，华尔街著名的杠杆基金，科尔伯格－克拉维斯－罗伯茨公司（通常简称 KKR）宣布以 248.8 亿美元的天价成功收购当时美国最大的烟草公司——雷诺兹·纳贝斯克公司。在这个天价收购案中，企业管理层和投资银行尔虞我诈，人性的贪婪显露无遗，演出了华尔街风云诡谲的一幕大剧。最后，KKR 使用复杂的结构化融资方案，以超过 90% 的杠杆率胜出。超高负债率给企业的持续经营带来了巨大压力，加上 20 世纪 80 年代后期烟草行业不景气，曾经的明星企业黯然失色，效益一路下行。到 1995 年，这个轰动一时的收购案以失败收场，KKR 以零利润退出。财经记者布莱恩·伯勒（Bryan Burrough）、约翰·希利亚尔（John Helyar）以这个案例为蓝本，写了本叫作《门口的野蛮人》（*Barbarians at the Gate*）的畅销书。之后，杠杆收购也经常被称为“门口的野蛮人”。

过高的杠杆会带来债务风险，破坏企业的持续稳定经营。所以，各国监管层都对这种套利型交易比较警惕。2018 年，A 股市场上著名演员赵薇以 50 倍杠杆收购万家文化，被监管层果断叫停，同时处以 60 万元的罚款，就是出于这种考虑。

杠杆收购能提高企业效率，实现多方共赢

但杠杆收购并不是天生“贪婪”，它也是投资银行的业务创新，曾为市场创造过巨大的价值。

经历了战后黄金 20 年，20 世纪 60 年代的美国出现了大批盈利稳定、业务成熟的家族小企业。随着时间流逝，创始企业家们逐渐老了，下一代又不愿意接班，于是他们想把公司卖掉套现。但另一方面，这些企业就像自己的孩子，创始人们舍不得和企业一刀两断，更何况企业家也熟悉本行业和企业管理，所以最优的选择就是保留企业经营权，卖掉所有权换取现金。

但当时，市场上只有大公司才有钱买企业。一旦它们入主，小企业主就很难再保持控制权。1965 年，美国一家卖假牙填充物的小公司找到大投行贝尔斯登公司的资深银行家科尔伯格（Kohlberg）。这家公司利润极好，但老板已经年过花甲，他想卖掉公司给家人留一笔钱，但又想继续经营公司。在估算出这家公司的市场价格大约是 950 万美元后，科尔伯格决定自己拿出 150 万美元，然后从其他渠道筹集了 800 万美元，相当于以 85% 的杠杆率将这家公司买了下来。同时，科尔伯格仍然将经营权交给原来的老板。由于经营得法，企业利润一直维持在高位。4 年之后，企业负债率也慢慢降了下来，科尔伯格再次运用自己的包装和销售能力，将这家公司打包上市，赚了 8 倍的利润。

在科尔伯格的这个案例里，杠杆收购并不是“门口的野蛮人”，反而实现了多方共赢：企业主在套现的同时保留了经营权；科尔伯格用 4 年的时间赚了 8 倍的利润，年化回报率接近 70%；借款给科尔伯格的投资人也获得了稳健可观的收益。这次成功让科尔伯格意识到这个模式的潜力，他联合另外两个年轻的投资银行家——克拉维斯（Kravis）和罗伯茨（Roberts），于 1976 年成立了一家基金公司，募资专门做杠杆收购的生意，这家公司就是前文我们提到的著名杠杆并购基金 KKR。

值得一提的是，12 年之后，由于和克拉维斯、罗伯茨经营理念不合，科尔伯格离开了 KKR，继续从事这种帮助小企业的杠杆并购，而更为激进的克拉维斯和罗伯茨这对表兄弟，带领着 KKR 开始了在资本市场呼风唤雨的时代。

杠杆收购：天使，还是魔鬼？

杠杆并购到底是魔鬼，还是天使？这不是一个非黑即白的简单命题。

杠杆收购不是简单地借钱买企业，而是对企业和投资银行家专业水平和价值观的大考。从选择标的到筹资、融资计划，到改组企业，再到退出，每一步都做对，才能实现长远的多方共赢。经过长期的实践，市场也逐渐总结出了一些关于杠杆收购的成功原则。

第一，目标公司的现金流要充沛、稳定。因为杠杆意味着巨大的利息压力，如果现金流不稳定，无法付息，企业很容易破产。那种利润不稳定、风险比较大的新兴行业，一般不太适合作为杠杆收购的标的。

第二，杠杆率要适中，融资计划要和企业的经营状况吻合。过高的杠杆率会压垮企业。另外，融资时间的长短、偿还条件、债务结构等都要和企业本身的经营和现金流适配。

第三，要有优秀的管理团队，这样才能大幅提升公司业绩。在高负债经营的情况下，如果不能提高经营业绩、降低成本，企业就会像走钢丝一样，容易出问题。2002 年，KKR 在收购了加拿大黄页公司后发现，这家公司员工的工作效率极其低下。于是，KKR 给这家公司大换血，同时聘请人力资源专家，重新设计管理机制。半年之后，公司的销售额就翻了倍，实现了盈利。

在杠杆收购的过程中，现有管理层很可能被替换。这是杠杆并购容易被诟病和污名化的原因之一，但也是杠杆收购经常被视为一种公司治理手段的原因。

换言之，杠杆收购既不是天使，也不是魔鬼。在这种金融模式中，最终决定其成败的仍然是那些基本面：收购标的是否合适，融资计划是否合理，企业是否真正能通过杠杆收购提高效率、实现价值创造。

回到国内市场。中国目前的情况和美国 20 世纪六七十年代的情况有点像。20 世纪八九十年代的创业企业家们大多年届花甲，他们的下一代基本上都是生活方式更加多样化的 80 后和 90 后，很多人不愿意接手家族企业，所以现在很多利润不错、经营稳健的中小企业都有被出售的可能性。再加上目前全球利率下行、资金便宜，杠杆收购的成本会更低。所以在未来一段时间里，杠杆收购会成为中国资本市场的发展趋势之一。

这个趋势不但值得投行和企业注意，普通百姓也不妨多关注这样的企业。因为一旦被杠杆收购，目标企业常会有一定程度的溢价，是不错的投资标的。

| 思考题 |

1. 20 世纪早期，很多美国巨头企业都是通过兼并收购而来的，但是 20 世纪 80 年代以后的美国文献却发现企业很难通过兼并收购实现协同效应。你能试着回答为什么兼并收购会有这样不同的效果吗？（提示：试着从不同时间段的美国经济和行业发展状态来进行思考。）
2. 我们生活中有很多杠杆收购的案例，比如贷款买房就是个人或者家庭借钱买资产，其原理和企业的杠杆收购是一样的。通过这讲内容，请你思考，要满足什么条件，家庭贷款买房这种“杠杆收购”才能实现多方共赢？

第 016 讲　反收购：如何抵御“门口的野蛮人”

和所有的交易一样，兼并收购也有“自愿”和“被迫”之分：双方情投意合，坐下来协商怎么“操办婚礼”，即投资者和目标公司股东协商收购价格和交易方式等，这是“协议收购”。与之相对的是“霸王硬上弓”式的恶意收购，指收购公司不经过目标公司董事会的允许，强行进行收购活动。

一般来说，恶意收购的目的是取得企业的控制权。一旦收购成功，原有的管理层自然会被取代或者架空。所以在恶意收购中，面对来势汹汹的收购方，目标企业一般也不会束手就擒，而是联合投行设计各种防御方案，在资本市场上演精彩的对攻战。20 世纪七八十年代美国兼并收购的浪潮中，高盛就是以策划和支持反收购著称的。1975 年美国电池巨头电子蓄电池公司反击加拿大国际镍铬公司的恶意收购案、1988 年美国标准公司反抗百得公司的恶意收购等，都出自高盛之手。

“毒丸”计划

在反收购战争中，“毒丸”计划（poison pill）是市场上常见的防御策略。“毒丸”计划的准确名称叫作“股权摊薄反收购措施”。它的原理很简单，就是让除了收购方以外的所有股东能够用超低的价格买到新股，稀释恶意收购者的股权，增加收购成本。之所以叫“毒丸”，是因为这种策略就像武侠小说中包在蜡油里的毒丸，只有当恶意收购发生的时候，毒丸的毒性才会被触发，让进攻者中毒退兵。

2005 年新浪逼退盛大游戏，就是一个经典的利用“毒丸”计划进行反收购的案例。2005 年，盛大创始人陈天桥以 150 亿元人民币的身价登顶《新财富》首位，风头正劲。盛大将下一步的发展方向定在了传媒行业，当时的行业龙头新浪自然成了最重要的猎物。2005 年 1 月 12 日至 2 月 10 日，盛大不断在二级市场暗中收购新浪的股票。2 月 19 日，盛大突然发布了一个简短声明，宣布自己已持有 19.5% 的新浪股票，成为新浪第一大股东。

由于盛大和新浪都在美国纳斯达克上市，按照美国的法律，一旦盛大持股达到20%，新浪和盛大就得合并财务报表①。而作为第一大股东，盛大理所当然会成为新浪的实际控制人。直到这时，新浪才如梦方醒，意识到自己面临着一场恶意收购，管理层紧急开始反击，在投行摩根士丹利和律师事务所的帮助下，新浪迅速推出了“毒丸”计划：当时新浪每股市场价格为 28.42 美元，这个计划让除盛大之外的所有老股东用 15 美元的超低价格增持新浪新发行的股票，稀释盛大持有的股份，使盛大持有的新浪股份达不到 20%。如果盛大继续在二级市场收购，新浪就再发行股票稀释股份，让盛大的持股比例永远无法达到 20%。

这颗为盛大量身定做的“毒丸”逼迫盛大回到谈判桌前，但不管盛大提什么条件，新浪就是不同意收购。最后陈天桥被逼无奈，分三次减持了所有新浪股份。“毒丸”生效，盛大对新浪的恶意收购宣告失败。

“白衣骑士”计划

“毒丸”计划听上去逻辑很简单，容易理解。所以 2016 年，在宝能系恶意收购万科一案闹得沸沸扬扬时，市场上很多自媒体显得很专业，说万科应该实施“毒丸”计划来阻止宝能。但实际上，任何一宗收购和反收购案都牵涉到所在地的法律实践。中国暂时还缺乏“毒丸”计划实施的法律基础。

美国公司采取的是授权资本制，即公司上市后，可以授权董事会进

① 合并财务报表意味着企业控制权的转移。

行资本扩张。这意味着董事会不需要经过股东大会就可以随时发行新股。这也是新浪当时的董事会能够实施“毒丸”计划的原因。而中国公司采取的是法定资本制，即公司发行新股必须通过股东大会。在宝能已经是万科第一大股东的情况下，股东大会怎么可能通过一个针对自己的“毒丸”计划呢？换句话说，在中国的法律环境下，“毒丸”计划实施的概率几乎为零。

万科当时采取的是名叫“白衣骑士”计划的反收购策略：碰到恶意收购时，企业找一个跟自己有合作关系，但又不想控制目标企业的机构来控股自己，驱逐不受欢迎的“登徒子”（恶意收购者），这种英雄救美的套路就是“白衣骑士”计划。在宝能系收购万科案中，最后入主万科的“白衣骑士”是深圳地铁集团。

“白衣骑士”计划也是反收购战中被广泛应用的策略。比如，前面提到的高盛帮助美国电子蓄电池公司反击加拿大国际镍铬公司的恶意收购案，也是请来“白衣骑士”联合飞机制造公司协助，最后击退了加拿大国际镍铬公司。

除了“毒丸”计划、“白衣骑士”计划外，其实还有很多反兼并收购的策略。这些策略大多是在 20 世纪 80 年代的兼并潮中，由策划反收购的投行、律师事务所一起研究发明的。

比如，有一种策略叫“金色降落伞”，即当恶意收购发生时，如果目标公司的高管被炒掉，收购者需要支付大笔的离职费用，这本质上就是增加收购成本。还有一种策略叫作“皇冠明珠自残”计划，即公司在碰到恶意收购时，可以卖掉自己最核心、最值钱的资产来降低自己的吸引力，从而使收购失败。比如，一家房地产企业遭遇恶意收购时就可以大幅折价将自己的核心土地储备全卖掉，使企业的价值立刻下降。这一招跟姑娘自摧容貌对抗抢亲差不多，是一种鱼死网破的招数。不到万不得已，企业会非常谨慎使用。

从某种意义上看，恶意收购和反收购是一对孪生兄弟，有了恶意收购，才会有反收购。“毒丸”“白衣骑士”“金色降落伞”，这些策略都是为了增加收购的难度和成本，打消收购方的收购意图。在过去几十年的企业发展历程中，很多收购和反收购案例都堪称经典，精彩程度不输好莱坞大片。

| 思考题 |

如果一个公司遭遇恶意收购，你觉得对中小投资者来说，是好消息还是坏消息？（可以从股价反应和公司双方的博弈等维度来思考。）

创新载体：
在博弈中变形成长

距离已经消失，要么创新，要么死亡。

——美国管理学家 托马斯·彼得斯

第 017 讲 投行的非传统血脉

过去半个多世纪，投行一直都是创新的原动力。从零售经纪到杠杆并购，再到量化交易、资产证券化，投行的业务模式不断创新，改变了金融市场的深度和广度，也改变了现代经济和企业运行模式。

中产阶层，到我这儿买股票吧

开户买股票属于投行的零售经纪业务。这样一个看似最平常的金融业务，其实是投行的创新。这个创新不但改变了投行的业态，也改变了金融市场的生态。

二战后，经过 20 年的资本主义黄金时代，欧美各国居民收入飞涨，出现了一个新的社会阶层——中产阶层。这个阶层拥有大量财富，但是享受到的金融服务却寥寥无几。

这个时候，美国一家小投行正在思考未来的发展方向：在承销并购这些业务上，自己无法和传统大投行竞争，必须寻找一个突破口。它想到了新生的中产阶层，考虑能否创造一种为普通人服务的业务模式，让金融这个“王谢堂前燕”，能“飞入寻常百姓家”。

这家投行就是后来的美国零售金融巨头——美林公司。为了实现金融服务的下沉，美林首先开始进行大面积、高强度的金融普及教育，向一般的个人投资者提供免费的股票债券课程，同时不断简化开户手续，让普通人迈过敢买金融产品的第一关，也让证券成为可以大面积流通的“零售商品”。20 世纪 60 年代后，随着美国中产阶层的财富累积，证券零售经纪成为投行的新盈利点。在这方面首开先河的美林逆袭成功，跻身美国三大投行之一。

零售经纪业务的盈利主要来自交易的手续费。以中国为例，我们在券商开户后，每一笔证券交易都要交“过路费”，过路费分佣金、印花税和过户费，全部加起来大概就是 2.5‰ 的费率。也就是说，如果卖出 1 万元的股票，会产生 25.2 元的费用：10 元印花税交给税务部门，单边征收出让方成交金额 1‰ 的印花税；15 元的佣金交给券商（券商佣金最高为成交金额的 3‰，此处按 1.5‰ 计算）；0.2 元的过户费给证券交易所（过户费为成交金额的 0.02‰）。单个数字看起来很不起眼，但是中国股市交易很频繁。像 2015 年，中国主板市场的换手率是 600%，即一只股票在一年之内要转手 6 次。这样高的交易频率会让券商也赚取更高费用。一般来说，以个人投资者为主的市场更热衷于频繁交易，券商对零售经纪业务的依赖度也更高。美国在 20 世纪五六十年代就是这样。截至 2019 年，中国仍然是一个高度散户化的市场，券商的盈利有 23% 来自零售经纪业务。

更重要的是，随着零售经纪业务的普及，投行的创新基因被激发出来：在帮助客户进行证券交易的过程中，投行开发了证券自营业务，也发掘出了客户资产管理业务的需求。为了争取客户，投行还绞尽脑汁挖掘市场机会提供增值服务，货币基金白天炒股、夜间理财的现金管理账户（cash management account），都是为客户资产管理提供增值服务而进行的创新。

随着全球资金面的变化，投行开始从为企业融资服务的卖方业务逐渐向为个人机构投资服务的买方业务转型。投行业务模式的改变又促进了金融市场的功能结构发生变化。原来以企业为核心、以融资功能为主的市场开始转型成投资者的财富管理市场。20 世纪 70 年代，美国资产管理市场的规模飞涨到近 500 亿美元。之后几十年，越来越多的普通美国人参与到金融投资中来。截至 2010 年，美国资产管理市场规模达到 13.8 万亿美元，有 54% 的美国人投资股票，45% 的美国人投资基金。

这一步是真正意义上的金融民主化，也是全球金融市场生态变化的开端：金融市场从富人专属的融资型市场逐渐转变成整个社会的基础设施。一个零售经纪的业务模式竟然带来了划时代的改变，这大概是当年美林的投资银行家们也没有想到的。

垃圾债：被低估的堕落天使

从零售经纪开始，投行的业务创新步伐再也没有停止过。

20 世纪七八十年代，一位叫迈克尔·米尔肯（Michael Milken）的美国投资银行家发现了一种高收益的金融产品。之后，这个产品在创新型中小企业的融资市场上声名鹊起，又在杠杆并购市场上变得声名狼藉。

这个集毁誉于一身的金融产品叫作“垃圾债”（junk bond）。很多人按照字面意思会简单将其理解为“垃圾资产”，其实垃圾债的正式名称应该叫高收益债（high yield bond），就是指那些本金保障比较低、风险高、收益率也高的债券。实际上，只要投资得当，垃圾债非但不垃圾，反而可能是“金坷垃”。沃伦·巴菲特（Warren Buffett）在2001年就大手笔买了3亿多美元亚马逊的垃圾债。几年之后，这笔投资给巴菲特创造了高达140%的收益率，是一般企业债的好多倍。

垃圾债起源于20世纪70年代的美国市场。当时美国经济下行，很多原来不错的企业陷入了财务困境，债券信用等级被下调，遭到抛售，它们被市场称为“堕落天使”（fallen angel），乏人问津。迈克尔·米尔肯是一个不走寻常路的银行家。他认为，如果一个企业基本面好，是由于宏观经济低迷的外因导致经营业绩下滑和估值下降的话，只要经济回暖，很多企业会雨过天晴。凭着对市场精准的判断和过人的营销能力，米尔肯说服很多基金公司收购了大量垃圾债。其中一个叫“第一投资者”的基金公司听从米尔肯的建议，满仓垃圾债。过了几年，美国宏观经济形势好转，企业利润回升，债券价格大幅回弹。从1974年开始，这家基金连续3年占据美国基金业绩排行榜的榜首。米尔肯也一战成名，成为华尔街著名的“垃圾债之王”。

更重要的是，市场终于意识到，垃圾债实质上是高风险的高收益债券，是可以投资赚钱的。这个思路为很多实力弱小、现金流不稳的新兴高科技公司打开了一扇天窗。原来这些企业无法上市，无法向银行贷款，发债也拿不到好的信用等级，融资无门。有了垃圾债市场，这些企业反而有机会获得持续融资。时代华纳、默多克的新闻集团、好莱坞著名的影业公司米高梅等这些当年的“新兴企业”，都曾发行了大量垃圾债，为自己赢得了时间和机会。所以很多人说，垃圾债市场曾为美国创新型中小企业的发展立下汗马功劳。

尽管如此，垃圾债的名声依然不好。原因是20世纪80年代，垃圾债市场曾作为杠杆收购的最大融资渠道，对很多企业进行攻击，引发了美国金融市场的波动。

当时很多杠杆收购的发起方体量都较小，收购对象却体量较大。要完成这样蛇吞象的任务需要大量资金支持。银行认为这种模式风险高，不愿贷款。米尔肯首开先河，发行垃圾债支持杠杆收购。1985年，净资产2.3亿美元的金砖赌场（Golden Nugget Casino）出价18亿美元收购希尔顿酒店；1985年，拥有600万美元资产的法利工业公司（Farley Industries）竞购14亿美元的西北工业公司（Northwest Industries）。这些经典的杠杆并购案例都是通过发行垃圾债进行的。

垃圾债的高利率加上收购的高杠杆，造就了这个市场近乎疯狂的利润。米尔肯和他的一个合作者伊坎（Icahn），曾经创下了10周赚5000万美元的纪录。在这样的诱惑下，由垃圾债支持的杠杆收购越来越大胆，杠杆率也越来越高。当利率稍有波动，这样走钢丝一样的操作就会遭到巨大风险。20世纪80年代末，美国利率水平上升，垃圾债的违约率随之迅速上升，不少购买垃圾债的金融机构被牵连破产。米尔肯也在1990年被指控金融犯罪，判10年监禁。随着米尔肯的锒铛入狱，垃圾债加杠杆收购的大时代也就此结束。

在很多好莱坞电影或者文学作品中，垃圾债和杠杆收购都被刻画得无比“贪婪”和“野蛮”。但后来很多严肃学术研究都发现，它帮助治愈了美国当时盛行的大企业病，促进了企业的更新换代升级。因为当时美国大企业的高管大多不是大股东，缺乏对企业的责任感和危机感，经常有浪费公司资金或者草率投资的现象，造成了企业经营绩效偏低的局面。垃圾债支持的杠杆收购带给了他们巨大的压力，迫使他们开始进行战略和经营上的调整，提升公司业绩。换句话说，垃圾债支持的杠杆并购，实际上加快了美国企业的结构调整和更新。

当然，杠杆收购和垃圾债的合体，也有很大的弊端。一方面，市场压力迫使企业更关注短期利益和股价，削减研发投入，伤害了企业的长期经营。另一方面，因为过高的利润和杠杆，人性的贪婪也被放大，垃圾债并购市场成了金融犯罪的高发之地。

归根结底，和所有的金融创新工具一样，垃圾债本身也是中性的。它可以成为价值投资的工具，为中小企业融资开辟新的渠道，但如果运用不得当，也会催生高风险，造成市场的混乱。天使和魔鬼总是只有一线之隔，就像投机和投资也只有一线之隔，考验的往往是决策者的眼光、智慧和定力。

宽客：天才也会犯错

随着金融理论的成熟和信息技术的进步，投行的创新转向了更高知识含量的金融工程领域。20 世纪 90 年代到 21 世纪初是华尔街宽客（Quant）的黄金时代。这些来自麻省理工、斯坦福、哈佛等世界顶尖名校的天才云集在华尔街，把整个金融市场的运作当作天体运行，利用计算机技术在海量的金融数据里面挖掘信息，设计复杂的金融产品，放大杠杆，获取令人难以置信的高额利润。量化投资成为这个时期最引人注目的金融创新。

尽管学历、技能的高门槛让“量化投资”披上了神秘的外衣，但究其根本，它也就是由数据、模型驱动的投资交易方法。这种方法的兴起也是市场环境变化的结果。

量化投资的应用

投资者都有生物个体永远无法回避的弱点，即时间、体力、精力、注意力和判断力等都是有限的。如果用传统方法仔细分析每个证券的基本面和技术数据，即便是像巴菲特这样的股神，也只能分析很少的证券。20世纪60年代，当资产管理的需求大规模出现、证券的种类越来越多时，基金经理们就致力于寻找一种能让一个人研究更多证券、管理更多资产的方法。20世纪70年代，计算机技术的突飞猛进让金融数据分析成为可能，同一时期诞生的诸如投资组合理论、资产定价理论、期权定价理论等金融理论，又为挖掘金融数据提供了理论基础。

市场需求、计算能力、金融理论基础三个条件在同一时代风云际会时，量化投资变得水到渠成、只欠东风了。投资银行开始投入大量人力、物力组建团队、募集资金和设计算法，发展量化投资。投行所罗门兄弟公司的约翰·梅里韦瑟（John Meriwether）组建了著名的"长期资本管理公司"，摩根士丹利内设了"过程驱动交易组"，德意志银行、高盛等投行也都不甘落后，纷纷到世界名校挖顶尖人才组建团队。这些量化投资团队为投行创造了巨额的利润，也成为华尔街一道另类的风景：不修边幅的技术宅男们和衣冠楚楚的传统银行家形成鲜明对比，给古老传统的华尔街带来了新的风格。

20世纪初，很多人甚至认为投资银行已经摒弃了原来擅长的传统投行业务，把自己转型成了巨大的量化投资基金。随着大数据和计算机技术的迭代，量化投资的应用范围越来越广，也显得更加精准科学。比如，原来分析一只农业股时，人们一般会看公司的财务数据、历史产量，而量化交易则更加依赖即时的数据处理：利用卫星传输回来的数据分析天气，再综合农产品的历史产量、相关企业的产量数据等，对农产品的未来产量做预测，并在此基础上预测分析农业股未来的表现——通过数据和计算准确地把握规律，再加杠杆，财富会呈指数级的增长——这样的传奇在21世纪初的宽客圈子里毫不鲜见，年轻的天才们都觉得财富唾手可得。

量化交易的风险

但风险永远会在出其不意的时候来临。量化投资的核心竞争力就是从历史数据中挖掘规律和趋势，这意味着，投资模型和策略的准确度都是有前提的—— 一旦这些规律和趋势赖以存在的条件发生了变化，越是复杂的模型越容易溃败。

这种客观环境变化带来的惨痛教训曾在量化投资的历史中反复出现。

长期资本管理公司曾经被视为量化投资界的一面旗帜，它的合伙人包括两个诺贝尔经济学奖得主、一个美联储的原副主席。公司的业绩也一度极为惊人，1998 年其年化收益率达到了 32%，远远超过同行。当时很少有人看得懂这家公司用的量化模型，甚至有人说他们不是在做金融投资，而是在造原子弹。

1998 年俄罗斯卢布大幅贬值，俄罗斯国债遭到疯狂抛售。但长期资本管理公司却反其道行之，更加激进地买入俄罗斯债券。其原因在于长期资本管理公司的量化交易模型里有一个假设，像俄罗斯这样的大国是不可能违约的。所以，它决定“抄底”，想等着市场反弹后大赚一笔。

不幸的是，黑天鹅事件发生了。1998 年 8 月 17 日，俄罗斯发表声明称暂停偿还任何债务，俄罗斯债券价格狂泻，长期资本管理公司一天就亏掉几亿美元。之后市场持续大幅波动，长期资本管理公司的不败神话破灭。一个月之后，这家天才云集的公司被迫清盘。

金融市场不是天体世界，它归根到底是人的市场，人性的贪婪、恐惧、欲望都会对市场规律产生影响。作为一种高度范式化、工程化、模型化的投资方式，量化投资的精准性更容易在相对稳态的结构下取得成功。一旦稳态结构被打破，这种方式就容易出现雪崩式的滑坡。从 1997 年亚洲金融危机到 2008 年次贷危机，再到 2020 年新冠危机，最先倒下的金融机构大多是那些高杠杆、做量化的对冲基金—— 其原因就在于，这种依靠模型、历史数据和程序化交易的投资方法在突如其来的外生冲击面前会更脆弱。

整体上来说，经过几十年的实践，市场对量化投资的认识正在回归正常：一方面，量化交易在数据挖掘和科学决策方面具有优势；另一方面，当出现突如其来的规律变化时，纯量化投资可能会面临更大的风险。

投行业务模式的中国实践

零售经纪

在国外大投行的业务构成中，零售经纪业务的占比在不断下降，目前已经只占不到 10% 了，但中国券商对零售经纪业务的依赖比较大，前两年在业务构成中的占比能达到 30%~40%。而且中国投行业在零售经纪业务领域同质化竞争比较严重，券商往往会通过一些增值服务，比如提供现金账户管理服务、进行信息推送、提升自己证券分析师的名气等方式拼命争取客户，让客户多开户、多交易。在业务创新能力方面，我国投行和国际同行相比，差距还是比较显著的。

垃圾债

中国的垃圾债叫中小企业私募债。这个债券的发行门槛非常低：在境内注册的，没上市的非房地产企业、中小微企业都可以发行；对发行人的净资产和盈利能力没有要求；债券的发行采取备案制。低发行门槛也导致发债企业的违约率比较高。所以，只有风险承受能力较高的人才能投资这类债券。中小企业私募债投资的最低准入门槛是 500 万元。

截至目前，我国的垃圾债市场发展得非常不充分，一共只有 73 只债券，票面利率是 8%~10%。在违约率很高的情况下，这样的收益率对投资者没有很大的吸引力。宏观环境和监管政策的变化，没有政策面的大改变，垃圾债市场很难有大起色。

量化交易

中国的量化市场还处在比较初级和粗糙的阶段。这和中国市场大环境有关。中国的金融市场就像一条水流湍急、波浪汹涌的大河，市场规律变动异常频繁，导致中国的量化策略非常不稳定。我曾经带过的一个博士生，2015 年时他根据中国股指期货大小盘轮动的规律设计了一个对冲的量化策略。这个策略在 2013 年和 2014 年的历史数据上得到了完美的验证，年化收益率达到 70%，最大回撤控制在 10% 以下，非常稳健。当时已经谈好募资，要把量化策略付诸实践，结果 2015 年发生股灾，之后市场规律大变，股指交易被限制，什么策略都没用了。等限制放松之后再测试这个策略，收益率大降，波动率也变得很大了。这背后的道理很简单：股灾之后，整个 A 股市场投资者的情绪和资金面都发生了巨大的变化，大小盘轮动的效应也跟着发生了很大的改变。

换句话说，市场的规律永远没那么容易掌握，中国的市场尤其如此。所以，中国市场上量化策略的风险可能也远远大于发达的成熟市场。

| 思考题 |

什么样的量化策略更容易在中国市场取得成功？

第 018 讲　资产证券化：从美国梦到美国噩梦

作为 20 世纪 60 年代以来美国金融深化的最大推手之一，资产证券化像一个巨大的管道，把美国的房地产市场、直接融资市场、间接融资市场打通，创造了巨大的流动性，为大量金融创新提供了土壤。

资产证券化为金融创新提供了土壤

资产证券化起源于20世纪60年代。二战后，美国政府为了刺激经济，设立各种金融机构，给出各种优惠政策，鼓励老百姓贷款买房。20世纪60年代后，中产阶层兴起，对房地产抵押贷款的需求越来越大。贷款抵押机构的资金出现缺口。

在给定的流动性下，如何打开资金供给的口子？投资银行家们开始琢磨新的金融工具：房地产抵押贷款大多是二三十年的长期贷款，这些天量的贷款趴在银行或者金融机构的资产负债表上，完全没有流动性。如果将这些贷款打包起来做成债券，以每月还款的现金流作为债券收益，再转手卖出去，回来的钱又可以继续放贷赚钱——这个将长期贷款（银行的资产）进行"证券化"的金融产品被称为"转手债券"，这也是最简单、最原始的资产证券化产品。

转手债券大获成功，金融机构的资产获得了流动性，创造了新的融资渠道，投资者也多了一种产品选择。之后，更多更复杂的资产证券化产品被创造出来，对市场产生了深远的影响：一方面，它们使银行等金融机构的放贷能力被数倍放大，更多的美国居民也获得了房产抵押贷款；另一方面，金融机构账上没有流动性的长期资产变成了市场上的"资产支持债券"，然后又通过抵押、回购等各种转手交易，为市场创造了更多的流动性。一池塘的死水，通过资产证券化，变成了无穷活水，能一直循环往复了。

更重要的是，资产证券化将商业银行和资本市场的楚河汉界打破了。银行贷款属于商业银行体系（间接融资市场），债券属于投资银行体系（直接融资市场）。1934 年以后，这两个体系严格分业，泾渭分明。资产证券化的出现，将美国政府死守了几十年的分业经营击穿了一个大洞，为后来各种金融创新开辟了更大空间。

资产证券化层层包装，有毒资产渗透金融系统

资产证券化创新为美国的金融繁荣提供了土壤。但是和所有的创新工具一样，一旦被滥用，资产证券化也会带来巨大的金融风险。2007—2008 年，全球经历了二战以来最严重的金融危机，危机的始作俑者"次贷"就和资产证券化密切相关。

21 世纪初，小布什政府希望通过提振房地产来刺激经济，实现"美国梦"。在这样的政策指向下，银行房贷的标准大幅降低。1990 年，一个信用良好、收入稳定的人要付 20% 的首付才能买房；但到 2000 年，最低首付比例已经降到了 3%；再接下来，零首付、无证明的贷款悉数出现。很多完全不具备偿还能力的家庭个人也开始贷款买房。美国的房贷质量开始出现滑坡。在 20 世纪 90 年代的房地产贷款客户中，中产阶层是绝对主力。到 2006 年，中低收入和贫困家庭的贷款已经占到两房（房利美与房地美）贷款的 76%。这些偿还能力很差的房地产抵押贷款被称为"次级贷款"，简称"次贷"。

更糟糕的是，像有毒资产一样的次级贷款还被华尔街的不良商家进行了层层包装，以各种形式渗透到整个金融系统。20 世纪 90 年代以后，随着衍生品市场的发展，对资产证券化产品进行再次证券化成为潮流。再证券化可以加大杠杆率，将利润快速放大，各大投行纷纷成立了量化交易部门，请数学天才们设计各种复杂模型，开发复杂衍生品，对资产

证券化产品进行一次、二次、三次的再证券化，以百倍热情投入这个利润丰厚的行当。

垃圾变不了金子

资产证券化的结构变得越来越复杂，犹如腐烂苹果的“次级贷款”被纳入基础资产里，通过多次证券化的美化，卖出很高的价格。这个链条越来越长，杠杆率越来越高，投行获得的回报率也越来越高。高利润刺激下，更多的投行更激进地参与到资产证券化业务中，大量被精美包装过的劣质资产迅速蔓延到全球市场上。

而普通投资者对这种危险一无所知：就像我们很难通过果酱来辨别制作它的苹果的质量一样，通过华尔街层层打包的技术，复杂证券化产品的基础资产质量也无法判断。更何况，标准普尔、穆迪这些老牌的信用评级公司也给予这些产品很高的评级，使“次贷”之次更加难以辨别。人性的贪婪和欲望、华尔街对于模型的傲慢和迷信，使得资产证券化技术被滥用，有毒资产像击鼓传花一样地被传了下去。

到 2007 年，质量差、风险高的次级贷款已经占据了证券化市场的半壁江山，各种次贷证券化产品蔓延到了整个市场。当时著名投行雷曼兄弟次贷产品持有量全球第一，杠杆率最高的时候甚至达到 32 倍。美国国际集团（AIG）则为次贷产品提供保险，几乎所有的金融机构都参与到这个游戏里面了。不夸张地说，当时次贷的癌细胞已借助资产证券工具扩散到了美国的整个金融体系。一场风暴终究不可避免。

2004 年，随着经济过热迹象的出现，美国利率开始上升，购房者的借贷成本升高。“历史上从来不下跌”的房地产价格，在 2006 年的夏天突然回落。次级贷的借款人就像是丢掉了美图秀秀的照片一样，完全露出了"没有偿还能力"的真正面目，违约率直线上升。随着违约的大面积出现，基于次贷的信用产品、衍生品很快丧失了流动性。接着，整个市场犹如多米诺骨牌一般坍塌，400多家经营次贷业务的金融机构倒闭。信用机构的评级也像花花公子的情话一样变得不靠谱，一看风声不对，立马大幅度调低债券评级，导致市场更加恐慌。五大投行也纷纷中枪倒下：贝尔斯登倒闭，雷曼兄弟破产，美林被美国银行收购，高盛和摩根士丹利改组为银行控股公司。次贷危机全面爆发，并演变成一场全球性的金融灾难。

美国噩梦带给我们的启示

危机发生以后，一时间"资产证券化"一度被视为洪水猛兽。但在情绪狂潮过去以后，大家开始逐渐反思，资产证券化的功能和风险究竟是什么？为什么一个产品会从美国梦变成美国噩梦？

原则永远是普遍适用的。和其他金融创新工具一样，资产证券化本身是中性的。一把枪无关正义和邪恶，但是持枪者需要心存敬畏和秩序。在使用资产证券化产品的过程中，有两个风险原则需要遵守。

第一，把控基础资产的质量。基础资产质量是资产证券化风险控制的核心。就像修图技术不会改变姑娘的本来面目一样，资产证券化只是对资产进行形状的切割和排列组合，重新分配风险，并不能消灭风险。所以，从源头把握好基础资产质量是保证资产证券化市场健康的根本。

第二，过度的再证券化必须严格地加以控制和监管。毫无节制的高杠杆和过长的链条，会让一点点的风险就能在金融体系内扩散和放大。中国从2005年放开资产证券化市场以来，明文规定不允许"再证券化"，就是为了防止链条太长之后风险识别困难，监管无法穿透。

| 思考题 |

从 2017 年开始，中国的房贷开始进行资产证券化。你觉得中国房地产是否也会发生类似"次贷危机"一样的风险事件？

第 019 讲　生活中的资产证券化

作为 20 世纪影响最为深远的金融创新产品，资产证券化产品既涉及影子银行、量化投资、次贷危机这类改变全球金融市场格局的重大议题，又和我们每个人的衣食住行相关。日常生活中的信用卡、花呗、京东白条都和资产证券化有密切的关系。

资产证券化：稳定的现金流是保障

作为纯线上的网络信用卡，花呗在 90 后年轻人中有很高的市场份额。2017 年，据说每 4 个 90 后中就有一个使用过花呗。那花呗借给消费者的资金来自哪里呢？一小部分来自企业的自有资金，另外很大一部分就是通过发行资产证券化产品筹集的。

花呗通过资产证券化筹资非常自然：用户在花呗上借钱，逾期要付利息。过亿人使用花呗，意味着每个月花呗都会有相对稳定的利息收入，也就是金融术语中的"稳定现金流"。花呗将这些贷款打包做成债券，卖给商业银行、券商、债券基金等投资者，再支付部分花呗收到的利息给投资者。也就是说，用户的负债其实是花呗的资产，卖出去的债券叫"资产支持债券"，整个过程被称为"资产证券化"。

资产证券化产品卖出去以后，大家都很高兴：债券投资者买了一个稳定的、收益率为 4%~5% 的理财产品；花呗获得了 10% 的利率差（花呗的逾期利息是 15% 左右）。更重要的是，通过出售“资产支持债券”，花呗又从市场上融了资，可以借钱给更多的“剁手党”，继续做资产证券化，赚更多钱。从 2016 年到 2017 年，花呗做了 1600 亿元的资产证券化产品，如果按照 10% 的利差算，单这一项业务就有 100 多亿元的利润。

这个模式其实就是国际通行的“信用卡贷款资产证券化”模式，美国运通、花旗银行、美国银行等机构的信用卡贷款多是采用类似模式进行融资的。除了花呗、京东白条这种网络信用卡外，交通银行、中信银行也都是将自己的信用卡贷款作为基础资产，发行资产证券化产品的。

不管是信用卡贷款证券化，还是房地产抵押贷款证券化，都有一个共同的特征：拥有稳定的、有保障的、持续的现金流。这其实是做资产证券化产品的首要条件，也是为什么直到今天全球市场上住房抵押贷款仍然是资产证券化主体的原因——在欧洲和美国，住房抵押贷款分别占到资产证券化市场的 60% 和 80% 以上。因为相对而言，房贷的利息是最稳定可靠的现金流。

现金贷的资产证券化：潜在的次贷市场

2017 年，中国推出了第一单房地产抵押贷款的资产证券化产品，新派公寓权益型房托资产支持专项计划。随着中国“房住不炒”政策的加强，有人开始担心房价下跌会引发中国的“次贷危机”。实际上，由于中国高达 30%~70% 的首付比例和各种严格的贷款政策，中国房地产抵押贷款市场还不需要考虑次贷问题。但是，这并不意味着中国不存在“次贷风险”。

这两年，很多人都接到过无抵押现金贷款的推销电话。这类贷款期限短，一般只有几个月，利息看起来也不高，相当于每天1瓶啤酒或1包烟的钱。这让很多消费欲望强但收入不高的年轻人觉得特别划算，可以轻松地拿一笔钱买苹果手机、化妆品，玩《王者荣耀》游戏，整容等，而这类贷款就是已经被监管部门严格限制的“现金贷”。

现金贷和普通的车贷、房贷、信用卡贷款有什么区别呢？不管是买车、买房还是消费，都是有具体消费场景的。对于放贷方的风控而言，有消费场景的贷款，资金去向是可以追踪的，所以风险更低。而现金贷是一种用于个人短期消费的纯信用贷款，贷款机构不过问资金去向。资金可能会流向股市，甚至赌场，而且不追踪贷款去向，就很难测算借款人的综合借贷情况，多头借贷的现象会非常严重。另外，你只要仔细计算一下就会发现，现金贷的年化利率其实非常高，普遍超过36%，有的甚至达到了100%。

在分析几家于美国上市的中国现金贷平台的数据后，我们发现它们的活跃用户平均每半年借款6次，而且有30%以上的用户同时在3个以上的平台借款。这透漏了几个信息：

第一，这些现金贷平台上的客户基本都是常客，并不像平台所说的满足偶然应急的流动性需求；第二，在多个平台上借款，大概率就是借新债还旧债（俗称“撸口子”）。这样的客户偿还能力其实很差，违约的概率很大。这种高风险的贷款就属于低质量的次级贷款。而借贷者不断地撸口子，相当于一层一层地加杠杆。贷款市场的风险非常容易积累和传递，只要一个平台出问题，就会牵一发而动全身，甚至造成整个现金贷市场的崩溃。

更令人担心的是，除了部分银行和消费金融公司之外，大部分现金贷平台都是通过资产证券化来募集资金的，它们把贷款打包成资产证券化产品卖给小型银行、券商、基金信托等机构，这些机构再通过各种各样的理财产品的方式将现金贷传递到普通投资者手里。如果现金贷的质量不好，风险就会在整个金融体系内扩散，甚至再一次形成次贷危机。

这也是监管部门果断叫停现金贷业务的原因。从 2017 年 12 月发布《关于规范整顿“现金贷”业务的通知》开始，中国对呈泛滥之势的现金贷业务进行全面整顿，从牌照、利率、资金来源等多方面卡断了现金贷公司暴富的根源，其目的就是避免有毒资产规模做大，在其扩散之前控制风险，防范次贷危机的发生。

金融产品的风险和收益永远是匹配的，普通投资者在面对市面上的各色互联网理财产品时，需要保持冷静态度。如果市场上有号称收益率超过 10% 的“低风险”理财产品，那很可能是不实的广告之词。原因很简单：除去各种手续费、通道费、销售费及互联网公司自身的收益，回报率不低于 15% 的项目才有可能支撑 10% 的收益率。环顾四周，在资本回报率比较高的行业中，食品加工业的回报率是 13%，医药制造业是 11%，家具制造业是 10%。如果有这样的项目，银行早就赶着去贷款了，天上掉馅饼的事情尤其需要打起精神仔细分辨。

思考题

你觉得中国的市场制度环境对我们的金融创新有影响吗？影响会在哪些方面？试着举一两个具体事例说明。

第四章

基金：
金融市场新王者

作为全球金融市场的新王者，基金是个庞大的家族，各种类型的基金都有非常不同的募资方式、投资标的、资金来源、投资理念，也有不同的风险和收益率。

各种类型的基金创新产品，对应的是全球财富的快速增长、企业创新迭代的加速，以及庞大中产阶层的兴起。

基金投资中，“高收益幻觉”是经常导致投资者做出错误决策的重要原因。真正优秀的基金不是那些短期取得超高收益的基金，而是能够长期持续获得稳定收益的基金。

资管时代：
中产阶层登上舞台

故廊庙之材，盖非一木之枝也；粹白之裘，盖非一狐之皮也。

——《慎子·知忠》

第 020 讲　让小投资者和大资本家一样投资

基金的推手：蜂拥而至的中产阶层

1945 年到 2018 年，全球人口从 25 亿上升到 77 亿，人均年收入从 900 多美元上升到 10000 多美元，资本存量更是达到了 317 万亿美元。全球超过 20 亿的人成为有恒产的中产阶层，人类历史上第一次出现了普通百姓拥有大量私人财富的局面。财富的增值和保值成了全民性、全球性的刚需。资产管理成为热点。

20 世纪 50 年代之后，随着现代金融理论的突破、欧美金融自由化浪潮的发展，以及美国养老金个人账户的改革，资产管理进入规模化、专业化和多样化的快车道。基金成为中产财富年代的新王者。

传统的共同基金业开始演化出各种风格和业务模式。投资银行业务从杠杆并购演化出私募股权基金，从量化交易演化出对冲基金，硅谷创新则刺激着各种创投和风投基金的崛起。

普通人的生活更被基金主宰：麦当劳、百丽鞋、希尔顿酒店、星巴克咖啡，背后都是私募股权基金的支持；1992 年英镑退出欧洲汇率体系、1997 年东南亚金融危机，幕后推手都是对冲基金；沙特阿拉伯的石油美元、新加坡的经济奇迹则都和国家主权财富基金相关；更不要说几乎所有的互联网“独角兽”企业——滴滴、美团、今日头条，背后都是创投和风投基金的身影。

2016 年年底，全球各种基金管理的资产大概为 50 万亿美元，相当于当年美国 GDP 的 3 倍、中国 GDP 的 4 倍。说基金业“富可敌国”实在算对这个行业的低估。

基金的本质：汇聚资金，专业理财

作为资管大时代最主要的金融机构，基金的本质并不复杂。它就是一种汇聚资金、由专业人士进行多样化投资的资产管理模式。这个模式的起源一般认为是在 19 世纪的英国。当时英国有很多海外殖民地，部分富裕的英国人开始将自己的私人财产向海外市场投资。但中小投资者普遍对海外的投资环境缺乏了解，资金量也小，无法分散投资减少风险，很容易血本无归。为了解决这个问题，19 世纪末，英国成立了一个“海外与殖民地政府信托基金”，向大众公开募集资金，交给专业人员去打理，专门投资英国殖民地的公司债，它的口号是“要让小投资者和大资本家一样进行投资”。这个产品在推出后的 24 年内取得了 7% 的年化回报率，是当时英国政府债券利率的 2 倍多。长期的稳定收益让更多人开始意识到“集聚资金，专业理财”模式的优越性。之后的几十年，这个模式在英国和美国逐渐流行开来。20 世纪初，美国市场上已经活跃着不少类似的基金了，即从大众中募集资金，交由专业的基金经理进行打理。

20 世纪 60 年代之后，全球资金面越来越宽松，金融监管也逐步放松。基金行业进入高速发展期。从 1960 年到 2019 年，基金业的资产规模从 170.3 亿美元发展到 54.88 万亿美元，增长了 3200 倍。与此同时，基金业务也变得越来越多样化。除了普通的证券投资基金外，更加注重绝对收益的对冲基金、帮助购买企业的并购基金、专注于企业发展的股权投资基金都开始出现在市场上，并渗透到全球经济体的每个角落，成为市场的无冕之王。

基金优势：分散化和专业化

相较于个人、企业甚至国家来说，基金具有分散化（diversification）和专业化（specialization）两大优势。

分散化，也就是俗话说的“不要把鸡蛋放在一个篮子里”，这是金融投资的一个基本原则。分散化能够避免单只股票价格波动对基金收益的影响：美国的传奇证券投资基金经理彼得·林奇（Peter Lynch）管理的麦哲伦基金投资了上千只股票。1988 年，他投资组合中的数据处理公司股票亏损了 2500 万美元，但在同一个组合中，福特汽车和国际镍铬公司的股票却大幅上涨，当年基金收益率最终仍然达到了 22.76%。所以，分散化投资可以广撒网，不错失好机会，也降低犯错带来的损失。

一般人投资中常见的误区是，以为买三五只股票就叫分散化，实际上，真正实现风险分散需要一定数目的投资标的，个人资金有限，很难做到。而一只股票型基金，组合里通常会涉及多个行业，包括几十只甚至上百只股票，能够基本有效实现风险分散。个人购买了股票型基金，就相当于以少量资金实现了分散化投资。

除了分散化，专业化也是基金投资的一大优势。中国古话说“术业有专攻”，和普通人相比，基金在投资范围和投资技巧上都有很大的优势。

首先，从交易资格层面说，基金可以做一些个人投资者没法做的事情。比如，国内居民如果希望投资美国股市，首先需要在美股的代理商处开户，然后还要跨境汇款、购汇等，极度不便利。而 QDII 基金[①]可以直接投资境外的资产。个人投资者直接用人民币购买基金，就相当于投资境外资产。再比如，个人无法进入利率较高的银行间市场，但通过购买货币基金，就可以享受银行间市场高利率带来的收益。还有，如果想投资腾讯、吉利汽车的股票，但是没有开通港股账户，那购买重仓腾讯或者吉利的基金，就相当于间接投资了这些股票。

其次，专业化操作使基金能够更快地对市场做出反应。市场上经常有这样的情形：市场突然下挫，但是我们忙着上班开会，无暇分析市场形势，很容易在错误的时间做出错误决策。专业的基金经理则会根据最新信息迅速做出更专业的判断。2015 年的 A 股股灾中，大约有 50% 以上的散户亏损，25% 的散户亏损幅度超过 20%，但只有 20% 的公募基金亏损，亏损幅度在 20% 以上的更是只有 3% 左右。这些数据都告诉我们，在资产管理上，“术业有专攻”不是一句空话，而是真金白银的收益。

| 思考题 |

中国百姓和美国百姓对基金的态度很不同。截至 2019 年，我国公募基金仅仅管理了 4% 左右的家庭金融资产，而同期美国公募基金管理了 22% 的美国家庭金融资产。你觉得造成这种差距的原因有哪些？

---

① QDII 是“Qualified Domestic Institutional Investor”的字母缩写，也叫合格境内机构投资者。QDII 基金是指在我国境内设立的，经我国有关部门批准，从事境外证券市场股票、债券等有价证券投资业务的证券投资基金。国内基金市场已经有了多种投资境外市场的 QDII 基金，比如追踪美国标普 500 指数的 ETF 联接基金等。

第021讲　“不要把鸡蛋放在一个篮子里”有理论依据吗?

基金的“分散化”和“专业化”，并不是两个干瘪的名词，也不是不把鸡蛋放在一个篮子里这么简单。它们背后有着坚实的金融理论——马科维茨的投资组合理论。现代基金业、商学院的金融专业都和这个理论密切相关。

投资组合——风险分散的魔法

所谓投资组合，就是按照一定比例把资金投资在不同的证券上。和单个证券相比，投资组合最大的优势就是“分散风险”。

经典的金融学教材里有关于投资组合的举例：你有一笔钱可以做投资，目前有两只股票的收益率都是 8%，方差（金融学里衡量风险的指标，详见本书第 041 讲）都是 25%，两只股票之间的相关系数是 0.3(一只股票上涨或者下跌 1 元，平均而言，另外一只股票会跟着上涨或者下跌 0.3 元)。你应该将所有的钱全部放在一只股票上，还是应该在两只股票上各放 50% 的资金，做一个投资组合呢?

凭直觉，很多人认为两种投资方式是一样的。的确，这两种方式所获得的投资收益都是 8%，但采用“组合投资”的方式，会使投资的方差从 25% 下降到 16.25%[①]。换句话说，投资组合的风险相比投资单只股票下降了 35% 左右。

---

① 假设股票 A 和 B 的方差为 25%，相关系数为 0.3，两只股票的权重均为 0.5，则投资组合的方差 = 股票 A 的方差 × 股票 A 的权重的平方 +2 × 股票 A 的标准差 × 股票 A 的权重 × 股票 B 的标准差 × 股票 B 的权重 × 两者相关系数 + 股票 B 的方差 × 股票 B 的权重的平方 = 16.25%。

如果我们继续增加投资组合中的股票数目，还会出现一个奇特的现象：随着股票数目的增加，投资组合的风险呈现单调下降的趋势。如表 4–1 所示，当股票数目增加到 100 只时，风险已经下降到了 7.68%。

表 4–1　各种投资组合风险对比

组合中股票数目	（每只股票）权重	组合收益率	组合方差
1	1	8%	25.00%
2	1/2	8%	16.25%
30	1/30	8%	8.00%
100	1/100	8%	7.68%
1000	1/1000	8%	7.52%
1000000	1/1000000	8%	7.50%

但如果股票数目继续增加，风险下降的趋势会逐渐消失。

这不是魔术，而是简单的数学原理——这个下降过程可以用协方差①的数学公式准确计算。但即使不懂数学，分散化减少风险的底层逻辑也不难理解：你可以想象一个雪橇被一只狗牵着跑和被十只向不同方向运动的狗牵着跑。在后一种情形中，这个雪橇更可能在原地附近，因为不同运动方向的狗的作用力会相互抵消。同样的道理，不同股票的波动不一致，一个投资组合中股票数目越多，很多波动会被抵消，风险也随之逐渐降低。

投资组合理论——华尔街第一次革命

早在理论出现之前，市场上实际有很多人已经运用投资组合的逻辑

---

① 协方差用于衡量两个变量的总体误差。

了。但直到 1952 年，这个逻辑才被芝加哥大学博士生马科维茨挖掘出来，形成一套系统的金融理论。

在理解投资组合可以有效地降低风险之后，马科维茨开始思考怎么才能找到最优的投资组合。所谓最优，即在相同收益的情况下将投资风险降到最低。经过长期思考后马科维茨得出了一个简单且天才的解答。他把组合中所有证券的投资比例视为变量，将证券资金配置问题转化成设计一个数学模型——对每一个固定的收益率求最小方差，或者对每一个固定的方差求解最大的收益率的数学问题。这个问题可以通过解析一组多元方程得到标准答案。

这个数学模型如此简单，以至于马科维茨在芝加哥大学的博士答辩中都受到歧视，被讽刺为“这不是经济学”（This is not economics）。但华尔街的投资者们却迅速意识到这个模型提供了一套科学的、可量化的框架。只要有足够的历史数据，就可以准确地找到最优投资组合。从此之后，投资从一门充满经验和艺术性的操作，逐渐转变为可以通过系统化学习掌握的科学和技能。

随着马科维茨的投资理论的广泛使用和流行，各商学院金融系的教学开始向数理化和体系化方向发展。直到大半个世纪后的今天，现代金融学的几乎所有分析，仍没有脱离马科维茨投资组合理论中的“风险－收益”框架。同时，基金业的从业人员也开始朝着越来越专业化的方向发展。由于对基金行业和金融学科的重大理论贡献，马科维茨在 1990 年获得了诺贝尔经济学奖。

思考题

除了金融投资以外，生活中还有什么事情可以运用投资组合理论？

另类投资：新的财富集聚方式

不管你的特性是什么，总是有很多条道路适合你，所以不要固守一条道路。

——桥水基金创始人 瑞·达利欧

第 022 讲　从索罗斯到达利欧：他们在对冲什么

在很多人的心目中，基金投资的门槛低，属于大众型的投资。其实基金是个庞大的家族，其中有经济适用男，也有高富帅。神秘的对冲基金就属于后者。很多传奇的金融人物，量子基金的索罗斯、文艺复兴基金的西蒙斯、桥水基金的达利欧，他们共同的头衔就是“对冲基金经理”。

卖空与对冲

在理解对冲基金之前，我们首先得了解两个术语——卖空（short sell）和对冲（hedge）。

卖空，顾名思义，就是指卖出某个自己看跌却不拥有的资产。比如某只股票现在的市场价格是 100 元，投资者 A 判断它的价格会下跌，要怎么才能从中获利呢？ A 先从拥有这只股票的投资人 B 手中借

1 万股，约定 3 个月后归还，利率为 5%。股票到手之后，A 迅速全部卖出，获利 100 万元。不到 3 个月，股票果然跌到了 80 元，现在 A 再花 80 万元买回 1 万股归还给 B，再加上要支付的 5% 的利息（100 万元 ×5%=5 万元），一共花了 85 万元。通过这次卖空操作，A 赚到 15 万元的利润。当然，如果判断错了，股票上涨到了 110 元，A 就必须花 110 万元买回 1 万股归还 B，加上利息，要亏损 15 万元。

对冲（hedge）则是指在买入一个金融产品的同时，卖空另一个和它价格变动的方向、幅度都相近的产品，借此来规避风险。对冲听上去非常专业复杂，但类似的逻辑我们生活中天天在用：喝酒之前备点解酒药，吃火锅前先在健身房大练一场，这都是在“对冲”醉酒和长胖的风险。更直白点说，对冲就是找到事物的反作用力，抵消事物产生的效用。

第一个在基金上成功运用对冲概念的是美国的阿尔弗雷德·温斯洛·琼斯（Alfred Winslow Jones）。20 世纪 50 年代，琼斯发现美国市场上几乎所有股票都和大盘涨跌相关。他采取了一个策略，在买入一部分自己看涨的股票的同时，卖空一部分自己看跌的股票。这样一来，无论大盘是涨还是跌，只要琼斯买入的股票比卖空的股票涨得多或者跌得少，他就是赚钱的。换句话说，通过同时买入和卖空，琼斯让自己的基金有了独立于大盘的走势，抵消了市场带来的风险。琼斯将自己的基金命名为“hedged fund”（对冲的基金），他也因此被称为世界上第一个对冲基金经理。

琼斯的基金表现非常强劲。1955 年到 1965 年间，其年化收益率是 67%，后来的明星对冲基金也都继承了这个特点。比如量子基金及其后续基金，从 1985 年到 2004 年，20 年的平均年化收益率为 30%；文艺复兴基金，从 1988 年到 2015 年的平均年化收益率为 40%；桥水基金，从 1995 年到 2005 年，10 多年间平均年化收益率也有 25%。

对冲基金高收益的秘密

尽管经常被描述为“日进斗金”，但对冲基金始终披着神秘的外纱。对它们的运营大多是在高度保密的情况下运行的：琼斯不愿在媒体上刊登广告，西蒙斯要求所有员工都签订一个像卖身契一样的保密协议，任何投资中透露公司一丁点儿秘密的行为，都需要承担法律责任。

对冲基金这些神秘作风和怪诞行为并非故弄玄虚。其一是为了避开监管，其二则是为了保证自己的策略优势。20 世纪 50 年代琼斯开始投资时，美国刚从 30 年代的金融危机中劫后余生，对证券市场监管非常严格，尤其是对那些面对公众募资的基金，更是严禁实施卖空策略或者使用高杠杆。

为了实施自己的卖空策略，琼斯打了个擦边球，他的基金不公开发售，以“私募”自居，借此避开严格的监管措施。琼斯做得有多私密呢？一般的基金会在媒体上打广告做宣传，他不但不打广告，还把募资限定在一个很小的、有钱人的圈子，通常都是约人到酒馆吃饭、喝酒，然后通过口耳相传的方式让自己的基金只在一个小圈子里面流传。

这样一来，琼斯的基金既不需要信息披露，又可以灵活地运用各种金融产品，设计复杂的交易策略，加大杠杆，获得更高的收益率。

至此之后，“神秘”就成了对冲基金的基因。

20 世纪 80 年代，金融自由化浪潮席卷，金融市场扩容，衍生品飞速发展，限制少、机制灵活的对冲基金如鱼得水。它们在市场上到处寻找那些“错误定价”的机会，然后利用高杠杆和复杂交易，赚取高额的利润。比如，当时欧洲的汇率机制是欧洲经济共同体统一制定的，为了维持各国货币之间的汇率稳定，该机制限制了各国货币的汇率波动区间。但是，这一机制有着致命的缺点，即只有当各国的经济发展政策保持接近的时候，这一汇率机制才能保持稳定。而一旦两国之间出现利率或通胀率差异，央行就不得不入市干预。而在当时，欧洲各国的经济发展极其不平衡，因此这个汇率机制存在很大的漏洞。在很多人都熟悉的"量子基金对决英镑"的经典战役中，索罗斯就是利用这一制度漏洞，用高达 20 倍的杠杆做空英镑、做多德国马克，同时在欧洲的各个市场上进行对冲交易。通过各种复杂交易和高杠杆，索罗斯在短短几周之内获利 20 亿美元，一战封神。

桥水基金的达利欧则是火中取栗的高手。但凡全球市场发生危机，桥水的表现就非常好。在 1987 年 10 月著名的"黑色星期一"股灾中，桥水基金逆势取得 22% 的收益率，被媒体称为"十月英雄"。2008 年的次贷危机、2010 年的欧洲主权债务危机，桥水也都创下了完爆市场的业绩。能取得这样的业绩，是因为达利欧创造了一套迥异于传统宏观经济学的分析方法。他从债务入手，判断经济的脆弱度，然后做到从债务临界点准确预测市场拐点，提前布局，大胆做空。[①]

换言之，对冲基金的高手们大都是判断市场的"错误定价"，并依靠高杠杆和复杂交易策略牟取高额利润。正如丛林里狩猎的豹子在捕猎之前必须屏息静气一样，对冲基金的经理人也必须对自己的策略守口如瓶，否则市场上到处都是看得见的"套利机会"，哪里还能够赚钱呢？

基于监管和投资策略的考虑，对冲基金经常表现得非常神秘，大咖气质十足。这反而引起了市场的关注，人们对对冲基金带来的高收益众说纷纭，对基金经理们令人咋舌的高收入也是情绪复杂。著名的金融杂志《阿尔法》（*Alpha*）中的数据显示，2015 年，全球 25 位收入最高的

---

① 就长期的平均收益来说，桥水基金并不突出，自成立以来，它的长期收益率也就徘徊在 10% 左右，和美国大盘指数，标普 500（长期年均收益率在 9% 左右）在伯仲之间。

对冲基金经理的年均收入是 5.2 亿美元。这样的天文数字难免引起“财富分配不均”的感叹，所以美国作家约翰·布鲁克斯（John Brooks）会说，对冲基金是华尔街秘密、专有和特权的最后基地。

风险真的被“对冲”了吗

关于对冲基金，市场还有另一个质疑：它到底是对冲还是加大了风险?

理论上，对冲策略是为了对冲和消除风险。但实际交易中，对冲策略运用大量金融衍生品，使用卖空机制，通过加杠杆放大收益。换句话说，对冲基金经常是通过承担高风险来获得高收益的。

这意味着对冲基金的高收益是有前提条件的——基金经理的判断要非常准确，比市场高明。因为一旦判断失误，这些高杠杆的复杂交易策略就会放大损失。在“高额回报，惊人收入”的镁光灯背后，对冲基金的失败率其实远比我们想象的高。但很多时候，人们只看故事的前一半，而选择性地忽略了后一半。

比如，人们可能仍津津乐道于量子基金的传奇，殊不知它其实早已清盘了。早期凭借着索罗斯对英镑贬值趋势的准确判断，量子基金赚得盆满钵满。但到了 1998 年，索罗斯接连在俄罗斯债务危机、日元汇率、美国互联网股价上发生了误判，量子基金甚至在几秒钟之内就亏损了 50 亿美元，并在 2000 年彻底关闭了。

高收益对应着高风险，这是华尔街的天才们也不能打破的定律。正因为如此，在美国，对冲基金投资人的门槛很高。美国《证券法》规定，禁止连续两年年收入都在 20 万美元以下的个人投资者和资产规模 500 万美元以下的机构投资者涉足对冲基金。这些规定主要是为了保护中小投资者，让大家不要轻易地涉足高风险、高收益的对冲基金领域。

中国有对冲基金吗？

有人说中国没有对冲基金，这话不无道理。因为中国缺乏做空工具，市场深度不够，衍生品市场也不发达，确实缺乏滋养欧美市场上那种范式的对冲基金的土壤。但是这话也比较偏颇，中国有很多二级市场上的私募证券投资基金，其实和欧美的对冲基金颇有类似之处。这些基金在中国被称为“阳光私募”。

很多人都会有种感觉，认为私募证券投资基金因为少监管、高激励，所以比公募证券投资基金更赚钱。但真实情况并非如此。

2009 年到 2017 年的 9 年间，中国公募基金和阳光私募基金的收益率分别是 13.2% 和 14.8%。虽然从数据上看，私募基金的平均业绩比公募基金略好，但是私募基金良莠不齐的现象更加严重，整个私募行业内“一半是海水，一半是火焰”，30% 以上的私募基金的收益是负的，更有 300 家私募基金被基金业协会列入了失联名单。

随着市场的扩容和中国家庭财富的增加，中国的私募基金规模日渐增大。2019 年年底，中国私募基金规模已达到 13.7 万亿元，跟公募基金规模持平。但到底投公募基金好还是私募基金好，其实没有标准化的答案。不管是私募还是公募，最重要的就是选对基金经理。整体而言，私募业绩的方差更大，如果能选到那些优秀的私募基金，可能取得比公募基金更高的收益率，但是稍有不慎也更可能踏入坑里。所以，选择私募基金经理的时候，要多做研究。有两个一般化的原则，供你参考：

第一，如果基金经理大量持有自己的基金产品，意味着他对自己的基金较有信心。

第二，如果一个基金经理的业界口碑长期比较好，相对来讲基金也会比较安全。

| 思考题 |

1. 对于金融市场上的卖空行为，你认为应该禁止还是应该鼓励？
2. 为什么私募基金业绩的方差会比公募基金业绩的方差更大？

第 023 讲　私募股权基金：现代企业的苗圃

我们这个时代，处处都有投资人的身影。策划项目要找天使投资人，创业过程中要找创投和风投的人，成熟企业要找并购投资人。这些投资人所从事的就是私募股权投资。

20 世纪 90 年代以来，私募股权投资已经渗透到现代企业从落地到成长的全生命周期。我们身边的绝大部分明星企业，从互联网独角兽企业滴滴、美团，到传统企业双汇、蒙牛，再到巨无霸麦当劳、星巴克，背后都有私募股权基金的运作。

私募股权基金是什么

顾名思义，私募股权基金也是“私下里”针对少数投资人的非公开资金募集。和其他私募一样，它享受着“少监管、高激励”的优势。但和投资股票、债券等金融产品的私募证券投资基金不同，它的投资对象是企业，买的是非上市企业的股权。

用金融术语表达，私募股权基金做一级市场，证券投资基金做二级市场。所谓一级市场，指发行市场，在这个市场上投资者可以直接认购公司发行的证券。二级市场则是有价证券的流通市场，是已发行有价证券进行买卖交易的场所。所以，从投资目的上看，私募股权基金和证券投资基金区别很大，私募股权基金倾向于从企业的长期经营和稳定增长中获利，而证券投资基金会从企业证券的价格变动中获利。

用一个通俗点的比喻：如果将金融市场看成水果市场，证券投资基金就是贩卖水果的商贩，而私募股权基金则是果农。它从种果树开始培育果实，直到水果成熟可以销售，比如上市、被收购等。果园越大、果子培育得越好，价格卖得越高，果农的名气和声望也越大。

私募股权基金的作用

水果从栽种到收获要经历相当长的培育期，所以“果农”的特性决定了私募股权基金是金融市场上的长期投资者。正如不同果子在不同发育期有不同的培育措施，不同类型或者处在不同发展阶段的企业，私募股权基金提供的帮助也会迥异。

对初创企业来讲，最重要的是资金。私募股权基金可以帮助初创企业融资。在滴滴的 B 轮和 C 轮融资中，腾讯旗下股权投资基金就砸了 4500 万元，随即又联合了其他金主再砸 7 亿元，给滴滴准备了充足的弹药粮草，帮助滴滴在和快的、优步的大战中速战速决胜出。

除了资金，技术支持也是私募股权机构能为企业带来的阳光雨露。滴滴曾经出现过短时间内用户数量大增但自身服务器跟不上的情况，作为投资人的腾讯安排滴滴把整个系统搬到腾讯云上，大幅提升了其运行效率。总而言之，无论是技术、资金，还是人脉、经验，优秀的私募股权基金能为很多初创企业提供便利和帮助。

对于成熟型企业，私募股权基金的作用就不太一样。2008 年，“三鹿奶粉事件”让几乎所有中国奶企都处于风雨飘摇之中。但美国著名的私募股权机构KKR在经过一番严密的考察论证后认定，中国的奶牛养殖业是一块价值洼地。它果断地用数亿美元入股了奶牛养殖企业——现代牧业，获得了其40%左右的股权，成为现代牧业最大的单一股东。

除了注入资金以外，KKR还对现代牧业进行了一次详细的考察，发现现代牧业缺的不仅仅是资金，更缺乏现代化的管理和资本运作。所以在入主现代牧业之后，KKR开始帮企业完善公司的经营和治理结构：对牧民进行专业饲养的技能培训，批量给奶牛办理商业保险，这些在中国奶业中都属先例。除此之外，KKR还帮助团队提高管理水平，引进西方完整的现代商业流程，重新制定企业各个部门的KPI（关键绩效指标），让职员的KPI和长期股权激励挂钩。

在资金、管理水平、资本运作等几方的协同作用下，两年以后，现代牧业在香港顺利上市。仅5年时间，现代牧业就从一个只有3个牧场的中型企业发展为一个拥有22个牧场、18万头奶牛的大规模牧业集团，并以3倍的溢价被卖给了蒙牛集团。

在过去的数十年中，国际私募股权巨头们在全球获得巨大成功。究其根源，它们有一个共同特点：能准确地判断行业的周期，在企业低谷或者起始阶段以低价进入，获得股权，再通过培育新企业或者改造旧企业的经营方式，提升企业的价值，最终在行业周期性发展的复苏或高潮阶段，成功退出，达到双赢的目的。

20世纪90年代之后，美国的私募股权基金进入了一个高速发展的阶段，黑石、KKR、凯雷、贝恩等顶级私募股权基金纷纷亮相，金沙江、美国国际数据集团、软银、红杉资本等风投基金在市场上也是名声大噪。这些机构培育了包括腾讯、阿里巴巴、搜狐、盛大在内的大批明星企业。

从某种意义上说，私募股权机构对过去30年全球的行业格局和企业布局都产生了深远的影响。2018年，世界经济论坛研究显示，从行业的经济总产出、经济增加值、人力成本、就业人数衡量等角度看，私募股权投资的进入都产生了正面影响：与没有私募股权投资进入的行业相比，有私募股权投资进入的行业总产出增速高出15%，经济增加值增速高出1.2%，人力成本投入增速高出0.9%，就业人数增速高出0.78%，专利数量高出8倍。

但是要注意一点，根据类似数据来下结论需要很小心，因为中间牵涉到内生性，即是鸡生蛋还是蛋生鸡的问题。比如根据以上数据，你可以得到“私募股权投资的进入提升了行业效率”的结论，也可以得到“私募股权投资进入了更好的行业”的结论。

所以还是那句话，现实世界是复杂的，切忌绝对化和简单化理解。

私募股权基金的钱从哪里来

私募股权基金对企业（行业）的培育，和其投资理念高度相关。

企业的发展需要时间。一个短期投资者很容易迫使管理层更关注短期利益，牺牲长期战略。比如，企业发现了很好的投资机会，需要动用一大笔资金，会影响公司短期利润。公司股价受当期利润率的影响，而管理层的收入水平、股权激励又和股价挂钩。因此各种权衡之后，好的投资机会可能被放走。反之，一个短期赢利但损害企业文化或者长期价值的项目反而可能上马。

私募股权基金控制的企业这方面的压力则相对较轻。一般私募股权基金有5~7年的封闭期，投资人在封闭期内是不能中途撤资的。即使要撤资，也要先找到其他替代的投资者，保证基金中的资金不会减少。

所以一旦有私募股权机构的注资，企业更可能在相当长的一段时间内获得稳定的资金来源，稳步成长。

那谁有这么大的耐心，花 5~7 年等企业的投资回报呢？这仍然和我们身处的资金富余时代密切相关—— 越来越多的资金需要专业人士打理。养老金、保险金、捐赠基金等大资金都在寻找长期、稳定、安全的投资渠道，所以收益高、投资周期长的私募股权基金自然就成了它们最好的选择。在美国的私募股权基金中，最大的投资人就是地方政府和企业的养老金计划，几乎占了 1/4 以上。在中国的私募股权基金中，社保资金和保险资金也都是重要的出资人。

这些投资人不直接投资，而是更愿意把钱交给私募股权投资机构的原因有两个：一方面，专业化的分工是现在和未来社会的发展方向；另一方面，私募股权基金独特的制度安排也为投资人提供了一定的保障。私募股权投资机构基本上采取的是“有限合伙制度”：基金管理人是普通合伙人（general partner，GP），承担无限责任；投资人是有限合伙人（limited partner，LP），只负有限责任。在这样的模式下，各方的责、权、利明晰：基金管理人对基金负有无限责任，即使基金清盘破产，也不用担心基金管理人逃避责任。

2018 年年底，美国私募股权基金管理的资金规模已经达到了 11 万亿美元左右。虽然中国私募股权基金起步较晚，但 2018 年其资产规模也达到了 13 万亿元人民币，已经堪比同年英国的 GDP（2.82 万亿美元）。从目前的趋势看，私募股权基金在中国还可能有长足的发展。

| 思考题 |

如果你是一个企业的创始人或管理者，你觉得引入私募股权基金有什么潜在风险吗？

第 024 讲　主权财富基金：市场上的超级玩家

市场上哪类金融机构的钱最多？我们很容易想到牛气冲天的对冲基金？富可敌国的私募股权基金？

的确，全球最大的对冲基金——桥水基金的资产规模是 1500 亿美元，全球最大的私募股权机构——黑石的资产规模大概是 5000 亿美元。但天外有天——沙特阿拉伯央行管理的资产接近 7000 亿美元，挪威主权财富基金管理的资产则高达 1.186 万亿美元—— 这些替国家进行财富保值增值的资管机构，即主权财富基金，才是金融市场上真正呼风唤雨的巨无霸。

主权财富基金：外汇储备的管理者

主权财富基金是从外汇储备资产的管理开始的。从 20 世纪 70 年代开始，中东各国靠着储量丰富的石油换回了大量的外汇储备；中国作为出口大国，在实现多年的贸易顺差后，也积累了大量的外汇储备。这些外汇储备主要是美元，但把巨额的美元放在自己手里，其实面临着很多困境：一方面，如果美国持续采取宽松的货币政策，增加美元的发行量，本国外汇储备会面临贬值，国家财富会流失；另一方面，石油价格一旦出现波动，或者出口贸易出现问题，就会对国内经济造成非常大的冲击。无论哪个国家，对外汇储备资产进行管理，确保国家财富的保值增值都是极其重要的命题。在这一背景下，对部分外汇储备资产进行管理的“主权财富基金”诞生了。

中国的“主权财富”投资实践也是从外汇储备资产的管理开始的。中国外汇管理局旗下有“四朵金花”，它们是华新、华欧、华美和华安四家投资公司，分别专注于新加坡、欧洲、美国和世界其他地区的金融资产的投资。为了确保资金安全，这四家公司主要将外汇储备投向外国国债，尤其是美国国债。这种投资策略曾引来很多批评，称外汇储备投资渠道太单一，且过度依赖美国。2007 年以后，我国正式成立了一家主权财富基金——中投有限责任公司。和“四朵金花”保守型的投资策略不一样，中投公司的投资非常分散，股票、债券、大宗商品、房地产等都是它的投资领域。

中投公司自成立以来，曾有过两笔受世人瞩目的投资交易。一笔是成立之初以 30 亿美元入股美国著名的私募股权基金黑石，旨在强强联合，在金融市场上打响第一炮。但中投公司在购买股权后不久就遭遇了 2008 年世界金融危机，黑石股价大跌，中投也遭受了严重亏损。但因为这笔交易，世界都记住了这只来自中国的主权财富基金。另一笔是 2012 年以 10 亿美元投资了阿里巴巴，在 2014 年阿里巴巴 IPO 时，这笔投资已经增值了 400%，估值达到了 50 亿美元。

表 4–2 我国广义的主权财富基金

1	中投有限责任公司
2	全国社会保障基金
3	华安投资公司
4	华新公司
5	华欧公司
6	华美公司
7	银杏树投资公司
8	曼陀罗投资公司
9	梧桐树投资平台有限责任公司

资料来源：主权财富基金研究院、西班牙 IE 商学院《2016 年全球主权基金研究报告》

淡马锡模式对中国的借鉴意义

主权财富基金管理的不仅仅是外汇储备资产，还有国有资产。作为世界上最成功的主权财富基金之一，新加坡淡马锡公司管理的就是新加坡的国有资产。这一模式对中国高达 180 多万亿美元国有资产的管理具有重要的借鉴意义。

从全球经验来看，国有企业最大的约束来自责权利不清的代理问题，经营效率普遍低下。面对如此庞大数额的国有资产，如何在保持国有成分不变的基础上提高资产的运营效率，是中国亟待解决的问题。20 世纪 70 年代新加坡政府也面临类似考验。通过淡马锡模式几十年的实践，新加坡政府较好地实现了国家战略和基金商业化运作之间的平衡。

作为一家主权财富基金管理公司，淡马锡公司由新加坡财政部完全控股。每年根据经营情况，财政部收取分红。但在经营上，淡马锡公司有完全独立的董事会，财政部无权干涉公司的经营决策。这意味着，淡马锡采取的是经营权和所有权彻底分开的模式。这种模式既能兼顾国家战略方面的考量，保证国有资产不流失，又能采取商业化和市场化的运作，解决国有企业效率低下的问题。

由于采取的纯市场化、全球化的策略，同时还有国家信用的支持，淡马锡的经营一直稳定持续，赢利状态良好。2004 年 10 月，淡马锡公司首次公布了 2003 年度的财务报表。报表显示，在过去的 30 年中，公司的复合年化总回报为 18%，总资产达到 900 亿美元。与此同时，淡马锡也以市场化和商业化的方式支持着新加坡的国家战略：20 世纪 70 年代时，新加坡政府鼓励企业走出去，淡马锡公司就把资金投向进行海外拓展的政府关联企业；2000 年以后，新加坡经济开始在航空、金融等高端服务业方面发力，淡马锡公司就配合国家战略，加大了对这类企业的投资力度。这个过程中，国家和企业利益高度统一，国家和企业信用相互交织加强，实现了一个相对双赢的局面。

淡马锡模式对我国的借鉴意义主要表现在两个方面：

第一，淡马锡这种独立运营的基金模式，降低了主权财富的政治色彩，减少了被投资者的疑虑。中国在实施“一带一路”倡议时设立丝路基金，建立亚洲基础设施投资银行，多少都借鉴了这个思路，相当于设置市场化运作的基金。

第二，政府在淡马锡模式中只充当财务投资者的角色，基金公司的经营管理完全遵循商业化的运作，形成了“政府—国有资本投资公司—企业”的三层构架。这种结构把政府对企业的影响降到了最低，政府只是所有者、监管者和战略指导者，避免了责权利不清晰带来的绩效问题。

把淡马锡模式引进中国的讨论已经持续多年，支持者认为这种经营权和所有权相独立的方式是解决中国国有资产痼疾的一剂良药，但反对者则认为新加坡的制度和我国的国情未必能吻合。

从现实的情况来看，国内已经在试水淡马锡模式。比如，现在有地方政府作为有限合伙人加入了基金公司，充当财务投资人的角色。理论上政府不干涉基金的运营，基金按照市场化的方式运作，专门投资国有企业，盘活国有资产。但比较遗憾的是，大多数类似基金都只得其形未得其神，基金管理和经营并不是真的“市场化”，不管是在项目还是人员配置上，各地政府那只“看得见的手”还是比较明显的，所以一个良好意愿下的制度设计，在部分地方反而成了地方政府的另一个“钱袋子”，走向了初衷的反面。

但在不同城市相同模式也有不同效果。很多人都知道上海国资底蕴深厚，现在国资改革基金的设立也非常引人注目。但很少有人知道深圳国资委旗下的投资基金，由于坚持市场化经营，项目投资上的效率非常高，使深圳这样一个几乎没有国营血液的城市，拥有实力极其雄厚的国有资产。

主权财富基金的未来

从全球范围看主权财富基金的分布，会发现一些过去半个世纪全球增长的区域变化和特征：截至 2018 年，除挪威外，前 20 大主权财富基金的绝大部分都来自石油出口国或者新兴的发展中国家，没有传统意义上欧美发达国家的踪影。

表 4–3　全球主要的主权财富基金

国家	基金名称	开始年份	来源	基金总量（10 亿美元）
挪威	政府养恤基金－全球	1990	商品（石油和天然气）	903.96
阿联酋－阿布扎比	阿布扎比投资局	1976	商品（天然气）	828.00
中国	中国投资公司	2007	贸易顺差	813.76
科威特	科威特投资局	1953	商品（石油和天然气）	592.00
新加坡	新加坡政府投资公司	1981	贸易顺差	353.58
卡塔尔	卡塔尔投资局	2005	商品（石油和天然气）	335.00
中国	国家社会保障基金	2000	贸易顺差	294.85
阿联酋－迪拜	迪拜投资公司	2006	商品（石油和天然气）	200.82
沙特阿拉伯	公共投资基金	1971	商品（石油和天然气）	190.00
新加坡	淡马锡控股公司	1974	贸易顺差	179.71
阿联酋－阿布扎比	穆巴达拉发展公司	2002	商品（石油和天然气）	125.00

（续表）

国家	基金名称	开始年份	来源	基金总量（10亿美元）
俄罗斯	国家财富基金和储备基金	2008	商品（石油和天然气）	110.85
阿联酋－阿布扎比	阿布扎比投资委员会	2007	商品（石油和天然气）	110.00
澳大利亚	澳大利亚未来基金	2006	非商品	92.51
韩国	韩国投资公司	2005	政府注册的公司	91.80
利比亚	利比亚投资局	2006	商品（石油和天然气）	66.00
哈萨克斯坦	哈萨克斯坦国家基金	2000	商品（石油和天然气）	65.70
文莱	文莱投资局	1983	商品（石油和天然气）	40.00
马来西亚	印尼国宝	1993	政府注册的公司	34.95
阿拉伯联合酋长国	阿联酋投资局	2007	商品（石油和天然气）	34.00

资料来源：主权财富基金研究院、西班牙IE商学院《2016年全球主权基金研究报告》

为什么大型国家主权基金会是这样一个分布呢？

其一，这是各国国家发展路径和制度差异的产物。国家主权基金的资金来源最初主要是外汇储备，新兴国家大多是依靠出口战略发展起来的，是贸易的顺差国，积累了大量的外汇储备。而欧美发达国家大部分是贸易的逆差国，外汇储备少。除了外汇储备，主权基金资金还包括养老金、国有资产等，这些都属于“国家财富”，欧美国家的模式更偏重于藏富于民，集中在国家手里的财富并不多。

其二，这也是全球经济格局变化的一个缩影。20世纪60年代，美国和欧洲在世界经济中的份额分别为55%和19%。之后，日本崛起，东亚四小龙崛起，20世纪80年代之后，中国稳步进入高速发展期，2000年之后经济体量更是迅速扩大，加上其他金砖国家崛起等，世界的多极化格局更加明显。2019 年，中国成为第二大经济体，占全球经济份额的 16%，美国和欧洲所占的比重则分别下降到了 25% 和 10%。这种全球多极化格局的变化也自然反映在了主权财富基金的分布上。

思考题

2008 年以来，更多的主权财富基金投向了美国，投资标的也变得更加多样化，你认为这个现象背后反映了什么样的宏观大势呢？

超额收益：
找到那只替你赚钱的基金

没有人愿意慢慢变富。

——沃伦·巴菲特

第 025 讲　在投资的世界里，活得久才是王道

2013 年之后，随着中国股市逐步上扬，中国的基金市场形成了一种“初生牛犊不怕虎”的氛围：2015 年，全国 1000 多名基金经理多是 80 后，平均任职年限仅仅两年半左右。入职以来即逢牛市的基金经理们普遍都采取了比较激进的投资策略。几个月之后，牛市里一帆风顺的年轻基金经理们触礁：2015 年 6 月，A 股市场发生剧烈波动，激进的策略带来巨额的亏损，很多基金陷入危机的泥沼之中。

同样的故事也发生在华尔街。21 世纪初，对冲基金的年轻天才们在量化交易上赚取了巨额利润，当时大家都觉得美丽新世界已经到来，像巴菲特这样的“老古董”已经被历史抛弃了。不久之后，美丽新世界倒塌，天才们被狠狠打脸：在 2008 年的金融危机中，华尔街有一半的对冲基金破产清盘。而从 2009 年到 2016 年，巴菲特投资的平均回报率仍然保持在 12% 左右。

这两个例子都印证了一句话：在投资的世界里，活得久才是王道。这句听着像“鸡汤”的话，背后其实有着深刻的金融学逻辑。这个逻

辑，对于普通投资者来说，更具有重要的投资启示：选择基金时，选择基金经理是关键。而基金经理是否经历过牛熊市转换则是一个重要指标。

高收益错觉

在平常的基金投资决策中，很多人都会有高收益错觉。

比如有两个基金经理：一个投资策略很激进，5 年中有 3 年都取得了 100% 的回报率，但有 2 年都亏损了 60%；而另一个相当稳健，每年取得 15% 左右的收益率。作为投资者，应该选谁？

如果凭直觉来做选择，大部分人都会选择前者。原因很简单，100% 的年化收益率太诱人，15% 的涨幅则感觉不过瘾。但简单计算后你会发现：激进的基金经理 5 年的累计收益率为 28%，平均每年 5%；稳健的基金经理实现了 5 年投资翻倍，累计收益率为 100%。①

如此大的差异让很多人都非常吃惊，这就是典型的高收益错觉。这个错觉的产生和人类“有限注意力”和“短视”的认知习惯有很大关系。

从人性的角度来说，我们容易被像 100% 这样超常的数据或者现象吸引。另外，我们也会对近期的数据更加敏感，比如，基金经理去年的业绩和前几年的业绩，在我们的决策中所产生的影响是非常不一样的。人们常说鱼的记忆只有 7 秒，其实人类也一样，越是近期的信息，在我们脑中的权重越大。

---

① 计算公式为：激进型基金经理 5 年的累计收益率 =（1+100%）^{3}×（1–60%）^{2}–100%=28%；稳健型基金经理 5 年的累计收益率 =（1+15%）^{5}–100%=100%。

基金在销售的时候，会经常利用我们的认知偏差，强调近期耀眼的业绩，而对长期的波动轻描淡写地带过。

实际上，真正好的基金是那些能够长期获得稳定收益的基金。就像上述例子中每年收益率保持在 15% 的基金，10 年下来，你的资产就增加了 4 倍。这有点像在海上泛舟一样，波涛汹涌的海面可以把你推到浪尖做弄潮儿，但这也意味着你可能会跌入谷底，甚至翻船。而随着相对平稳的水流前行，你最终会顺利地到达彼岸。

所以，在投资的世界里，要切记，“活得耀眼不如活得久”。

基金经理人的选择

在投资的时候，我们需要克服自己短视和有限注意力的认知偏差。具体到基金选择上，就要尽量选择那些经历过牛熊市转换的基金经理。这不仅仅是经验之谈，而且是基于严肃学术研究得到的结论。

从人类行为认知的角度出发，一个人以前的经历会影响他的偏好和决策。2018 年，著名学术期刊《美国经济期刊》（*American Economic Journal*）发表了东洋大学和西蒙佛雷泽大学花冈（Hanaoka）、重冈（Shigeoka）和渡野边（Watannbe）的一篇论文。几位作者考察了日本几代人的风险投资决策，在控制年龄、职业、性别等各种因素之后发现，凡是经历过重大地震灾害的个人，都会明显地倾向于采取风险对冲的策略。这个逻辑如果放在基金行业，我们很容易做出推论：一个经历过繁荣衰退、牛熊市转换的基金经理，对外部冲击的承受力会更大，在资产配置上也会更加稳健。

就像本讲开篇说的，2015 年 A 股市场上，没有经历过 2007 年股灾的 80 后基金经理在资产配置和杠杆运用上都比较激进，对股灾的很多蛛丝马迹都没有“感知力”。而那些经历过2007年股灾的资深基金经理，在2015年6月初政策突然转向时，大多已抓紧撤出，保存了胜利果实。

同样的剧情也在美国上演。2015年，瑞士央行宣布瑞士法郎和欧元脱钩，外汇市场发生剧烈的波动。很多千禧一代的年轻外汇交易员从未经历如此场面，一下子陷入恐慌，一窝蜂地去锁定流动性，结果导致汇率出现了历史性的超高波动。

所以，当市场上都是没有经历过经济周期洗礼的玩家时，这本身就是一种市场风险，这些人的行为会加剧市场的波动，有时候甚至会将一个小小的冲击变成一个大的系统性风险。

| 思考题 |

根据这一讲的内容，资历会对基金经理产生正面影响，请你从反面思考，在什么情形下，穿越过牛熊市的资深基金经理的业绩也可能比较差？

第026讲　基金收益中的阿尔法和贝塔

金融投资中有个基本逻辑，即“高收益，高风险”。意思是说，金融资产的收益来自它的风险。所以要理解资产收益，就要理解资产的风险来源。

以股票为例：市场上股票价格常呈现出同涨同跌的情形，但是涨跌的幅度不同，这说明股票价格波动的背后有共同因素和个体因素的双重影响。用金融学术语表达就是金融资产的风险来自整个市场的系统性风险和金融资产自身的个体性风险。一个基金的收益如果来自承担的系统性风险，我们就称其为贝塔收益；如果来自承担的个体性风险，我们就称其为阿尔法收益。

阿尔法收益和贝塔收益

1964 年，美国华盛顿大学的威廉·夏普（William Sharpe）在最顶尖的学术期刊《金融学期刊》(*The Journal of Finance*）发表了一篇论文[①]。文章将个体金融资产的收益拆解成两部分：随市场一起波动产生的收益叫贝塔收益，不随市场一起波动的收益叫阿尔法收益。

对于任何市场的任何一个金融资产，我们都可以算出它的贝塔值：贝塔值等于 1，意味着这个金融资产和市场的波动一致；贝塔值大于 1，意味着该资产的涨跌幅度比市场大；如果贝塔值小于 1，自然意味着这个资产的涨跌幅度比市场小。

夏普的理论假设市场处于完美的状态，所有金融资产的预期收益率就应该等于其贝塔收益，所以阿尔法收益就是“超预期收益”。阿尔法大于零，意味着这个资产的价格被低估，值得买入；反之，阿尔法小于零，则意味着这个资产的价格被高估，应该抛售。

这样一个听上去很简单的模型，却是现代金融学历史上最重要的高光时刻。人们第一次建立了关于金融资产风险收益来源的系统性分析框架。对于专业人士来说，这个模型能帮助他们更准确有效地给金融资产定价，获得关于金融资产买入卖出的基本原则；对于普通投资者来说，这些金融概念让他们有了评价基金业绩的直观简单标准。

---

① William Forsyth Sharpe, Capital Asset Price: a Theory of Market Equilibrium under Conditions of Risk, *The Journal of Finance*, 1964.09. 该文奠定了金融资产定价的理论基础，这个领域内几乎所有重要进展都和这篇文章或多或少有渊源。1990 年，夏普和马科维茨一起获得了诺贝尔经济学奖。

如果一个基金是“贝塔型”的，意味着这个基金采取的是相对被动的投资策略，追求的是稳健的市场平均收益。如果一个基金是“阿尔法型”的，则需要基金经理主动决策，通过选股和选择买卖时点，力争获得比市场平均值高的收益。所以，阿尔法收益也通常被看作评判基金经理选股择时能力的指标—— 那些能长期获得阿尔法收益的基金经理，就是能替投资者获得更多收益的优秀者。

当然，复杂的金融世界不可能有这样黑白分明的二分对立法则。比如说，贝塔收益并不是完全“被动”的。聪明人总会想办法主动赚取更高利润。

桥水基金的达利欧就引入了阿尔法和贝塔分离的策略。他设立了两个基金，分别是纯粹阿尔法基金（Pure Alpha Fund）和全天候基金（All Weather Fund）。纯粹阿尔法基金采取的是典型的主动投资策略，桥水运用各种金融衍生工具对市场系统性风险进行对冲，只专注于由挑选股票和其他资产带来的“超额收益”，即阿尔法收益。

全天候基金则比较特殊：一方面，达利欧仍然是买入股票、债券、大宗商品等市场指数型产品，获取贝塔收益；另一方面，达利欧会根据宏观经济环境来调整基金中的这些资产的配置。经济强劲增长的时候，加大股票的配置；经济出现衰退的时候，就加大债券的配置。总之，调整的目的就是一个——获得更高的贝塔收益。这意味着，全天候基金采取的是一种主动型的被动投资策略。

除了通过调整资产配置来获得主动的贝塔收益以外，基金经理人还可以通过加杠杆的方式放大贝塔收益。比如，运作指数型基金的基金经理可以将自己购买的金融资产进行抵押，借入资金购买更多的指数资产，当指数上涨的时候，这个基金就可以获得更多的收益了。当然，指数下跌的时候，这个基金也会承担更多的风险。

第 027 讲　基金的购买策略

风格和标的：基金投资的二维座标系

基金是现代金融市场上的超级物种，二级市场上的证券投资基金更是种类繁多，让普通投资者无从选择。“二维坐标系”是一个关于证券投资基金的简单实用的方法论，可以帮助普通投资者理解基金投资中一些原则，避免被市场上鱼龙混杂的名词和指南迷惑。

这个二维坐标系对应投资标的和投资策略两个维度。你可以根据自己对收益、安全和流动性的需求选择不同投资标的的基金；同时，你也可以根据自己的性格偏好来选择不同投资策略的基金。

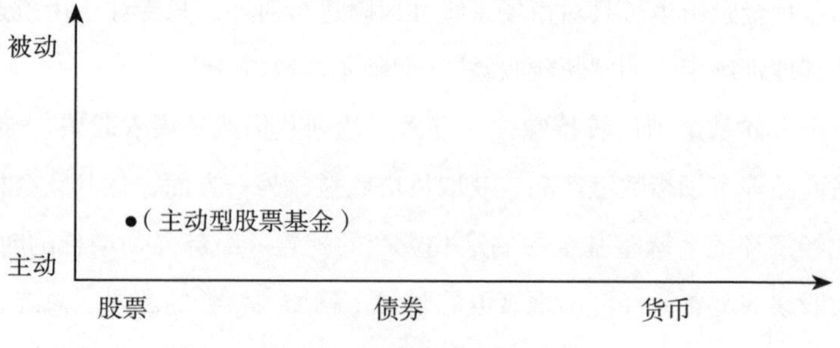

图 4–1　二维坐标系示意图

从投资策略上而言，基金主要分为主动型和被动型。主动型基金以追求阿尔法收益为主，倾向于择时和选股；而被动型基金更追求贝塔收益，倾向于跟随市场大势。

一般而言，精力旺盛、能够适应变化、敢于承担风险的投资者偏好主动型股票基金，倾向于在市场波动中获利；而性格严谨、认真、对稳定性有着更高要求的投资者则更偏好被动型投资，愿意从长期趋势中获利。

除了二维坐标系，还有一些其他基金投资上的小规律，能帮助你在基金选择中做出最佳的决策。

看宏观环境。普通人在牛市里不妨多配置被动型的指数基金，搭上看好光景的快车。而在熊市的时候，可以稍微多配置一些债券型基金，获得一个较为稳妥和安全的收益。

看行业。如果你身处某个行业，或者对某个行业比较有信心，但又没时间或能力对个股做研究，那不妨选择该行业或者板块的指数基金，分享这个行业的红利。

看时机。如果央行有降息降准的动作，债券的价格会上升，债券型基金的收益会随之上升，这时你应该果断地加大债券型基金的配置。反之，你可以下调债券型基金的配置。

看品牌。挑选主动型股票基金时，你不妨遵循"王中王"原则，挑那些王牌基金公司的王牌基金。具体而言，就是选择历史悠久、规模较大的基金公司旗下最有口碑的基金。而在挑选债券型基金时，你可以挑选银行系的债券型基金，因为大部分债券都是在银行间市场交易的。通过银行系的基金公司，你可以买到成本更低的债券。

晨星九宫格

购买过基金的投资者常会有这样的经历：基金销售人员说得天花乱坠，比如某只基金的收益长期比另外一只高很多倍，绝对是最好的投资标的。

这种推销方式其实是误导，某只基金比另外一只基金"好"，这种比较其实没有意义。因为不同基金有不同的投资风格，比较不同投资风格基金的收益率，就像在鸡和鸭之间比美，没有实用价值。作为投资者，要想知道自己购买的基金是不是真的取得了优异的业绩，前提是要准确判断其投资风格。

什么叫投资风格呢？这是对主动型基金在投资标的上偏好分类的一种方法。主动型基金是指通过选择行业和具体的股票，捕捉买入和卖出的恰当时点，以期获得高于市场平均水平收益的基金。但是，市场上有那么多证券，即使是专业的基金经理，也受限于自己的“有限注意力”，只能专注于某些类型的证券，比如主要关注大盘股或者小盘股，成长股、价值股或者白马股。①

一般来说，一个主动型基金在投资上的不同偏好就代表了它的投资风格。不同投资风格的主动型基金在风险承受、收益率方面有很大不同。这意味着，基金业绩的评价标准会因基金投资风格的不同而改变。这就像两个小孩都宣称自己拿了班上的第一名，虽然相对排名完全一致，但一个孩子在快班，一个孩子在慢班，所以两个孩子的绝对水平肯定有很大差异。同理，在评判一只基金的收益时，你也必须找和这只基金投资风格相同的基金进行比较，单纯依据绝对收益排名，很容易忽略收益背后的风险。

晨星九宫格：有效识别基金的投资风格

那怎么判定主动型基金的投资风格呢？全球著名研究和评级机构晨星公司（Morningstar Inc.）研发的一套基金评价体系，是全球基金业的

---

① 小盘股指发行在外的流通股份数额较小的上市公司的股票，大盘股指发行在外的流通股份数额较大的上市公司股票。成长股指低账面市值比的股票（高市净率），价值股反之，指高账面市值比的股票。白马股是指长期绩优、回报率高并具有较高投资价值的股票。

行业标准，其中的“晨星投资风格箱”就是业内广泛应用的、识别基金投资风格的一个方法。

这个方法非常简单：先按照基金所持股票的市值规模，将基金的风格分为“大盘”“中盘”“小盘”；接着再按照基金所持股票的成长性（这个指标可以用股票的账面净资产除以市值来表示），将基金的风格分为“价值型”“成长型”“平衡型”。

一般来说，价值型基金会在“白马绩优股”（比如沪深300中的一些股票）上有更大比重资金；成长型基金则会更多选择那些收入或净利润增长很快的股票，比如创业板的一些股票；平衡型基金是介于成长型和价值型之间的类型。

最后，分别以这两个指标为横纵轴，你可以画出一个由九个网格组成的正方形，也就是著名的“晨星投资风格箱”。

由于晨星投资风格箱中每个格子对应着一种基金的投资风格，比如大盘价值型或者小盘成长型等，共九种风格，所以又被称为“晨星九宫格”。

晨星投资风格箱用一种非常直观的方式描述了主动型基金的资产配置风格，便于对一只基金做出更专业客观的评判。同时，它也为基金的分类和追踪基金的投资组合提供了一套简易可行的标准，所以在基金业得到广泛的应用。

普通投资者怎么才能知道自己购买的基金的投资风格呢？非常简单，你可以在基金网上输入你要查找的基金名称，所有基金的介绍页面都会显示基金在晨星九宫格中的位置。你可以拿自己购买的基金的收益率和风险与同类风格的基金做对比，辅助判断自己的投资决策是否正确。

不过，即使了解了基金的投资风格，也不能单纯从绝对收益率的角度做简单评判。比如1990—2015年，美国大盘价值型基金的年平均收益率是 9%，而小盘成长型基金的年平均收益率是 17%，单纯比较收益率，很容易得出“后者的业绩要好得多”的结论。但如果观察同期另外一个数字，我们就会发现：大盘价值型基金收益率的波动率是 10%，而小盘成长型基金收益率的波动率是 20% 左右。所以，从风险收益比来分析，这两类基金的差异就不大了，甚至大盘价值型基金还要略微好一点。[①]

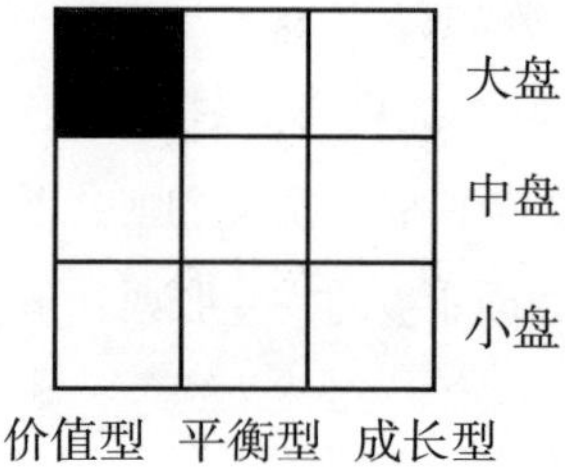

图 4–2　晨星投资风格箱

九宫格背后的金融学逻辑：价值溢价和规模溢价

晨星投资风格箱中判断主动型基金投资风格的两个指标并不是随意设定的，而是涉及金融资产定价理论中两个非常重要的概念——价值溢价和规模溢价。

假设世界上存在着两类风险一样的股票，其中一种股票比另一种收益率更高。那么我们可以想象，任何理性的投资人都会去买那种收益率更高的股票，导致这类股票的价格被推高，收益率下降。这个价格升高、收益率下降的过程会一直持续到两类股票的市场收益趋同为止。所以从长期均衡而言，两类股票的收益率不应有显著差异。

但 20 世纪六七十年代，基金从业者们发现，用大盘股对标小盘股

---

① 现在市场上对价值股和大小盘股的划分有很多疑问，所以也有很多基金经理并不认可晨星的划分。

或用成长股对标价值股，小盘股的收益率高于大盘股，价值股的收益率高于成长股。更令人惊奇的是，这一现象一直持续了十多年。尽管这个现象令人困惑，但基金经理们还是敏锐地利用了这种规律，开始专门将资金投向价值股和小盘股，获取更高的收益。这种价值股的收益率高于成长股、小盘股的收益率高于大盘股的现象，就是金融资产定价理论中的“价值溢价”和“规模溢价”①

对于投资者来说，这意味着，如果一个基金经理投资价值股或者小盘股挣到了高收益，这不是因为他的选股能力，而是因为市场上存在着这种溢价。正因为此，判断主动型基金的投资风格就显得更重要了。否则，你无法分辨出基金收益中哪些是来自市场的整体波动，哪些是来自基金的投资风格，哪些是来自基金经理的真正选股和择时能力。

| 思考题 |

20 世纪 70 年代，专攻贝塔收益的指数基金得到了很大的发展，进入 90 年代以后，致力于寻求阿尔法收益的对冲基金盛极一时。你觉得这背后的原因是什么呢?

| 延伸阅读 |

投资基金，你需要提防这些坑

基金的本质是把钱委托给专业人士管理。但人性是自私的，任何专

① 1993 年，诺贝尔经济学奖得主尤金·法玛（Eugene Fama）和芝加哥大学教授肯尼斯·弗伦奇（Kenneth French）在那篇著名的三因子模型（Fama-French）论文中就分析了这两个“溢价”。Fama, Eugene F , and K. R. French . "Common risk factors in the returns on stocks and bonds." Journal of Financial Economics, 1993。

业的基金经理都有可能为了自己的利益而伤害投资者的利益，产生“委托代理问题”。世界范围内基金业黑幕屡见不鲜，其原因也就在于此。中国的基金业发展历史短，运作不规范，这方面的问题更加严重。

下面，我总结了中国基金业中典型的三个坑以及相应的破解原则。

第一个坑：抬轿子——基金之间的利益输送

基金之间常有粉饰业绩的“抬轿子”行为。一家基金管理公司旗下一般有好几只基金，一只基金先买入某只股票，然后其他基金再持续性地买入这只股票，推高股价。先买入这只股票的基金的业绩自然会上涨，净值提高。这就相当于“坐轿子”，而后面接盘的基金就相当于“抬轿子”。那些买了“抬轿子”基金的投资者，就算入了坑。

为什么基金之间会如此操作？因为明星基金能带来更多的利益。假设一家基金公司旗下有一只明星基金和一只业绩很差的基金，另一家基金公司旗下有两只业绩平平的基金，哪家基金公司会更受投资者的欢迎？

答案是第一个。因为人类天生有追星跟风的倾向。明星基金容易受到投资者追捧，吸引大量资金流入，并带动其他基金的销售。一好一差两只基金能带来的资金量会比两只业绩平平的基金带来的多。所以，基金公司有动力牺牲个别基金的利益，造就一只明星基金，来带动整个公司的收入。

2013 年，一只叫“中邮战略新兴产业”的基金以 80.8% 的收益率成为当年的冠军基金，基金经理厉建超也成了当年的明星。但奇怪的是，厉建超管理的另一只基金“中邮核心优选”同期的收益率居然只有 –3.3%。更奇怪的是，这两只基金购买的股票有不少重合。同一个“妈”生的基金为什么投资业绩相差如此之远呢？

聪明人很快看出了其中利益输送的猫腻：“中邮战略新兴产业”总是先在一只股票上低位建仓，一段时间以后，“中邮核心优选”就开始疯狂地加仓这只股票，把价格拉得很高。这样一来，低位建仓的“中邮战略新兴产业”的业绩就会快速上涨。比如说，当时这两只基金共同购买的一只叫“旋极信息”的股票，在一个季度之内价格被拉升了30%多。多重复几次这样的操作，基金的短期业绩很容易就变得非常亮眼。

要避免被“抬轿子”抬出来的假业绩迷惑，一个重要的原则就是“查底牌”。

第一，关注基金公司旗下基金的情况。如果几只基金持仓的股票类似，业绩却相差很远，就要谨慎。

第二，如果这几只基金共同持仓的还是小盘股，“抬轿子”的嫌疑就更大了。因为大盘股的流通筹码多，不太容易被操纵；而小盘股的流通筹码少，一拉即涨停，容易控盘，方便其他基金接力“抬轿子”。

第二个坑：老鼠仓——基金经理对亲朋好友的利益输送

“老鼠仓”是金融市场的一个毒瘤。它的操作模式是基金经理人先用个人或者亲戚朋友的资金买入一只股票，低位建仓，然后用基金投资者的钱大量地买入同一只股票，等股票价格被拉到很高时，卖出私人账户上的股票套现获利，而基金投资者的资金却被套牢了。这种行为就像老鼠把别人的粮食偷到自己窝里，所以叫“老鼠仓”。

中国基金业是“老鼠仓”的高发区。2007年上投摩根的基金经理唐建、2008年南方基金的基金经理王黎敏，都是在自己管理的基金建仓前，利用自己父亲或第三人的账户买入股票，等基金资金当接盘侠拉高股价后，马上卖出个人仓的股票套现。这种操作动辄就能赚数百万，甚至上千万元。

除了人性的贪婪，中国基金业“老鼠仓”现象无法绝迹的最重要原因是，中国证券市场上违规违法的成本实在太低。美国对“老鼠仓”这类行为的处罚非常严厉，行为人通常要面临可能倾家荡产的巨额罚款，而且可能会被判处高达20年的刑罚。相比之下，我国对“老鼠仓”行为的处罚有点“罚酒三杯”的意思：处罚数额一般与获利相当，即使判处有期徒刑，也常附带着缓刑。更重要的是，“老鼠仓”的行为一般被认定为基金经理的个人行为，而不追究基金公司的责任。这相当于板子高高举起、轻轻落下，起不到什么震慑的作用。

而且，“老鼠仓”在事发前并不容易被发现。现实中要避免掉进“老鼠仓”的陷阱，最重要的就是要“识前科”，避开曾屡次曝出“老鼠仓”的基金公司。如果一次“老鼠仓”还可以视作基金经理的个人行为，类似事件屡次发生就一定是因为基金公司在内部管理机制上存在着缺陷。

另外，如果买入的基金被曝出了“老鼠仓”的传闻，一定要果断止损，切忌犹豫。

第三个坑：操纵股价——基金经理与上市公司之间的利益输送

基金业的另一个毒瘤是上市公司和基金公司之间的利益输送。

基金本质上应该是独立的资产管理公司，为投资者服务、帮投资者赚钱。但在现实世界中，一些基金经理却和上市公司合谋哄抬股价，制造业绩的虚假繁荣，个人从中渔利。

在资本市场不断创造业绩“奇迹”的徐翔算是这方面的高手。徐翔管理的泽熙基金曾创下了5年平均收益率200%的纪录，受到市场的狂热追捧。仅在2015年上半年，其管理的基金就募资超过了300亿元。直到2015年股灾后，徐翔涉嫌操纵证券市场被抓，泽熙基金的套路才露出了水面。从2010年到2015年，徐翔先后与13家上市公司的实际控制人合谋操纵股价牟取暴利，每一次的手法都很类似。

第一步：徐翔按照其与上市公司的约定，先让自己旗下的基金大量地买入上市公司的股票，低位建仓，拉升股价。

第二步：上市公司择机发布“高送转”[①]“业绩预增”等利好消息，或者引入在线教育、机器人等热点话题，继续推高股价。

第三步：上市公司股东在股价处于高位时减持股票套现，徐翔则以大宗交易的方式接盘，随后再在二级市场上全部抛售。

通过减持股票所获利益，上市公司按照约定的分成比例汇入徐翔的个人账户。上述这种行为就是基金和企业合谋，通过推高股价和卖出价格虚高的股票薅羊毛，属于典型的利益输送行为。

面对这种猫腻，识别的基本原则是“破迷信”。也就是说，不要过度迷信明星基金经理，尤其是那些被神化了的基金经理。在分析一只基金时，一定要关注基金的持仓情况，如果基金特别喜欢持有话题多、交易活跃、实际业绩又并不尽如人意的股票，你就要提醒自己注意风险了。

善用“查底牌”“识前科”“破迷信”的方法，时刻保持理性，才能更好地避开基金投资中的那些坑。

---

① 高送转主要是指上市公司以股票形式分红、用资本公积转增股本，目的是向市场传递公司未来业绩将保持高增长的积极信号。

第五章

债：
最古老的金融契约

人类社会本质上就是形形色色的债务关系的总和。债务关系的背后是信用关系。货币则是这种信用关系的度量，也是市场复杂化、规模化运行的必要条件。

债务关系反映了债务主体信用的变化。从这个角度解构历史，中国千年的王朝更替就是一部原有债务关系破裂、新的债务关系重建的循环，是国家和民间债务关系互相影响恶化的“债务螺旋”。

现代债券市场实现了债务关系的显性化、货币化，为欧洲打下了现代金融体系的基础，也成为欧洲进入现代社会的重要助力。

信用杠杆：
给我一根杠杆，我能撬动世界

自出生开始，人就是债务……他只有在牺牲自己以后，才能从死神手里赎回自己。

——印度《梨俱吠陀》

第 028 讲　债：人类最古老的金融行为

印度的《梨俱吠陀》中写道：“自出生开始，人就是债务……他只有在牺牲自己以后，才能从死神手里赎回自己。”这样的表达大量存在于东西方的宗教文学典籍中，告诉我们：人类存在本身就是一种债务形式，而债务的期限就是生命的长度。

作为人类社会最古老的金融活动，“债”无处不在，从隐性的债务关系到显性的债务合同，到规模化和标准化的债券市场，一个社会本质上就是形形色色的债务关系的总和。

隐性债务关系：可以量化和货币化的责任

债的本质到底是什么？

如果我们从人类社会发展的角度来看，债是一种可以量化和货币化的“责任”。朋友聚会吃饭，“轮流请客”是一种约定俗成的习惯，一旦有人打破了这种默契，轮到他买单时总人间蒸发，这个人一定很快会受到朋友们的排挤。因为他的行为会被视为违背了一种隐性的债务关系。同样地，中国传统社会红白喜事中的“凑份子”，是在整个经济资源比较匮缺的情况下，人们为了应付一些不确定的外在冲击而设计的一种多边信贷网络，本质上也是隐性的债。

这些“责任”构成了社会交往的基础。但随着经济规模和社会复杂度的增加，人们发现，隐性的债务关系无法支撑整个社会的信用交换，其原因主要有二。

第一，这种关系不具备规模性。我们不可能向陌生人去凑份子，也不可能轻易地和陌生人形成债务关系。

第二，这种关系不具备强制力。某个人这次不请客，或者某一家拒绝凑份子，最多受到道德上的谴责，没有法律规范能对这种违约的行为进行惩罚。维系一个持续债务关系的核心是“有借有还”，如果每个人都借了不还的话，就会形成一个违约的链条，整个社会的债务关系就会破裂，整个社会也就运行不下去了。

于是，具有强制力的、显性的债务关系，成了社会发展的必然。在不同的人类文明发源地，我们都发现了具有强制力的古老债务合同。

显性债务合同：有强制力的债务关系

《史记》中有个“冯驩折券”的小故事，很集中地反映了中国春秋战国时期的信贷关系。“战国四公子”之一的孟尝君家财万贯，他给自己封地的佃农发放了很多贷款。某年庄稼收成不好，很多贷款收不回来，孟尝君派自己门下食客冯驩去收钱。冯驩到了封地后，却当着所有乡民的面一把火把所有的债务合约都烧了，免除了他们的全部债务。孟尝君问冯驩为什么要这么做？冯驩回答说：这些农民还不起债，如果逼他们逼得太狠只会适得其反，现在减免一次债务可以替你收买人心，日后必有回报。事实证明冯驩很有远见，后来孟尝君落难，这些乡民感其高义，保护了他的安全。

从这个故事里我们看到，战国时期中国人已经在用显性的金融契约（合同）来维系债务关系。这些合同中包含着债务关系的很多细节，比如借款额度、还款期限、利率水平、违约责任等，这些内容和现代债务合约的要素几乎一样。

除了中国，全世界其他地方也有大量类似的具有强制力的债务合约，公元前 1700 多年前颁布的《汉谟拉比法典》上就记载着债务违约的惩罚机制。当债务人无法清偿债务的时候，债权人有权将债务人及其妻儿当奴隶使用 3 年。公元前 5 世纪中期的罗马《十二铜表法》规定，债权人可以将无力偿债的债务人交给法庭，戴上足枷，甚至出售或者杀死。

虽然这些条款今天看来都太过残忍，但是从历史的角度看，具有强制力的显性债务合同是社会关系的一个巨大进步。其一，它明确了债务关系中的权责利边界，推动了产权制度的发展；其二，随着显性合同的出现，一整套支持契约的法律和行政体系也随之演进发展起来。为了适应债务关系的复杂化，整个社会的法律和行政机制也必须不断地发展。而成熟的法律和行政体系能反过来支持更加复杂的债务关系，促进资金在整个社会上的流动和配置，社会信用关系也随之发展和演化。

社会信用关系的复杂化和规模化更进一步推动专门信用机构的诞生，比如世界各地在不同时期出现的典当行、钱庄、银行等。不管采取的是什么模式，这些机构的基本作用就是完成借贷的过程，把复杂的多边债务网络变成单对多的债务关系，提高整个社会的资金配置效率，实现增长。在这个过程中，社会分工进一步地细化，“融资”也开始变成专门的金融行业。

规模化的债券市场：伟大的金融创新

早期供货行业的最大问题就是流动性问题，不管是个人债务合约，还是机构借贷合约，都面临到期前无法“转让”的问题。这种流动性约束催生出了一种方便转让和交易的标准化债务契约形式——债券。

“债券”这个词可以通过中文的“券”字来理解：用一把刀来切割债务关系，将笨重的、缺乏流动性的债务合约，转换成更容易转让交易的小额债务工具。这种将不可转让的权利变成可自由转让证券的过程，是现代金融最重要的功能。股票的“票”，资产证券化的“券”，追本溯源，都是类似的转换功能。

债券的起源可以追溯到 12 世纪的威尼斯。当时的威尼斯卷入了一场耗资巨大的战争。为了募集资金，威尼斯政府进行“金融创新”：强迫每个市民按照一定数额借钱给政府，政府承诺未来每年用税收支付市民 5% 的利息——这就是债券的雏形，将点对点的“借条”转化成一对多的、标准化的债务合同。

欧洲各个小国的统治者很快发现这是一个天才的设计：国家的巨额债务被切割成标准化小份债券后，普通市民都可以参与购买。融资目标群体的扩大使得国家筹资能力大为提高。更重要的是，承诺用未来税收支付债务利息的融资模式，让“国家未来增长”和“国民”之间完成了更紧密的利益绑定。从居民的角度，其储蓄有了投资工具，获得更大的流动性，自己也得以分享国家增长的红利。国家发行债券的方法很快在欧洲流行起来。也就是从这个时候开始，欧洲国家的经济增长思路从“税收”的一潭静水转向“金融”的活水。

从“债”到“债券”，是金融历史上一次质的飞跃。债券的发行有着统一的标准和规范的流程，每张债券的票面价值、债券利率、发行价格、交易价格都是一样的——这种标准化的合同一方面实现了债务的小额化，降低了投资的门槛，使资金的募集变得更加容易；另一方面使债券的转让和交易变得更加容易，创造了一个具有流动性的二级市场。人们可以通过这个市场调整自己的资金需要。资金的供给和需求因此得到了更优匹配，整个社会的资金使用效率大为提高。

| 思考题 |

1. 试着从债的角度来解析自己的社会关系网络（可以从家庭、事业等方面入手）。
2. 早期债券发行主要是欧洲的国家，思考一下为什么中国没有发行债券，为什么没有企业发行债券（从信用关系入手）。

第 029 讲 货币真的起源于物物交换？

回顾历史，我们会发现，人类历史变迁与债务关系的演进、重组和变化密切相关。从货币的起源到王朝的更替，莫不如此。

货币起源于债务

在经典的经济学教材中，有经济学鼻祖亚当·斯密关于货币起源的论述：一个村庄里，人们进行着物物交换，并在物物交换的过程中产生了一般等价物——货币。货币也是一种商品，是“市场”的产物。

这个理论如此深入人心，以至于很少有人怀疑它的真实性。但最近越来越多的人类学证据告诉我们，在人类社会发展的过程中，纯粹的物物交换也许从来没有存在过。

比如说，人们总对教科书里描述的物物交换有一种错觉，以为就是拿3只鸭去换5只鸡。但人类学证据显示，真实的交换场景是：甲从乙处买鸡时写了一张欠条，承诺未来给乙与这只鸡同等价值的东西。接着乙去丙处买鞋时把欠条给了丙，以此类推。社群里的物物交换过程其实是这类欠条或凭证的流通过程。当凭证流通的时间足够长，人们也就渐渐忘了它最开始的主人，欠条也就变成了“可流通、可转让”的票据，充当了货币的角色。

这种场景就是货币信用理论所描述的“货币起源”：货币起源于人们交换过程中发生的债务关系。在物物交换过程中，债务关系以货币的形式被量化。而债务背后考量的是“信用”，所以货币的价值代表着人们对欠条发行人的信任程度。这意味着，和传统经济学眼中货币是“充当一般等价物的商品”不同，信用货币理论中的货币是抽象的、衡量人们之间债务关系的单位，是交易发生和市场运行的必要条件。

国家信用、货币与债务

现代货币则和国家债务密不可分。人类历史上第一次由央行发行的法定货币就是以债务为基础的。17世纪，英格兰的一个银行财团借给了国王120万英镑，同时获得王室批准，向社会发行盖有王室印章的120万英镑的债务欠条。任何向这个银行财团借钱或把钱存入这个银行财团的人都有权利以欠条作为支付手段。随即，一笔巨额的王室债务在英国全境流通起来，王室债务被货币化。这些欠条就是英国的法定货币——英镑，发行欠条的银行财团就是后来的英国央行——英格兰银行。直到今天，这 120 万英镑的债务也没有还清。因为一旦还清，英国的货币体系也就不存在了。

从全球范围来看，这种建立在债务基础上的央行和法定货币体制早已经成为现代社会的常态。美元、人民币的发行都是用国家信用做抵押发行的“债务”。在央行的资产负债表上，货币发行也被称为基础货币发行，属于央行的“负债”。

法定货币代表国家信用，国家信用背后的支撑则是主权。国家主权的力量将人们共同的“信仰”变成了法定货币，并使其成为全体国民债务关系的度量和记账工具。在这个意义上，“国家”就是所有公民之间债务的信用担保人。把这个逻辑推到极端：当国家信用足够强的时候，不管是一张纸还是粮食、黄金，甚至是一串代码，只要是国家愿意接受的、能够形成社会共识的东西都可以成为货币。只要能代表国家和国民的债务关系，能在愿意交易的人手里流通，它们就具有了货币的性质。

这也是伟大的经济学家凯恩斯在研究货币的过程中得到的结论。他说，在过去四千年里，货币一直是“政府”创造的产物。这里的“政府”不一定是国家，它可能是一个酋长，是一个村庄的代表，是一个权威体。在个体之间签订合约、承诺偿还借债时，这个权威体来担保偿还和合约描述相符的债务，同时发行同等价值的债务凭证。

| 思考题 |

结合本讲的内容思考，我们个人能创造货币吗？

第 030 讲　债务螺旋：中国王朝更替的金融逻辑

如果从债的角度解构历史，国家和民间债务关系互相影响恶化的

“债务螺旋”，是中国王朝更替的金融根源。中国的千年王朝更替史，就是一段原有债务关系破裂、新的债务关系重建的循环历程。

社会债务关系的三角

尽管一个社会的债务关系纷繁芜杂，但是按大类分，无非是国家、企业、个人三者形成的债务网络。农耕时代的中国，这个网络可以简化成国家和个人、个人和个人两类债务关系。

国家和个人的债务关系主要体现为各种税负。在这种债务关系中，国家是债权人，百姓是债务人。税负越重，百姓对国家的负债就越重，杠杆率越高。而且债务违约成本也很高，不纳税可能会被送进监狱。

除了国家与个人之间的债务关系，民间还存在个人之间的债务关系。传统中国社会，人们奉行量入为出的基本准则，所以民间大规模借贷一般发生在青黄不接或者是天灾人祸之时。在债务关系中，债务人往往处于绝对弱势的地位，要承担高额的利息和苛刻的抵押条件：民间利率都是按月计算的，综合计算后，年息甚至能够达到36%；抵押一般也是超额抵押，抵押物包括房屋、土地，严苛的时候甚至涉及债务人的妻子、儿女等。

图 5–1　三角形社会关系示意

以上两种债务关系构成了三角式的中国传统社会的基本形态，而社会的稳定程度就取决于三角形三条边的杠杆率是不是适度。

从中国传统社会自给自足的经济特征来看，一个相对健康的社会应该是债务较轻、杠杆率较低的社会。第一，税负不重可以保证适度“藏富于民”，让民间休养生息，为扩大再生产做准备。汉朝的“文景之治”、唐朝的“贞观之治”，甚至是政治集权达到顶峰的“康乾盛世”，税负和民间借贷都处于较低的水平。

第二，低杠杆率是维持社会稳态结构的需要。就封建王朝相对简单的官僚治理结构来看，传统社会中统治者（债权人）和普通百姓（债务人）处于尖锐的对立状态，“维稳”是历朝历代的刚需。而“维稳”是需要成本的，如果税负加重，杠杆率增加，社会的张力、摩擦就会变大，“维稳”的成本就会急速上升，远远超过封建王朝简单官僚治理结构能承受的水平。所以，“低杠杆”是中国传统社会维持稳态结构运行的一个必要非充分条件，也是其“去金融化”的根源所在。这也是为什么历朝历代，从事放贷的“金融从业者”都属于被鄙夷或压制的对象。

“债务螺旋”下故事不断重演

但是低杠杆、轻债务的稳态结构总是暂时性的：一旦有外生冲击，比如天灾人祸、外族入侵，这两种债务关系就会迅速恶化，形成一个杠杆率交替上升的“债务螺旋”，进而打破社会的稳态结构，最后以王朝的更替收场。

以明朝为例。建朝伊始，明朝的社会稳态就依靠庞大的集权和行政体系维持。而为了保证庞大官僚体系的运行，国家必须与民争利，多征税，导致民间财富被极度挤压。在靠天吃饭的年代里，任何自然灾害——旱灾、涝灾、虫灾都会造成民间借贷的杠杆率大幅度上升、债务关系恶化，导致“民不聊生”。

民间债务关系恶化对朝廷来说意味着维稳成本急速上升，财政会出现巨大的缺口，这时只能加重税负，从而导致民间债务关系的进一步恶化，社会更加动荡。两种债务关系就这样不断互相加强恶化，杠杆率也交替提升，形成不断上升的债务螺旋，直到稳态的社会结构被彻底打破。

明朝末年的李自成起义就是一个典型案例。崇祯年间，北方连年大旱，游牧民族入侵中原。朝廷为应对军费开支，只能不断增加税负，同时削减财政开支，导致大规模的“公务员”失业。很多失去工作和生活保障的“公务员”陷入民间借贷无力自拔，李自成就是其中之一。他欠债杀人，最后怀着满腔仇恨投奔起义军，成了明王朝最后的掘墓人。

明朝的情况不是个案。回溯历史，秦的覆灭、唐的衰落、宋的更替、元的消亡，无一不是“债务螺旋”下的故事重演。更有意思的是，每次王朝更替之后，新朝廷一般会做两件事情：一是大赦，除了赦免犯人以外，还会废除前朝的一切债务，用强制的办法理顺民间的债务关系；第二是减税，休养生息，理顺国家和个人之间的债务关系。这相当于同时降低了两种债务关系的杠杆率，即“强行去杠杆”。这种“双降”会逐渐降低整个社会的杠杆率，社会也会渐渐恢复到原来的稳态结构，直到下一个冲击的出现。

思考题

为什么欧洲没有出现类似中国古代社会的债务螺旋呢？（可以结合第一章“金融的演化”部分的内容进行思考。）

债的成本：都是信用惹的祸

死并非生的对立面，而是作为生的一部分永存。

——村上春树

第 031 讲　金融视角的“李约瑟之问”

历史上曾有著名的“李约瑟之问”：为什么直到公元 16 世纪，在科技、文化、经济领域处于领先地位的中国没有产生现代科学，也没有发生工业革命？“李约瑟之问”有很多种解释，包括科举制度、小农经济、外族入侵，等等。但金融方面的原因却一直没有得到足够的重视。

金融导致东西方大分流

著名的金融学者詹姆斯·麦克唐纳（James Macdonald）在研究[①]中发现了一个很有趣的历史现象，公元 1600 年左右的国家可以分为两类：一类国家是藏宝于国库，中国明朝国库的白银有 100 多万两，印度莫卧儿帝国国库的银币有 6000 多万元，而土耳其奥斯曼帝国的藏金

---

① James Macdonald, *A Free Nation Deep in Debt: Financial Roots of Democracy,* Princeton University Press,2006.

是1600多万块；另一类国家则负债累累，英国、西班牙、法国、荷兰、意大利等国家经常借债或发行国债。但当历史的镜头推到公元17世纪至20世纪这400年间时，奇妙的逆袭发生了：那些负债累累的国家摇身一变，成了发达国家，而曾经的“财主帝国”都变成了发展中国家。以人均GDP来看，中国在公元1000年到1200年间（宋朝）达到了顶峰，之后的几百年就开始停滞不前；而大洋彼岸的欧洲，从无法望中华帝国之项背到走出黑暗的中世纪，人均GDP一直保持了稳健的增长。

一直以来，人们都把16、17世纪视为东西方发展分流的开始，但最近学术界有越来越多的人认为，自12世纪欧洲债券市场兴起时，东西方发展的转折就已经显现。其中的表现之一就是东西方财政金融模式的分流：西方财政金融体系那时已经开始大规模地使用国债，而中国的财政金融体系依然主要依赖税收。

为什么不同的财政金融模式会影响国家的发展道路呢？这和国债与税收的特征密切相关。

税收和国债："切蛋糕"和"借面粉"

税收是财政收入的来源之一，属于财政手段，它针对的是当下的居民收入。所以税收分配相当于“切蛋糕”，在政府和居民间重新分配资源。而国债属于金融手段，是国家以未来收入做抵押，解决包括国防军事、公共服务、司法、教育、基础设施建设等国家支出问题。发行国债相当于“借面粉”，即将未来的收入转移到当下，满足国家对资金的需求，同时让个人手里的资金份额通过投资变大，实现社会财富的增长。税收是全民性的、强制性的，发行国债则是局部性的、契约化的。

历史经验告诉我们，税负过重会造成民不聊生，往往也是一个国家发生动乱的根源。而发行国债则能避免征税给社会、个人造成的冲击——这种多发债少征税的思路也正是美国崛起的金融逻辑。政府以自己的“信用”作为抵押，通过发债从国内外吸收廉价资金，居民则通过投资扩大自己手中的财富份额。

因此，不同财政金融模式的选择其实反映的是各国的制度路径选择。“藏宝于库”的大多是中央集权式的帝国，而通过举债“藏富于民”的大多是封建分封制环境里成长出来的欧洲国家。人类社会以前一直处于金戈铁马、抢夺资源的状态，战争开支是各个国家最大的财政支出，中央集权式的国家依靠强大的国家暴力机器征税，充实国库，支援军备支出。但如果遇到大的灾难，这些国家很快就会出现民不聊生、税收难以为继的情形。古代中国自秦朝以来财政危机会周期性发作，到了不可收拾之际，就会出现王朝更替。而欧洲的各个国家缺乏大规模征税的能力，被迫开创了“向未来融资”的金融手段，以国债这种契约的方式来筹集民间资金、协同资源，实现了各种政治力量的制衡，同时帮助欧洲各国向外扩展。以国债为标的的二级市场逐渐发展，国家信用从虚拟概念转化为可以循环使用的活水，社会流动性增大。这也极大地激发了社会的创造力，为工业革命奠定了物质和思想基础。

此外，国债发行后，为了保证债权债务关系的清晰，出台限制约束国家权力、保证契约执行的法律制度的需求逐渐出现，欧洲契约社会和法制社会就在这样的背景下逐渐形成。到 19 世纪，世界格局彻底地被改变了：欧洲几乎在现代社会的所有领域——政治、经济、科学、文化等，都已经将曾经的文明古国远远地甩在了身后。以发行国债为基础的金融体系的建立，为国家能力的提升，乃至现代国家概念的塑造提供了辅助。

| 思考题 |

作为世界第一强国的美国是全世界最大的债务国，这背后的金融逻辑是什么?

第 032 讲　为什么总是说“中小企业融资难”?

“中小企业融资难”是在媒体出现频率特别高的问题。即使是欧洲这种高度市场化的区域，帮助“中小企业融资”也常常是政府最大的目标函数之一。为什么在资金如此充沛的今天，中小企业融资难仍然是全球性的问题?

这要从借贷的抵押品说起。

信用与抵押：中小企业融资的困境

一般来说，企业的债务融资渠道无非是两种——发行债券或者向银行申请贷款。

企业发行债券时需要用自己的信用做背书（抵押），所以全球的企业债市场都是以信用较好的大企业为主的，亚马逊、麦当劳、华为等企业发行债券会非常容易，但中小企业要发债则相对困难。因为它们实力不强，抗风险能力较弱，要同时取信于债券市场上这么多投资者，成本过高。

那中小企业找银行申请贷款是不是容易一些呢? 从银行的角度来看，给中小企业贷款并不是最佳选择：银行要花费大量的时间、精力和物力去调查众多小客户的信用记录、经营情况，成本过高。所以，银行一般就采取简单的、成本相对低的办法——贷款要有抵押品，企业的房产、土地、机器、库存都可以用来抵押。但中小企业本来就缺乏抵押品，它们贷款的目的常常就是租厂房、买机器，这使得中小企业在向银行申请贷款时陷入两难境地。

总之，无论是发债还是向银行贷款，对于中小企业都是难题。中国的中小企业融资更难。一来中国金融体系以国有银行为主体，国有经济体系之外的民营中小（小微）企业很难得到关注；二来中国经济受宏观政策影响大，波动也较大，中小企业的生存率较低，所以银行在给民营中小企业贷款时会更加谨慎。抵押不但是必要的，而且抵押打折的比例还相当高。

正规金融体系内中小企业普遍缺乏融资渠道，所以长三角、珠三角等地区发展出了发达的民间借贷市场。但民间借贷利率高，背负民间债务的中小企业就像绷得很紧的皮筋，只要有风吹草动，比如政策变动、经济增速下滑、行业变化，企业的资金链条就特别容易断裂，甚至形成金融乱象。这使得中国中小企业融资难、融资贵的问题更加突出。

中小企业融资难的破局之道

相对而言，在解决中小企业融资难问题上，美国和德国用不同的方法都取得了不错的结果。

美国企业融资主要依靠债券市场。美国的垃圾债，也就是高收益债券市场，曾为高科技类的小企业打开了一扇融资的大门，这个市场上的投资者追求高收益，也承担相对高的风险。中国也有类似的中小企业债券市场，但是由于中国债券市场发展的深度不够，企业信用债业务没有发展起来，所以该市场在中小企业融资方面没有起到特别大的作用。

德国的金融体系和中国类似，也是以银行为主导。但德国的银行体系层次很分明：大银行服务大型企业，中型银行服务中型企业，小银行则服务当地的小企业。这种结构能较好地解决银行和企业之间的信息不对称问题，银企更容易达到均衡。

中国也有类似的尝试。比如浙江的一家地方性民营银行——泰隆商业银行，在中小企业融资业务方面就做得比较成功，几万元甚至几千元的小额贷款该银行也会做，而且坏账率还很低。泰隆银行的贷款审批操作方式非常“本地化”。比如说：当地一个小超市向泰隆银行申请贷款，和大多数银行审查财务报表不同，泰隆银行知道小微企业报表的水分大，会派信贷员在超市蹲守，记录每天的客流量，寻访附近居民的消费趋势，判断超市的经营潜力。几周或者一个月下来，超市的经营情况就非常清晰了。通过这样的方式，泰隆银行为贷款客户精准画像，从而筛选出踏实的、有潜力的中小企业。

泰隆银行的生存之道说明，地方性小银行为当地的中小企业融资，能有效降低信息搜集和交易的成本，不失为解决中小企业融资问题的一个抓手。这也正是我们国家近十多年大力发展城商行、农商行的理论基础所在，努力将银行业建设成一个多层次的融资体系。

但是地方性小银行也有自己的问题。由于规模小，银行自身抵御风险、应对外界冲击的能力也就相对比较弱，所以地方性银行的信贷质量会和地方企业及地方经济息息相关。只要经济下行，落后区域的或者扩张速度过猛的地方性银行，就可能陷入坏债的泥沼中无法自拔。

新技术的革命

除了传统的发展“多层次资本市场”的思路外，信息技术对中小企业融资状况改变的帮助也很大。比如，京东的京小贷就针对自己平台上的商家提供融资服务。通常一笔贷款的上限大概是 200 万元，最长期限是 12 个月。京小贷会根据商家在平台上沉淀的数据，如销售额、消费品的价格、商品的丰富度等指标来发放贷款，贷款的安全性相对有保障，所以贷款也不需要抵押品。阿里系的蚂蚁金服也是类似思路，为自己和相关平台上的商家发放信用贷款。同样的，滴滴也根据自己平台上的数据开发了给司机提供贷款的金融产品。

作为离数据最近的行业之一，移动互联网时代的数据沉淀让贷款信息的收集和整理工作变得更高效、便利和低成本。传统银行审批一笔几万元的贷款的成本是千元左右，而互联网金融机构只需要几元钱，而且数据失真的可能性更低，坏账率也随之下降。随着各大互联网平台上融资业务的发展，它们在放贷评价体系的构建方面也总结出了很多和传统银行不一样的信贷模型变量。比如，“商铺对顾客的回应速度”就是蚂蚁金服在对淘宝商铺发放贷款时会考查的一项数据，它能很好地预测坏账率。用过淘宝的女生对此会更有体会——及时响应顾客问题的店家，其顾客黏度会高很多，店铺的流水更有保障。从经济学的逻辑分析，这是有道理的：和线下店相比，顾客面对的供给几乎是“无限”的，在生产能力不匮乏的时代，各个小微商铺很难在产品端快速建立竞争壁垒，所以拼人力资本的“服务端”会更容易让店铺胜出，这种店铺的违约率自然也会相对较低。

现在各大互联网平台都在争取金融牌照，开展基于互联网平台的借贷业务，这些业务思路都是一致的，就是利用互联网沉淀即时动态“活”数据的能力，将市场上的信息不对称尽量降低。在可见的将来，这些技术进步也许能为中小企业融资难的问题提供新的解决思路。

| 思考题 |

2018 年以来，包商银行等地方性小银行不断爆出经营困难的消息，你觉得背后的原因是什么？

第 033 讲　欠债不一定还钱：债务违约的必要性

我们经常会在各种新闻报道中看到“企业和金融机构进行债务重组”，“中央对地方政府进行债务置换”，或者“国际货币基金组织、世界银行等金融机构减免欠发达国家债务”等消息——从金融视角看，这些都属于“债务违约”。

这并不符合我们大多数人对债务的认知。欠债还钱不是天经地义的吗？为什么违约会被描述得这样理直气壮？但真相是，违约是和债务关系相伴而生的。就像自然界的新陈代谢一样，违约的存在保证了债务市场的正常运行。不允许违约的债市会像没有死亡的自然界一样，很难形成良好的生态。

没有违约的债务市场不能存续

债务的利息包括两部分：一部分是资金的时间价值，一部分是违约的风险价值。违约可能性越高，风险补偿就越多。如果债务百分之百能得到清偿，完全没有违约的风险，债权人会无限制地扩大债权，债务人会得到无限量供应的低成本资金，这样一来，其他融资工具和融资方法也就没有存在的必要了，金融市场最后就变成一个规模无限大的债务市场。所以现实世界中，绝对的、确定的欠债还钱是不存在的。

缺乏违约的债市还会产生道德风险。比如，中国政府有时会为了避免国有企业破产而强行化解本该发生的违约事件，人为地将企业的违约风险降为零，即“刚性兑付”（刚兑）。20 世纪 90 年代，由于没有破产压力，很多企业不顾自己的偿债能力疯狂发债，原本收益率和违约风险应该呈正相关，可一旦违约风险被人为压制，“风险—收益均衡”的价格信号就失灵，市场开始扭曲。更何况，企业债的投资者主要是大型国有银行，因为有政府兜底，它们也很少关注企业的违约风险，银行的资产质量变得越来越差，坏账率高企。整个社会债务关系恶化的情况愈演愈烈。最后政府被迫关闭企业债市场，直到 2000 年后才重启。

减免债务（债务重组）是社会成本更低的策略

理论上，一旦违约发生，债务关系就破裂，债务人应该破产或者清偿债务。但是在现实世界中，有时候任凭违约企业（机构或国家）破产或者清偿债务，不见得是一个最优选择，减免债务或者实行债务重组，很多时候对双方来说都是更好的选择。

2009 年希腊政府出现严重债务问题，财政赤字占 GDP 的比例超过了 12%，远高于欧盟设定的 3% 的上限，更超过本国负担能力。希腊国债评级连续被调低，主权债务违约风险不断加大。希腊向欧元区各国提出了救助要求，但各国都担心无条件救助希腊会助长欧元区内部挥霍无度的风气，产生道德风险，而且还担心引发本国纳税人的不满，救助计划迟迟不能出台。最终，希腊债务危机爆发，希腊政府面临破产。这时，欧洲央行和欧元区各成员国开始采取紧急援助措施，减免了希腊 50% 的债务（相当于 1000 亿欧元）。

为什么要这么做呢？因为欧元区各国的经济依存度非常高，当时希腊的债务危机已经导致了其国内政治局势动荡。牵一发而动全身，影响了国际市场对欧元区的态度。与其任由债务危机蔓延，造成更大损失，不如两害相较取其轻，选择成本相对较低的解决办法——让希腊赖账。

现实中很多时候，允许债务人欠债不还也是一个对双方更有利的方案。比如，一家公司因为各种原因陷入资不抵债的境地，账面上只剩5000万元，却有1亿元的债务。但如果公司继续经营下去，有50%的希望还能赚1.5亿元。这时公司的债权人有两种选择：第一，申请破产清偿，债权人参与分配账上的5000万元；第二，进行债务重组，将债务减免到7000万元，同时进行债务置换，用更低利率的新债来帮助企业偿还旧债，让公司恢复经营。

哪种方案更好？简单计算后你就能发现：在第一种方案中，债权人最多就能获得5000万元；而通过第二种方案，债权人最多能获得8000万元（在最好的情形里，公司获利1.5亿元，扣减债务7000万元，债权人最多获利15000–7000=8000万元）。毫无疑问，债务重组是对双方更有利的选择，即所谓的帕累托改进[①]。

现代社会的一个最大特征就是债务关系越来越复杂，债务的链条越来越长。债务问题一旦爆发，很可能导致整个社会的债务关系链条崩塌，形成更大的危机。不管是金融危机，还是经济危机，本质上都是债务危机。所以，减免债务、债务重组、债务置换是现实世界中企业、政府和国家事后应对危机最重要的举措，这些举措并不是慈善行为，而是社会成本相对更小的解决方案。

现代社会的复杂度决定了债务关系的复杂度，而债务关系的复杂度又决定了债务违约是核心的社会问题，它不仅牵涉个人财富变化、组织

① 帕累托改进是以意大利经济学家帕累托（Pareto）的名字命名的，指在不减少一方的福利时，通过改变原有的资源配置而至少提高一方的福利。

成败，更会影响历史的进程。

思考题

2019 年 7 月 16 日，国家发改委等 13 个部门联合印发《加快完善市场主体退出制度改革方案》，分步推进建立自然人破产制度。随后，温州市开展“个人债务集中清理”，试点个人破产制度。2019 年 10 月，全国首例“个人破产”出炉。请结合这一讲的内容，思考个人破产制度的经济和社会意义。

延伸阅读

信用卡里的秘密

在人类信用历史的发展过程中，信用卡的出现具有里程碑式的意义。它将以抵押为基础的信贷关系，推进到了以“信用”为基础的信贷关系，极大地提升了个人的信贷能力。

信用卡的起源

信用卡起源于消费场景。20 世纪 50 年代，一位名叫弗兰克·麦克纳马拉（Frank McNamara）的美国商人请客人到餐厅吃饭，结账的时候发现自己忘了带钱包。这个尴尬的经历让他产生了一个想法：设计一种既能证明身份又具有支付功能的卡片，让人们能“当下消费，事后付款”。于是，他投资 1 万美元和朋友共同设立了“食客俱乐部”。这个俱乐部为其会员提供一种能证明其身份和支付能力的塑料卡片，会员凭卡片就可以记账消费，这就是后来国际信用卡公司的前身。

这模式一推出就大受欢迎，对消费的刺激力度也特别大。有人总结了其成功原因：第一，方便；第二，非现金的支付方式降低了顾客消费的“罪恶感”；第三，会员制度带来了归属感；第四，能够为使用者平滑消费支出。其他商家也很快开始效仿和推广这种支付模式。随着商家“信用消费”的推广，金融机构逐渐意识到，当商品供给变得越来越充裕时，刺激消费需求才是王道。将“个人信用”转化成消费力将是一门大生意。1951 年，富兰克林国民银行成了第一家发行信用卡的银行，开创了金融机构发行信用卡的先河。随后又有众多银行涉足信用卡领域，开启了信用卡发展的新里程。至此，信用卡发行从商业信用转变成了金融机构信用。

当信息技术碰上了信用消费

在中国，信用卡业务的发展呈现出和其他市场不太一样的特征：相比欧美发达国家，我们的传统信用卡业务滞后，但网络信用工具发达。截至 2019 年，中国传统信用卡的覆盖率只有 53%，平均每 2 个人持有一张信用卡，是美国人均持卡量的 1/6，中小型城市的信用卡覆盖率更低。但是中国信用卡发展增速很快，而且新型的网络信用卡，蚂蚁花呗、京东白条等，在年轻人中占有相当高的市场份额。

传统信用卡发展滞后有几个原因。其一，中国金融体系以国有大银行为主导，信贷模式偏重于服务国有大中型企业，所以银行对私个人业务一直不发达。其二，中国的个人征信体系也处于起步阶段，银行发卡的审批是相对严格的，对于申请者的职业、工资单的信息等都有明确的要求，这也导致很多收入很不错的蓝领、打工者被拒之门外。比如，一个月薪 15000 元的月嫂大概率是申不到信用卡的。其三，由于以前中国社会整体收入水平低，缺乏社会保障机制，老百姓的储蓄意愿远高于消费意愿。尤其老一代的人，对于这种鼓励消费的信用卡缺乏接受度。但是这几年，随着中国进入中产社会，各个银行越来越意识到个人业务的重要性，在信用卡业务上发力较多，保持高增速。

虽然传统信用卡市场不抢眼，但是中国的网络信用工具市场却相当发达。近十来年，社会代际转变加速，80后和90后开始成为消费主力，同时，全社会收入和消费水平都水涨船高。在这个过程中，中国的商业模式被移动互联网深刻改变，尤其是移动支付的全面渗透，使得年青一代对于阿里、腾讯这些科技公司的“网络信用卡”有天然的亲近。阿里巴巴的调查数据显示，每4个90后中，就有1个人用过蚂蚁花呗。这两年，几乎所有的互联网巨头，尤其是有消费业务的电商企业，都发行了网络信用工具。这些信用工具本质上就是信用卡，只不过在形式上从有形的卡片变成了“虚拟卡片＋纯线上场景”而已。

换言之，这些年随着中国经济的增长，个人的金融需求越来越多，但由于传统金融体系的结构性问题，这类金融需求被严重低估和抑制。所以，当信息技术碰到了“信用消费”这块很少被开垦的处女地时，需求被激发，市场也被激活。

信用卡赚钱的秘密

很多人疑惑，信用卡到底怎么赚钱——金融机构发行信用卡，借钱给你，按时还款还不收利息。那信用卡是不是无法赢利呢？难道信用卡是银行发放的一种福利？

但是数据告诉我们，信用卡不仅赚钱，还赚得不少：2016年招商银行的所有业务构成中，信用卡贷款业务的占比是13%，仅信用卡利息收入就达到322.93亿元，包括手续费在内的非利息收入还有113亿元。这么多钱，到底是从哪里赚来的？

其实，信用卡的赢利模式众多。

信用卡收入中的很大一部分来自客户的利息。信用卡账单上通常会有一个非常显眼的、用粗体显示的“账单分期”选项。它告诉你，剩余的额度仅按照万分之五的日利率计算利息。这个数字让你觉得信用卡的利息很低，但这其实是典型的利率幻觉——万分之五的日利率换算成年利率是18.25%，这一利率标准远高于市面上绝大多数的理财产品或投资产品的收益率。

网络信用卡也是一样的。你在网上买任何大件商品，电商都会用很显眼的字体提醒你：你可以分3个月、6个月或12个月支付款项，手续费分别是2.6%、4.2%、7.2%。这些数字让你觉得手续费也不高啊。比如，分12个月支付一件1200元的商品，每个月偿还的本金很容易计算，是100元；再按照7.2%的手续费计算，每个月需要支付的利息就是7.2元，所以，你很容易得出这件商品分期支付的利率是7.2%。但这种计算方法是完全错误的。因为本金每个月都在偿还，也就是说，第一个月的本金是1200元，之后逐月下降，到最后一个月的时候，你应该归还的本金只有100元。在总借款额度不断减少的过程中，你的手续费却是固定的。所以，7.2%不是你认为的年息。分12个月付款，7.2%的手续费，用高斯定理计算[①]一下就会发现，真实的年化利率是13.29%，比7.2%多了近1倍。

除了利率幻觉以外，信用卡还会利用人性的弱点赚取年费。比如，银行会鼓励客户办理金卡和白金卡，这类信用卡的年费一般都在3000元以上。银行会告诉客户，办理这类信用卡可以享受很多特殊待遇。比如，坐经济舱享受贵宾休息室，到SPA店和高尔夫球场消费享受5折

① 实际年化利率＝分期手续费率/（分期数+1）×24＝单期手续费率 × 分期数/（分期数+1）×24。

优惠等；而且银行还会向客户许诺，免去第一年的年费。但可以享受特殊待遇的场所本身消费价格就已经非常高了，即使打 5 折，你也没有享受到更多的优惠。从第二年开始银行就收取这类信用卡的高昂年费，而这时你已经习惯了信用卡带给你的这些优惠，舍不得放弃了。

除了以上两点之外，信用卡客服还经常打电话，“含情脉脉”地鼓励你在授信额度内提现。但银行是按日利率万分之五来收取利息的，而且超过 30 天还款的，还要按月计收复利，每个月利息滚一次雪球。也就是说，一旦你用信用卡提现，实际负担的年化利率会高达 20%。

高额利息、高额年费，都是信用卡收入的重要来源。看似平常的信用卡背后，其实隐藏着很多赚钱的秘密。在使用信用卡的过程中，你也可以多留意信用卡经营模式上的这些特点，学会科学、合理地使用信用卡。

第六章

股：来自欧洲的伟大创新

股份制是一种让不同个体取得一致性经济利益的制度安排。股票则是这种风险承担和利益分配方案的凭证。这种凭证通过二级市场的转让交易，创造了巨大流动性，使人类社会实现了频繁和大规模的“资金筹集”，帮助企业进行技术创新和产业落地，从而成为改变人类社会的重要力量。

过去几百年的人类发展历程和“股”密切相关。从工业革命到信息革命，在现代社会经济增长模式的变化，以及社会财富积累方式的变化中，股份制、股票、股权投资基金以及各种股权安排机制，都扮演了重要的角色。

利益共同体

工业革命不得不等候一场金融革命。

——诺贝尔经济学奖得主　约翰·希克斯

第 034 讲　公司：现代市场的塑造者

在我们熟知的现代金融工具和制度安排中，股份制公司是独一无二的存在。它们不仅塑造了现代企业的格局，也深刻影响了现代社会的利益分配方式。

税收合伙人：股份制的雏形

股份制的雏形可以追溯到古罗马时代。

公元前五六世纪时，古罗马共和国的疆域已达 300 多万平方公里，人口接近 700 万。给定当时的治理水平，要统治这样的泱泱大国，是极为困难的。罗马统治者设计了各种制度来完成这个“不可能完成的任务”。其中，“税收合伙人”制度在城市的基础设施建设和社会治理中扮演了极为重要的角色。

在其经典著作《建城以来史》中，历史学家李维（Livy）记载道，对于国家治理项目，古罗马政府大多通过招标租赁方式完成。参与竞标的是一种叫“税收合伙人”的社会组织，竞标项目则包括军队的给养、装备供应，人头税、土地税的征缴，城市街道、城墙、剧院的修建维护，捕鱼、放牧、采矿的权限，等等。换句话说，古罗马的公共服务基本上是被“外包”的，税收合伙人就是这些服务的承包方。之所以被称为“税收合伙人”，是因为他们在承担公共服务的同时，还享有地方城邦的课税权。

税收合伙人

“税收合伙人”这种组织形态，已经具备了现代股份制的几乎全部重要特征：有股本金，有永续性、可转让性，还存在二级市场和流动性。

第一，股本金。罗马共和国公共服务建设涉及的资金量大，要求投入的人力、物力也多，靠个人很难完成，所以税收合伙人大多不是单独个体，而是由一群人自愿投入资金组成的联盟，这和现代公司股东一起出资（股本金）设立股份制公司的模式完全一样。

第二，永续性和可转让性。最初，税收合伙人组织会因为合伙人的撤伙或死亡而解散，但大规模的公共服务建设不能就此停止，所以税收合伙人很快修改了组织章程，规定内部成员的权益能够被转让或者继承，以保证商业组织的可转让性和永续性。这也是税收合伙人在演变过程中最具开创性的一步，可转让的“股份”概念随之诞生。除此之外，税收合伙人以出资额为限，规定内部各成员的权利和义务，并用契约的方式固定。这个契约就是“股票”，代表“股份”，一股就是一个基本单位的所有权，所有权可以交换和转让，购买这种所有权的人就被称为“股东”。这种永续性和可转让性，与今天的股份制公司及股票如出一辙，为二级市场创造了法律基础。

第三，二级市场和流动性。随着罗马的兴盛，税收合伙人的股份交易到公元前 2 世纪时已经变得十分常见。当时，罗马广场旁边的卡斯托尔神庙是最大的股票交易市场，类似今天的“股票交易所”。

在交易的过程中，股票的折价和溢价情况也会经常发生。罗马人逐渐发现从股票价格的波动中可以获利，越来越多的罗马公民参与到税收合伙人的股票交易中。古希腊历史学家波利比乌斯（Polybius）就曾说：“当时几乎每个罗马公民都以某种形式参与了这种政府的招标租赁。”

在这种情形下，一个颇具规模、具备流动性的股票二级市场在罗马形成了，尽管它当时的名字不叫股票市场。有了二级市场，税收合伙人的对外筹资能力以及实力越来越强大，承担的公共服务范围越来越广，更多的居民也以购买“股份”的方式参与到罗马的建设和治理中，税收合伙人组织逐渐成长为罗马社会的中坚力量。

税收合伙人制度成就罗马共和国的繁荣

永续性、可转让性、股东权益、流动性——税收合伙人这一系列制度安排，对于罗马共和国的存续和繁荣至关重要。

首先，它帮助古罗马以较小成本实现了重要的国家治理功能。罗马以共和制建国，平民权利意识强烈，政府缺乏强有力的集权力量，财政收入有限。对政府而言，要单靠财政收入来进行国家治理和建设，无疑是杯水车薪。而税收合伙人制度通过市场化和商业化的手段，将政府职能转换成私人经济组织的营利性活动，协同了更多公民、社会集团的经济利益，实现了更广泛的资金筹集，动员了更多的人力和物力。

其次，税收合伙人制度助推了罗马共和国的民主政治生态。通过这种合伙制和股份（票）交易的二级市场，全民以不同方式，如作为税收合伙人的成员、投资人或担保人，参与到罗马共和国的管理中。至此，公民对于国家的权利，不再仅仅通过抽象的投票权来决定，而是通过实际的经济契约来实现。罗马共和国的“民主”真正落地。

尽管“股份制”这个名词自始至终没有在古罗马出现，但是它的特征却被完整地包含在了税收合伙人制度中。这种组织形式和制度安排实现了更多人的利益趋同，实现了大规模的资金筹集、资源动员，奠定了罗马共和国繁荣的物质基础。更重要的是，这种模式在欧洲传承和发扬光大，对于欧洲各国海上贸易的拓展、工业化的规模生产，都产生了积极的作用。荷兰的东印度公司能够开辟荷兰“海上帝国”时代，英国能成为“日不落帝国”，美国交通建设、工业建设的大力发展，以至于后来在全球独领风骚，都和股份制公司这种经济组织形式密切相关。

法人：实现股份制的新方式

现代股份制企业通常以“法人”的形式存在。

所谓“法人”，就是“法律意义上的人”，它有两个重要特征：第一，作为“法律意义上的人”，法人没有确定的终止日期，即法人可以永生；第二，法人具有法律上的人格，和自然人一样拥有财产权利。

法人的这两个特征，使股份制企业可以永续经营，也使股票发行成为可能。从某种意义上看，法人的概念从根本上塑造了现代企业形态。

法律意义上的“永生”主体

法人的概念起源于古罗马。当时罗马共和国中的各种宗教、慈善、私人经济团体逐渐成为社会的有机组成部分，为赋予这些社会团体以“人格”，使它们能成为权利、义务的主体，“法人”这个概念被创造了出来。

和自然人肉身常朽不同，理论上“法人”可以无限期存续。11 世纪之后，教会为了强化对欧洲的控制，借用罗马法中的法人概念，对本组织进行人格化重塑，将自己定义为“基督的神妙身体”（the mystical body of Christ）。从此，基督教会成为一个具有人格、高于基督徒个人的存在体，法人概念中的“永续性”也因此得到了强化。

17 世纪后，股份制公司大量出现，为了保证公司的财产权和永续经营，公司也开始引入法人概念——公司成为“法人”是现代法人概念和现代企业概念形成过程中的重要一步。英语中“corporation”一词的对应翻译就是“公司”和“法人”。① 在现代语境下，这两者密不分可：法人的永续性既保证了公司股东权利的流动性，也保证了“公司”作为整体和股东个人之间的隔离，使其超越个人的时间限制，实现长远的持续经营——如果没有法人的永续性作为基础，现代企业的“基业长青”就失去了底层逻辑。

财产的拥有者

但对于公司来说，仅仅在法律上“永生”还不够。

因为公司依靠股票发行来募集资金，实现权利和义务的安排。而股票是财产权的一种凭证。这意味着，股票发行是基于财产权的，丧失财产权，股票发行就无从谈起。所以，股份制公司需要像自然人一样拥有独立的财产权，这就要求“法人”要保证股份制企业在法律上的财产所有权。②

但法人的财产权利并不是天生的，而是通过法律争取来的。

---

① “corporation”在《牛津英语词典》（*Oxford English Dictionary*）中的意思是：（1）a large business company（公司）；（2）an organization or a group of organizations that is recognized by law as a single unit（法人）。

② 不过要注意，这里的法人和注册公司时填写的法人是有区别的。后者的全称是法定代表人。法定代表人是公司的管理人，代表法人进行民事经营行为、承担法律责任。如果法定代表人经营不善，可以随时替换。

美国著名的常青藤大学之一，达特茅斯学院是一家由私人出资设立的私立大学。18 世纪，英国国王乔治三世给学院颁发了特许状，承认学院为法人。根据特许状，学院建立了董事会、选任了院长来管理学院。1815 年，当时的学院院长惠洛克（Wheelock）很不受学生的爱戴，学院董事会解聘了他。惠洛克不甘心，到处写匿名小册子，以浪费公款、干涉教学为由，控告达特茅斯学院董事会。州议会听信了惠洛克的一面之词，推翻了达特茅斯学院的特许状，要把学院收归国有、转变为公立大学，否定学院的私有产权。

学院董事会拒绝被收归国有。但这时学院内部出了一个叛徒，学院秘书伍德沃德（Woodward）带着全部校印、账本、文件投奔了新设立的公立大学。随后，学院董事会向州法院控告伍德沃德非法侵占学校财物，同时控告州议会未经正当程序就剥夺了学院的财产权。一审时法院判学院败诉，理由很简单：达特茅斯学院是公共机构，不是“人”，没有资格拥有“私人财产”，伍德沃德侵占私有财产的罪名不成立。

学院董事会不服，上诉到联邦最高法院，替达特茅斯学院辩护的是学院自己的毕业生韦伯斯德（Webster）。在联邦最高法院的法庭上，他给出了被誉为“世纪之辩”的陈词。他强调说，达特茅斯学院是法人，也就是“法律意义上的人”，一个法人的权利应该与个人无异，同样能在法律上拥有对自己财产的处置权。在这个案件中，校印、文件、账本都属于学院财产，也就是法人的财产，扣押这些东西就相当于侵占其私人财产，学院应该依法享有追索权。他还说，如果达特茅斯学院的财产权利得不到保障，就相当于严重地破坏了美国《宪法》中私有财产不可侵犯这一神圣原则。最后，联邦最高法院判定达特茅斯学院获胜。也就是说，作为“法律意义上的人”，学院可以拥有自己的私有产权。

这个判例被称为改变美国历史的 50 大案例之一。至此，财产权作为法人的权利得以明晰，企业的权利得到保障。很多人都认为，美国企业的勃勃生机，和其对于法人财产权的严格保护有着密切关系。

| 思考题 |

为什么古罗马同期的中国没有发展出股份制这样的制度安排？

第 035 讲　股权工具改变的世界

股份制与工业革命

从 1750 年到 2018 年的 200 多年间，人类社会经历了四次工业革命[①]，全球经济总量上升了近 170 倍。毋庸置疑，“科技是第一生产力”。

但如果仔细审视历史，我们会发现一些令人费解的细节。比如：第一次工业革命发生时的绝大多数技术创新其实早就出现了，第一台蒸汽机工作模型在工业革命前 200 年就发明了，珍妮纺纱机也早在 1765 年就被发明出来。那为什么这些新技术出现伊始，既没有引发经济增长，也没有即刻导致工业革命呢？

英国著名经济学家约翰 · 希克斯告诉了我们答案，因为“工业革命不得不等候一场金融革命”。

工业革命依赖于技术创新的落地，而技术创新的落地必须依靠大规模的生产应用，这对大量资金支持提出了更高要求。换句话说，工业革

① 四次工业革命分别为：蒸汽技术革命（第一次工业革命）、电力技术革命（第二次工业革命）、计算机及信息技术革命（第三次工业革命），以及以石墨烯、基因、虚拟现实、量子信息技术、可控核聚变、清洁能源及生物技术为技术突破口的全新技术革命（第四次工业革命）。

命必须有“长期的、相对廉价的大量资金”作为支持。纺纱机和蒸汽机技术出现后，由于缺乏有效的大规模资金聚集，无法组织大规模的生产，技术得不到广泛应用，也就无法改进迭代、实现新的突破。按照当时的科技水平和制造能力，机械制造等行业都属于高风险的资金密集型行业。而在股份制公司出现之前，很难筹集到稳定的、大规模的、可供长期使用的资金，实现规模化生产。这种困境一直持续到18世纪末，股份制公司在英国取得突破性进展。交通、保险、矿业等行业的股份制公司飞速增长，融资额在几十年里增长了60多倍，生产规模也迅速扩大。在股份制公司井喷的同时，这些领域的规模化生产和技术革新也同时呈现出井喷的局面，刺激着更多资金的进入。技术进步、规模生产和资金配置由此形成了一个完整的闭环，帮助英国首先完成工业化大业，领先全球达百年之久。

无独有偶，19世纪末20世纪初，电力等新技术开始崭露头角时，美国的股份制已经遍地开花，拥有一个具备相当深度和广度的股票市场。大量资金被迅速筹措并投入到新技术的开发和应用上。此外，北美的广阔市场使企业能够实现规模化生产，在降低成本的同时，通过更多用户的反馈对产品进行快速迭代升级，再占领更大市场，吸引更多资金。在这样的正向循环下，美国的技术突破加速，在电力、钢铁、交通等多个技术创新行业取得了领先地位，也在第二次工业革命中占得先机。

比如，在J.P.摩根等投资家的支持下，爱迪生于1890年创立了爱迪生通用电气公司，两年后改名为通用电气公司，并在纽交所上市，这就是大名鼎鼎的GE。有了资本市场的助力，GE在无线电、电力、电器等创新技术领域加大投入，并将其迅速转化成生产力：第一盏白炽灯、第一次音频广播、第一台电烤箱、第一个民用雷达，都是GE的专利技术和灵魂产品。还有贝尔创立的贝尔电话公司，经过资本运营，重组成著名的美国电话电报公司。这家公司又投资了贝尔实验室，晶体管、激光器、太阳能电池、通信卫星等多个对人类生活产生重大影响的发明创造都诞生于此。

倘若没有股份制构建的资金投入方和使用方之间“利益共享、风险共担”的关系，没有股票二级市场创造的流动性，人类很难实现这样频繁和大规模的“资金筹集”，技术创新也很难落地产业化，成为改变人类社会的重要力量。

仙童的孩子：风险投资如何塑造硅谷

过去 60 年，“硅谷”是对人类社会影响最为深远的地名之一：从电脑、手机、搜索到通信、社交网络，从微软、思科到谷歌、苹果，那些渗透我们日常生活的技术，那些耳熟能详的创新企业巨头，大多从这个不足 800 平方公里的地方发源。

但硅谷传奇的背后也是一个叫“风险投资”的金融安排。

20 世纪 50 年代，8 位年轻工程师在硅谷创立了一家叫“仙童”的半导体公司。除了“技术”外，他们既没资金，也没有销售渠道和商业人脉。正在困境中挣扎时，两位资深的投资银行家，阿瑟 · 洛克（Arthur Rock）和巴德 · 科伊尔（Bud Coyle）看中了这些年轻人的技术，决定以一种非常规的方式深度参与到仙童的经营中：除了为他们融资外，还帮企业制定商业战略、撰写商业计划书，甚至联系生产销售的渠道，努力扶持这家技术创新企业走上发展的快车道。在资本和人脉的双重加持下，仙童如虎添翼，很快就成为 20 世纪五六十年代最耀眼的明星企业，估值飞涨。洛克和科伊尔也从中获得了超级丰厚的投资回报。这种在创新企业的初期就深度参与的“冒险型”项目投资，就是风险投资（风投）。

与普通的股权安排相比，风险投资在“风险共担，利益共享”上走得更远，它们和企业之间不是线性的资金绑定，而是一种网状的全方位的深度连接。这种方式，为那些在萌芽阶段的高成长型企业提供了一个可以恣意生长的“生态系统”——从20世纪60年代开始，从仙童公司陆续出走的创始人、技术员、工程师等也通过这种模式创办了几百家硅谷企业，其中包括英特尔公司、国民半导体公司、AMD（超威半导体公司）等，这些企业都被称为“仙童的孩子”，撑起了硅谷创新的一片天空。风险投资也从此成为硅谷创新的标配。

风投给的不只是钱，还有一套创新孵化生态

为什么风投对企业创新如此重要呢？因为企业创新不是独立事件，而是复杂商业网络孕育的结果。这个网络不仅需要资金，还需要服务提供、研发资源，以及商务拓展等。风险投资机构大多脱胎于投资银行，天然拥有强大的资金和人脉，起到了连接金融机构、大型企业、高校、企业家、法律机构的作用。通过连接，企业发展所需的各种要素得以更好地流动，同时相互作用、共同演进，形成一个具有新陈代谢能力的创新生态。

所以，对企业创新来说，风险投资会在多个维度产生影响：资金链，降低创新企业和市场之间的信息不对称性，以及将企业纳入行业的大网络等。

比如，初创企业风险非常高，经常面临各种困境：招不到员工、上下游企业不信任，甚至各种法律、财务咨询公司都不愿意与之合作。风投的介入就像是对初创企业的信用背书，给商业网络释放了正面的信

号，让没有信用的初创企业更快地被接纳。现在很多初创企业宁可放出更多的股权、少融一点资，也愿意找大的风投企业来领投，目的就在于向市场释放更强的正面信号。谷歌在创立第一年接受的两笔投资就来自硅谷最有名的两家风投公司——KPCB 和红杉资本（Sequoia Capital），这两家风投的介入为谷歌在硅谷迅速站稳脚跟起了重要的助推作用。

此外，风险投资还把创业者纳入了自己的商业人脉网络，帮助企业打通“奇经八脉”。除了资金，初创企业最缺的就是人脉和商业资源，风险投资者常做的一件事就是与自己投资的创业者分享自己的社交网络。阿里巴巴成立早期，不少机构都有投资意愿，马云最终选择了高盛等知名投行的第一笔 500 万美元的风险投资。他直言不讳地说，希望阿里巴巴第一笔风投带来的不仅仅是资金，还有其他更多要素，比如商业资源、海外资源、下一步融资的资源等。

在以硅谷为代表的信息和互联网行业，风险投资的身影几乎无处不在。现在，“硅谷风投”这个概念已经远远超出了“硅谷”的地域限制，更是股权投资模式的一种表达。如果企业创新是亚马孙雨林生态的话，风投就是这个生态里交错纵横的河流，既孕育了生态的要素，也促进了整个生态的快速演化。

当然，所有的金融创新都有两面性，风投也不例外。虽然风险投资为企业创新提供了理想的土壤，但是，如果风投脱离“孵化创新生态”的初心和理念，只注重短期利益，也很容易催生出揠苗助长的行业悲剧。这样的例子在过去 20 年屡见不鲜。

比如美国团购模式的鼻祖高朋（Groupon），早期获得了 DST、Battery Ventures 等多家知名风投机构的多轮资金注入，估值快速提升，被《福布斯》评为历史上发展最快的公司之一。在资金的推波助澜下，高朋开始激进地进行全球扩张，开拓了酒旅、票务业务。扩张太快导致巨额亏损，公司最终惨败。美国最大的风投基金 KPCB 合伙人就曾经指出，很多失败案例均源自风投头脑发热、决策失误。

中国的“共享单车大战”也是典型案例。在 OFO（小黄车）2015 年提出“共享单车”的概念后，由于进入门槛低、容易做大流量，大量风投介入，一时间各种品牌“共享单车”铺天盖地，并演变成一场“烧钱大战”。企业以不合常理的速度和规模进行单车投放，良性的市场竞争变成恶性的“资金之争”，最后只能依靠不断的资金输血将游戏玩下去。到 2017 年下半年，这种模式无力为继，各城市堆满了各色单车，行业上下游货款被拖欠、用户押金被挪用的新闻层出不穷，最终摩拜被卖、小黄车清盘，市场以一地鸡毛落幕。

除了共享单车行业，中国前些年的 O2O（线上到线下）行业也曾经历过这种风投支持的“烧钱大战”。这种用“烧钱”补贴来取得新用户的策略从长期看，效果是很有限的。互联网时代，用户迁移的成本接近于零，只要补贴一停止，用户的流失量马上就会上升。比如，几年前先后涌现的 100 多个上门洗车类的创业项目，在补贴停止之后就陆续销声匿迹了。

用经济学语言说，风投这些行为属于“代理问题”：风投机构的资金并非掏自个人腰包，而是来自高净值人群（机构）的募资。为了能在短期内吸收更多的资金，风投天然有粉饰业绩、揠苗助长的冲动，也容易造成创新行业和企业估值的泡沫，这个问题也正是全球风投行业面临的最大悖论之一。

思考题

2019 年左右，全球为什么会出现大量“独角兽”企业估值腰斩的现象？

一兔走，百人逐之，非以兔为可分以为百，由名之未定也。

——《商君书》

第 036 讲　中小股东的利益被谁代表

如果说股份制是一种“利益共享、风险共担”的制度安排，那么“股票”就是风险承担和利益分配方案的凭证。这个凭证所附着的权利和义务，可以在二级市场上进行转让交易。

通过股票交易，任何人都可以成为一个企业的“股东”，将自己的利益和企业增长绑定在一起。截至 2019 年，中国约有 1.6 亿股民，差不多每 8 个人中就有一个投资过股票，当过“股东”。但绝大多数人对股票的概念停留在“炒”的层面——希望能低买高卖，赚个差价，对股票的权利并没有任何感知。

实际上，股票包含着两种权利：第一种叫经济性权利，即“分红派息”的权利。这在理论上是一种“剩余收益权”，即对公司收入减去所有成本后的剩余利润的分配权。当然这部分利润也可能是负的，即亏损。这种权利意味着，买股票成为股东，就要和公司共同承担企业经营的不确定性。

为了对股东承担的不确定性进行补偿，股票因此赋予股东第二种权利——参与性权利，具体体现为股东可以在股东大会上对管理层的各种提案进行表决，行使股东的“投票表决权”。理论上说，即使只买某个公司 1 股股票，你也有权利参与分红，参加股东大会，对管理层提出的提案表示赞同或反对。但在现实生活中，中小股东的这些权利往往被稀释甚至扭曲，中小股东也普遍很少考虑自己的股东权利。

被强势管理层“代表”的股东权利

理论上说，一家股权分散、没有绝对控股股东的公司，中小股东会拥有较大的话语权和决策权。

但现实世界里的博弈永远不像理论这么简单：股权分散的企业，通常会有一个相对强势的管理层，管理层可能凌驾于股东大会之上，让中小股东的权利形同虚设。

以格力电器收购珠海银隆为例。2016 年 8 月，以格力电器董事长董明珠为代表的管理层拟定向增发 130 亿元，用于收购经营新能源电池和电动车业务的珠海银隆。但是这个计划遭到了中小股东的激烈反对：一是因为定向增发以后，中小股东的持股比例会被摊薄 20%；二是增发价格太低，参与定向增发的投资者都能够通过定向增发获得较大的账面浮盈，而中小股东则只能在二级市场上高价购买，无法享受收购带来的红利。在 2016 年 10 月的股东大会上，涉及这个计划的多项议案都被否决。但是管理层不肯放弃，在讨论中恩威并施：强调格力电器在过去两年内分红 180 亿元，非常厚待广大中小股东。如果管理层决定 5 年不分红，中小股东也没有任何办法。最终，双方在博弈中达成协议：股东大会否决了定向增发的方案，但还是通过了对珠海银隆的收购。

这个事件折射出中国股份制企业中小股东的一般性困境。管理层也好，中小股东也好，都没有意识到“分红派息”和“投票表决权”是股票带来的天然属性。当管理层将股东的收益权当作筹码，去交换中小股东手里的投票权时，实际上已经忽略了中小股东的权益。

大股东对小股东的“掏空”

股权分散时，会出现中小股东被管理层“代表”的问题。那如果股权集中，这个问题是不是就会消失呢？从全球来看，股权高度集中的情况非常普遍，著名学者兰德尔·莫克（Randal Morck）在《公司治理的历史》（*The History of Corporate Governance around the World*）一书中曾提到，目前全球除美国外，大部分国家的股份制公司都呈现出股份高度集中的局面。葡萄牙、阿根廷的股份制公司多属于家族控股，中国、新加坡的多属于国家控股，德国的则是银行控股。就这些国家的实践来看，大股东和小股东的利益博弈是全球股份制企业共同面临的治理困境。更为严重的是，大股东可以利用垄断性的控制地位做出对自己有利，但损害中小股东利益的行为。

以 A 股市场上的公司为例，很多上市企业都隶属于一个非上市的集团公司，集团公司是上市公司的大股东。在这样的组织架构之下，集团公司可以让价值很低的资产通过各种评估摇身一变成为优质资产，再转让给上市公司从中获利。2001 年，某个上市公司和它母公司之间曾进行过一笔资产置换交易，置换的过程中对资产采用的是不同的估价方法：置换出去的资产用账面净资产计价，而置换进来的资产按收益的现值法估价——一笔账面价值为 9 亿元的资产通过评估升值成了 20.18 亿元，上市公司以现金的方式补齐置换中的差额。通过这样的会计处理方式，母公司从上市公司名正言顺拿走了 10 亿元的现金。如果从上市公司中小股东的角度来看，这笔交易中自己的利益是受到了损伤的。

除此之外，有人还会利用上市公司的“壳”做平台，进行资产运作。20 世纪末曾有一位投资者运用复杂的控股结构，以 5% 左右的现金流权掌握了上市公司 ST 长兴 30% 以上的投票权，成为上市公司的实际控制人。之后他通过资金往来、关联交易、资产置换等各种方式掏空上市公司。比如，用不到 3000 万元的价格收购了长兴水泥厂，同时以 1 亿多元的价格转让给 ST 长兴，自己则从中套现了 7000 万元。多次这样的操作之后，公司股价从 2000 年年初的 15.8 元一直跌到 2004 年的 2.3 元。在这一过程中，ST 长兴的投资者损失非常惨重。

类似的例子还有很多。正是因为大股东“掏空”中小股东的事件频发，“保护中小股东利益”也就成了各国公司治理和监管的重中之重。

中小股东利益与公司长远利益的悖论

但是，就像我说过的，世界是复杂的，很少有像万金油一样的原则。比如“保护中小股东利益”，这个听上去在道德上几乎毫无瑕疵的道理，真的永远是对的吗？

2001 年，时任惠普公司 CEO 的卡莉·菲奥莉娜（Carly Fiorina）想促成惠普和康柏电脑公司的合并，借此扩大公司的规模，在 PC（个人电脑）领域占据头把交椅。但这一方案遭到了惠普第一大股东，也是惠普创始人休利特（Hewllet）和帕卡德（Packard）家族后代的反对。他们认为：惠普和康柏合并，不仅会摊薄惠普在打印机等领域的丰厚利润，而且 PC 领域竞争白热化，合并会增加公司的风险；惠普不但不应该和康柏合并，反而应该调整经营思路，将重点放在赢取利润上，而不是保持市场份额上。

在大股东和管理层的意见发生分歧时，中小股东的意见变得很关键。以菲奥莉娜为首的管理层安排了 500 个人，每天轮流给中小投资者打电话，宣传并购对公司股价的刺激作用。中小股东很快就倒向了菲奥莉娜一边。在中小股东的支持下，合并方案于 2004 年获得了通过。但从并购完成后的第 3 个季度开始，就像大股东所预见的，惠普不但没有在 PC 领域扩大市场份额，反而丧失了原有竞争优势，股价一路走低，中小股东被牢牢套住了好几年。

这些并不是孤立现象，它们反映了大股东和中小股东之间存在的“企业长期战略”和“投资者短期目标”的矛盾。像惠普创始人家族这样的大股东，注重的是整个企业的基业长青，所以他们更看重公司战略的延续性，短期股价不是他们考虑的重点。而中小投资者，还有被雇用的管理层，他们的投资收益、薪酬都和短期的股价密切相关。当长期战略和短期目标发生矛盾时，中小股东会短视，会忽视企业的长期战略。但话说回来，你很难要求中小股东，甚至管理层既站得高，又看得远。

毕竟，连伟大的凯恩斯都说：“在长期，我们都死了。”

综合来看，公司治理总是会陷入一个悖论：在公司股权分散的情况下，管理层和股东之间会产生矛盾；而在股权集中的情况下，大股东和小股东之间又会产生利益的博弈。所以在现实的公司治理问题上，切忌拿一个固有的“原则”去套用和评判一个企业的“对”和“错”，而是要在具体环境下进行分析，才能得出有价值的结论。

被双重股权结构稀释的股东权利

除了强势的管理层、大股东对小股东的掏空之外，“双层股权结构”

也会稀释中小股东的权利。所谓双层股权结构，是指公司存在着两类以上不同投票权的股票，即同股不同权。互联网公司多喜欢采取这种双层股权结构。比如，京东集团 CEO 刘强东持有的京东股票就叫“B 股”，1 股包含着 20 个投票权，普通投资者持有的京东股票叫“A 股”，1 股包含 1 个投票权。也就是说，刘强东只要保留 5% 的股份，就可以拥有将近 52% 的投票权，实现对京东的绝对控制。

之前将这种绝对控制权发挥到极致的是股神巴菲特。巴菲特创立的伯克希尔 · 哈撒韦公司有两种股票：一种是 20 世纪 50 年代发行的最原始的伯克希尔股票，叫作“A 股”；另一种是 1990 年发行的“B 股”。B 股发行时的投票权只有 A 股的 1/200。此外，巴菲特还在公司章程里对 A、B 股做了诸多限定，比如：A 股可以转为 B 股，B 股不能转为 A 股；A 股永不分拆，B 股可以分拆。2000 年之后，伯克希尔 · 哈撒韦公司的 B 股就按照 1 : 50 的比例进行了一次分拆。这样一来，A、B 股的投票权就变成了 1 : 10000，真的成了“1 票抵 1 万票”。在这样的股权结构下，B 股股东所拥有的“经营权”其实根本不存在。

但是，投资者依然对伯克希尔 · 哈撒韦公司的股票趋之若鹜。因为它是世界上最赚钱的公司之一，2017 年净利润 449 亿美元，净利润全球排名第三。近 30 年来，公司的股价从 3000 美元上涨到了 30 万美元，平均年化增长率高达 16%。收益如此丰厚，证明了以巴菲特为代表的管理层确实能够做出更专业的决策，在高收益面前，中小股东放弃一些投票权自然也就无所谓了。

阿里巴巴、谷歌、脸书等互联网企业几乎都采取这样的股权结构，但中小投资者还是对这些公司的股票趋之若鹜，原因也类似。中小投资者相信，他们所放弃的投票权最终不会损害自己的利益。

双重股权结构确保了公司创始人和管理层不丧失管理权。和工业时代的大型企业有所不同，现在互联网企业中，创始人的核心理念、技术或者能力、创造性思维，对一个企业的发展来说，会显得至关重要。所以双重股权结构保证公司创始人（管理层）能不被资本左右，保持自己对企业的掌控力。但是也有很多学者对此颇有微词，认为这个模式和现代公司的治理理念相悖，不利于公司中小股东权益的保障，而且在管理时容易导致独裁。

到底是股权所代表的“权利”更需要维护，还是企业本身的经营增长更需要关注？这不是一个能轻易给出结论的问题。现实世界是复杂的，也是在动态演化中的，我们只能在未来的企业实践中慢慢去摸索和寻找真正的答案。

| 思考题 |

美国上市公司的股权相对分散，中国上市公司的股权高度集中，这两种不同的股权结构对应的股东利益博弈会有不同吗？

第 037 讲　A 股和 H 股价差之谜

从中小股东的角度来说，投票权在很大程度上有“虚设”的嫌疑，所以收益权是投资者更看重的权利。一般来说，同一公司普通股每股收益权都是一样的。但现实生活中，每股收益权也会因各种因素产生不同，A 股和 H 股就存在着这种“同股不同权”的情况。

A 股和 H 股的差别

A 股就是最常见的，以人民币计价的在内地上市的股票。H 股则是内地企业以港元计价，在香港上市发行的股票[①]。

中国有些企业会同时在香港和内地上市，其股票则是A+H股。目前大概有99只A+H股形式的股票。理论上，同一公司的A股和H股其现金流一样，所以每股价格也应该一样。但是数据显示，A股和H股的价格差异很大。中石油在2000年和2007年分别发行了H股和A股。从2008年到2017年的10年间，中石油A股、H股平均价格差异高达24%，换句话说，中石油公司在A股市场的估值比在香港市场高出了近1/4。中石油的情况并不是特例，从这99家同时在香港和内地上市的企业的数据来看，A股价格高于H股价格的现象是普遍存在的。从2007年开始，香港恒生推出了衡量A股比H股贵多少的指标——“恒生AH股溢价指数”：指数越高，代表着A股相对H股越贵；相反，指数越低，代表着A股相对H股越便宜。从2008年到2018年，恒生AH股溢价指数的均值是119.93，这意味着近10年来A股比H股贵了20%左右。

对于A股和H股的投资者而言，虽然看上去拿到的是同一只股票，但获得的收益却完全不一样，所以是实际上的“同股不同权”。

A股和H股价差的秘密

为什么A股价格高于H股的情形会长期存在呢？

很多学术研究认为，两个市场不同的投资者结构是造成这种情形的重要原因。香港市场以机构投资者为主导，更加注重风险规避和公司的长期价值。而A股市场中个人投资者的占比更高，更加注重短期回报，

---

① 在市场实践中，常常以股票上市地点的英文字母简称来对股票进行分类。中国境内企业在香港地区、美国、新加坡、日本等地上市发行的股票分别称为H股、N股、S股和T股。

“炒”股的心理更重。投资者结构不同，风险厌恶的程度就会不同，风险规避系数和要求的风险补偿也会不同。一般来说，个人投资者的风险规避系数相对机构投资者较低，要求的风险补偿也比较少。所以，对同一个企业来说，在A股市场的投资者要求的风险补偿（收益率）更低，所以价格也会更高。

这种解释看上去很有理论高度，但是从A股市场本身的特征来分析可能更有说服力。

其一，A股市场的估值高不是A股市场的投资者自愿接受更高的价格，而是因为内地市场金融“供给不足”但“需求旺盛”。

从供给侧看，A股市场上缺乏有效做空的机制，市场的负面消息较难快速反映在股票价格里；而且A股市场直到2019年主要的上市方式还是采取核准制，上市名额有限，导致“上市公司”本身就具有壳价值。从需求侧看，内地市场一直缺乏有效的投资渠道，无法满足日益上涨的百姓财富管理需求——在一个供给不足而需求旺盛的金融市场上，资产价格自然也就出现了溢价。

但是，根据市场有效理论，这种价差不应该长期存在。“一价定律”告诉我们，同一个公司的股票存在不同价格时，就代表有套利机会。理性的投资者会对低价的股票趋之若鹜，进而导致其价格上涨，同时抛售高价的股票，导致其价格下跌，直到这个价差消失为止。

那为什么现实中A股、H股的价差会持续存在呢？这就是，其二，行为金融学的“有限套利”理论可以对此做出解释。“套利消除价差”是建立在一个资金完全自由流动，完全无摩擦的假想世界里的。现实世界中存在的各种摩擦会导致套利行为无法完成。比如，在沪港通、深港通机制实施之前，A股和H股市场是两个分割的市场。A股的投资者不能随意购买H股，香港的投资者也很难进入A股市场。此外，H股是用港元交易，A 股是用人民币交易，目前严格的外汇管制也导致套利的资金不能随意进出。所以，市场分割、外汇管制等各种因素导致 A 股和 H 股的价差长期存在。

那么，从 2014 年开始，沪港通和深港通陆续开通，这是否意味着普通投资者也可以利用 A 股和 H 股的价差进行套利了呢？

还是那句话，“理想丰满现实骨感”，现实中这样操作的难度很高。

第一，市场走势难判断。恒生 AH 股溢价指数受 A 股影响很大：A 股市场在牛市的时候，溢价指数就增大；A 股市场处于熊市时，溢价指数就变小。从操作层面，这就是一个悖论：当恒生溢价指数增大，应该果断卖 A 股，买 H 股；但在 A 股处于牛市时，放弃 A 股上涨趋势去买 H 股，很可能不是最优选择。所以，投资者在实操中很难准确把握套利行为的节点。

第二，采取卖空策略的成本高。目前在 A 股市场上卖空仍然有很多限制，实行卖空策略的成本非常高。如果 A 股、H 股的价差不是足够大，套利的盈利是无法覆盖卖空成本的。

第三，配对交易的不确定性大。为了套利，你必须卖出 A 股，买入 H 股。虽然沪港通列表里的大部分股票都允许卖空，但是否能借到足够多的股票，无法确定。也就是说，你的套利策略有时候并不能很好地完成。

所以，套利之路阻力重重。想利用 A 股、H 股价差进行套利的投资者，一方面需要把握宏观环境，判断市场究竟处于牛市还是熊市，另一方面还要考虑投资策略的成本和可行性。

| 思考题 |

除了价差外，还有其他原因造成 A 股、H 股的每股收益权不同吗？这些不同可以用来套利吗？

第七章

金融衍生品：

是天使也是魔鬼

对抗不确定性是金融发展最初的动力。人类的交易经历了从食物、衣服等实物交易到股票、债券等合约交易，再到金融期货这种关于“不确定性”本身的交易。在这个过程中，人们对商品形态的认识有了新的突破，“风险对冲”本身也成为一门生意。

这个进程对全球金融格局产生了重大影响。一方面，它为资产管理行业提供了丰富的风险对冲工具，促进了全球金融的深化；但另一方面，由于其定价方法的高度数学化和工程化，增加了信息的不对称性。自20世纪90年代以来，多次金融危机都和金融衍生品密切相关。

对冲与套利

让你泥足深陷的不是未知，而是你确信的，并非如你所想。

——马克·吐温

第 038 讲　衍生品市场：商品和交易的认知革命

金融江湖里，如果说股票和债券像刀和剑，是最基础的武器，那么金融衍生品则像暗器，无处不在，却又不易察觉。

早在 21 世纪初，金融衍生品交易额已经是股票和债券交易量的 10 倍以上。现在金融衍生品覆盖了几乎所有你想的到和想不到的标的——股、债、贵金属、大宗商品、货币、利率，甚至飓风、地震、碳排放、水污染等。

金融衍生品的出现不仅能锁定价格波动，实现风险转移和再分配的功效，而且还使人类在商品和交易认知上不断升级，促进了金融发展的不断深化。

商品不必有形：金融衍生品带来的第一次认知升级

从商品期货到金融期货：对冲波动

衍生品的概念是从有形商品开始的，目的是“对冲风险”。日本德川幕府（17—19 世纪）时期，大米属于硬通货，可以用来交税。但是米价的季节波动很大，春荒时价格狂飙，秋收时又大跌。不管是米商还是农民都面临着很大风险。为了锁定米价的波动，米商和农民事先约定，在未来某个时间用某个固定价格交易一定数量的大米。比如一包米的市价是 5 两银子，米商和农民约定，3 个月以后，米商用每包 5 两 2 钱银子的价格从农民手里收购 10 包大米。这就是一份“远期合约”（forwards）。有了这个合同，即使未来几个月米价像坐了过山车一样起伏，农民和米商仍可以按照之前约定的价格来交易。这意味着，通过锁定价格波动，远期合同实现了风险的转移和再分配。

但远期合约是根据交易双方的需求量身定做的，所以一方面违约风险会比较大，另一方面转手较困难，流动性不好，很难产生二级交易市场。18 世纪，日本大阪堂岛的大米交易所发行了一种“米票”，即标准化的远期合约。每张米票约定在某个时间用某个价格交易一定数量的大米，大米的等级、包装、重量、交割的时间和地点都被固定下来，每个购买的人拿到的都是统一的米票。这种标准化的远期合约，就叫“期货”（futures）。从那之后，大阪堂岛形成了世界上最早的期货市场。

这些关于大米的远期合约或期货，都是大米的衍生品，大米就是这些衍生品的“基础资产”。这些衍生品交易可以帮助人们抵御大米的价格波动。实际上，任何有价格波动的商品，都可以作为衍生品的基础资产。

古代社会靠天吃饭，农产品价格波动大，所以早期期货主要以农产品为主。19 世纪末，美国是世界最大的农产品基地，芝加哥也成为全球农产品期货交易的中心。20 世纪 60 年代，由于价格管制政策，美国农产品的价格低迷，相关期货交易也非常萧条，以农产品期货交易为主的芝加哥商品交易所面临很大生存压力。为了拓展业务地盘，芝加哥商品交易所的领导者，犹太人利奥·梅拉梅德（Leo Melamed）开始思考，既然期货是用来对冲风险的，那风险最多的金融市场就应该是期货运用最广的市场，是否能将期货引入金融领域呢？

机会在20世纪70年代初的汇率市场上出现了。

之前我们说过，二战后世界货币体系是美元盯住黄金，其他货币盯住美元的固定汇率制度。但20世纪六七十年代之后，全球各国经济发展越来越不均衡，固定汇率制度逐渐无法维持。外汇市场经常出现大幅波动，对冲外汇风险的需求大为增加。但市场上缺乏有效的风险对冲工具，尤其是个人和小机构，根本无法有效对冲自己面临的外汇风险。这期间，梅拉梅德无意中看到了一则新闻报道：大名鼎鼎的货币专家、芝加哥大学的米尔顿·弗里德曼（Milton Friedman）教授预测英镑会贬值，想做空英镑，却被银行拒绝了。梅拉梅德敏锐地意识到，这是一个千载难逢的机会。他马上找到弗里德曼，跟他讲述推出货币期货[①]的必要性，希望弗里德曼能够从学术角度对这种创新交易进行支持——弗里德曼教授是自由主义经济学派的旗帜，他的很多朋友、同事都在美国财政部、美联储等机构居要职，如果弗里德曼愿意支持货币期货这种新的金融工具，那绝对是“好风凭借力”的巨大助力。

作为固定汇率制度的严厉批评者，弗里德曼教授很快认同了货币期货的理念。他亲自撰写了一篇关于货币期货的文章，引起了学术界和业界的极大关注，为货币期货的推出铺平了道路。有意思的是，为了彰显自己是一个“资本主义者”，弗里德曼要求梅拉梅德为此付5000美元的

① 比如，一位出口商的一笔货款要在6个月后以美元结算。如果出口商担心6个月后美元会大幅贬值，就可以按照约定的价格卖出交割期限为6个月的美元期货。这就相当于提前以固定的价格卖出了美元，锁定了风险。不管是进行国际贸易，还是从事国际资产管理的机构和个人，这种货币期货对他们都有着巨大的好处。

报酬。不久，在弗里德曼教授的加持下，芝加哥商品交易所创立了国际货币期货市场，推出了美元、英镑、瑞士法郎等几种货币的期货。

1971 年，尼克松总统宣布美元和黄金脱钩，固定汇率制度正式结束。之后的几年，全球进入混乱期。首先是石油危机影响美国经济，导致美元急速下跌；不久以后，英国宣布英镑汇率自由浮动。整个世界都面临着汇率的大幅波动，控制外汇风险成了所有机构必须要面对的问题，货币期货正好满足了这方面的需求。

更重要的是，各国政府也意识到了货币期货在维护外汇市场稳定性方面的重要性。在货币贬值时，公众容易产生恐慌心理、抛售货币，加大货币贬值的压力。有了货币期货对冲风险以后，外汇市场上货币抛售的压力减轻了，抑制了外汇市场的波动。趁着这个风口，全球外汇期货市场以前所未有的速度发展起来。仅 1972 年一年，货币期货交易合约就达到 14.5 万张，2012 年和 2018 年，这个数字分别达到 6000 万张和 39 亿张。

芝加哥商品交易所也因此一战成名，开始了从农产品期货向金融期货的全面转型。后来梅拉梅德回忆说，这是历史上最划算的投资：一笔 5000 美元的报酬促成了高达数万亿美元市场的出现，也成就了他自己“期货教父”的地位。

除了对冲风险波动之外，期货交易的基础资产从农产品到货币的转变，也使人们意识到，除了农产品和工业品，货币本身也可以用来交易，“商品”的概念向前突破了一大步。

从货币期货到利率期货：“商品”不再有形

1973 年，美国废除了利率管制，梅拉梅德很快意识到利率风险和人们的生活更相关，比外汇风险更具有广泛性。比如，对于有房贷的人，如果利率上涨，还债压力就会增大，对冲利率风险可以说是全社会的刚需。

在这个思路下，芝加哥商品交易所再接再厉，在货币期货的基础上推出了利率期货——90 天短期国债合约。这个合约一经推出就在市场上大受欢迎。和外汇期货一样，利率期货能够帮助投资者分散风险；更重要的是，利率期货交易的是人们关于未来利率的看法。通过交易，市场上各种可能影响利率水平的信息都进入了期货合约的价格中，使得期货合约成为预测利率走向的风向标。芝加哥联储副主席理查德·桑德尔（Richard Sandor）曾发现，利率期货对利率水平的预测，仅有 0.1% 的偏差。

利率期货很快成为历史上最成功的期货品种之一。迄今为止，各种期限的国债期货交易量差不多占到整个衍生品交易的 15%，是全球最重要的宏观指标之一。

交易不必交割：金融衍生品带来的第二次认知升级

金融衍生品的出现带来人类对“商品”认知的两次飞跃，一次是从具象的实物发展到抽象的汇率、利率，另一次则是“不必实物交割”。

期货是如何交割的

所谓交割（settle），就是我们平时说的“钱货两讫”。期货交易也类似，只是要求在约定的时间和地点，以约定的数量和价格完成钱货两讫。一个开纺织厂的工厂主，担心明年棉花价格上涨。为了防范这个风险，他在郑州期货交易所交一定的保证金，买一个明年 1 月的棉花期货合约。到了明年 1 月，他将剩余的货款打入郑州期货交易所的账户，合约对方则将棉花送进交易所指定的仓库，买卖双方分别从交易所取得货款和棉花后，钱货两讫，完成交割，同时商品所有权完成转换。

除了实物交割，期货交易还有现金交割的方式。现金交割不涉及所有权的转移。在期货交易所买了期货合约之后，合约价格每天波动。在合约到期之前，交易所会每天对你的账户盈亏进行现金结算：赚钱了，收益马上到账；如果亏损了，交易所就会要求你补充保证金[①]。这种交割方式为投机者提供了特别好的金融工具，用少量的资金即可对市场的趋势下赌注，一旦赌赢了，收益会相当可观。所以在很长一段时期内，传统期货交易商甚至将是否以实物交割作为区分期货交易是“合法投资避险”还是“非法投机套利”的试金石。直到 1982 年，非实物的现金交割在美国期货交易中还被认为是违法的。

从实物交割到现金交割：股指期货的诞生

1982 年，股指期货的出现彻底打破了“必须以实物交割”的认知。

在期货发展的过程中，人们越来越意识到，“波动”越大的领域，用衍生品进行风险对冲的应用范围越大。道琼斯指数是美国金融市场中 30 家有代表性的公司股价的平均值，其波动基本能代表美国股市的市场风险。所以，推出股票指数类的期货一直是期货界人士的梦

① 保证金是为了避免交易双方违约，按照合约价值一定比例而缴纳的一笔资金。当价格产生对交易者不利的变动时，交易者账户的资产总额下降，就会导致保证金比例下降，这时候交易所为了防止违约，就会要求交易者“追交保证金”，以保证交易能持续生效。以股指期货为例：假设你今天买一手下个月沪深 300 股指期货合约，现在价格 2500 点，按照每点 300 元、保证金比例 12% 计算，购买一手期货合约，初始保证金应为 90000（2500 × 300 × 12%）元。假设当天该期货合约收市时，价格下跌到 2450 点，你的账面损失是 15000（–50 × 300）元，即你账户上只剩 75000 元。而按 12% 的保证金比例算，当前你应该维持的额度是 88200（2450 × 300 × 12%）元。为了维护你这一手期货合约交易能够继续进行，你就需要补足保证金，缴纳 13200（88200–75000）元。

想，它也被视作期货的终极合约。尤其到20世纪70年代后，随着指数型基金的推广和发展，金融行业中“对冲整体市场风险”的需求更加迫切。①

但在期货“必须实物交割”的约束下，股指期货没法推出，因为股指代表的是整个金融市场股票价格的总趋势及涨跌幅度，是一个概念而不是实体，人们无法完成概念的所有权转换。

在业界的努力游说下，美国金融监管机构在1982年决定废除期货实物交割的要求，所有金融期货合约都可以采用现金交割的方式。这个法令为股指期货的推出彻底铺平了道路。不久之后，芝加哥商品交易所推出了标普指数的期货合约。

股指期货的推出对全球资产管理机构具有重大意义。股票指数代表的是系统性的市场风险，这种风险无法通过资产组合的方式分散。而股指期货的推出，使这种不可分散的风险能够被对冲和转移。资产管理行业的风险管理能力有了一次飞跃。继美国之后，其他国家的成熟金融市场也几乎都推出了股指期货，以对冲本国市场上的系统性风险。

从货币期货、股指期货开始，芝加哥商品交易所开创了金融衍生品时代，期权、互换等各种衍生工具纷纷推出。从此，“风险对冲”本身也成了一门生意。

| 思考题 |

什么样的商品适合衍生品市场？玉石类适合吗？

---

① 股指期货就是以股票指数作为基础资产的金融衍生品。像沪深300股指期货，就是一个以沪深300指数为交易对象的金融合约，交易双方约定在未来某个时点，按照一个约定的指数点位进行交易。按照现在中国股指期货每点300元的定价，假设买一张交割点位为3000点的合约，这个合约的价值就是90万元。

第 039 讲　天使魔鬼两张脸：股指期货、期权和互换

美联储前主席艾伦·格林斯潘（Alan Greenspan）、诺奖得主莫顿·米勒（Merton Miller）都曾说过，金融衍生品不仅为金融业提供了风险管理的工具、促进了市场的价格发现，而且提高了整个市场的效率。但我们平时在新闻媒体里看到的衍生品却像个“坏孩子”：不管是在 2008 年美国次贷危机爆发时，还是 2015 年夏天中国 A 股市场的波动中，各种金融衍生产品都曾被拎出来示众，股指期货更是被当“元凶”遭到批评甚至限制。

看起来，金融衍生品有张“半是天使，半是魔鬼”的面孔。

股指期货：A 股市场上的温度计

自 2011 年被引入 A 股市场后，股指期货发展很快。和其他衍生品一样，股指期货可以用来套期保值、规避风险，也可以用来加杠杆、放大损益。

和其他股指类产品相比，股指期货交易有两个不同。第一，允许卖空。看空者可以在股指下跌中赢利。第二，实施保证金制度，可以加高杠杆。按照 12% 的保证金率，90 万元的合约，付 10.8 万元就可以进行操作了，相当于8.3倍的杠杆率。所以，只要你看对了大盘波动的方向，收益就会放大 8.3 倍。当然，如果你看错方向，损失也同样放大 8.3 倍。这类合约采取的是现金交割的方式，一旦合约价格变动，账户内的保证金额度低于 12%，交易所就会要求交易者补充保证金，否则就会被强行平仓。

套期保值和杠杆投机

2015 年 5 月，上证指数已经达到 4698 的高点。当时，A、B 两位投资者都买了沪深 300 的股指期货，但他们采取的策略不同。

A 是金融圈“老鸟”，经历过 2007 年的股灾，对风险暴露非常敏感。2015 年 5 月，当 A 股热得发烫时，A 担心自己股票持仓量过大而决定在股指期货上进行“套期保值”[①]，大量卖空了下个月的股指期货合约。如果股价继续上涨，他在现货市场上会赚钱；如果股价下跌，股指期货就会赚钱，以弥补现货的亏损。通过这个操作，A 无论涨跌都处在一个相对安全的位置上。

B 看着不断上涨的股市，决定用股指期货来加杠杆。因为流动资金不多，他左思右想，孤注一掷把房子卖了 500 万元——这笔账很简单，如果股市再翻 1 倍，按我们前面说的约 8 倍的杠杆率计算，500 万元就会变成 4000 多万元，他就基本实现财务自由了。

结果 6 月中旬以后，随着监管层对场外融资市场的急刹车，股市惨烈下跌。A 果断地在现货市场割肉，同时因为在股指期货上做空赚了一笔，两相抵销，他 2014 年以来在股市中的收益保住了一大半，基本实现了全身而退。而 B 却陷入了大麻烦，因为高杠杆，股指下跌 10%，他的财富就少了 80%。最开始股市下跌时，B 赌国家会救市，所以咬着牙四处借钱补仓，而且当时借的大部分是利率在 20% 以上的高息贷款。但没想到的是，股指一路下行，再没有给他翻身的机会。一个月之内，他从一个有房的高级白领变成了负债几百万元的人。

这不是杜撰的小说，而是2015年中国股市浮世绘中的一个真实案例。

---

① 套期保值是指在拥有现货的情况下，建立一个与现货大小相同，但方向相反的期货头寸，锁定价格风险。

类似的情节其实常在全世界金融市场上演——同一市场，同一金融产品，同一时间，不同使用方法造成迥异的结果。所以说，真正决定“输赢”的，不是金融工具，而是谁，以及如何使用金融工具。

流动性螺旋

股指期货的基础资产是整个市场。这意味着，股指期货交易的是一个市场的系统性风险。所以当市场下跌时，利用股指期货可以将市场整体波动数倍放大，引发更严重的市场下挫，甚至引发流动性危机。

在 2015 年的 A 股股灾中，股指期货交易就曾加重过市场的流动性问题。7 月初的时候，市场“空头”情绪已经非常严重。所以很多机构投资者纷纷卖空股指期货，希望从市场的下跌中赚钱。而大量做空造成市场的进一步下跌，而市场越下跌，做空就越赚钱，再加上数倍的杠杆，几乎每个跌停都可以导致卖空者财富翻倍。于是，很多投机客更加凶猛地加杠杆做空，有人甚至故意在现货市场上抛售股票，制造股指下跌，以图在期货市场上赚钱。这种“量价齐跌”（数量和价格一齐下跌）的局面让更多投资者陷入恐慌，大家都想出逃，市场上只有卖单，没有买单。7 月初的那几天，市场上出现天量的空单，差不多一半股票被逼停牌，整个市场流动性枯竭，对市场形成了更大的下跌压力。这种价格下跌和流动性枯竭同时发生的现象，就是“流动性螺旋”。

也正因为如此，用于做空的股指期货一时间成为千夫所指的“妖精”，舆论和监管层一边倒地将这种情况归咎于股指期货。最后，交易所只能以限制卖空，限制交易数量，提高保证金率和交易手续费率，严格审查投资人期货、现货的配比情况等方式来求得自保。几番下来，中国股指期货市场基本上就奄奄一息了。

这样的事情并不是孤例。在美国 1987 年的“黑色星期一”事件、日本 1990 年的股灾中，舆论都曾经对股指期货大加鞭笞，日本更是停止了股指期货市场的发展，导致大量需要做套期保值的投资者只能寻求其他市场，最后导致新加坡成为新的亚洲金融中心。

后来很多实证研究都表明，股指期货并不是市场波动的元凶。我们团队的研究就曾发现，2015 年 7—9 月股指期货的交易规则修改，将保证金提高到 30%，日内开仓限制在 10 手内，也没有大幅改善市场的流性。实际上股指期货就像温度计。市场没有发烧，温度计是不会显示异常的，市场下挫就停掉股指期货，就像发高烧时把温度计扔掉一样，并没起到“降温”的作用。

而且，全面停掉股指期货还会造成另外一种后果。当市场跌到一定程度的时候就会有人愿意抄底，也就是市场上会出现买入的意愿，但愿意买入的人也会担心市场还有进一步下跌的压力，如果能用股指期货进行套期保值，就能对冲买入的风险。暂停了股指期货，没有了卖空的权利，自然也就没有买入的意愿了。一个没有卖空工具的市场，就像跛足的人，注定会走得高低不平。

股指期货和流动性螺旋的关系提醒我们，金融市场是非稳态的，一有冲击就容易偏离均衡。所以，高效合理的监管是极其重要的。不管是放任自流，还是因噎废食，都可能造成事与愿违的结果。

期权：你的“选择权”也是一种金融产品

期权是一种比较有趣的衍生品，“期”是指未来，“权”是选择权，期权交易的就是“未来的选择权”。

期权与定金

从某种意义上说，期权和商品定金颇有几分类似，都是用一小笔资金来锁定未来某个商品所有权转移的权利。比如，你想用这个月的奖金买即将上市的苹果手机，但又不确定奖金是否能到手，就和商家签订合约，向商家支付一笔定金，约定月底来买手机，如果月底没发奖金或者不想买了，合约就自动作废，定金归商家所有。这个合约，其实就包含着“期权”的概念，定金就是你为购买“权利”付出的价格。

但除此之外，期权还有自己的特征。第一，期权包含的权利更多样。定金一般是单向的，即缴纳后获得商品的购买权，但期权是双向的：既有赋予你买入权利的“看涨期权”（call option），比如在约定时间以一定的价格买入某只股票的权利；也有赋予你卖出权利的“看跌期权”（put option），比如在约定时间以一定价格卖出一定数量某只股票的权利。第二，期权具有流动性。定金一般不适宜转手交易，而期权是标准化的合约，会规定商品的品种、品质、买入和卖出的价格、到期日等条款，易于转让和交易。

要注意的是，一般能衍生出期权的是标准化的、量产的、价格波动频繁的商品。高度专属性的独特产品，比如凡·高或者齐白石的画作，很难形成标准化的合约，就不适于期权市场。

期权的风险管理功能

追溯起来，比较正式的期权交易产生于十六、十七世纪的欧洲。当时欧洲各国贸易发达，很多商人手里都持有远期或期货合约，但又担心商品的价格会下跌，就用期权的方式找人分担这种风险：付一点钱给对方，约定在某个日期可以以一个固定的价格将这个商品卖给对方，这就是看跌（卖出）期权。同样的道理，一些卖出远期或期货合约的人，担心未来商品价格上涨，也会付一点钱，约定在未来的某个日期以一个固定的价格从对方手里买入商品，这就是看涨（买入）期权。为这个权利支付的金钱就是“权利金”，也就是期权的价格。

在期货交易中，交易双方的权利和义务是对等的、相连的，而期权将商品交易中的权利和义务分拆开，专门对权利进行了定价。购买期权的人就是购买了一种权利，这种权利可以帮自己在价格上涨或者下跌时锁定风险，相当于保险。而卖出期权的人赚取的则是保险费。所以相比期货，期权的金融属性更强，是更纯粹的风险管理产品。

对赌投机功能

期权交易的是商品买卖的权利，它的价格会远远低于其基础资产的价格。这相当于为投资期权的人提供了高杠杆，所以期权非常容易被用作对赌和投机的工具。

我有朋友使用期权在短短两个月内让自己的资产从 10 万元涨到了 200 万元。当时香港市场上一只股票，每股价格 10 元左右，一份买入期权只有几毛钱。他当时面临两个选择：以 10 万元本金买 1 万股股票，或者买 20 万份买入期权。这两种选择都有风险，但买股票一般不会血本无归，买入期权则更像赌博。赌对了，你会获得非常高的收益；但如果在到期日之前股价比行权价格低，这 20 万份买入期权就等于打了水漂，10 万元也就灰飞烟灭了。这位朋友选择买期权。幸运的是，这只股票在下面一个多月的时间里狂涨，每份买入期权的价格也随之狂涨到 10 元，他的资产也从 10 万元上涨到近 200 万元。

不过，高收益的另一面是高风险。如果没有赌中价格趋势，到了行权日，期权价格就等于 0，期权合约也就作废了，投资期权的人也会血本无归。还是我上文说的这个朋友，他花了 5 个多月的时间，用期权实现了资产从 10 万元到 500 多万元的突破，但后面由于赌错了一两次方向，结果一年之内又被打回了原形。

类似的故事每天都在期权市场上演。正因如此，股票期权一直被人诟病，认为这种用少量资金就可以在市场上兴风作浪的创新工具，会引发更大的市场波动。但也有很多学者认为，期权提供了一种灵活的做空工具，市场上的负面信息能很容易地体现在价格中，会促使市场朝着更有效的方向发展。

中国权证泡沫

中国目前还没有个股的期权市场。但是早在1992年和2005年，我们国家曾分别发行过一种特殊的股票期权——权证（share warrant）。权证不由交易所发行，而是上市公司直接发行，所以相对而言标准化程度偏低。深圳的宝安集团、五粮液集团都曾经发行过权证。但是和期权一样，权证可以买卖，赋予买入权利的权证叫作“认购权证”，赋予卖出权利的权证叫作“认沽权证”，也是一种卖空工具。

为什么这种金融工具没能在我国的金融市场上留存下来呢？因为当年推出权证时，A股市场还处于极度缺乏基本金融知识的阶段，既搞不清期权、权证的含义，更分不清认沽和认购，只觉得市场上来了“一种可以赚钱的东西”。所以很多人都去抢购权证，结果闹出了很多笑话。比如：由于疯狂抢购，权证价格居然会远远高于股票本身的价格；股票价格下跌，认购权证的价格反而暴涨；到了行权日，权证价格不仅不为0，居然还出现了暴涨的情况。这些疯狂的炒作行为最终迫使监管层叫停了中国的权证市场，直到2019年，个股期权（权证）仍然没有放开。

在“A股市场应不应该正式启动个股期权”的问题上，我国金融业界和监管层一直存在着两种声音：支持者认为，A股市场一直以来估值过高，引入期权就等于引入了有效的做空工具，它会解决A股市场估值过高的问题；反对者认为，引入期权，会导致市场投机之风盛行，引发危机。

互换：次贷危机的导火索

互换：互相交换，优势互补

互换（swap）是 20 世纪 70 年代跨国公司发展的产物。一家美国公司 A 在英国有一家子公司，一家英国公司 B 在美国有一家子公司，两家子公司都需要从母公司借款，但当时各国外汇管制都比较严格，跨境借贷非常困难，加之布雷顿森林体系瓦解后实施浮动汇率制度，汇率波动可能会吞噬企业的利润。为了解决这个问题，聪明的银行家就想到了互换的办法：美国 A 公司给英国 B 公司的美国子公司借款，同时英国 B 公司给美国 A 公司的英国子公司借款。这样跨国借款就变成了国内借款，既没有外汇管制，也规避了外汇风险。这种被称为“背对背贷款”的模式就是互换的起源。

所以，互换的逻辑很简单，就是指两个或者两个以上交易对手之间相互交换自己现金流的合约，本质就是一个取长补短、双方都能从中受益的置换。互换的理论基础可以追溯到英国著名经济学家大卫·李嘉图（David Ricardo）提出的“比较优势理论”。

但李嘉图是从国际贸易的角度来解释比较优势理论的。他认为，假设两种产品两个国家都能生产，但是某一国在一种产品的生产上具有优势，而另一国在这种产品的生产上处于不利地位，而相对更适合生产另一种产品，那么，每个国家就应该集中生产并出口自己具有“比较优势”的产品，进口具有“比较劣势”的产品，这样双方都可以从中获益，而且还能促进专业化分工，提高劳动生产率。

比较优势理论的运用极为广泛，大到国家贸易、小到家庭分工，都用得上。互换就是其在金融领域的应用。利率、汇率、货币都可以作为互换的基础资产，互换合约的价值会随着这些基础资产的价值变化而变化。

以金融世界里最常见的利率互换产品为例。A、B 两家公司打算各借一笔 5 年期的贷款，A 公司希望用浮动利率，B 公司希望用固定利率。A 公司如果按固定利率借贷，资金使用成本是 8%，如果按浮动利率借贷，资金使用成本则是“上海同业拆借利率 +10 个基点”；B 公司如果按固定利率借贷，资金使用成本是 10%，如果按浮动利率借贷，资金使用成本则是“上海同业拆借利率 +50 个基点”。也就是说，A 公司的固定利率成本更低，而 B 公司浮动利率成本更低。

如果不使用互换，双方的成本如下：A 公司按浮动利率贷款，其成本是“上海同业拆借利率 +10 个基点”；而 B 公司按固定利率贷款，其成本是 10%。

如果使用互换：A 公司先以 8% 的成本借入一笔固定利率的贷款，B 公司以“上海同业拆借利率 +50 个基点”的成本借入一笔浮动利率贷款。如果让 A 公司和 B 公司做利率互换，A 公司以浮动的“上海同业拆借利率”向 B 公司支付利息，B 公司以 8.5% 的固定利率定期向 A 公司支付利息，则 A 公司支付的利率为“8% + 上海同业拆借利率 –8.5%”，成本降低了 0.5%，B 公司支付的利率为“上海同业拆借利率 +50 个基点 +8.5% – 上海同业拆借利率”，借贷成本为 9%，比原来少了 1%。

显然，在利率互换的过程中，双方优势互补，既满足了融资需求，又降低了融资成本。

虽然逻辑简单，但互换的难点在于怎么对双方的期限差异、风险偏好进行匹配，实现双方的利益最大化。这背后涉及非常复杂的计算和设计，以保证双方能实现共赢。

互换不是天使

和所有金融衍生品一样，互换也有很大风险。比如，通过互换获得较低浮动利率的企业就面临着利率波动的风险。宝洁公司在1993年时将自己的一笔借款互换成浮动利率，这个互换当年让其融资成本降低了75个基点。但1994年以后，利率节节攀升，宝洁公司在这一笔互换上亏了1.05亿美元。最后，宝洁公司董事会主席不得不向股东郑重道歉并承诺“引以为戒，绝不再换”。

另外，互换的价格也会随着其基础资产价格发生巨大波动，2008年金融危机的导火索，信用违约互换（CDS）就是典型例子。

21世纪初，美国经历了房地产热潮，金融机构为了赚钱，大量发放贷款给缺乏偿还能力的居民，即次级贷款。更多以次贷为基础资产的衍生品也涌入市场。当时著名投行雷曼兄弟针对自己的1亿美元的次贷证券化产品向美国最大的保险公司AIG购买了信用违约互换产品。信用违约互换交换的就是“信用违约”。也就是说，如果在房屋贷款上出现了严重违约现象，AIG会替雷曼兄弟承担这个违约的风险，雷曼兄弟为此要向AIG付出一大笔费用。这相当于是AIG对雷曼兄弟的违约风险做了一个保险。

在当时的情形下，大多数人都认为房价会一直上涨，不可能有违约风险，甚至AIG总裁都对类似交易非常乐观。2005年，这种信用违约互换产品的发展达到了巅峰，AIG在此项业务上的收入高达33亿美元。在巨大的利益驱动下，AIG越发对衍生品背后的基础资产——房屋贷款——的质量视而不见，开始更激进地为很多质量极差的次贷衍生品进行担保。2007年，房价发生雪崩，次贷产品都陷入违约狂潮，雷曼兄弟倒闭。给无数次贷产品进行违约互换的AIG濒临绝境。由于AIG涉及的交易对手太多，一旦破产，恐怕会引发更大的金融海啸，经过再三权衡，为了避免危机进一步扩散，美国政府最终出手救助了AIG，但从此之后，信用违约互换这个产品也被打入冷宫。所以归根结底，衍生品的风险最终取决于其基础资产的质量，基础资产的质量不好，衍生品就会扩大这种风险。

| 思考题 |

你认为应该推出个股期权吗？推出这个金融衍生品对我们A股市场的利、弊分别是什么？

第040讲　无风险套利：衍生品的相对定价

金融衍生品定价是金融学科中最数学化和工程化的部分，也是金融被很多人视为畏途的原因之一。但如果抛开那些复杂的公式和计算，金融衍生品的定价原则并不复杂——“无套利定价”，这也是将金融学区别于经济学的分析框架。

供需定价和无套利定价

供给和需求的一般均衡是经济学最基本的分析框架。一般商品，如苹果、梨子，其价格都是由供求关系决定的，供求均衡点决定了它们的市场价格。但在给金融产品定价时，这种传统的供需定价会显得有些捉襟见肘。

第一，金融产品的交易双方很难区分。买苹果和卖苹果的人，一般是两拨人。但在金融市场上，买股票和卖股票的常常是同一拨人，这就导致供给曲线十分模糊，甚至画不出来。

第二，金融产品是高度可替代的。消费者对于苹果手机的黏度远远大于投资者对于苹果公司股票的忠诚度，买苹果手机的人更看重的是产品本身，而买苹果公司股票的人只在乎股票的回报和风险，只要另一只股票的风险和收益率与苹果公司的类似，投资者就可以轻易替换，也就是所谓的需求弹性很大，这导致需求曲线也不好画。

供需两端都很模糊，那该怎么确定金融产品的合理价格呢？金融圈使用的是“无套利定价”。所谓无套利定价，我们不妨将其看作“天下没有免费的午餐”的专业表述，即在一个正常运行的金融市场中，不存在长期的套利机会。所以未来现金流一样的两个金融产品，定价应该一样，否则就会存在确定的低买高卖机会，即“无风险套利机会”。这种“免费的午餐”一旦出现很快就会被人发现，并被迅速地套利，直到套利机会消失。因此，我们可以通过某些金融产品的价格，使用“无套利”的方法，来推断求解其他产品的价格。

用无套利理论给衍生品定价

为了讲清楚这个相对复杂的问题，我们不妨将金融衍生品想象成一个果篮。果篮里面的各种水果，苹果、橘子、火龙果等，都是基础资产。果篮的价格自然是随着水果的种类和质量而变动的。

那么果篮的具体价格怎么计算呢？正常的逻辑应该是先把各种水果的权重算出来，然后把这些数据加起来就是果篮的大概价格。如果果篮的价格和里面水果的价格偏差很大，比如一个 100 元的果篮里有大量樱桃、榴莲这种高价水果，或者一个 500 元的果篮里全部是便宜的苹果、梨子，这就意味着有套利的空间。聪明人就会利用这个机会进行套利，直到价格回到“均衡”为止。

要是金融衍生品很复杂，就像水果被做成了果盘、果酱、果干，那该怎么计算价格呢？还是一样的逻辑，先把复杂的金融衍生品还原，拆解成基础资产的组合，也就是分析果盘、果酱、果干中各种水果成分的权重，然后再将各成分的数据加起来。这也是现代金融学中的一个重要研究方向，很多学者致力于找寻将复杂衍生品拆解成基础资产组合的方法[①]，即想方设法地将水果制成品拆成原生水果，以便寻找衍生品的"正确价格"。

这个比喻告诉我们，"衍生品"的定价必须是基础资产价格的镜像，只要找到这个镜像的转化和表达，我们就可以沿用"无套利"的思想，使用基础资产价格来给衍生品定价。1973年，三位天才学者莫顿·米勒、迈伦·斯科尔斯（Myron Scholes）和费希尔·布莱克（Fischer Black）就提出了用无套利来给期权定价的方法。

就像上文所述，某只股票的期权是指以某个固定的执行价格在一定的期限内买入（卖出）该只股票的权利。那么根据无套利定价理论，我们可以通过股票和股票期权的适当组合对冲风险，形成一个无风险资产组合。而一个无风险资产的组合一定会有无风险收益率。所以从这个组合出发，我们可以得到一个随机偏微分方程——布莱克–斯科尔斯模型（Black-Scholes Model），解出这个方程，期权的价格就确定下来了。

这个方程给出了金融衍生品定价的一般定理。每个想给金融衍生品定价的人，只要想办法把衍生品和它的基础资产（股票、债券或者其他任何金融产品）组成一个无风险的组合，就可以得到衍生品价格所服从的微分方程，然后就可以用数学知识给衍生品精确定价。

在数学模型的加持下，衍生品创新的步伐大为加快，华尔街的量化之风也越刮越猛，金融衍生品的交易量迅速超过了股票和债券的交易

---

① 将衍生品还原成基础资产组合，要用到一个很重要的数学知识——"泰勒展开式"，即将复杂函数近似还原成简单多项式的过程。

量，形成了规模达数十万亿美元的市场。大量物理、数学领域的“书呆子”也都涌入了金融衍生品行业，成了第一代宽客。同时，布莱克-斯科尔斯模型也成为人类有史以来应用最频繁的一个数学公式，对金融界的影响极为深远。金融行业开始进入全面数字化和工程化的时代。正因为这种对行业的深远影响，布莱克-斯科尔斯模型也被称为“华尔街第二次革命”。

| 思考题 |

前面讲的资产证券化产品是衍生品吗?

第八章

资产定价：

评估和量化风险

对风险的厌恶烙刻在人类的基因中。

我们无法消灭风险，但是可以通过跨期合约将风险进行分散和重新配置，这是金融起源的动因。

给金融资产定价，就是给金融资产的不确定性，即风险定价。现代金融学就是围绕“给风险定价”展开的。

做好投资决策需要了解自己的风险偏好，也需要对风险和收益的权衡有清晰的认识。

为风险定价

大多数投资者都盯着回报，想着自己能赚多少钱，很少有人关注风险，想想自己会亏多少。

——世界知名对冲基金经理　赛斯·克拉曼

第 041 讲　“风险三剑客”：方差、偏度和峰度

对风险的厌恶烙刻在人类的基因中。我们无法消灭风险，但是可以通过跨期合约将风险进行分散和重新配置，这是金融起源的动因。现代金融学，就是围绕着“给风险定价”展开的。

量化资产价格的“不确定性”

要给抽象的“风险”定价，首先要能对风险进行直观的量化测度。在现代金融学科中，方差、偏度、峰度是常用的衡量风险的指标。举个例子，2018 年第一季度，茅台的股票日均收益率为 –0.01%，这 59 个交易日中间，茅台股价一直就在 0（–0.01%）上下浮动，偏离幅度在 0.04 左右。

这种围绕着均值均匀对称的分布就叫作正态分布。一个正态分布的变量（即茅台股价的收益率）对均值的偏离——方差，就相当于这个变量的风险。很多金融资产的日度收益率都呈正态分布。在金融学的一般

语境下，当我们说“高风险资产”的时候，通常就是说这个金融资产价格的方差大。

另外一个风险测度指标叫偏度，衡量对均值的偏离程度。看偏度有个简单办法，就是将均值和中位数相对。所谓“中位数”，就是指按顺序排列的一组数据居于中间的那个数。在正态分布中，中位数和均值是相等的。但如果均值比中位数大，说明样本中有很大的数值，这叫“右偏”；如果均值比中位数小，说明样本中有很小的数，这叫“左偏”。

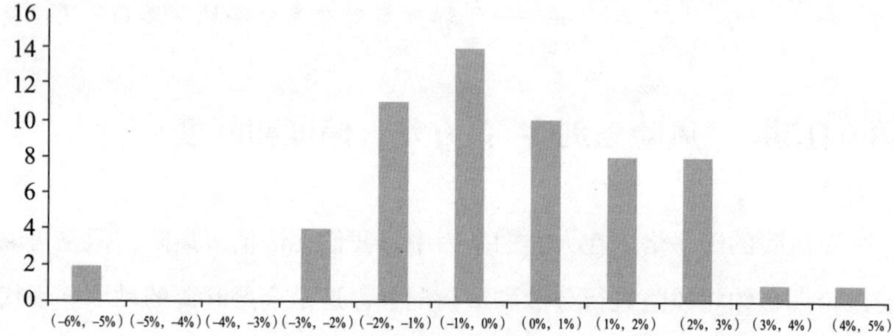

图 8–1　2018 年第 1 季度茅台股票收益率的分布情况

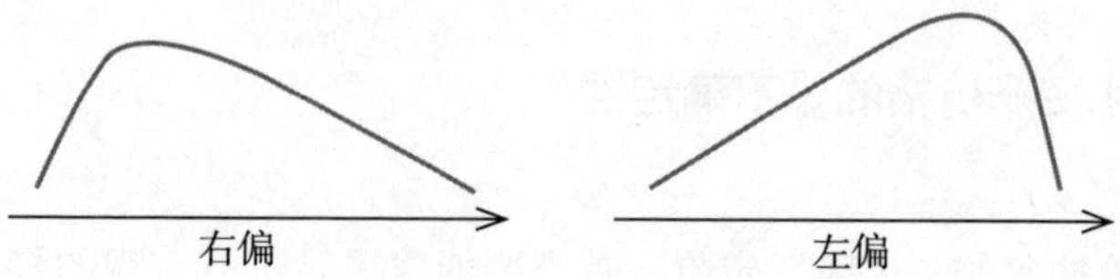

图 8–2　偏度示意

除了偏度，还有一种测度风险的指标——峰度①。它针对的是发生概率很小，但影响很大的极端事件。当尾部极端事件发生的概率很大时，我们称之为“肥尾”（fat tail）。在正态分布中，偏离均值很远的极

① 峰度的计算公式为：$\text{Kurtosis}(X)=E\left[\left(\frac{x-\mu}{\sigma}\right)^4\right]$ 其中，X 为金融资产的收益率，μ 为总体均值，σ 为标准差。正态分布的峰度为 3，肥尾分布的峰度大于 3。

端值出现的概率不是很高。比如，一般股票经常涨跌停（每天上涨或下跌 10%）的概率是比较小的，所以倒 U 形两边的尾巴很平滑。但如果一只股票经常大起大落，就像图 8–3 里的浅色线条呈现的那样，两边的尾巴比原来的尾巴显得“肥厚”，代表着发生特别好或者特别差情况的概率比较大。

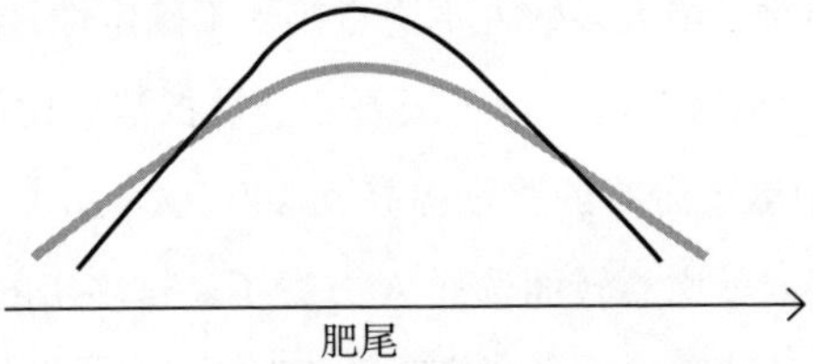

图 8–3 峰度示意

所以，方差衡量的是对均值的偏离程度，偏度衡量的是偏离均值的方向，峰度则衡量了极端情况出现的可能性。如果我们能算出金融资产价格的这几个数值，那么金融资产的不确定性（风险）也就基本能够确定，这也为下一步的资产风险定价做好了准备。

了解你的风险偏好

个人的风险态度对投资决策有着非常重要的影响，所以投资的第一步就是先了解自己的风险偏好。

根据对待风险的态度，投资者可以分成三类：风险厌恶者、风险爱好者和风险中性者。

这个世界上的绝大多数人都属于风险厌恶（risk aversion）者。在一个著名的心理学实验中，参与实验的人面临两个选择：A 方案是去玩游戏，赢的概率是一半，赢了有 100 元的奖励，输了什么都没有；B 方案比较佛系，不参加游戏，直接给 50 元。实验发现，绝大多数人都选择了方案 B。

从“期望回报”的角度来看，这个结果并不出人意料：两个方案的期望回报都是 50 元（A 的期望回报 =50% × 100 + 50% × 0=50 元）。不同的是，A 是不确定的 50 元，B 是确定的 50 元。这意味着，当未来的期望回报一样时，绝大多数人不愿意接受不确定性，这就是“风险厌恶”。只有当补偿足够多时，这种厌恶才能被抵消。比如在上面的游戏中，将 A 方案中赢了游戏的奖励提高到 200 元，这时 A 的期望回报变成 100 元，很多人就愿意转而选择 A 方案了。这多出的 50 元就是吸引我们承担风险的补偿，也就是“风险溢价”。

如果继续变换 A 方案的游戏规则，将赢的概率降为 10%，这时赢家的奖励必须比 500（500 × 10%=50）元多，才能吸引参与者放弃选择 B 中确定的 50 元收益。同样，如果游戏赢的概率只有 1% 时，那奖金就要提高到 5000（5000 × 1% =50）元以上。这意味着，赢的概率越低，赢的奖金必须更高，才能吸引人们参加游戏。

风险厌恶和风险溢价是金融市场“高风险、高回报”的底层逻辑：波动越大、风险越高的资产，回报率就必须越高。这类资产如果没有足够高的回报，就会无人问津，其价格就会下跌，此时回报率就会上涨，一直涨到有人买为止。

要注意的是，不同个体的风险厌恶程度是不一样的。承受相同的风险，需要的补偿越多，代表其风险厌恶程度越高。当一个社会的平均风险厌恶程度更高时，出售风险资产时就需要更高的风险溢价，即更高的回报率。

除了厌恶风险的人，还有风险爱好者（risk loving）与风险中性（risk neutral）者。比如，有人就认为“游戏赢钱”这件事本身就很刺激，50% 的概率赢 100 元比拿确定的 50 元对他的吸引力更大。这类人就属于风险爱好者，他们更加关注高风险、高回报的事业。赌场里的常客以及很多创业者就是这种类型，著名的“钢铁侠”马斯克就是一个典型的风险爱好者。风险爱好者的效用（这里的效用可以视为一种对满足程度的度量）来自承受风险本身，那些高回报的小概率事件就会吸引他们。除此之外，还有一种佛系的人，对他们来说，只要期望收益率一样，承受风险与否无所谓，他们属于风险中性者。

正确的投资决策依赖于和风险偏好匹配的风险承受能力。比如说，一个风险承受能力很强却极度厌恶风险的人，很可能眼睁睁地看着大好的投资机会从眼前错过；如果一个人收入低、风险承受能力差，但特别爱好风险，可能一不小心就掉入投资陷阱，最后落得倾家荡产；如果一个人的收入充满了不确定性，一旦承担了过多的风险，他就可能把自己逼到山穷水尽的境地。

| 思考题 |

用方差、偏度和峰度的概念对你身边的几个朋友的个性进行描述。

第 042 讲 风险资产面面观：股票、债券和房地产

股票、债券和房地产是我们生活中最常见的资产。但就像俗话说的“幸福的家庭都是相似的，不幸的家庭各有各的不幸”，这几大类资产的风险特征是截然不同的。整体来看，股票、债券和房地产三种资产的主要风险点分别来自“行业和经营风险”、“违约和周期风险”以及“增长与衰落风险”。

股票的风险：行业与经营风险

行业风险

股票价格取决于市场对企业未来生存状态的预期。一个企业所在行业的未来趋势，则是其发展潜力的决定性因素。如果行业面临下行风险，企业即使再努力，也是逆水行舟，事倍功半。

19 世纪时，美国缅因州因为气候严寒，制冰业非常发达，为缅因州创造了大量就业机会。全州大大小小的制冰厂星罗棋布，其中龙头企业生产的高质量冰块专供高档场所，利润丰厚。制冰公司的股票是当时资本市场的热点。但好景不长，1910 年家用冰箱出现，这对制冰行业来说是降维式的打击。整个缅因州的制冰业整体衰落，股价一落千丈，即使龙头企业也无法力挽狂澜。

这种由“行业风险”导致企业衰败的例子在资本市场上随处可见。在 20 世纪 90 年代的中国股市，彩电制造企业的股票是市场宠儿，尤其是行业龙头长虹电视，堪称股市的定海神针。但 90 年代末期之后，随着彩电行业成为夕阳行业，这些股票也都成了夕阳之歌。所以当一个行业被时代抛弃时，所有业内企业都是“覆巢之下，焉有完卵”。

经营风险

行业风险是股票估值的最大风险点之一。如果行业处于下行通道，市场很难给出高估值。但身处朝阳行业也只是企业股票获得高估值的必要非充分条件。企业经营不善，是影响股票价格的另一个风险源。比如说乐视。从长期趋势上看，随着互联网基础设施的建设和中产阶层社会的形成，中国的网络文娱行业是极富前景和想象力的，乐视也曾一度被视为这个行业中最有潜力的龙头企业。但由于管理层把企业战线拉得太长，也一直没能推出有力的“拳头产品”、形成稳定的现金流，资金链断裂，变成庞氏收场。乐视股价从 179.03 元下跌到 1.69 元，最终退市，很多投资人血本无归。

由于制度设计和法律基础建设方面的历史原因，中国市场上企业的经营风险相对更大，所以即使一个上行行业，公司质量也会呈现出很大的方差，良莠不齐的现象严重。

债券的风险：违约和周期风险

违约风险

和股票不同，债券是承诺固定回报的金融资产，主要风险来自违约风险和周期波动。

所谓“违约风险”，也就是违背承诺的概率。现代金融市场有专业的评级机构，比如美国的标普、穆迪、惠誉，中国的中债资信等，为发行机构进行信用等级的评定，信用等级越高，违约风险越小。一般当信用机构下调一个债券的信用等级时，就意味着发行人的违约风险在加大。比如 2012 年，标普下调欧元区九个国家的主权信用评级，包括下调法国和奥地利的 3A 评级至 AA+，下调意大利的 A 评级至 BBB+，下调西班牙的 AA– 评级至 A，反映的就是这些国家经济增长乏力、财政赤字不断扩大、国家债台高筑的情况。

不过，信用评级本身也是有瑕疵的，在 2008 年金融危机中，那些次贷产品经过各种包装之后，都被评级机构给出了很高的信用等级。当时市场上有约 75% 的债券获得了评级机构的 AAA 最高评级，但最终有超过 70% 的 CDO 违约。学术界曾对此有很多讨论，认为信用评级机构采取的是发行人付费这种模式，评级机构从发行人那里收取费用，所以很难避免代理问题。

这个问题到今天也没有一个完美的解决方案。从目前的现实情况来看，大的信用评级机构给出的评级仍然是违约风险最好的代理变量。但就像之前一再强调的，金融决策中切忌用静态的、一刀切的思维。对债券发行人违约风险的判断，要在信用评级的基础上，参考企业的具体环境和行为，才能做出更安全可靠的决策。

经济周期风险

债券投资还面临着经济周期的风险。债券价格取决于利率水平：利率上升，债券价格下跌，反之价格上升。而当经济过冷或过热时，中央银行会相应下调或上调基准利率，增加或减少市场上流动的资金。所以，债券价格会随着货币政策的宽松或紧缩而波动。

我们通常说“资金如水”。货币发行量大就相当于水量充足，农田能得到更好的灌溉，丰收的概率也大。所以，货币发行量变化所释放的信号通常会领先于经济周期的变化。以 2018 年上半年为例，当时经济下行的压力较大，但是这并不意味着债券价格会下行，反而因为经济有下行风险，央行可能会适度放宽货币政策，让利率下行，对债券市场是利好消息。

判断经济周期的逻辑并不复杂，但要注意宏观经济环境是典型的“整体均衡”，任何一个环节的细微变化都可能导致连环变化。所以，精准的宏观研判需要基于大量动态数据的分析和框架性思维，而这种能力是需要长期积累的。

房地产的风险：增长与衰落风险

房地产是中国老百姓最重要的资产，理解房地产的风险特征是百姓资产配置中的重要一环。

仔细看看历史数据，我们会发现，除了人口这个重要因素外，在一个国家（或城市）经济高速增长的时期，房价会快速上涨，在一个国家社会不稳定或者一个城市整体性衰落的时期，房价就会下跌。更准确地说，房地产的风险主要来自经济增长和衰落的风险。

一个国家或城市房价上涨的最大驱动力就是经济增长，如果经济增长停滞了，房价的涨速就会放慢或者停止。经济增长下行或者崩盘是房地产面临的最大风险。近几年俄罗斯经济形势不好，俄罗斯的房价就开始大幅度地下跌。

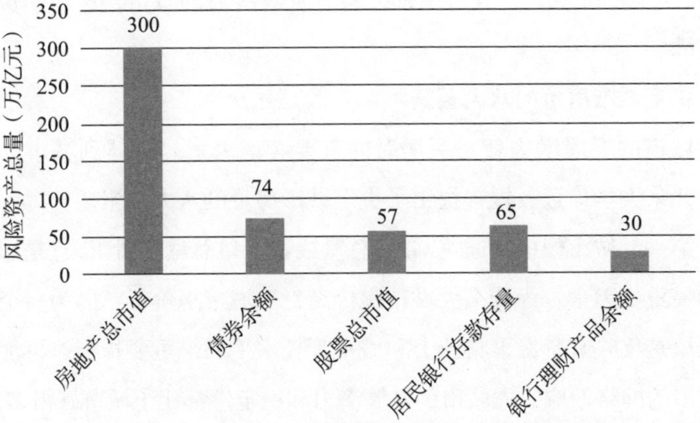

图 8–4 2017 年年底我国各类型风险资产市值

这个逻辑在一个国家内部同样成立。一个国家不同城市增长潜力的分化会导致房价的分化，即城市衰落就是房地产面临的最大风险点。比如美国近几年经济发展一直不错，纽约、洛杉矶等城市的房价一路走高，而诸如底特律等“铁锈城市”在走向衰落，这些城市房地产的风险就很大。曾有新闻报道称底特律的一幢别墅曾以 1 美元的价格出售，但仍无人问津。因为房子需要定期维护，每年还要交税，在房价持续走低的情况下，把房产拿在手里就相当于拿着一个负资产。

用国家增长和城市兴衰这个逻辑来分析中国房产的风险和潜力，我们就可以得到一些清晰的结论。

第一，中国经济增速有下行的趋势，但从全球范围看，仍然维持着中高速的增长，所以中国房地产仍有上涨空间。但是和经济增速下行趋势匹配，那种两位数增速的飞涨时代已经结束。

第二，中国房地产价格进入"分化"时代。随着中国城市化进入"都市圈崛起，小城镇衰落"的新阶段，"中国房地产"这个词语应该被"城市房地产"取代，只有少部分具有发展潜力的城市，房地产价格才会上涨。

决定城市房价的八大要素

城市的发展潜力就是买房时的首要考虑因素。具体到城市的选择上，北京大学徐远教授曾提出了决定城市房价的八大要素。

第一，城市规模（通过 GDP 总量或者人口总量衡量）。它是影响房价的最重要因素。为什么大城市房价高，小城市房价低？因为一个城市的规模是反映其资源聚集能力和城市管理水平的最重要指标，再加上城市发展的网络效应，大城市的发展潜力和稳定性都比小城市好得多。

第二，人口流入。如果一个城市的外来人口多，房价就高。北京、上海、广州、深圳等人们熟知的大城市自不必多说。除此之外，还有一些中小城市的人口流入其实也很多。比如，珠三角地区的一些城市，地处粤港澳大湾区，区位条件、工业基础都非常好，发展潜力大，因此吸引了大量的人口流入，这些城市房产保值增值的潜力都较大。

第三，人均收入。除了看 GDP 整体规模，当地人均收入是更为精确的指标。人均收入高得以吸引人口流入，形成产业，支撑房价。

第四，土地供应。土地供过于求的城市，房价下行风险大；土地供不应求的城市，房价看涨。

第五，儿童数量的增速。高善文博士的研究发现，一个城市学龄儿童数量增加越快，房价就越高，房价增速也越快。因为一旦孩子要上学，买房就变成了家庭的刚需。这些年深圳房价之所以涨得非常快，除了前述四个因素外，还有一个重要原因就是深圳的学龄儿童增速居全国首位。过去十几年，深圳的学龄人口增长超过 300%，是排在第二的厦门的 2 倍多，排在第三的北京的 3 倍多。

第六，上市公司的数量。一个地区上市公司的数量是衡量经济活力的重要指标。我国公司上市非常困难，不仅要过五关斩六将，而且耗时很长，通常需要好几年的时间。所以，如果一个地区上市公司数量多，说明该区域的经济活力强，具有潜力，对房价也是支撑。

第七，财政收入。如果一个城市的财政处于入不敷出的状态，政府就容易大量卖地，进而对房价形成压力。

第八，服务业占比，即第三产业的比重。和以工业为主导产业的城市相比，以服务业为主导的城市发展潜力更大，也更能对抗经济下行的压力，所以城市房价潜力也可能更大。

| 思考题 |

你觉得 10 年后，深圳郊区和山东威海城市中心哪个地方的房产价值会更高?

第 043 讲　股市大盘同涨同跌背后的秘密

“同涨同跌”是中国 A 股市场一个最显著的特征，只要大盘有风吹草动，大家就都拼命地加码，结果要么是“全国江山一片红”，要么是

“屏幕一片惨绿”。

要解释这个现象，要回到金融学关于系统性风险和个体风险的讨论。

所谓系统性风险就是影响全局的风险，个体性风险就是那些影响局部或个体的风险。苹果公司股价波动的风险，就可以拆解成两个部分。一部分是苹果公司自身原因造成的，比如乔布斯逝世、市场对新机型的反应、次品召回等，这些原因导致的苹果公司股价波动是独立于其他公司的，属于个体性风险。

对于苹果公司的投资者来说，这些风险很重要。但如果从整个市场的角度来看，这些风险并没有那么重要。原因有二：其一，这种波动主要影响苹果公司，对其他企业和其他行业影响有限；其二，市场上存在着众多上市公司，当苹果公司股价上涨或者下跌时，有一些股票正在下跌或者上涨，苹果导致的股价波动被抵消、分散。所以，个体性风险也被称为可分散风险（diversifiable risk）。

个体性风险就像一颗石子扔到海里，即使是巨大的石头，也只会引起水面些微的涟漪。真正能引起整个海面涌动的是潮汐，即那些会引起市场整体波动的风险。比如，美国总统换届、美联储调整利率、芯片技术取得重大突破等。几乎所有股票都会受到这些因素的影响。投资者很难通过持有足够多的股票来分散这些风险。所以，系统性风险也叫不可分散风险。

按照金融学的理论，当市场上金融资产的价格反映了系统性风险的时候，会产生两个后果：第一，个股的价格无法充分反映企业的经营管理和利润等特质信息；第二，所有股票的价格会更容易朝着同一个方向波动，任何好消息或坏消息都可能被强化，产生过度的市场反应，导致更大的市场波动。

金融学理论告诉我们，一个有效的市场上，个股的价格应该更充分反映这个企业的经营管理状况、利润情况和增长潜力，如果一个市场上所有股票的价格波动都朝一个方向，更多反映那些宏观的系统性风险，意味着市场的定价效率偏低。比如中国 A 股市场的同涨跌：市场稍有风浪，好股票就被连累；市场稍有起色，差股票也跟着“鸡犬升天”。这样一来，一是市场价格信号作用降低，无法实现优化市场资金配置的功能；二来也容易导致好消息（坏消息）被强化，产生过度反应，导致更大的市场波动。

从全球来看，发达国家金融市场的股价更多反映个体性风险，发展中国家金融市场的股价则更多反映系统性风险，所有股票更容易同涨跌。

加拿大阿尔伯塔大学金融学教授兰德·莫克（Randall Morck）等学者写了一篇非常著名的论文——《股市的信息含量》[①]。在这篇论文中，几位学者集中研究了全球几十个国家和地区的股市回报率后发现：那些股价呈现同涨跌、反映市场系统性风险的主要是发展中国家，比如中国、马来西亚、波兰等；而那些个股和大盘走势相对独立、股价大多反映企业真实经营水平的，大多数是发达国家，比如美国、英国、加拿大。

兰德等学者做了进一步研究后发现，这个现象和市场的投资者保护机制紧密相关。发达国家金融市场法制建设完备，能较好地保护中小投资者的利益。而发展中国家的金融市场往往对投资者保护不力，公司的治理能力也非常薄弱。

美国证券市场上的违法犯罪成本很高，一旦发现有伤害中小投资者利益的行为，或者存在信息披露造假、内幕交易等行为，都会遭受严重的处罚。曾经是世界最大的能源、商品和服务公司之一的美国安然公司就因为财务造假而最终破产，公司直接涉案人员更是面临长达 10 年

① Morck R., B. Yeung and W. Yu, “The Information Content of Stock Markets: Why do Emerging Markets Have Syn chronous Stock Price Movements?” , *Journal of Financial Economics*, 2000.02.

的监禁。涉入安然案的花旗、摩根士丹利等机构也分别向安然破产案的受害者赔偿了20亿美元和22亿美元，为安然服务的审计机构安信达也被牵连破产。

美国市场对投资者的保护还远不止于此。众所周知，中小投资者如果想要起诉损害自己利益的公司，就像蚂蚁对抗大象一样，是一场不公平的战斗。但美国证券法规定，不管是持有1股，还是持有10万股的投资者，都有权发动集体诉讼。一个公司如果不能自证清白，就必须承担巨额的赔偿，为受害者做诉讼代理的相关律师也会获得丰厚的分成奖励。所以，美国律师都会像啄木鸟一样寻找违规的公司，一旦发现有损害投资者利益的行为，马上就会号召受害人团结起来，进行集体诉讼。

在这样的法律环境下，投资者会比较理性地去选择投资标的，而不仅仅根据大盘来决定其“进出”。一个公司经营的好坏也会更充分地反映在个股的股价上。即便大盘下挫，如果公司业绩优秀，受到的影响就不大，或者即使受了影响也会很快回弹；反之，即使大盘上涨，如果企业本身业绩不佳，也不会有太多作为。换句话说，美国市场的股价更多反映了一个企业的微观经营状况，股价中包含的信息量也更高。

反观中国，虽然虚假陈述、内幕交易等行为都是法律明令禁止的，但是惩处的力度不大，通常只是警告和几十万元罚款的行政处罚，这和违法所获的巨额收益相比，简直是九牛一毛。另外，我国尚未建立成形的证券集体诉讼制度，无法对企业形成强有力的威慑。[①] 所以中国股市常常会出现管理层转移掏空上市公司、侵犯投资者合法利益的事情。

---

① 可喜的是，我国证券集体诉讼制度正在建设中。2020年3月1日起实施的新《证券法》增设了“投资者保护”专章，其中的第九十五条规定，投资者提起虚假陈述等证券民事赔偿诉讼时，诉讼标的是同一种类，且当事人一方人数众多的，可以依法推选代表人进行诉讼。2020年7月31日，最高人民法院颁布施行了《关于证券纠纷代表人诉讼若干问题的规定》。

比如说，一家年利润为 1 亿元左右的电缆公司，竟然用 1.04 亿元人民币竞拍了 8 把紫砂壶。中国拍卖市场的价格虚高、猫腻很多，明眼人一看就知道，这是假借拍卖之名，将本属于投资者的公司利润转移出去。还有的上市公司花上千万元去购买董事长太太的旧车，赤裸裸地将公司利润转移到自己口袋里。

面对这种情况，投资者选择了用脚投票：在投资决策中只盯紧大盘，大盘上涨就猛冲进去，大盘下跌就拼命外逃，对公司披露的信息反而反应不敏感。长此以往，A 股就形成同涨跌的局面。

所以，中国 A 股市场同涨跌背后的真正原因是公司治理薄弱、投资者保护不力。

这些年来，为了提高金融市场的定价效率，金融监管一直致力于加强对投资者的保护。比如：推动上市公司加强与投资者的互动交流，建立完善投资者热线等平台；建设全国证券期货市场诚信档案数据库，开通市场诚信信息查询平台；完善上市公司资产重组、特定股东减持、退市等各项制度；修订《上市公司重大资产重组管理办法》，抑制投机炒壳等。

另外，投资者也开始对证券市场上侵害其合法权益的行为提起民事诉讼。2018 年，股民针对赵薇夫妇证券虚假陈述行为提起的索赔诉讼就获得了法院的受理。这些举措都是要加大投资者保护的力度，将侵犯中小投资者利益行为的实施成本提高。只有规范证券市场上的投资行为、取信于广大投资者，股价才能够更多地反映企业本身的个体性风险。否则，中国股市的价值投资只会是一句空话。

思考题

股价同涨跌的现象会对投资机构和上市企业的行为产生什么影响？

资产定价理论

投资的艺术，在于承担风险的同时获得收益，而且要在一个投资组合里将风险多元化。

——华尔街“新债券大王” 杰弗里·冈拉克

第 044 讲 金融学大爆炸：投资组合理论

1990 年，美国经济学家马科维茨因投资组合理论获得了诺贝尔经济学奖。这个理论被称为“金融学大爆炸”。很多学者都将其视为现代金融学的奠基石。

让抽象概念变得可计算

直到 20 世纪 50 年代之前，投资者对金融市场的风险大多停留在“认知”的层面，缺乏精确的衡量计算方法。

当时在芝加哥大学读博士的马科维茨意识到，金融市场上的风险和我们平时生活中具象的风险是不同的。比如说，大多数人在谈论“股票投资风险”的时候，并不关心企业的经营风险，他们在意的是自己的资金投入能够有多高回报。用金融语言来说，投资者真正关心的是资金收益的大小和不确定性。

马科维茨认为这种不确定性是可以用数学语言表示的。他用数学中的随机变量来刻画证券的价格波动：随机变量的数学期望①就是证券的“期望收益率”。证券的风险则用随机变量的分布情况描述。当随机变量服从正态分布时，风险就可以用方差，即收益率偏离均值的幅度来衡量。

把证券的价格波动看作数学随机变量，用数学随机变量描述它的收益和风险，这看似简单的一小步，却是金融学科发展历史上的一大步，它将抽象模糊的概念转化成可以精确描述的数字，将投资简化成了“在哪些证券上配置多少资金，我们可以获得最大的投资收益，以及最小的投资风险”的数学规划问题。换句话说，金融投资问题被简化成了一个风险–收益模型。在这个模型下，我们可以解析出不同资金约束条件下的“最优投资组合”。至此，投资决策开始成为可量化、可测度的学问，金融学也登堂入室成为现代学科的一支。

在此之后的大半个世纪，尽管现代金融学科的发展日趋复杂高深，但马科维茨“风险收益权衡”的一般性分析框架仍然是金融研究的基础架构。

现代证券投资行业的起点

除了奠定现代金融学的学科基础外，投资组合理论还推进了证券投资行业的规模化和专业化进程。一个现代产业的形成，需要基于标准化和规模化生产。不可推广和复制的产品和服务大多只能停留在手工作坊阶段。20 世纪 50 年代之前，证券投资分析主要还是手工作坊式的工作模式，以零散的个股分析为主。

---

① 数学期望是概率论和统计学中的概念，反映随机变量平均取值的大小。

但马科维茨的投资组合理论之后，人们意识到，证券投资本质上是一个资金配置的问题，它需要全局式的大量计算和分析。比如说，投资组合理论中的“有效前沿”（efficient frontier），即风险最小、收益最大的证券组合的集合，是投资决策的起点。但要得到“有效前沿”，需要收集市场上所有证券的历史数据（比如收益、波动率、两两证券之间的联动性），进行输入解析。当市场上只有几十只股票的时候，这个分析靠手动计算还能勉强完成，一旦市场上出现几千只，甚至上万只股票、债券，还有黄金等各色投资品的时候，要算出每一组投资品的联动性，再进行优化，需要进行上百万次、上千万次，甚至上亿次的运算，这使得证券行业必须向信息化的方向发展，同时也对计算机的性能和证券分析员的专业程度提出了更高的要求。

除此之外，就像工业生产有了模具和流水线，从而得以大规模地复制和推广一样，金融服务业也因此有了自己的方法论，证券投资行业开始朝着更专业化和细分化的方向发展，将全球资金配置效率提高了一大截。企业融资能力、百姓财富水平也因此受益。

从这个角度来说，马科维茨提出的不仅仅是个“金融理论”，还是一个划时代的开端，它对证券研究进行了“科学改造”，使得这门学问转型为现代学科，也将资产管理从手工作坊时代推进到了流水线的工业化时代。

| 思考题 |

你所在的专业领域，有没有类似的具有开创性的理论？

第 045 讲 夏普比率：寻找风险调整后的收益

夏普比率：寻找风险调整后的收益

现在有两个金融产品 A 和 B，其年化收益率分别是 10% 和 20%，哪个产品更值得投资？简单直觉的答案当然是 B，现实中很多理财产品也经常会用这种“高收益”做宣传。但实际上，不考虑风险的收益率常常是陷阱。

假设上面 A、B 产品的波动率分别是 5% 和 20%，哪个产品更好呢？

美国金融学者威廉·夏普给出了答案——比较其“风险调整后收益”，比如单位风险收益（每单位的风险获得的收益）。上述例子中 A 的收益率和风险的比值是 2，B 的收益率和风险的比值是 1。也就是说，尽管看上去 B 的绝对收益高，但是每一单位风险所带来的收益却比 A 要低。所以，A 是更好的选择。这个比值就是著名的夏普比率。夏普比率的计算公式为：

$$Sharpe\ Ratio = \frac{E(R_p) - R_f}{\sigma_p}$$

其中，$E(R_p)$ 为投资组合预期报酬率，R_f 为无风险利率，σ_p 为投资组合的标准差。

公式很简单，对于任何一个金融资产来说，分子是其超额收益率，分母则是收益率的方差（风险）。这个比值表示每一单位风险所获得的溢价，比例越高，意味着该产品的风险溢价越高。这个比值经常被用来给基金做排名，夏普比率越高的基金意味着投资者承担的风险获得了更高额的补偿。对此美国著名投资人杰克·施瓦格（Jack Schwager）有一个非常精辟的比喻。他说：风险就像沙滩上的洞穴，越深的洞穴，风险就越大；收益率就像沙堆，沙堆越高，收益率就越高；而杠杆就是一个铁锹，加杠杆的行为就是用铁锹把沙子从洞里转移到沙堆上面。洞穴挖得越深，沙子就堆得越高，即增加风险，也会增加收益。投资只关注收益率，不看风险，就像只比较沙堆的大小而不关注旁边洞穴的深浅，是有偏误的。

夏普比率并非一劳永逸

那是不是有了夏普比率，我们的投资决策就高枕无忧了呢？

很遗憾，投资世界里从来没有一劳永逸的事情。在很多情况下，单比较夏普比率也可能导致对基金业绩的误判。

一种是"沧海遗珠"的情况：当一个金融资产总是带来超预期回报时，它的夏普比率会比较小。原因很简单，夏普比率的分母是金融产品收益率的标准差，即金融产品收益率偏离均值的幅度。偏离包括正的偏离，也包括负的偏离。而夏普比率是不考虑偏离方向的。所以，如果简单依照夏普比率给基金排名，常常会剔除那些获得了远超平均收益率的组合产品。比如某只基金（或者某只股票）收益率均值是 10%，但是最近每个季度它都给投资者带来 30% 甚至 50% 的回报率——偏离均值如此之远，这只基金（或股票）收益率的标准差当然很大，夏普比率的分母也会变大，夏普比率就会随之变小。

与之相反，还有一种是"鱼目混珠"的情况：在市场下行的时候，价格波动很大的金融产品，夏普比率反而会很大。比如市场下行，两只基金的收益率变成了 –10%，但它们的波动率不同，分别为 10% 和 5%。这时候会出现波动大的基金夏普比率更低的奇怪现象，让投资者产生错觉。

SDR 夏普比率

针对夏普比率的这些缺陷，很多学者提出了改进办法，其中比较有名的是威廉·津巴（William Ziemba）提出的“对称下行夏普比率”，也叫“SDR 夏普比率”（Symmetric Downside-Risk Sharpe Ratio）。

首先，威廉·津巴调整了夏普比率的分母，剔除了能创造很高正收益的那部分波动，分母等于下行标准差，即下行的波动风险。这样可以避免错把高收益产品剔除的情况。其次，威廉·津巴对夏普比率的分子也进行了调整，他以“绝对收益率减去无风险收益率”这个相对收益率做分子。如果一个金融产品的夏普比率比较高，而 SDR 夏普比率比较低，那就意味着这个产品价格的波动主要来自市场下行的风险，并不是一个特别安全的产品。也正因为 SDR 夏普比率相对公允实用，所以在考察基金业绩时，SDR 夏普比率会更有说服力。

| 思考题 |

河北衡水中学高三的一个同学，很少关心自己的绝对分数是多少，只关心自己在年级里的排名——请你试着用这一节里的逻辑分析一下为什么。

第 046 讲　因子模型：寻找金融资产收益中的规律

早在金融学的各种定价理论之前，已经有人发现了股票市场很多可以赚钱的“规律”。

两个“经久不衰”的市场规律

20 世纪 30 年代前后，市场上有人发现了市净率和市值规模这两个因素和股票的收益率有密切关系。

第一，整体上，市净率低的股票比市净率高的股票的收益率更高；

第二，市值规模比较小的公司，即小公司，会比市值规模大的公司股票收益率更高。

这两个规律意味着，如果一个投资者持续买入小市值或者低市净率的公司股票，他的投资回报会显著超过那些持续买入大公司或者高市净率公司股票的投资者。20 世纪 50 年代之后，很多机构投资者开始挖掘数据，市净率和市值规模这两个规律也被开发成了交易策略。策略的逻辑很简单：在某一个时间点，将所有股票按市净率（市值规模）分组，买入低市净率（小市值）的一组股票，同时卖出高市净率（大市值）的一组，每隔一段时间（月度或季度）重复这个操作。采用这样的策略可以取得远超大盘的收益。

从 60 年代开始，关于风险资产的定价，学术圈基本有两个定论。

第一，资本资产定价模型中的市场组合，代表着系统性风险。它是决定一个金融资产收益的主要因素，我们将它称为“市场因子”，超过这个市场组合收益的部分叫作超额收益。

第二，在市场有效的前提下，如果一个资产长期存在超额收益，就证明这个资产存在错误定价。

根据这两条推论，“市净率策略”和“市值规模策略”下长期存在的超额收益是比较奇怪的。因为如果有错误定价，市场上有那么多聪明人，一定会把这个机会挖掘出来进行套利，直到套利机会消失。小市值公司价值被低估，聪明的投资者会持续买入小市值公司的股票，需求上升导致其股价上涨，回报率和超额收益下降。所以，从长期来看，小公司有超额收益的现象应该慢慢消失才对。但这种现象却持续了几十年。

很多学者由此认为，应该对上述推论进行改进，使其能更符合实践才对。市场有效理论的奠基人，芝加哥大学教授尤金·法玛提出，这种现象证明除了市场风险之外，还有一些风险也是系统性风险，应该被纳入定价因子。于是，他和自己的学生肯尼思·弗伦奇（Kenneth R. French）一起分析了美国20世纪20年代到80年代的所有股票价格，看是否能够找到证据支持这个假设。

Fama-French三因子模型

经过大量的数据分析后，法玛和弗伦奇构建了一个三因子定价模型。

首先，他们在一个时间点上，按市值规模把美股市场上所有的股票分成大（B，big）、小（S，small）两组，再按照市净率的倒数分成低（L，low）、中（M，medium）、高（H，high）三组，两两匹配得到六组数据。

这种分组的方法，就是学术研究中经常用的双重分组。这种分组方法的好处是可以将不同效果区分开，比如：大小公司的组合中，都是既有市净率低的公司，也有市净率高的公司。而在单重分组中，组合收益差值到底是来自市净率还是市值规模很难区分，通过双重分组，就把这两种效果清楚地分开了。

之后，法玛和弗伦奇用这六组数据构建了两个风险因子——规模因子和价值因子。

规模因子 SML = 1/3（S/L + S/M + S/H – B/L – B/M – B/H）

市值比较小的三组组合（S/L，S/M，S/H）的平均回报率减去市值比较大的三组组合（B/L，B/M，B/H）的平均回报率，得出的差值就是“规模因子”，即小公司股票对大公司股票的风险溢价。

价值因子 HML=1/2（S/H + B/H – S/L – B/L）

市净率最低的两组组合（S/H，B/H）的平均回报率减去市净率最高的两组组合（S/L，B/L）的平均回报率，得出的差值就是价值因子。之所以称其为价值因子，是因为很多低市净率公司都是成熟稳定的公司，常被称为价值型公司。而高市净率的企业大多是成长型的年轻公司，被称为成长型公司。所以这个差值就是价值型公司对成长型公司的风险溢价。

找到价值因子和规模因子后，法玛和弗伦奇开始测试这两个因子是否能够解释股票的收益率，他们发现：

市场、规模和价值这三个因素，都对股票的收益率有巨大影响，用学术语言说，就是除了市场风险以外，规模风险、价值风险也属于系统性风险，需要风险溢价。

根据这些发现，法玛和弗伦奇发表了一系列论文，很快就风靡了学术圈和业界。他们的模型也就是现在市场上常用的 Fama-French 三因子定价模型。

这个模型在基金业引起了很大反响。大家意识到，如果一个基金经理因为挑选小盘股或者蓝筹股赚到了比大盘更高的收益率，投资人不应该给他们付高额的报酬。因为这是承担规模和价值的系统性风险所获得的收益，算是“被动型”的投资策略，不应该获得和“主动型”的投资策略同样的回报。

| 思考题 |

如果将一个人看作金融资产，你认为人力资本定价最重要的“因子”是什么？

第 047 讲　股票市场里的“投机因子”能赚钱吗？

Fama-French 三因子模型在全球市场都有很高的适用性。但在中国市场上，我们发现，模型中价值因子的作用不如其他市场那么显著。那中国 A 股市场是否有其他“定价因子”呢？从 2013 年开始，我和合作者经过几年的研究，通过大量数据挖掘，找到了一个因子。我们把它称为投机因子，这个因子对中国的股票价格有很强的解释力。

金融市场上的投机因子

我们的思考是从金融学文献中对投机和泡沫的研究开始的。

早在 20 世纪 30 年代，经济学家凯恩斯有个非常著名的“选美理论”：在选美评选中，评委们通常不是投票给自己认为最漂亮的姑娘，而是会揣测其他人的想法，将票投给那个“大多数人最有可能认为最漂亮”的姑娘。金融市场上的情况非常类似，大部分投资者倾向于选择那些自认为“其他人会买的，因而会涨”的股票。这种行为被凯恩斯称为“具有动物精神的投机行为”。这种行为会影响股票价格，导致价格泡沫。到 20 世纪 70 年代，这个观点被著名金融学者莫顿·米勒拓展了。他认为这种投机行为在市场上是常态，所以金融资产的价格经常面临着长期偏离基本面的风险，所以资产价格中应该包含这些投机行为产生的风险溢价，即“投机因子”。

之后很多理论文章都证明了投机因子在股市是存在的。比如，美国普林斯顿大学的华人教授熊伟有篇著名论文《过度自信与投机泡沫》[①]，论证了资产泡沫总伴随着大量的投机交易，所以“投机”应该被定价。

衡量指标：异常换手率

这个问题在中国A股市场更有意义。大家都说中国是个“投机市场”，如果我们能找到一种方法将那些投机严重的股票挑选出来，理论上，这些股票未来的收益率应该比较低。换言之，如果我们可以测量投机行为，就有办法使用这个测度来做交易策略。

问题在于，投机是个抽象概念，我们需要一个客观的标准来对其进行测度。金融学文献中有条重要思路就是交易量——被投机炒作的股票一般会呈现过度交易的现象。所以，可以用股票的换手率（交易量 / 总股数）作为投机程度的代理变量（proxy variable）。

但换手率经常会受到很多因素影响。比如说，一个上市公司有并购或其他重大变动，一定会引起换手率的变化。同样，盈余公告之类的公司公告消息也都会引起股票交易量的额外变动。

为了解决这些问题，我们采用了一些标准的金融学研究方法，比如事件研究法（event study），把这些事件驱动的换手率或者交易量剔除，最后得到了一个叫作“异常换手率”（abnormal turnover）的数值。

为了验证异常换手率是否能真正代表一只股票投机炒作的程度，我们进行了各种测试，发现了很多方向一致的结论。比如，发展中国家市场的异常换手率比发达国家市场的要高很多；再比如，小市值股票的异

① Jose Scheinkman，Wei Xiong，“Heterogeneous Beliefs, Speculation and Trading in Financial Markets”，*Paris-Princeton Lectures on Mathematical Finance*, 2003。

常换手率比大市值股票要高很多，股权分散的股票异常换手率比股权集中的股票要高很多。这些证据都表明了异常换手率是一个衡量股票投机程度的有效指标。

如何用投机因子赚钱

在确定异常换手率可以测度股票的投机程度后，我们设计了一个投资策略。

每个月月初，我们将 A 股市场所有股票按照异常换手率进行排序、分组，然后买入异常换手率最低，即投机程度最低的那一组股票，卖空异常换手率最高的那一组股票，每个月重复一次同样操作。

就这样一个简单的交易策略，经过 12 个月，扣除印花税、买卖差价、价格等各种影响后，年化收益率可以稳定达到 21%。为了测验策略的稳定性，我们用不同持有期、牛市和熊市分开等各种方法进行检验，都得到类似结果，说明这个策略是稳健的。

在这个策略的基础上，我们构建了一个基于"异常换手率"的投机因子，证明这个因子对 A 股的收益率有很强的解释作用。

这个结论其实跟我们的直觉非常接近，因为投机炒作在中国股市十分普遍，更接近于系统性风险，理论上应该获得风险溢价。这个定价因子的发现还从另外一个侧面说明了为什么中国 A 股市场上价值策略常常跑输投机策略。

但要注意的是，投机因子策略所获得的收益率在现实世界中其实有各种局限。

首先，是交易本身的限制。这个策略要求卖空异常换手率最高的那组股票，但是中国市场欠缺卖空机制，所以实际操作中只能买入异常换手率超低的那一组股票，最多用卖空大盘的方法（如股指期货）做部分对冲。这样一来，这个策略的收益率就会下降，波动率也会上升。①

其次，从资金约束来说，投机因子策略不是对单个股票进行操作的策略，它需要买入卖出一个风险分散的组合。而散户很难有足够大的资金量实施这个策略，普通投资者也不可能在短时间内学会计算异常换手率的方法。所以，该策略在现实中很难实施。

那这个策略对散户有什么启示呢？我觉得主要还是风险防范：平时市场上经常有某只股票，在既没有重大消息公布，又没有什么超预期业绩的情况下，交易量无端地特别活跃。这时候，小投资者会容易跟风进入。但按照上面的逻辑，出现这样的异常换手率，投机炒作的概率更大。普通投资者碰到这种情况，还是谨慎为好，防止不小心抓到一个烫手山芋。

| 思考题 |

除了中国市场以外，投机因子还可能在什么样的金融市场上奏效？

第 048 讲　给资产估值：绝对估值法和相对估值法

金融市场从不缺“财富传奇”。十多年以前，当网易公司四面楚歌、面临退市风险的时候，被称为“中国巴菲特”的段永平曾以 0.8 美元的价格买入大量网易股票。几年后，网易股价上涨到近百元，段永平从

---

① 随着这些年中国市场的卖空工具逐渐增多，我们团队也一直在摸索改进这个策略的方法。我们的阶段性成果也以论文的形式发表在了金融学的顶尖期刊《金融学评论》（Review of Finance）上。Li Pan，Ya Tang and Jianguo Xu，Speculative trading and stock returns，*Review of Finance*，2016.08.

这笔投资中获利上亿美元。事后，段永平用一句话总结了自己的投资经验："要投那些价格低于价值的资产。"这句话同样也是巴菲特的座右铭。

可见好的投资决策，就是要找到那些"价格低于价值"的资产。但问题是，"价值"不是肉眼可见的。所以，准确估算资产价值，是做好投资决策最重要的一步。

总结归纳来看，金融市场上常用的主要是绝对估值法和相对估值法两种。

绝对估值法：现金流贴现法

绝对估值法是一种对资产内在价值的估算。现金流贴现法（Discounted Cash Flow Method）就是经典的绝对估值法，这个方法可以对包括股票在内的几乎所有资产进行内在价值估算。[①]

简单来说，现金流贴现法是计算一个资产未来可能产生的自由现金流，根据合理的贴现率对其进行折现，从而估算这个资产的内在价值。如果价值高于资产当前价格，则有利可图；如果低于当前价格，则说明资产价格被高估，需回避或卖出。

现金流贴现法涉及两个重要的概念：自由现金流和贴现率。

和一个人收入扣除房贷和各种开销以后的净收入类似，自由现金流指企业在经营活动中扣除所有开支后可以自由支配的资金。所以，企业未来自由现金流的总和相当于一个人未来储蓄的总和。巴菲特将自由现

---

① 这个理论是20世纪三四十年代时，哈佛大学的博士生约翰·伯尔·威廉姆斯（John Burr Williams）在《价值投资理论》（*The Theory of Investment Value*）一书中提出的。

金流称为“股东盈余”，即公司可以替股东净赚的钱。

这其中有两点我们需要注意：其一，资金是有时间价值的，未来的钱换算到今天，都需要进行折算贴现；其二，企业的未来经营不确定性是迥异的，是否能全部实现是个未知数，所以计算企业价值时，我们要对“未来的自由现金流”用不同的贴现率进行折算。不确定性大的贴现率大，反之贴现率小。

巴菲特对可口可乐公司的估值是现金流贴现法运用的经典案例。1988 年年底，可口可乐公司总市值是 163 亿美元，在决定是否投资这家公司前，巴菲特用现金流贴现法对可口可乐 10 年后的市值做了一个估算。

首先，巴菲特对可口可乐未来的利润增长进行预测。1988 年之前的 7年，可口可乐一直保持20%左右的增长率。巴菲特判断下一个 10年里，可口可乐仍能继续保持每年 15% 左右的增长。但是企业到一定规模后不可能一直保持高速增长，所以对 10 年之后可口可乐的增长速度，巴菲特给了一个 5% 的预测值。在确定增长率之后，巴菲特又以当时美国长期国债利率 9% 作为贴现率，开始进行估算。

计算过程如下：第一步，以 1988 年可口可乐的自由现金流为起点，按照 15% 的增长率，算出未来 10 年每年的自由现金流；第二步，用 9% 的贴现率折算出未来 10 年现金流在当下的价格；第三步，用永续现金流公式[①] 按照 5% 的增长率算出可口可乐在第 11 年以后的所有现金流。最后，将算出的数值加总。

---

① 假设企业第 11 年的现金流为 a，之后每年增长 5%，折现率为 9%，则第 11 年以后未来所有的现金流折现到第 11 年为：$a+\frac{a\times(1+5\%)}{1+9\%}+\cdots+\frac{a\times(1+5\%)^{n}}{(1+9\%)^{n}}+\cdots=\frac{a}{1-\frac{1+5\%}{1+9\%}}=\frac{a\times(1+9\%)}{9\%-5\%}$

表 8–1　可口可乐 10 年后的估值统计

年份	增长率	自由现金流		贴现率	现值
（0）1988		8.28		9%	
（1）1989	15%	8.28×（1+15%）	9.52	9.52/（1+9%）	8.74
（2）1990	15%	8.28×（1+15%）^{2}	10.95	10.95/（1+9%）^{2}	9.22
（3）1991	15%	8.28×（1+15%）^{3}	12.59	12.59/（1+9%）^{3}	9.72
（4）1992	15%	8.28×（1+15%）^{4}	14.48	14.48/（1+9%）^{4}	10.26
（5）1993	15%	8.28×（1+15%）^{5}	16.65	16.65/（1+9%）^{5}	10.82
（6）1994	15%	8.28×（1+15%）^{6}	19.15	19.15/（1+9%）^{6}	11.42
（7）1995	15%	8.28×（1+15%）^{7}	22.02	22.02/（1+9%）^{7}	12.05
（8）1996	15%	8.28×（1+15%）^{8}	25.33	25.33/（1+9%）^{8}	12.71
（9）1997	15%	8.28×（1+15%）^{9}	29.13	29.13/（1+9%）^{9}	13.41
（10）1998	15%	8.28×（1+15%）^{10}	33.50	33.50/（1+9%）^{10}	14.15
1999 年后	5%	33.5×（1+15%）×（1+9%）/（9%–5%）	958.52	958.52/（1+9%）^{11}	371.46
总和					484

巴菲特估算，可口可乐公司 10 年后的估值是 484 亿美元，[①] 几乎是 1988 年市值的 3 倍。基于这个数字，巴菲特开始大量买入可口可乐。10 年之后的 1998 年，可口可乐的市值增加了 11 倍，远超过巴菲特当时的估算。

现金流贴现法的意义和局限

现金流贴现法为几乎所有资产提供了一个估算内在价值的简单框架，甚至包括人力资本的价值。比如，银行在审批个人贷款时会按照个人的收入、年龄等计算他的未来现金流，确定其偿债能力，这是现金流贴现法的变种运用。

① 估值的计算方法为：$\frac{8.28\times(1+15\%)}{(1+9\%)}+\cdots+\frac{8.28\times(1+15\%)^{10}}{(1+9\%)^{10}}+\frac{8.28\times(1+15\%)^{10}\times(1+5\%)\times(1+9\%)}{(9\%-5\%)}\times\frac{1}{(1+9\%)^{11}}\approx 484$（亿美元）

有了科学的估值方法后，证券市场的“价值投资”理念开始被人们接受，金融业务也慢慢地从赌博式的投机行为，逐渐变成了价值发现的行当。

但是，现金流贴现法也存在着很大的局限性。通常来说，估值和实际价值出入很大。2012 年，茅台的股票价格达到了 262.7 元 / 股，市值达到 2727.3 亿元，当时很多人觉得茅台股价已经高得离谱了。我当时也用现金流贴现法做了一个保守的计算，得到的结论是：到 2017 年，茅台的市值能够到达 4000 亿元，也就是说，5 年时间茅台的市值会有 2 倍的涨幅。而 2017 年年底，茅台的实际市值已经达到了 8000 多亿元，远远超出了我当时的估计。

为什么用现金流贴现法估的值和实际价值会相距甚远呢？因为估值的准确性取决于：（1）自由现金流的增长率；（2）贴现率是否准确。而这两个数，其实都是主观性很强的“预测”。一旦宏观经济形势或企业的基本面发生了很大的变化——比如可口可乐推出的新产品获得了巨大的成功，每年的增速远远超过 15%，或者可口可乐遇到了百事可乐的强劲挑战，增速下滑到 10%——这时企业的价值就会远远偏离你的估计。除了增长率，贴现率的估计也很复杂。贴现率反映的是企业的风险，而企业的风险不是一个静态的概念，它会随着企业的经营情况、负债率，行业的变化等很多因素变化。只要贴现率略微发生一点变化，就会对整个估值产生非常大的影响。

相对估值法：市盈率估值法

现金流贴现法有局限性，而且要比较、计算，运用门槛比较高。在市场实践中，给资产估值时其实还有一个更简便的方法，即用同类资产作参照物的“相对估值法”。

以买房为例，判断房屋价值最简单的方法不是估算其绝对价值，而是结合房屋实际情况对比附近小区房子的价格。

“市盈率估值理论”就是市面上最常用的相对估值法。

市盈率：投资回本时间

一个资产的市盈率就是指其市场价格和利润的比率。比如，你花 78 元买了一股五粮液的股票。2017 年，五粮液每股利润是 2.85 元，那么五粮液股票的市盈率就是78除以2.85，等于27.36。这个数字意味着，按照 2017 年的利润来看，你在五粮液上的投资需要 27.36 年才能收回成本。所以市盈率越低，意味着回本时间越短，投资也就更划算。

将一只股票的市盈率和其行业（市场）的平均市盈率做比较，选出相对较低市盈率的个股进行投资，这就是传统的选股投资方法。这种方法由“华尔街价值投资之父”格雷厄姆在《聪明的投资者》(*The Intelligent Investor*) 一书中首创。他告诉我们，其20年的投资生涯中，美国市场上市盈率最高的公司的平均收益率是 6.64%，而市盈率最低的公司的平均收益率是 16.26%，相差近 10%，20 年累计下来，就是 6 倍左右的差额。更直观地说：假设有两个财富水平接近的投资者，一个人买市盈率最低的股票，另一个人买市盈率最高的股票。20 年后，前者的财富是后者的 6 倍。

中国市场也有类似规律。2011 年年底，格力电器的市盈率是 9.44，远低于当时中国股市的平均市盈率，是典型的“低市盈率股票”。从 2011 年到 2017 年，格力公司的股价增长了六七倍，涨幅特别大。类似的低市盈率股票，后来很多都取得了非常好的回报率。

市盈率：市场看好的程度

说到这里，也许你觉得自己已经拿到了通往财富之门的钥匙——只要买市盈率低的股票就行了。但别忘了查理·芒格（Charlie Munger）的至理名言：投资并不简单，认为投资简单的人都是傻瓜。

以白酒行业里的五粮液和茅台为例。2017年底贵州茅台的股票价格是670元/股，市盈率是31，相对于五粮液27.6的市盈率来说，似乎投资五粮液更划算。但从两个企业2016—2017年的利润增长率来看，茅台的利润增长率是60%左右，而五粮液的是30%左右。按照市盈率的计算公式（资产价格/利润），假设茅台和五粮液的股票价格一直不变，也就是分子不变，利润增长率的不同意味着茅台的分母增加了60%，五粮液的分母增加了30%。一年之后，茅台和五粮液的市盈率就分别变成了19和21左右。这时你会发现，买茅台股票更划算。

这意味着，市盈率不是一个简单的静态数字，而是动态的概念，它的大小取决于分子和分母的变动速度。茅台的盈利能力更强，盈利的增速更快，市场必然会给出更高的定价，所以会有相对更高的市盈率。这也说明，除了投资回本时间以外，市盈率还代表着市场对企业的看好程度。市场越看好一个企业，给出的市盈率会越高。有时候投资一些市盈率相对高的股票，反而可能是比较理性的投资决策。

所以，买市盈率高还是市盈率低的股票，不能简单粗暴地给一个"普遍适用"的答案，而是应该有前提：在其他条件都一样，尤其是盈利增速相当的情况下，一般选择市盈率比较低的股票；但如果一个企业盈利增长特别快，市盈率高也没有问题，反而可能是更划算的投资。

超高市盈率：对未来的预期

不管是中国还是美国，都会有一类超高市盈率的股票，它们大多集中在互联网或生物医药行业。这类股票是否值得投资呢？

这些股票市盈率高是因为目前企业的盈利少，但市场对它们未来的盈利能力和发展潜力非常看好，所以股票的市场价格比较高。也就是说，计算市盈率的公式（资产价格 / 利润）中，分子较大，分母很小，市盈率数值就被拉高。谷歌上市时市盈率接近 100，后来随着谷歌的盈利实现了高速增长，市盈率就慢慢地降了下来。同样地，2006—2012 年，苹果公司盈利保持超过 50% 的增长，市盈率就从 47 下降到了 13。

但这是否意味着超高市盈率股票就是好的投资标的呢？还是那句话，投资决策中没有一条"绝对适用"的具体原则。超高市盈率主要是市场对这个企业的增长预期非常高，如果像谷歌和苹果一样，这种预期被实现甚至超越，企业实现了高增长，那么这就是绝佳投资标的。但是如果这种预期是失败或者错误的，那么这就是泡沫。

中国的创业板在 2015 年牛市时被称为"神创板"，这个"神"可以看作"神经"，即是失去理性的意思。当时很多互联网金融概念股红极一时，只要和互联网金融沾边，价格就猛涨，市盈率动辄两三百。一个典型例子是一家烟花企业为了炒作，生生造出互联网金融概念，变身为"金融企业"，然后股价不断拉出涨停。非理性的泡沫毕竟是泡沫，2015 年股灾之后，这些毫无基本面的"概念股"价格都以跳崖的势头回到地面，落得一地鸡毛。

如何用好市盈率

作为简单的选股指标，投资者可以利用市盈率做一些简单判断：

第一，其他条件类似，尤其盈利增速相当的情况下，可以选市盈率比较低的股票；

第二，如果一个企业的盈利增长快，市盈率高一点也没有关系（比如茅台、苹果的股票）；

第三，一个企业如果一直无法实现盈利，高市盈率就可能是"海市蜃楼"。巴菲特之前一直不肯买市盈率较高的苹果公司的股票，尽管有人讽刺他已落后于时代，他还是坚持等到苹果公司的市盈率下降以后才买。

在运用市盈率的过程中，也要注意其中有不少“坑”。

比如，市盈率计算公式的分母是利润，而利润这个财务数据容易被操纵，会导致市盈率失真。另外，当公司的盈利为负，市盈率就会失去意义。还有，同一行业内的市盈率方差很大，用平均市盈率来判断某一股票市盈率的高低难免偏颇。此外，不同历史时期的市场氛围也会对市盈率造成影响，牛市的市盈率普遍偏高，熊市的市盈率则普遍偏低。

关于估值的误区

绝对估值法和相对估值法给人们提供了科学投资决策的量化工具。但在运用这些方法时，我们需要避开一些估值方法的误区。

“合理估值”就一定是准确的？

2000 年之前，安然是全美国最大的电力、电信和天然气公司，也是美国资本市场上最惹人注目的明星企业。根据安然公司的财务报表，按照各种估值模型进行计算，几乎所有的分析师都对安然给出了高估值，推荐买入。但安然在 2001 年爆出了数据造假的丑闻，让所有估值一下子都成了“笑话”。

这就是估值中必须面对的问题——估值需要数据输入，一旦数据失真，即使步骤完全正确，估值还可能是错的。所以要记住，估值不是给我们一个现成的投资决策，而是提供一个投资的参考基准。

估值时掌握的信息越多越好？

现代人普遍迷恋复杂的信息。人们总是相信，输入越多数据，估算就越接近真实值。加之计算机技术的发展也让复杂信息的处理成为可能，看上去我们面对一个越来越“科学”的投资世界，估值模型也越来越复杂，数据越来越丰富。有人甚至认为，这样一来，金融投资会从艺术变成纯科学。

但是不要忘记，每一个信息都是伴随着“噪音”的，当输入更多信息的时候，实际上也输入了更多“噪音”。所以，更多数据经常也意味着更多冗余信息，可能让我们产生错觉。金融市场的历史告诉我们，完全依靠数据模型的估值是静态和机械化的，对于各种市场冲击的反应很慢。每一次金融危机，那些自负的复杂估值模型都输得一塌糊涂。

自然科学界其实有一条被很多人遗忘的法则——“简约法则”，也就是“越简单越接近正确”。这条法则在估值的世界里同样适用——在估值的过程中，能用更少信息、更少数据评估的资产，最好不要引入更多信息。

“估值”是客观描述？

在实践中，关于估值还容易有个误区：我们总是会对自己的估值结果过度自信，认为它是对资产价值的客观描述。其实，这种想法本身就有偏见，因为人类几乎不可能毫无偏见地对一项资产进行估值。自己是否在这项资产上赚过或亏过钱，家人是否持有过这项资产，报纸、媒体等对这项资产的报道等，都会让我们自然而然地进行选择性诠释，忽略自己所偏爱的资产的悲观因素，加大自己厌恶的资产的悲观因素权重。几年前在乐视的估值问题上，基于完全相同的信息，形成了截然不同的两种估值结果：“乐视粉”给出了很乐观的预期，“乐视黑”给出了极度悲观的预期。所以我们在估值时不仅要克服这些偏见，而且在分析别人的估值时，也要考虑偏见存在的普遍性，对估值结果要永远保持客观和冷静的态度。

总之，我们要明白，任何估值方法都不会提供千篇一律的答案，它提供的是判断的基准，帮助投资者找到投资的靶心、有的放矢。不管有多少模型、数据和量化标准，投资最终还是一门人的艺术。

| 思考题 |

你更倾向于绝对估值法还是相对估值法？为什么？

| 延伸阅读 |

投资是一场输家的游戏

“为什么要投资？”很多人脱口而出的答案是赚钱，或者是教科书里的标准说法，财富的保值增值。但一个有趣的现象是：很多特别成功的投资人，即使财富多到只是一串无意义的数字了，他们还是不肯离场；很多“韭菜”，即使亏了很多钱，也同样会在市场上恋战不已。所以，我曾经一度认为，人们投资不只是为了赚钱，还想从中获得“赢”的感觉。

但很多了不起的投资大师说，其实投资是一场输家的游戏。

投资——一场输家的游戏

网球迷应该都知道，在四大满贯级别的网球比赛[①]中，一个选手既要打出更多快速精准的、令对手无法反击的制胜球，也要减少自己不必要的非受迫性失误（unforced error），这样才能赢得胜利。尤其当对手水平旗鼓相当，比如费德勒对决纳达尔的时候，最后决定胜负的常常是非受迫性失误的次数——换句话说：决定比赛结果的不是“赢”，而是“输”，输得少的那个人就是赢家。这就是所谓的“输家的游戏”。

① 四大满贯级别的网球比赛是指澳大利亚网球公开赛、温布尔登网球公开赛、法国网球公开赛、美国网球公开赛。

著名的金融学术期刊《金融分析家杂志》曾在1975年刊登过一篇论文《输家的游戏》[①]。在这篇论文里，作者专门讨论了“如何把体育竞技中赢的策略转嫁到投资中”的问题。

这篇文章告诉我们，投资市场的环境和球场环境一样，随时都在变化。你看好的股票可能遭遇“黑天鹅事件”，宏观政策可能突然转向，其他投资者的情绪更是不在你的控制范围之内。所以，主动进攻的策略很可能导致败局。尽量避免投资中的失误，才是普通人投资能赢的秘诀，也是一场投资游戏中最令人着迷的地方。

很多杰出的投资者都意识到了竞技体育和投资之间的微妙相似之处。全球最顶尖的投资基金，美国橡树资本的创始人霍德华·马克斯（Howard Marks）在《投资最重要的事》（*The Most Important Thing Illuminated*）一书中总结了竞技体育和投资的相同之处。

第一，竞技体育和投资都具有竞争性。有人赢就有人输，泾渭分明。

第二，竞技体育和投资都可以用定量的标准来衡量。投资的效果取决于收益大小，比赛的结果取决于得分高低。衡量标准简单、直接、清晰可见。

第三，竞技体育和投资都是能力和运气的综合体。只有像费德勒和巴菲特这种拥有超凡能力的人，才能长期站在体育界和投资界的巅峰。但有时运气真的也很重要，比如，2002年世界杯中国男足出线，股市散户申购新股成功等。

安全边际——输家游戏之秘诀

既然投资是一场输家的游戏，怎么才能减少输的次数呢？

---

① Charles D. Ellis，“The Loser's Game”，*Financial Analyst Journal*，1975.

简单地说，就是要采取防守型的战略，不能激进地追求制胜投资，而是要尽量避免制败投资。这意味着，投资时要保留足够的安全边际。

“安全边际”是投资大师格雷厄姆提出的一个概念，也是巴菲特最看重的一个投资指标，它指价值与价格相比被低估的幅度，幅度越大，安全边际就越高。比如，估值100元的资产，如果能以90元的价格买入，这10元的差价就是安全边际，也是你的获利机会。但问题是，估算不一定准确，而且市场时刻在变，如果预期落空，亏损的概率就会非常大。所以如果能以70元的价格买入，损失概率就低很多。这时，安全边际也就变高了。

以购买茅台股票为例，2012年年底，茅台股票的价格为209.02元，整体市值为2170亿元，而用现金流贴现法估算其5年后的市值是四五千亿元。估算市值和现在市值之间有两千多亿元的差额，这个时候买入茅台股票，就是安全边际较高的决策。

一个安全边际过低，甚至突破安全边际的投资，成为失败投资的概率就很大。这就像在快到警戒水位的河边抓鱼一样，被洪流卷走的概率会比较大。

有人可能会问，安全边际是建立在估算内在价值基础上的，假如不会计算内在价值，那是不是安全边际就没有用了呢？其实不然，即使普通投资者，在投资上贯彻安全边际也仍然有方法可循，其中最重要的一条原则就是——除非自己是真正的内行，否则要尽量躲开那些热门领域和机会。因为越是热门，价格就被抬得越高，而且随着话题的热炒，突破安全边际的可能性就越来越大，输的概率也会变得越来越大。

第九章

理性预期：
市场总是正确的

有效市场假说认为，在一个有效的金融市场里，所有人都理性决策，所以资产价格已经反映了所有的市场信息，任何错误定价都会很快被套利行为消除。

和理想的完美世界不同，真实的市场上充满了形形色色的摩擦，有限套利让错误定价无法快速消失。投资者更是具有动物精神，各种非理性的行为会导致资产价格和其内在价值发生断裂，市场的有效性也会因此受到影响。

有效市场：天下没有免费的午餐

当人类开始对自己的理性有致命自负的时候，也就走向了奴役之路。

——冯·哈耶克

第 049 讲　你理解的“有效市场”对吗？

从 20 世纪 70 年代开始，“有效市场假说”一直是金融学中最主流的观点。这个理论的奠基人，美国芝加哥大学金融学教授尤金·法玛也因此获得 2013 年诺贝尔经济学奖。

那什么是有效市场呢？

20 世纪末，美国一家报社做了一个实验：把由大猩猩随机投掷飞镖选出的 5 只股票组成的组合和由当时 8 位明星分析师精心挑选的 5 只股票组成的组合进行收益比较，结果发现，一段时间以后，大猩猩选的股票组合收益比明星分析师选的组合更好。

这个实验用一种不够严谨但直观的方法说明了“有效市场假说”的核心观点：资产价格已经反映了所有市场信息，“错误定价”会很快被套利行为消除，所以想依靠私人信息战胜市场，长期获得超额收益是不可能的。

市场真的有效吗

但市场有效并不是一个静态概念。法玛在自己的理论框架里就定义了三种不同强度的“有效市场”。

第一，强有效市场（strong efficient market）。在这样的市场上，证券的价格会即时反映企业的所有信息，不存在任何能获得超额收益的“内幕消息”。

根据这一理论，一个强有效的市场上，一切监管都是多余的。但这与现实生活并不相符。19 世纪到 20 世纪初，美国自由主义思潮兴盛，对任何监管都天然地警惕。资本市场的环境极其宽松，高杠杆、内幕交易、炒作，泡沫比比皆是。这一情形一直持续到 1929 年金融危机爆发。大萧条之后，美国各界开始意识到，像金融这样天然高度信息不对称的市场是不能放任自流的。从 1934 年的《美国证券法》开始，美国资本市场进入了一个注重监管、有序发展的时代。这个潮流虽然中间颇多波折，也不断经历放松和加强的变化，但整体上，金融监管是所有市场的有机组成部分，而且深刻影响着资产价格。强有效市场基本上可以视作一个理论上的概念，现实生活中无法实现。

第二，半强有效市场（semi strong efficient market）。在这种模式下，股票的价格包含了企业所有公开的基本信息。各种新消息一经公布，证券价格会迅速吸收并进行调整。这意味着投资者很难通过公开信息获取超额利润，只能获得大盘的平均收益。市场很难战胜。

20 世纪 70 年代，很多学术研究都认为美国是半强有效市场，即主动型投资策略不能持续获得高收益。在这个思潮下，市场上指数型基金迅速发展。但另一方面，大家又发现市场上存在着很多“异象”，比如根据半强有效市场理论，一家公司发布了盈利公告后，股价会迅速调整到位。但现实的情况通常是，如果公布的盈利信息超过或低于市场预期，股价会相应地持续上涨或下跌三四个月——这就是著名的盈利惯性（earnings drift）异象。所以很多学者认为，现实生活中半强有效市场不存在。

第三，弱有效市场（weak efficient market）。在这种模式下，股票价格只反映了所有历史信息。未来股价和历史规律是独立的。换句话说，投资者无法从股价的历史趋势中推断未来的股价，获取超额利润，但可以通过挖掘那些股票价格未反映的信息寻找赢利机会。这个理论可以解释很多半强有效市场上的“异象”。但是，“历史数据不能预测未来股价”这个论断也颇受质疑。技术分析就是依靠历史数据来分析的，所以“弱有效市场”的论断也受到批评。

有效市场理论忽略了什么

从“强有效”到“半强有效”，再到“弱有效”，围绕着市场有效的悖论从来没有停止过。

持续的巨大市场错误定价

20 世纪 90 年代末，掌上电脑风靡一时，只要是和掌上电脑有关的公司，股价都猛涨。当时美国著名设备供应商 3Com 有家子公司 Palm 专门做掌上电脑，其产品很受追捧。但母公司 3Com 的股价却一直低迷。3Com 觉得自己的价值被严重低估，决定进行股票拆分上市提升股价。于是在 2000 年 3 月，3Com 公开出售子公司 Palm 5% 的股份，为了补偿 3Com 的老股东，每股 3Com 股票可以换取 1.5 股 Palm 股票——如果市场是有效的，那么 3Com 股票的价格应该是 Palm 股价的 1.5 倍左右。

不出意料，IPO 的当天，Palm 的股价就从 38 美元的发行价上涨到了 95 美元。按照市场有效理论，3Com 的股价应该在 142（95 × 1.5）美元左右。但讽刺的是，3Com 的股价当天却下跌了 21%，跌到了 81 美元——这个数字意味着，除了掌上电脑业务，3Com 其他业务的估值是 –61（81–142）美元。一家公司再不值钱，最低价值也是 0，不可能是负数。所以一定是市场定价出现了巨大错误。

理论上，每股 60 多元的套利机会应该吸引无数套利者蜂拥而至，疯狂买入 3Com 股票或抛售 Palm 股票，直到 Palm 股价下跌、3Com 股价上涨，回到均衡为止。但最终的结果却是，Palm 股价曾经一度到达 165 美元的高位，而 3Com 股价却一直在低位徘徊。在信息如此发达、交易如此便利的 2000 年，这样的“错误定价”竟持续了 3~4 个月。这引发了业界和学术界的思考：如果这样巨大和持久的错误定价都没有被市场消化，那是否意味着有效市场理论遗漏了什么重要因素呢？

被遗忘的有限套利和投资者非理性

有效市场假说认为，只要有套利机会，投资者就会蜂拥而至，直至套利机会消失。但这个论断是有前提的：这个市场是完美、无摩擦的，投资者可以无限制地卖空，市场之间没有分割，交易成本也非常低。

但现实世界并不这样运行。

首先，套利是有限的。比如，当时很多人想卖空价格疯涨的 Palm 股票，但市场上根本借不到 Palm 股票，卖空的策略无从实现。还有很多类似的例子，比如理论上投资者可以利用同一个公司的股票在不同市场的价格差来套利，但很多时候市场是分割的，普通投资者一般无法操作或操作成本很高。换言之，投资者的套利行为受到很多限制，市场上的错误定价不可能完全被套利行为消灭。

其次，投资者不可能是完全理性的。有效市场假说的前提是，投资者都是理性预期、理性决策的。但在现实世界，人不可能是完全理性的。

比如，在掌上电脑被热炒时，投资者情绪高涨，很容易跟风追捧，造成价格畸高。同理，如果投资者情绪悲观，也容易导致价格低估。在金融市场上，非理性导致资产价格和其内在价值发生断裂的情形并不罕见。

我们能在市场上赚钱吗？

市场有效派和市场无效派争论不休，大家都希望弄明白“市场是不是不可战胜的”，自己到底能不能跑赢市场，赚取高额收益。

但实际上，金融市场不是非黑即白的二分世界。所谓的有效和无效都是相对的。当我们谈论有效市场时，真正应该考虑的是，哪些种类的信息会被怎样反映在价格里。更重要的是，哪些信息是怎么动态变化的。如果从静态的、截面的信息来理解有效市场，就很容易陷入缘木求鱼的困惑中。

一个有趣的例子是，对于相同的公开信息，不同人可能做出完全不同的解读。比如，2011 年时任美联储主席伯南克发表了一次公开讲话，随后不同媒体报道做出了两种迥异的解读：一种认为伯南克表示近期美国政府并无振兴经济的后续动作，另一种则认为伯南克暗示美联储正在考虑进一步刺激经济。很显然，伯南克的讲话是公开信息，但不同的人给出了不同的解读，这在金融学里叫作“异质信念”。也就是说，不同的人面对同一句话、同一个事物的看法可能是完全不一样的。从这个维度上讲，市场有效与否的讨论并没有那么重要。即使市场有效，也不是不可战胜的；即使市场无效，也不是每个人都能获得利润的。

所以，正确理解有效市场理论的方式应该是：第一，市场是动态的，有效市场理论也是一个动态的概念；第二，有效市场理论是有一系列前提和推论的。我们要做的，并不是简单地去记住这些前提和推论，而是要看前提是不是发生了变化，条件是不是被改变了，并在此基础上进行沙盘推演，从而找到更多的获利机会。换言之，“市场有效”告诉我们的是，要敬畏市场，不要滥用理论。人，才是市场的主角。当我们谈论市场的时候，“人”“人性”“人的博弈”才是永恒的主题。

| 思考题 |

你所在的行业面对的市场是否是“有效市场”？如果不是，是否存在着套利机会？

第 050 讲　A 股市场是有效市场吗？

中国 A 股市场是有效市场吗？

很多教科书式的实证研究都发现，按照“资产价格即时反映市场信息”这个标准，中国 A 股市场可以被定义成“半强有效市场”。但是中国市场上有很多“怪象”，更存在大量套利机会，这让人觉得 A 股市场的“有效性”是值得商榷的。

IPO 打新：无风险套利

“IPO 打新”指股民申购新股，理论上申购成功以后，新股价格波动，投资者也是有风险的，但“IPO 打新”一直是中国 A 股市场独有的套利策略。

比如说 2014 年 6 月证监会重启 IPO 后，为了避免炒作，监管层出台了新的规定：新股首日涨幅不得超过 44%。在这么一个行政化的定价规则下，2014 年 6 月—2016 年 6 月，中国 IPO 市场出现了非常奇异的一幕：两年间 300 多只新股，首日涨幅居然全部封在 44% 的涨幅上限上，无一例外。几乎所有新股都是连续拉涨停，每只新股平均 11 个涨停，累计涨幅 352%。直到 2018 年 1 月到 5 月，发行的 54 只新股平均每个拉出 8 个涨停。这意味着，这一时期申购新股是一本万利的事。新股发行当月投资者甚至就能获得 3 倍以上的收益。所以"打新"变成了一个无风险套利策略。

从 IPO 打新看中国 A 股的有效性

实际上，A 股市场的"IPO 打新"策略经历过几次大的变化，每次变化都和 A 股市场的发行制度密切相关。从这些变化中，我们也能看出"A 股市场有效性"的复杂之处。

2006 年以来，证监会曾几次对 IPO 发行定价制度进行了改革。

2006—2008 年：2005 年后监管层希望推进新股发行的市场化定价，开始对新股发行实行询价制度。2006 年 IPO 重启，证监会发布《首次公开发行股票并上市管理办法》，重新规范了 IPO 的标准和程序，之后，IPO 市场大热，新股发行出现了"三高"现象——高发行价、高市盈率和高超募资金。IPO 打新成了一门赚钱的生意。IPO 越热门，涌入的资金就越多，导致打新收益开始慢慢下降。2008 年股票市场下行，打新成功的回报更是大不如从前。非但如此，大盘的持续下跌把 IPO 推上风口浪尖，12 月，IPO 在一片争议声中被叫停。

2009—2012 年：2009 年经济复苏，A 股市场进行了新股发行体制改革。同年，监管层重启 IPO。之后新股市盈率再次创出新高，打新策略获利颇丰。但 2010 年后，IPO 出现了新股破发，即首日上市价格低于发行价的现象，发行后的平均涨幅也大幅回落，开始接近其他成熟市场。到2012年，IPO新股的市盈率已经从2010年的68下降到28，与美国股市同期21的市盈率相比，只是温和偏高。

不少学者后来认为，IPO的市场定价在这个阶段出现了曙光。IPO市场不再是一边倒上涨的单边波动，打新也不再是稳赚不赔的买卖，各种机构挤破头也要参与到IPO发行中的动机也弱化了不少。

可惜的是，2012年10月，历史又上演了相同的一幕，受大盘持续走低的影响，持续了3年多的IPO再次成为舆论的靶子，监管层为了缓解市场压力，又叫停了IPO。

2015—2016年：鉴于很多人批判IPO发行过程中炒作投机之风过盛,2014年6月，监管层再次重启IPO的时候，干脆摒弃了市场化定价，直截了当对发行价格进行窗口指导，要求企业发行新股的市盈率既不能高于23，也不能高于行业的平均市盈率，并进一步规定新股首日涨幅不能超过44%。这个高度行政化的定价机制下，就出现了本讲开篇所说的无风险“IPO打新策略”。

曾经热闹一时的IPO发行价格改革，就这么悄无声息地画上了句号。

在新股发行定价制度的变化过程中，一个显著的现象是，越是政策限制新股发行的数量和价格，IPO上市的价格就涨得越凶。犹如皮球被用力压瘪，但只要一松手，就会迅速回弹。所以，IPO打新中的套利空间其实是制度之利，上市价格的暴涨并不是内在价值的反映。IPO打新套利空间的长期存在，其实是行政化监管的结果。

A股定价效率低的根源

A股IPO市场价格波动频繁、定价错误并不是个别现象，而是系统性的。一个证据是，中国A股市场和经济状况的拟合度很低：中国GDP从2007年的27万亿元上涨到了2017年的82万亿元，人均GDP从2000多美元涨到了8000多美元。但A股市场6000点的高位出现在2007年，11年之后，A股上证指数是3000点左右，仅是高位时的一半。

这种情况只有两种解释。要么是当年定价实在太高，要么是现在估值实在太低。但不管是哪一种，都显示我国A股市场价格和价值背离的情况非常严重。

如何才能提高A股市场定价的效率，提高市场的有效性？

股票价格反映的是对未来的预期，想提高市场定价的有效性，就要让市场形成正确和稳定的预期。这个工程虽然复杂，但并不是毫无可着力之处的。

比如说，提高信息披露的质量。保证投资者能够及时有效地获得全面信息，从而做出更准确的分析判断。再比如说，设计合理的交易机制。严厉打击内幕交易等行为，保证市场交易的公正性和连续性；对市场不过度进行行政干预；帮助市场形成稳定的预期，不能总让人感觉市场可能出现结构性变化。

过去十多年，中国资本市场的制度设计一直在持续改进中：2005年股权分置改革，2007年信息披露要求的全面提高，2010年逐步引入了股指期货等卖空工具，尤其是2019年在科创板推行注册制，2020年将注册制推广到创业板并大力推进资本市场的立法。在长期，这些都是提高市场有效性的基础设施建设。

但就像十月妊娠一样，市场的孕育和成熟需要经历漫长的时间。资本市场像一条奔涌的河流，只有顺应回流方向，才能够引导市场形成稳定的预期，市场也才会逐渐变得有效，价值投资也才能成为可能。

| 思考题 |

2019 年中国推出了科创板，实行注册制。你认为 IPO 打新的无风险套利机会会存在于科创板吗?

第 051 讲　涨跌停和熔断：摩擦，摩擦，似魔鬼的步伐

车行驶在路上会和地面有摩擦，产生阻力。市场也一样。A 股市场上的制度设计本身就存在巨大的摩擦力。

涨跌停板

涨跌停板是股票市场的一种制度安排，指每个交易日的股票价格在前一个交易日收市价格的基础上，最多允许上涨或者下跌一定的幅度。我国的涨跌停板制度规定：除上市首日外，股票、基金类证券在一个交易日内交易价格的涨跌幅度不能超过 10%。这个制度设计的初衷是防止价格的过度波动。

市场经常会有跟风行为。一旦股票价格上涨，很多人会冲进来，继续推高股价。同样，一旦股票价格下跌，会有大量跟风的交易者继续抛售，导致价格继续下滑。为了防止市场的过度波动，有些市场会设置涨跌停板制度。1996 年，中国股市刚开启不足 4 年，各项制度都不成熟，在央行降息、香港回归等利好消息的刺激下，股价暴涨，上百只股票涨幅达 5 倍以上。10 月时吉林化工一周上涨了 528%。据说为了炒股票，北方有农民甚至把耕牛都卖了。为了遏制这种跟风行为防止价格大起大落，监管引入了涨跌停板制度，规定了 10% 的涨停幅。

这一制度的引入确实给当时狂热的炒股行为降了温。从1996年到1997年，上证综指的波动率（标准差）下降了30%。但随着A股市场的发展，涨跌停板制度也越来越多地被诟病，很多人认为这个制度设计阻碍了市场信息快速、全面地进入价格，会导致价格失真，反而创造套利空间。

2015年A股股灾中，很多投机者就利用涨跌停板制度牟利，加剧了市场流动性危机。2015年6月前，A股市场上投资者加杠杆的行为非常普遍，很多人不惜借债炒股，大量资金涌入引发了市场更加疯狂的上涨。2015年6月上旬，面对股市过度上涨的局面，监管层决定清理杠杆，市场随之应声迅速下跌。

在这次由杠杆撬动的上涨和下跌中，涨跌停板制度扮演了两重角色。

第一重：涨跌停板制度事前提供了一种虚假的安全感，助长了杠杆炒股的行为。

A股市场的大多数投资者缺乏金融专业知识，涨跌停板制度给很多投资者制造了一种错觉：每天最多跌10%，加点杠杆应该也没关系。这变相地鼓励了交易中的加杠杆行为。

第二重：涨跌停板制度事后会造成市场流动性的枯竭，导致整个市场的波动加大。

举个例子，有投资者通过场外融资加杠杆，用所有资金购入A和B两只股票。股市大跌，两只股票的跌幅都超过了10%，引起投资者账户中的保证金不足。在没有涨跌停板制度的情况下，投资者可以选择卖出一只股票，补缴保证金，只留一只流动性相对比较好的股票在手里。但是由于设置了涨跌停板，10%触及了跌停的红线，两只股票同时停止了交易，无法变现。同时由于是满仓操作，投资者也无力追加保证金。这样的结果是第二天股市一开盘，投资者就会被强行停仓，血本无归。

当市场面临很大下行压力时，很多投资者担心自己的股票被锁死在跌停上，会趁着还没有跌停赶紧外逃，形成一种“踩踏外逃”的趋势。而这种“踩踏外逃”会进一步加深市场的恐慌，使更多本来没问题的股票也纷纷加入跌停的行列，最后形成“多米诺骨牌”效应。

这是2015年7月初A股市场令人永远难忘的一幕：7月6日，上百只股票跌停，所有投资者都陷入了恐慌，开始不停地抛售割肉；7月7日，几百只股票跌停；7月8日，一千多只股票跌停，占整个市场股票数量的50%以上。A股市场一片死寂，流动性基本完全丧失。

事后看，涨跌停板制度在这次市场大跌中起了催化剂的作用。当日跌停限制看似锁定了风险，但市场压力并没有完全释放，之后几天仍会连续跌停。而人是情绪动物，“连跌几天”产生的恐慌和预期恶化是单日大跌不可比拟的。

一般来说，如果经历了一天暴风骤雨般的下跌，会有人愿意进场，多头情绪就会产生，市场就会跟着反弹。当多头气氛逐渐积累起来时，市场会慢慢地回到均衡。而在涨跌停板制度下，连续下跌几天后，大家的预期是“明天还会跌”，市场空头情绪会越来越严重，没有人敢轻易进场，直到最后出现流动性枯竭的情况。

因此，本意是限制波动的涨跌停板政策，实际上却加大了市场的波动。这一结论不是臆断，而是来自芝加哥大学、明尼苏达大学和美联储的三位学者何治国、余剑峰和王健的研究。在一篇分析A股股灾的文章[①]中，他们提出A股市场应该多一些应急的措施。比如，在市场流动性开始变得稀薄时，适当地放开涨跌停板，释放这种市场压力。

---

① 何治国、余剑锋、王健：《股灾后反思改进涨跌停板制度》，载FT中文网。

熔断机制

熔断的英文是 circuit breaker，翻译成中文就是“断路器”——也就是中学物理课本上说的，电流超载或短路的时候，熔断保险丝、切断电路，保证用电安全的一种机制。类似的，当股票市场价格波动过大时，暂停交易，保证整个市场系统的安全——这样的机制就是股市的“断路器”，即熔断机制。

1987 年 10 月 19 日是美国股市有名的“黑色星期一”，道指下挫了 22.7%，纽约股市一天蒸发了 5000 亿美元的财富，逼得当时的总统和联储主席双双出面澄清说美国经济基本面无问题，很好很健康。这种异常的非理性波动引起了监管层的注意，他们开始考虑如何在市场过度波动的时候，给市场一个冷静期，防止盲目的跟风和踩踏事件。

经过一年的研究、考察和准备，纽交所设计引入了一个名叫“circuit breaker”的机制，当市场价格（例如股指）的波动超过一定幅度后，暂停整个市场的交易。经过多次修改后，美股的熔断机制分成 7%、13% 和 20% 这三档阈值。纳斯达克官网是这样写的：当标普 500 指数下跌达到 7%，触发一级市场熔断，全市场暂停交易 15 分钟；如果市场下跌超过 13%，触发二级市场熔断，全市场暂停交易 15 分钟；如果市场下跌超过 20%，则触发三级市场熔断，全市场停止交易，直至下个交易日开盘。

从 1988 年实施以来直到 2020 年，美国市场只在 1997 年 10 月 27 日出现过一次熔断（因亚洲金融风暴冲击外溢，当日道琼斯指数暴跌 7.18%）。也就是说，7% 以上的暴跌在美国市场上实属罕见。所以市场普遍的观感是，熔断机制对于防止市场过度波动具有较好效果的。

但是这个纪录在 2020 年彻底被终结。

从2020年3月9日到3月18日的十天内，美国股市四次熔断——连巴菲特都感叹说，“我活了89年，还没有见过这样的情形”。

从2020年2月底开始，随着新冠疫情在欧美国家的全面暴发，感染和死亡人数持续攀升，全世界终于意识到，新冠疫情是继1918年西班牙大流感以来全球百年未遇的一次疫情，对经济生活的潜在破坏力是难以估计的。

一旦意识到这一点，全球资本市场就进入了惊弓之鸟的状态，一有风吹草动就跳水。2020年3月6日，沙特王储宣布大幅下调原油价格、提高日产量，拉开了石油价格战的序幕，全球地缘政治风险上升——这成为压死全球金融市场的最后一根稻草。

2020年3月，金融市场的魔幻之旅拉开序幕：3月9日周一，国际油价暴跌30%，创下1991年以来单日最大跌幅；同日，美国股市开盘4分钟，标普500指数就暴跌7%，触发了第一级熔断机制，暂停交易15分钟；全天下来，三大股指跌幅均超过7%，道指狂泻超2000点，创2008年以来最大单日跌幅[①]。冲击之下，全球股市跳水，巴西股市暴跌12.17%，一度触发熔断机制。英、法、德、意、希腊、巴西等市场暴跌，跌幅高达7%到13%。

股市暴跌引起白宫关注。特朗普紧急会见高级官员。随后美国财长努钦表示，总统承诺将大力刺激经济（包括减税）。纽约联储宣布增加隔夜正回购，向市场注入流动性。市场当即做出反应。周二、周三两天全球股市反攻，连续上扬。但是随着疫情恶化，欧美的新冠病毒感染逐

① 以2020年3月9日的美股情况为例：上一个交易日，即（3月6日，标普500指数收盘在2972.37点，对应的3档熔断阈值分别为第一档2764.30点、第二档2585.96点、第三档2377.89点，3月9日美股开盘后，下跌超过7%，触发了一级熔断，但没有继续触发二级以上熔断。

渐处于“失控”状态，3 月 12 日，美股三大指数再次大跌，道琼斯指数收跌 –9.99%，标普 500 和纳斯达克指数的跌幅也超过 9.4%，第二次熔断。

疫情加速蔓延导致市场对经济衰退的担忧持续升温。3 月 13 日，特朗普正式宣布美国进入国家紧急状态。尽管美联储在该周周末打了一组强心针，包括紧急降息 100 个基点，一次性将利息降至零利率，推出 7000 亿美元量化宽松计划，美国财长努钦站出来表态美联储和财政部争取提供“不设限的流动性”。但令人失望的是，周一一开盘，市场对美联储的行动并不买账。标普 500 指数开盘就超跌 8%，引发当月美股市场的第三次熔断。在第一档熔断恢复交易后，美股三大股指跌幅持续拉大，至当日收盘，标普 500 指数跌幅接近 12%，纳指跌 12.3%，道指跌 12.9%，创下了 1987 年以来最大单日跌幅。

3 月第三周，美股巨震。在黑色星期一后，美联储在周二祭出一系列“大杀器”，下调了贴现窗口利率，重启了一级交易商信贷便利（PDCF）和商业票据融资便利（CPFF），同时美国总统特朗普与财政部长努钦宣布，将启动最高 1.2 万亿美元的财政刺激计划，其中超过 5000 亿美元将用于直接向公众放款。当日，三大股指反弹均超 5%。

但是疫情的蔓延仍未被控制住，美国累计确诊人数继续攀升，至少 40 个州进入了紧急状态。3 月 16 日，在财政部长努钦表示“若不采取刺激措施，美国失业率将达 20%”后，标普 500 指数暴跌 7%，触发当月第四次熔断。

在这样巨大的流动性危机中，美联储于 3 月 23 日再度打出了“王炸”，历史性地开启无限量“QE”（量化宽松）计划。美联储在声明中宣布将根据需求，“开放式”买入国债和机构住房抵押贷款支持证券以支持市场平稳运行，不设额度上限。并且，美联储还设立了两项针对家庭和企业的信贷工具。

在美联储“无限量放水托底”的强力干涉下，美国市场的预期终于被稳定下来，走出了狂跌不止的局面。随后，美国国会通过 2 万亿美元经济刺激计划，又向市场注入了强心针。在翘首以盼的“靴子”落地之后，美国股市从一味的恐慌抛售中镇定下来，逐渐进入调整期。

但是 10 天 4 次熔断的纪录，成为现代金融史上最让人惊恐、最吊诡的一幕，也让熔断对防止市场过度波动的作用再次打上了问号。

除了 2020 年 3 月美国市场这一幕外，中国 A 股市场早在 2016 年就对熔断印象深刻——事情起源于 2015 年股灾之后，也是为了防止市场过度波动，中国监管层引入熔断机制，并设置了 5% 和 7% 两档阈值，规定沪深 300 指数涨跌幅达到 5% 时，沪深两市和期货市场暂停交易 15 分钟，再次开盘后，涨跌幅度达到 7% 时，全天交易暂停。

2016 年 1 月 4 日，在熔断机制实施后的第一个交易日，股市截至上午收盘时下挫 4 个百分点。其实，这次下挫在很多人的预料之中，因为 2016 年开年时中国面临诸多不利因素：第一，人民币持续贬值，汇率有破 7 的趋势，资金外流压力增加；第二，当时中国经济增长乏力；第三，A 股股灾期间，监管机构曾经对大股东和高管的股份进行锁定，当时锁定期已经临近，给股市带来不小的利空影响。所以，这次股市下挫是市场正常释放负面消息带来的压力。

但由于有了熔断的预期，投资者都有了在熔断前逃离的冲动。4 日下午一开盘，仅 13 分钟，沪深 300 指数就跌了 5%，触发了熔断机制，股市交易暂停 15 分钟。在这漫长而寂静的 15 分钟里，投资者的内心波涛汹涌，还在犹豫不决的人下定决心立刻出手，原本想要抄底买入的人决定继续观望。果然，交易重启后 6 分钟，沪深 300 指数就触发了 7% 的阈值，当天 A 股市场的收市时间提前了整整一个半小时。更令人惊慌的是，在后来几个交易日里，熔断成了 A 股市场的新常态，每天只要一下挫，就会迅速触及 5% 和 7% 的阈值。面对这种情况，实施了 4 天后熔断机制就被监管层叫停。但这 4 天的交易给股市带来了极大冲击，约 8 万亿元的市值蒸发，许多投资者更是被收割得颗粒不剩。

这个事情当时引发了讨论，为什么熔断机制在中国市场如此水土不服呢？

原因很多，其中制度设计和市场环境可能是最大因素。

首先是制度设计，美国熔断阈值曾进行过多次修改，最终才确定了 7%、13% 和 20% 三档阈值，市场跌到 13% 才会暂停交易 15 分钟，跌到 20% 才会停止交易。而中国市场波动远比美国大，却设置了 5% 和 7% 这样低的阈值。相当于在一个高波动的市场上设定了低熔断阈值。实际上，2015 年 6 月 19 日到 7 月 10 日这两周，A 股盘中跌幅超过 5% 至少有 10 次，这意味着如果当时有熔断机制，A 股市场两周内起码会有 10 次熔断，阈值的设置明显和市场状态不符。

此外是市场环境。美国个股和大盘的同涨跌幅度很小，引入熔断制度主要是防止大盘的过度波动。而中国个股和大盘同涨跌，本身已有涨跌停板制度，再引入熔断并没有实际作用，反而有画蛇添足之感。

这种情况下引入的熔断机制反而打断了市场预期，导致市场的信心崩塌。就像为了保护一幢大楼的电路，每天不停地全楼拉闸停电，最后的结果一定是人们都决定赶紧撤出这幢楼，不再回来。

所幸的是，在实行仅 4 天后（2016 年 1 月 8 日），监管层紧急叫停了熔断机制，使熔断的影响被控制。这也说明制度和物种一样，只能存活于适合自己的环境，换了土壤，会结出不同的果实。

2020 年 3 月美股熔断的魔幻一幕使得学术界对于熔断机制的一些讨论又浮出了水面，其中最重要的就是熔断过程中的磁吸效应。这是诺奖得主尤金·法玛和学者特尔泽（Lester Telser）都曾提出过的问题——市场有了熔断机制后，同向投资者担心熔断，遇到风险时会抢着卖出，进而加速下一次熔断的到来。反向投资者则更倾向于等待熔断后的大跌，也会延后交易，推迟入场。这种“同向资金迅速离场，反向资金延后入场，加速下一次熔断到来”的情形就是磁吸效应。2016 年 A 股市场从 5% 的第一次熔断到 7% 的第二次熔断，只用了 6 分钟；2020 年 6 月 26 日，瑞幸宣布撤销召开听证会的请求后，开盘 34 分钟内熔断 6 次，暴跌 54%，也是磁吸效应最好的例证。换句话说，因为有了磁吸效应，在极端情况下，熔断不但可能不是“电流阻断器”，反而可能导致市场更快地崩塌和更大面积的恐慌。

| 思考题 |

你认为我国实施了多年的涨跌停板制度应该废除吗？

市场失灵：套利也是有成本的

摩擦，摩擦，似魔鬼的步伐。

——歌曲《我的滑板鞋》

第 052 讲　噪音交易者：散户的悲催别称

传统的金融理论通常假设每个投资者都能获得充分全面的信息，并依此做理性决策。但实际上，市场上存在着大量缺乏信息的交易者，比如我们常说的“散户”。这些投资者的交易行为一旦被反映到资产价格中，就会增加资产价格的噪音。所以文献也将他们称为“噪音交易者”。

噪音交易者：系统性价格偏差产生的原因

20 世纪 90 年代以后，哈佛大学的布拉德福德·德隆（J. Bradford DeLong）教授发现，真实市场上，噪音交易者的信息高度关联，甚至相互传染，从而影响资产价格。假如噪音交易者过高地估计资产价值，就会不断买入，导致资产价格持续上涨，进而吸引更多买方入场，刺激价格进一步上涨，最后泡沫越吹越大。反之，如果噪音交易者低估资产价值，就会抛售，导致资产价格下跌，吸引卖空者或者刺激更多抛售行为。所以，大量噪音交易者的存在，会让市场形成强反馈机制，导致价格更多地偏离真实价值，形成系统性估值偏差，这种风险就被称为“噪音交易者风险”。

噪音交易者理论解释了很多传统理论框架下的谜题。2013 年诺贝尔经济学奖得主罗伯特·席勒解释的“股价过度波动之谜”就是其中之一。股票价格取决于企业未来的现金流，即企业未来的盈利水平。但历史数据显示，股价的波动远远大于盈利水平的波动。为什么股价会“过度波动”呢？罗伯特·席勒认为噪音交易者的非理性交易行为会在股价上涨时推波助澜，也会在股价下跌时惊慌失措，从而引发更大的价格波动，所以市场会呈现熊市更“熊”、牛市更“牛”的局面。

智钱效应：与泡沫共舞

理论上，系统性估值偏差会得到纠偏，会促使价格回到均衡：当市场陷入狂热，资产价格估值过高时，投资者可以选择逃离或者反手做空市场，从中套利，导致价格下跌，回到均衡。但现实情况却大相径庭。

20 世纪 90 年代，美国资本市场上高科技泡沫非常严重。普林斯顿大学教授马库斯·布伦纳迈尔（Markus K. Brunnermeier）与芝加哥大学教授斯蒂芬·纳格尔（Stefan Nagel）通过分析数据发现了一个有趣的现象：1998—2000 年，53 个对冲基金普遍大量持有高科技公司的股票。在泡沫持续发酵的过程中，很多对冲基金经理一开始大幅减持了高科技公司的股票，但不久之后又马上大量增持。1999 年，索罗斯旗下量子基金的首席投资官公开说，互联网泡沫很可能马上要破灭了。但不久之后，他却反手做多，大量增持高科技股。事实证明，这个决定是对的，从 1999 年 9 月到 2000 年 2 月，量子基金在不到半年的时间里赚了 100% 以上的利润。其他对冲基金也差不多，虽然嘴上一直嚷嚷着泡沫大，但身体却很诚实，不断加仓高科技概念股票。对冲基金大量资金的涌入，也助推了当时高科技股票的泡沫。

这一现象说明，很多机构投资者并非不知道泡沫的存在，但是他们没有选择立刻离开，而是决定“与泡沫共舞”（stay with the bubble）。在金融学里，这个现象叫 smart money effect，有人把它翻译成“智钱效应”。意思是当市场上一个浪潮来袭时，一定会滑行一段时间。所以在某个投资期限里，聪明的钱就应该随波逐流，获得更大利润。

除此之外，很多基金经理明知有错误定价还冒险留在市场上，是出于业绩评价的考量。基金业绩评价是基于同行业水平的，如果市场上的泡沫在持续，那么不追逐泡沫的基金反而可能在短时间内会比其他争相追逐泡沫的基金差。而噪音交易者们缺乏判断力，也缺乏耐心，一旦基金业绩偏低，就有赎回的冲动，导致基金资金外流。朱利安·罗伯逊（Julian Robertson）的老虎基金就是一个例子。当量子基金与高科技股票的泡沫共舞时，老虎基金对泡沫股敬而远之。但由于不持有疯涨的科技股，老虎基金的收益大幅低于同期同行业水平，导致投资者对其非常不满。1999 年，老虎基金经历了非常严重的投资者赎回，而同期量子基金却有大量投资者涌入。2000 年 3 月，因为投资者赎回太严重，老虎基金不得不清算退场，最终没有坚持到互联网泡沫破灭的那一天。

正因为噪音交易者的存在，作为理性自私的决策者，基金经理第一反应不是为投资者谋福利，而是留住投资者，保住基金业绩。所以当泡沫来临的时候，基金经理的最优选择是不离场，甚至会为了得到超出同行的收益率而加码。这会推动市场价格进一步上升。换句话说，市场有错误定价并不意味着马上有套利机会。从错误定价到套利机会出现，前提条件是市场上有足够多的人意识到了这个错误，否则即使看对市场的趋势，也可能在趋势变化之前耗尽弹药。

| 思考题 |

很多人认为“追涨杀跌”是个贬义词，根据智钱效应，你对这个词是否有新的理解？

第 053 讲 基金挤兑：大难临头各自飞

金融市场一个常见的现象就是“大难临头各自飞”。一旦负面冲击发生，投资者就可能蜂拥出逃，从而引发更大面积的下挫，导致市场预期进一步悲观，然后引发更多的投资者出逃。基金挤兑就是这样一个反馈机制的产物。

基金挤兑的原理

基金挤兑和银行挤兑的逻辑类似：市场大幅下行时，投资者担心自己会成为最后一个将钱取出来的人，利益受损，所以会不约而同地赎回自己的资金，从而导致基金发生流动性危机。一旦基金没有足够的流动性资金来应付众多的赎回要求，就只能火线甩卖自己的资产。

而在市场下行的情况下，一旦基金贱价甩卖自己的资产，相当于向市场传达了一个更负面的信号——这只基金不行了，导致更多投资者加入基金赎回的行列，甚至逼得基金清仓。基金清仓的行为又会进一步制造市场恐慌，传导到其他基金上，形成市场连锁反应。

2015 年 6 月 A 股的股灾中，基金挤兑曾扮演了重要角色。6 月中旬市场下跌后，很多基金净值大幅下降，投资者出现恐慌，开始大规模地赎回。为了应对赎回压力，基金被迫不停地低价出售资产，形成对市场价格的进一步打压，引发更大的投资者恐慌。负面情绪向全市场蔓延。投资者更快出逃，基金加速贱价甩卖资产，市场形成了“多米诺骨牌”效应。在2015年6月下旬到7月上旬的那十几天里，大批私募基金被清盘，接着公募基金也开始出现问题，市场流动性岌岌可危。

因为基金挤兑可能导致市场的螺旋式下挫，所以各国监管层都将其作为重点风险防控对象，想了各种办法阻止其发生。比如提高赎回成本、用法律条款限制赎回行为等，其目的都是要防止个体性危机升级为系统性危机。

不同类型的基金挤兑

要注意的一点是，不同类型的基金发生挤兑的可能性是不一样的。

以常见的股票型基金和货币型基金为例。

股票型基金的净值变动主要来自股票价格波动。而普通投资者对股票市场波动特别敏感，只要有一点点风吹草动，大家就会像惊弓之鸟一样逃离。所以，如果一个股票型基金的散户比例高，在市场下行时就会面临更大的挤兑压力。

但货币基金不同。货币型基金大多投向银行间市场，央行货币政策和外汇储备的变化情况对货基收益有很大影响。而散户对于这些变动比较陌生，机构投资者的反应则更为灵敏。从2013年到现在，中国货币基金曾有好几次类似挤兑的事件，每次都是因为货币政策偏紧或者金融去杠杆，导致市面上资金紧张，引发机构投资者大面积赎回，而散户对此基本上一无所知。所以，在资金面紧张的时候，散户比例高的货币型基金面临更小的挤兑压力。

可见，投资者对资产价格变动的敏感度决定了基金挤兑发生的可能性和严重程度。而基金挤兑的不同情形也再次说明，投资是一个动态的决策过程，需要进行有针对性的分析。

| 思考题 |

你曾经经历或者听说过“挤兑”事件吗？试着用一个例子分析挤兑的后果是什么。

第十章

投资者偏误：
听过很多道理，仍然过不好这一生

我们人性的深处根植着非理性。这些非理性影响我们的交易行为。

面对损失和收入时，我们的风险态度迥异：收益带来的愉快无法补偿同等损失带来的痛苦，对损失的厌恶会让我们更倾向于投资那些自认为比较安全的资产。这种心理让我们在面对确定损失时，赌性更强；而在面对确定收益时，又更倾向于落袋为安。

非理性行为最终会通过交易影响市场价格，会不自觉地影响我们的投资决策。

这种人类非理性行为对金融市场影响的研究，被统称为行为金融学。

认知偏差：
人类从不理性

人是理性动物，但当他被要求按照理性行事时，却会发脾气。

——王尔德

第 054 讲　投资是人的行为

几乎所有理论都将“理性人假设”作为前提，认为人会根据信息做出最有利的决策。但在现实生活中，我们的决策并不都是理性的。以投资为例，投资者能否在熊市时不恐惧，牛市时不盲从？能否不以赢利狂喜，不以亏损悲痛？能否总听取但不盲从他人的意见呢？

几乎没有投资者能做到完全的理性决策，因为我们人性的深处根植着非理性（irrationality）。

人是直觉动物

请你在不计算的前提下，在 1 秒钟之内用直觉回答以下 3 个问题：

第一，湖面上有一片睡莲，睡莲的面积每天增大一倍，如果 48 天后，这片睡莲能够覆盖整个湖面，那么覆盖半个湖面需要多长时间？

第二，5 个机器制造 5 个零件需要 5 分钟，100 个机器制造 100 个零件需要多长时间？

第三，买一个球拍和一个球总共花了 1.1 美元，球拍比球贵 1 美元，球的价格是多少？

关于这三道题，绝大部分人脱口而出的答案分别是：24 天、100 分钟和 0.1 美元。

但它们都不是正确答案。

睡莲的面积每天增大一倍，第 48 天覆盖整个湖面，那么睡莲肯定是在第 47 天覆盖了半个湖面。

5 台机器制造 5 个零件需要 5 分钟，意味着 1 台机器制造 1 个零件需要 5 分钟，所以 100 台机器制造 100 个零件也只需要 5 分钟。

在球拍的价格是 1.05 美元、球的价格是 0.05 美元的情况下，两者的总价是 1.1 美元，这时球拍比球贵 1 美元。

如果这三个问题你都答对了，那么你已经超过了世界上 80% 以上的"普通人"、50% 以上的麻省理工学院学生，以及 60% 以上的专业投资者（华尔街的基金经理们）。

这个测试结果告诉我们：大部分人，即使是全世界最顶尖大学的学生和专业的投资者，在进行决策时，也并不像经济学所假设的"理性思考、逻辑推演、寻找最优"，他们更多是凭直觉行事。即使是投资，人类的惰性也会使我们更倾向于使用直觉，而不是逻辑。

20 世纪最成功的价值投资者本杰明·格雷厄姆说过："投资者最大的敌人就是自己。"这个敌人，就是深藏在我们身体里的动物精神。

动物精神：曾被边缘化的概念

关于“人是否具有动物精神”的认知和讨论，曾影响了全球金融监管的方向和力度。

金融市场上，如果每个人都做出理性投资决策，那么市场价格一定是最优的均衡价格。所以市场上即使出现短暂的错误定价，也一定是偶然的，很快会被市场力量纠正。在这样的逻辑下，价格偏误或者泡沫会被市场消化纠偏。这意味着金融监管一定是越少越好——这是新古典学派的观点，也是美国早期金融监管的底层逻辑。直到20世纪初，美国金融市场一直都是缺乏监管的丛林时代，各种投机、套利、内幕交易、泡沫横飞，华尔街既生机勃勃，又野蛮血腥。

但是著名经济学家凯恩斯爵士认为，人类的身体里根植着动物精神，金融市场上的不理性力量如此之大，很可能导致整个资本市场远远偏离基本面，形成巨大泡沫。所以，金融监管是必不可少的。

20世纪30年代，经过股市崩盘、经济坍塌的大萧条之后，时任美国总统罗斯福采用了凯恩斯的理论，对美国金融市场进行整肃，开始了严监管的时代。美国资本市场的秩序开始逐渐建立。金融市场的投机狂欢年代结束。

到了20世纪六七十年代后，随着芝加哥学派的盛行，理性预期、有效市场假说成为金融学术圈的绝对主流。直到21世纪初，“非理性”的概念也是不入正统金融学研究法眼的。市场上和理性预期、有效市场相违背的那些现象被统称为“市场异象”，即和有效市场相异的现象。

行为金融学：投资是人的行为

直到 20 世纪 70 年代，几位心理学家闯入了经济学的殿堂。最著名的是《思考，快与慢》（*Thinking, Fast and Slow*）的作者丹尼尔·卡尼曼（Daniel Kahneman）和他的合作者阿莫斯·特沃斯基（Amos Tversky）。

通过大量实验，这两位心理学教授发现，人类的很多非理性都是根深蒂固的，甚至是天生的。这些非理性一定会通过交易行为影响价格。他们将总结出来的行为偏差引入经济学的研究中，提出了著名的前景理论（prospect theory），在此基础上，逐渐形成了研究人类非理性对市场价格影响的行为经济学。

即使卡尼曼获得了 2002 年诺贝尔经济学奖，但直到 21 世纪初，行为经济学和金融学的研究仍然处于学科的边缘地位。2006 年，我还在麦吉尔大学读博士，和一位知名教授聊行为金融这个分支时，这位教授用一种优雅而冷淡的口吻说，"这不是我们正在讨论的金融学"。

但是，2007 年开始蔓延的全球金融危机改变了这种情况。象牙塔学者越来越认识到理性的局限，两位著名经济学家——加州大学的乔治·阿克洛夫和耶鲁大学的罗伯特·席勒合著出版的《动物精神》就人类本能如何影响重大经济事件做了框架性的思考，这本书出版后一时洛阳纸贵。之后，行为金融进入了一个相对繁荣的时期。

最有趣的转折点在 2013 年，这一年的诺贝尔经济学奖颁给了 3 个人，其中一位是坚定捍卫有效市场理论的尤金·法玛，另一位则是强调投资者非理性的罗伯特·席勒。2017 年，诺贝尔经济学奖再次颁给了行为金融学的另一位领军人物——心理账户理论的奠基人理查德·塞勒（Richard Thaler）。

几年之内，诺贝尔经济学奖陆续颁给行为经济学家和行为金融学家，这是学术圈对理性框架的一种反思，也反映了危机过后，全球金融监管再次加强的大背景。

越来越多的人意识到，纯理性只是一个理想化的假设，人的感知和情绪在我们的决策过程中扮演着重要角色。个体决策汇总成社会决策后，这种情绪自然也会对社会决策产生影响。巴菲特、芒格等投资者也一再强调，市场情绪是投资中非常重要的决策因素。

| 思考题 |

你认为自己的投资行为绝对理性吗？试举例说明。

第 055 讲　前景理论：为什么我们一错再错

20 世纪 70 年代之前，行为偏误对投资的影响主要停留在描述层面，缺乏一般性的研究框架。心理学家卡尼曼和特沃斯基将参照点（reference point）、损失厌恶（loss aversion）、风险态度的非对称性和概率权重（probability weight）四个要素结构化，构建了前景理论，全面解析了行为偏误对资产价格的影响。这个理论让我们得以用一个简单框架解释很多市场现象。

前景理论的要素

参照点

假设一个人现在年薪 25 万元，两天内他分别参加了大学和初中的同学聚会。大学同学年薪都在 30 万元左右，初中同学的平均年薪则不到 20 万元。这两次聚会之后，这个人对自己的薪资水平有什么样的感受？

按照传统的期望效用理论，两个场景中年薪一样，应该不会有任何差异，但现实情况一般是：大学同学聚会后开始怀疑人生，而参加完初中同学聚会后会踌躇满志。这是因为人类有嫉妒、攀比的天性。我们绝大部分思考都会从一个参照点出发，投资决策也不例外。投资者在牛市或熊市中、有仓位或者没仓位时，对不同收益的感受是完全不一样的。而这些感受和倾向会反映在交易行为中，并通过交易反映在资产价格中。

损失厌恶

假设上午你买彩票中了 2000 元，下午不小心丢了 2000 元，你感觉这一天自己的财运是好，还是不好？

很多人会比较郁闷，有种天上掉了块馅儿饼，结果被狗叼走了的感觉。理论上这是不理性的：上午赚了 2000 元，下午损失 2000 元，收益和亏损的金额一样，我们的效用应该不增不减，没什么变化才对。

但问题是，人类对损失有天然的厌恶。损失带来的痛苦远远比等额收入带来的愉快要多——这种心理就是损失厌恶。有研究甚至发现，这种厌恶需要两倍的价格补偿才能克服。

这种倾向同样会反映在投资者对金融资产的价格变动的敏感性上，进而影响投资决策。

风险态度的非对称性

当我们面临“白拿 500 元”和“扔硬币扔到有字的一面拿 1000 元”这两个选择时，大多数人会选前者；但是当我们面临“白给人 500 元”和“扔硬币扔到有字一面输 1000 元”这两个选择时，更多人会选后者。这是因为我们在面对损失和收入时，风险态度是不一样的。

在面对确定性损失时，我们赌性更强，反正要亏钱，不如赌一把；而在面对确定性收益时，我们更保守，希望赶紧落袋为安。

概率权重

花 20 元买一张有万分之一可能性赢得 100 万元的彩票，花 20 元参加一个有 50% 的概率赢 200 元的赌局，你会选择哪个游戏？

理论上这两个选择并无差异，它们的期望收益是一样的。但现实是绝大部分人都会觉得第二个游戏没意思，而第一个则不妨去试一试。

为什么呢？因为人类会因为像 100 万元这样大额的数字，选择性地忽略它发生的极小概率（0.01%）。这种由概率权重带来的幻觉也常常会影响我们的行为决策。

前景理论：给你的偏误提供“解药”

基于以上四个因素，卡尼曼和特沃斯基构建了一个关于人类行为偏好的新方程——前景理论。在这个理论的框架下，市场上很多看似异常的现象都有了合理的解释。

投资者为什么过早抛售赢利的股票

很多人都有这样的经历：股票一赚钱，就急急忙忙想落袋为安，但是那些亏损的股票，死都不愿意出手。这些行为被称为处置效应（disposition effect），即过早抛售赢利的股票而迟迟不愿对那些亏钱的股票斩仓割肉。

20 世纪末，加州大学著名学者特仑苏 · 奥丁（Terrance Odean）用一套个人账户的交易数据做了一个研究。他发现在 1987 年到 1993 年这 6 年间，这些投资者持有亏损股票的时间长度比持有赢利股票的时间长度多了 20%。只要股票赢利，投资者就会抓紧出货，比一只股票亏损后出货的概率大了约 50%。奥丁教授的结论是，个人投资者会集体性地犯“处置效应”这样的错误。那机构投资者呢？

芝加哥大学的安德烈·弗拉奇尼（Andrea Frazzini）教授的研究告诉我们，1980 年到 2002 年，美国的共同基金也出现同样的交易倾向——匆忙卖出赢利的股票而长期持有亏损的股票。弗拉奇尼教授把所有基金按照亏损仓位兑现的比例进行分组。亏损仓位兑现比例越高，意味着基金经理越能克制自己厌恶损失的倾向，实施快速止损的策略。他发现，兑现比例最高的一组，是业绩最好的。这意味着，一旦我们能克服“处置效应”的倾向，投资业绩就有所提高。

为什么人类会长时间、大规模存在“处置效应”这样的行为偏误呢？传统理论无法给出合理的解释。但前景理论认为，我们着急卖出手中持有的赢利股票是因为我们会以过去的价格作为参照，希望收益赶紧落袋为安。不愿意卖出亏损的股票，则是因为损失厌恶，我们不愿意接受“卖出”带来的实际亏损。

这两种心理经常会导致一个十分好笑的局面：投资者在一只股票 20 元时买入，25 元时忍不住卖出，而这只股票的价格依然在上涨；投资者忍不住在 35 元时再次买入，在 43 元时又急着抛出；结果股票价格还在涨，投资者心里十分后悔，在 48 元时又买入，而这时股价开始回调，投资者就这么被套牢了。

参照点和损失厌恶这两个心理因素很好地解释了很多现实问题，也为我们提供了“解药”——投资需要纪律。所谓投资纪律就是我们发现了人在投资上的惰性和惯性后，要制定一些反人性的策略来帮助我们克服这些问题。比如在赢利时，淡化自己的参照点，不急着卖出。再比如克服自己的损失厌恶，坚定止损。

投资者为什么买保险

除了处置效应外，市场上还有很多传统理论觉得“异常”的现象。

比如：很多家庭愿意为一个发生概率很小但赔付金额很高的保险产

品支付高额保费；很多没有现金流的高科技公司却估值奇高，还一股难求。

前景理论中的概率权重，则为这些现象提供了相对合理的解释。所谓概率权重，就是人们对概率的反应会有扭曲，心理上常常增加小概率事件的可能性。因此，一旦涉及小概率事件，人们的风险偏好会发生一些奇怪的逆转：比如面对小概率赢利，很多人变得更偏好风险；而面对小概率损失，很多人会更倾向于厌恶风险。

买保险就是典型的例子。一方面，人们的注意力会集中到高额的赔付金额上，而忽略它极低的发生概率；另一方面，虽然从全社会的角度而言，我们可以对极小概率视而不见，但即使是万分之一的概率，对于个体而言一旦发生，就是100%的后果。而决策是由个体做出的，所以人们对“概率”的感受和权重是完全不同的。这个例子同时也告诉我们，在面临不确定的问题时，个体决策和集体决策很可能迥然不同，个体最优解自然导致社会最优解的假设在现实世界中会经常碰壁。

概率权重还可以用来解释风险投资。有很多没有现金流的公司估值奇高且一股难求，有学者认为这是泡沫，但是行为金融学家有另外的解释。耶鲁大学的尼古拉斯·巴伯瑞斯（Nicholas Barberis）和康奈尔大学的黄明教授2008年在《美国经济评论》上合作发表的一篇论文①告诉我们，人们对于可能存在巨大损失或巨大收益的小概率长尾事件会特别敏感，在决策的时候会给这些事件更高的权重。比如说，假如你在2004年买入1万股腾讯的股票，现在已经身家过亿，人生的轨迹可能已经从此改变。很多人对这种小概率长尾事件特别敏感，总是幻想着自

---

① Nicholas Barberis，Ming Huang，“Stocks as Lotteries: The Implications of Probability Weighting for Security Prices”，*American Economic Review*，2008.

己能够找到下一个谷歌或者腾讯。所以，越是估值高的时候，市场上的风投资金越会源源不断。

思考题

你认为理性预期和行为偏误是兼容的吗？试以自己或身边的事情举例回答。

行为偏误：利用偏误赚钱

投资者最大的敌人就是我们自己。

——本杰明·格雷厄姆

第 056 讲　内行陷阱与羊群效应

每个人都带有偏见，虽然我们经常并不知道它的存在，但偏见会不自觉地影响我们的决策。

内行陷阱：偏见无处不在

生活在社交网络中，即使再独立思考的人也会不自觉地陷入某些先验的偏见之中。家乡偏见（home bias）和内行幻觉是两个常见的偏误。

家乡偏见

国际金融研究一直发现，即使在资本账户完全开放的情况下，投资者仍然显示出很强的“家乡偏见”。

比如说美国的资本进出自由，投资者既可以将资产投在美国，也可以投在英国、澳大利亚或者印度。理论上投资者应该将自己的资产配置在回报率较高的区域，或者在其他国家配置一些资产，进行风险分散。但现实的情况是，几乎所有国家的投资者都显示出很强的“家乡偏见”，会将 90% 以上的资金都投在本国的金融市场上。

即使将汇率波动、各国监管制度，还有语言文化障碍造成的信息不对称这些变量全部控制后，学者们仍然发现投资者在资产配置上的本国偏好非常严重，远远超过理论上的最优解。

后来很多研究还进一步发现，投资者不仅对本国资产显示出偏好，对本省、本州的企业也显示出了更强的偏好。而且即使专业投资者也逃脱不了这种倾向：普林斯顿大学的哈里森·洪（Harrison Hong）以及他的合作者在 2015 年发表的文章[①]中指出，如果几个美国基金经理人住在一个或者几个邻近的小区里，他们的持仓会显示出非常显著的趋同性，而且在持仓数量上也会对本州的企业有倾向性。同样地，如果基金经理们来自同一个学校、专业，这些因素也会对投资决策产生不小的影响。

内行幻觉

除了家乡偏见外，“内行幻觉”这种心理因素也会影响人的投资行为。一般来说，人们会倾向于相信自己熟悉的事物，但很多情况下，这种“熟悉”来自情感性因素，而不是基于对事情基本面的了解。比如，来自同一个地方、学校，有熟人等。这些情感性的因素让人产生了自以为是“内行”的幻觉。

这种内行幻觉在生活中十分常见。

几年前一家国企实施员工持股计划，高管们都比较兴奋。但从我们研究的角度分析，这家企业主业不清晰，表面看是高科技公司，实际上是靠政策搞工业地产，从长期看很难有大作为，所以参与持股不一定能

---

① Harrison Hong，Jeffrey D. Kubik，and Jeremy C. Stein，“The Neighbor’s Portfolio: Word-of-Mouth Effects in the Holdings and Trade of Money Managers”，*Journal of Finance*，2015.12.

赢利。但当时很多高管都不太认可这个结论，他们觉得自己是内部人士，上至董事长，下至门卫都熟悉，最后很多人坚持重金参与了这个计划。之后几年中，这家企业的股价果然一直处于低位，甚至比当时参与员工持股计划时的价格还低。

另外一次是我的个人经历。几年前，市场上两家企业要合并，各方观点非常不一致，几乎是针尖对麦芒，有人认为这是花钱买吆喝，也有人认为这能真正提升企业效率。当时，我约了一位业内专家专门讨论这个事，这位专家对这桩并购充满悲观情绪，给我谈了很多企业的问题：治理问题、管理效率问题，还有两个企业合并以后的协同问题，还从行业的角度给我做了深度分析，认为这桩并购的前景不妙。结果，市场对这次并购的态度和专家解读完全不一样。在接下来的几个月里，这家合并企业的股票价格翻了不止一倍，几年之后，企业的协同发展得也非常不错。

真正的内行尚且会在投资决策上出现错误判断，那些很弱的情感性联系就更不可靠了。比如我们可能对自己家乡的企业并不了解，也可能对自己所在行业没有那么深的理解。但这些因素在生活和投资决策中都可能让我们产生偏见和认知上的幻觉。

克服这些偏见和幻觉并不容易，其中最要紧的一条就是在投资决策中要注意纪律。

比如说，要杜绝“弱关联”的投资决策。尽量忽略那些熟人网络，比如同乡、校友，或者任何弱关联的社交网络的投资建议。在这些信息中偶尔也许会淘到金子，但是淘到沙子的可能性更大。

此外，任何内行意见都只作为决策参考，不作为决策依据。

羊群效应："模仿跟风"是理性行为？

在生活中，我们大多都经历过一些"随大流"的行为：莫名其妙地跟着人流排队，挤到人堆里看热闹，扎堆抢购并不需要的商品……这些都可以被统称为"羊群行为"（herding behavior）或者"跟风行为"。

金融市场上，这种一窝蜂跟着买入或卖出的现象非常普遍。但羊群行为究竟是理性还是非理性？会不会造成资产价格的泡沫？这些问题一直没有确定的答案。

信息瀑布：机制与结果

1992 年，加州大学的伊沃·韦尔奇（Ivo Welch）教授和他的两位同事苏希尔·比奇汉达尼（Sushil Bikhchandani）以及戴维·赫什利弗（David Hirshleifer）发表了一篇论文①，文中提出的信息瀑布理论认为，羊群行为经常是信息驱动的理性行为，而且不一定会造成资产泡沫。

论文的观点非常直观和有趣。如果观察瀑布会发现，瀑布越往下水量越大，冲击力越大。信息传递的方式也是如此，随着不断往后，第一个行动所传达的信息会逐渐加强，形成信息的瀑布，对后来者产生巨大影响。

生活中，我们可能会碰到这种情形：在一个岔路出口，有一长串车不知道该向左拐还是向右拐。这时，第一辆车的司机做了一个向左拐的随机决策。在第二个司机的信息集里，本来左拐和右拐拥有同等权重，但是第一个司机的左拐传递了新信息，使得向左的信号取得了优势。所

---

① Sushil Bikhchandani, David Hirshleifer, and Ivo Welch, "A theory of fads fashion, custom, and cultural change as information cascading", *Journal of Political Economy*, 1992.10.

以经过权衡之后，第二个司机也选择了向左拐。前面两个司机的行为给第三个司机传递了更强的向左的信号，使他向左拐的概率更高。信息一个一个地传递下去，到第十辆车的时候，向左的信号已经完全占据了优势，后面的车基本上都会向左拐，而且越往后，向左拐的信号就会越强，这就是“信息瀑布”。

如果第一个司机恰好选对了方向，那么整个车流都会迅速找到正确的路径，更快到达目的地。但是如果第一个司机选错了方向，原本一个个体性的错误，通过信息瀑布的传导，就会变成群体性的错误。

正确或者错误的决策，经过信息瀑布的强化，都可能产生压倒性的信号。在理性决策的框架下，整个社会可能快速地产生协同，最后停留在一个巨大的进步或者错误之上。社会运动中类似例子举不胜举，英国的大宪章运动和德国纳粹的上台就可以看作信息瀑布造成的正反两面后果的典型。

同样的情形也发生在金融市场上。对于一个资产来说，如果最初的交易者做了正确决策，交易方向和股票基本面相吻合，那么随着羊群行为，市场上所有信息会被更快、更有效地反映在股票的价格上。反之，如果开始的交易方向是错误的，顺着信息瀑布，整个市场就会朝着另外一个方向狂奔而去，人们的行为会被影响和传染，导致资产价格更多地偏离基本面，形成泡沫。

羊群行为会造成资产泡沫吗？

信息瀑布理论提出了理性的羊群行为。1998 年，克里斯托弗·艾弗里（Christopher Avery）以及彼得·泽姆斯基（Peter Zemsky）在《美国经济评论》上发表的一篇论文[①]则认为，羊群行为很难造成资产泡沫。原因在于信息瀑布造成的羊群行为是很脆弱的，一个足够强的反向信号就会打断信息瀑布。比如，在一个追涨的信息瀑布中，假设有一个极度自信而且拥有足够资金的投资者反手做空市场，就像瀑布被截流一样，那个不断加强的上涨信号就被打断，价格很可能就从此反转回到均衡。

当然，这种调整会被外界环境改变——当市场环境变得非常不确定，信息不对称加大的时候，投资者的动物精神会变得很强。这个时候，羊群效应会更强，资产价格的泡沫有可能越变越大。

这两个观点都得到了实证证据的支持。

约瑟夫·拉科尼肖克（Josef Lakonishok）、安德烈·施莱弗（Andrei Shleifer）和罗伯特·维什尼（Robert Vishny）在一篇论文[②]中对美国基金经理的持仓进行了一次分析，想要研究美国的基金经理是不是在选股时有相互模仿的羊群行为。最终的结论是，基金经理的持仓确实显示出很高的相关性。这就证明基金经理们也互相“抄袭”，互相模仿，存在羊群行为。但是他们的羊群行为并不是坏事，反而会促进市场的价格发现。因为买入那些受羊群行为影响严重的股票，在后面几个季度里都会取得比较好的收益率。而卖出那些受羊群行为影响严重的股票，后面几个季度的收益率都会大幅度下滑。这说明最开始买入或者卖出这只股票的基金经理很有可能是一个非常聪明的、掌握了私人信息的基金经理。而基金经理们的羊群行为则促进了这些私人信息更快地被反映到市场价格里。换句话说，在一般的市场条件下，理性的羊群行为会提高价格的

① Christopher Avery，Peter Zemsky，“Multidimensional Uncertainty and Herd Behavior in Financial Markets”，*American Economic Review*，1998.09.

② Josef Lakonishok，Andrei Shleifer，and Robert Vishny，“The Impact of Institutional Trading on Stock Prices”，*Journal of Financial Economics*，1992.03.

有效性。

但一旦外部环境发生变化，比如在一个企业的前景特别不确定或者市场大环境特别动荡的时候，大家的非理性情绪就会加重。一点点信息和噪音就会让投资者杯弓蛇影。这时信息瀑布就会加速非理性的传播。有实证研究发现，高科技公司的股价之所以起伏不定，是因为这些公司的前景不稳定，在它们身上发生的羊群行为，就可能使价格向上或向下不断偏离基本面。同样，在资产“泡沫”或危机前夕，非理性的羊群行为也会加重，导致更大的价格波动。

| 思考题 |

什么情形下羊群行为可能产生好的影响，什么情形下可能产生坏的影响？

第 057 讲　保守主义与过度自信

一个关于保守主义的故事

19 世纪，一位年轻的贵族在一次海难事件中失踪了。他的母亲一直不肯放弃寻找自己的孩子，找了 12 年。有一天，她突然接到一封来自澳大利亚的信，信上说自己就是那个失踪的孩子，流落到澳大利亚以后，千辛万苦才找到了母亲。这位贵族母亲欣喜若狂，马上寄了一大笔钱到澳大利亚，让他回国。但这个人回来以后，整个家庭都对他的身份提出了质疑——那个失踪的年轻贵族，有一双蓝色的眼睛，身形又高又瘦，还能说一口流利的法语。但这位澳大利亚的来客却又矮又胖，眼睛是棕色的，也不会说法语。

所以证据都显示这是个骗子，但这位母亲对这一切视而不见。她不停地给钱，只想安抚这个失而复得的孩子。直到她去世，贵族家庭终于设法证明了这位澳大利亚来客是个骗子，将他送进了监狱。

这位贵族母亲犯的是一个我们常犯的错误——每个人都倾向于寻找或者相信那些支持自己观点的证据，甚至会将一切信息解读为支持自己观点的证据。

心理学家曾经做过一个实验：他们找了一群人，中间有支持死刑的，也有反对死刑的，然后给他们同时读一份关于死刑威慑效果的材料。材料本身没有太多的倾向性，内容是死刑在哪些情境下有威慑效果，在哪些情境下没有。读完之后，研究人员发现，支持死刑的人表示更加支持死刑了，而反对死刑的人表示更加反对死刑了，而且他们都声称这份材料给他们提供了可靠的证据。

这种按照自己的倾向来选择性接受和解读信息的现象，被定义为心理上的“保守主义”。

保守主义：固执己见的行为陷阱

投资市场上的保守主义十分常见，比如聊天中经常会提到的“死多头”或者“死空头”，就是指一个投资者坚持看多或者看空某个市场，对其他任何信息都视而不见。

21 世纪初，北京和上海的平均房价几千元人民币时，谢国忠博士就开始唱空房价，说中国的房价有泡沫。中国房价的上涨不是一条平滑的直线，偶尔也会有小波动。每次房价只要在某一个地区有一个即使小幅的向下调整，谢博士就将其解读为支持他空头理论的证据。但是房价在其他大片地区的大幅上涨，他都视而不见。

现在十多年过去了，全国房价已经涨了不止 10 倍。按照我一个资深银行家朋友的话说就是：“就算是泡沫现在破掉，这剩下的‘沫’也比当年谢国忠说的那个‘泡’大好多倍了。”这算是关于保守主义在房地产市场上一个极端的典型案例。

金融分析师也是保守主义盛行的一个群体。著名投资人兼行为金融学专家詹姆斯·蒙蒂尔（James Montier）的数据分析表示，金融分析师们对公司利润的预测滞后，而不是领先于公司的实际利润。换句话说，就是金融分析师们总是在公司利润信息已经公布了之后，才开始调整自己的“预测”。

美国市场是这样，中国市场的情况更是这样。如果仔细分析数据，就会发现市场上不少分析师的工作不是预测，而是对本季度经济情况或者公司情况进行分析总结。这些分析师的宏观“预测”一般和当月已发布的宏观数据高度相关，推荐的公司则和该公司本季度的业绩高度相关。如果分析师上次对某家公司的股票给出了卖出的意见，那么即使现在情况发生巨变，比如有一则关于这家公司的特别好的消息，分析师也不会掉头转向，而是非常保守地、悄悄地把“卖出”调整成“减持”，给自己留下足够的回旋空间。

2018 年第二季度中国债券市场的信用评级也呈现出这样的趋势。2018 年上半年，中国经济下滑，政策面收紧，债券市场的违约此起彼伏。理论上，下调或者调整信用评级应该是系统的一个预警。但信用评级公司基本上没有在违约事件之前下调过评级，而是在曝出违约新闻之后才开始下调评级。

这些对新信息的反应迟缓和反应不足，都是保守主义的产物，这种倾向会对资产价格造成很大影响。理论上，价格会迅速汇集反映市场上各种信息，但保守主义倾向会让资产价格调整过慢或者调整不到位，形成错误定价。

导致保守主义的根源：沉没成本

为什么我们会如此倾向于维护自己的立场和观点？其根源在于沉没

成本，即过去不可挽回的成本和费用。

我们之所以固执己见，是因为在形成观点的时候，我们耗费了时间、精力以及金钱。投资世界的逻辑一样，股票上有仓位的人更容易在熊市里亏钱，而没仓位的人在牛市里却很难赚钱。假设股市从3500点跌到了3000点，一个有仓位或者满仓的投资者心里的参照点是3500点，所以他会迟疑犹豫是否卖出，想等一个小反弹，但等来的往往是持续下跌。而没有仓位的投资者，在不断上涨的牛市中会不断懊悔，总在心里想“哎呀，我要是三个月前买了，现在就赚了一大笔钱了”，会想等市场小回调后再买，而等来的往往是持续的上涨。

实际上，这些沉没成本对我们未来的投资已经毫无意义，但是它们的存在会让我们一而再、再而三地不愿改变自己的立场。

一个更扎心的例子就是买房。错失了以便宜价格买房子机会的人越来越不愿意买房，因为他们心里总觉得在10年前房子才5000元一平方米，现在却要用3万元买一平方米，怎么都觉得别扭。结果，在犹豫中房价涨到了5万元一平方米。

克服保守主义

那怎么样才能在投资中克服这样的心理呢？有两条心法可以提供帮助。

第一条叫作“归零法”，即忘记现在的立场，把自己想象成一张白纸。比如，想象自己的仓位是零，然后再问自己：根据目前所了解的情况，应该卖出还是买入，如果答案是肯定的，而且跟现在的仓位一致，就应该保持原样；如果答案是否定的，就要果断改变自己的立场。

第二条叫作“逆行法”，即有意识地让自己多接收反面的观点。以我自己为例，基于自己的分析框架，我一直对中国的经济比较看好。但是现在我会强迫自己多听一些负面的意见，比如房价的泡沫问题、汇率的不稳定问题、企业的债务问题……尽量多吸收各种负面的观点，看自己的分析框架里面有没有被遗漏的信息，是否需要对自己的固有观点进行修正。

过度自信：单身男性的投资更容易失败？

除了保守主义，另一个常见的心理偏误是过度自信。我们可能过度自信吗？在下结论之前，你不妨扪心自问 3 个问题：我的开车技术是不是比一般人更好一点？我的工作能力会不会比一般人更强一点？我是不是比一般人更好看一点？

这是一个非常著名的心理测试，数据结果显示有 70% 到 90% 的人都对这 3 个问题给出了“是”的答案：学校中，有 80% 以上的学生觉得自己的学习能力比一般人强；基金业中，有 70% 以上的基金经理觉得自己的水平比行业的平均水平要高；90% 以上的女性认为自己比一般人好看得多。

这些测试结果反映了人们具有一种过度的乐观倾向，尤其是过度高估自己。

过度自信与投资

2001 年，加州大学的特伦斯·奥丁教授和布拉德·巴伯（Brad M. Barber）发表了一篇著名的论文[①]，论文研究分析了 1991 年到 1996 年美国 3.5 万个账户的真实交易数据，发现了一些十分有趣的现象。

奥丁教授按照交易频繁的程度对投资者进行了分组研究。一般来

---

① Brad M.Barber，Terrance Odean，“Boys will be Boys: Gender, Overconfidence, and Common Stock”，*Quarterly Journal of Economics*，2001.02.

说，特别自信的人总觉得自己能够准确预判市场，所以更倾向于频繁交易。结果研究发现，那些交易频繁的投资者的平均收益比市场大概低了30%，而且交易越频繁，亏损越多。

此外，男性比女性更容易过高地估计自己，这个现象在交易行为中也很显著。

奥丁教授将投资者按照性别分组，发现男性普遍比女性更喜欢交易，他们的平均交易频率是女性的1.5倍，但股票组合的收益率却低于女性0.94个百分点。如果将男女投资者分成已婚和未婚，单身男性亏损得最厉害，单身男性比单身女性的交易次数多了67%，而股票组合的收益率却低于单身女性1.44个百分点，这表明单身男性是最过度自信的一群人。

更有趣的是，在已婚人群这一组，奥丁教授发现，需要妻子许可才能交易的已婚男性的表现比单身男性好很多，而那些需要丈夫许可才能进行交易的已婚女性，表现比单身女性差。所有的证据都指明，男性的过度自信，会带来更糟糕的交易结果。

那我们在投资决策中该怎么克服过度自信呢？“质疑”和“求证”是极其重要的两步。

美国通用公司的一位CEO曾经说过，他的一位导师在大萧条时期就成功地投资了很多企业。这位导师的经验是：从来不相信任何一个企业是“天生”好企业，对每个企业都进行批判性思考，然后一次次地挑战自己投资这个企业的冲动，直到自己的绝大部分质疑都被推翻，再进行投资。在这个逻辑的指导下，他的投资进行得非常成功。

同样地，作为普通人，碰到推销金融产品、宣传投资机会的时候，正确的第一反应应该是问一下自己，为什么要相信这是一个好机会，然后再从逻辑上一层层地推演下去，直到怀疑完全被推翻，才能说这是一个真正的好机会。

这种方法听起来很简单，但实施起来十分困难。因为在现实生活中，我们更容易接受一些似是而非的信息。

比如2014年以后，P2P（个人对个人网络贷款）投资打着互联网金融的旗号，发展势头特别猛。市场一片乐观情绪。网上很多文章表示：技术改变了金融的本质，金融领域的风险收益对等的逻辑要被打破了；只要有技术，我们就可以找到风险低、收益高的金融资产。很多P2P投资者接受这些信息后，开始找各种理由强化这些信息的真实性，甚至对暴露出来的风险视而不见。

所以，投资者在遇到低风险、高收益的投资机会时，应该先思考一下：它为什么会存在，然后去做一些研究工作，找找市场上、历史上或其他国家是不是存在过和它类似的模式。如果存在，这种模式是不是还在持续？如果它消失了，消失的原因又是什么？这样一层一层地推演下去，只有能够将自己的所有质疑推翻，才可以进行投资。如果不能推翻，那么就宁可以静制动。

| 思考题 |

过度自信和保守主义是否会带来正面的效果？举例说明。

第058讲　框架效应与有限注意力

框架效应

估计很多家庭都有类似的经历：太太总会听到先生说自己在某个投资上有辉煌业绩，但是年底查账时却发现亏了一大笔钱，然后就会发生如下对话：

“你亏了多少？”“我在A股票上赚了8000多元。”

“你到底亏了多少？”“我18元买的B股票，21元卖了，也赚了好几千元。”

“你到底亏了多少？”“哦，在C股票上我暂时还没有盈利。”

“到底亏了多少？”“目前账面上有几万元，不过肯定会回来的。”

这段对话中，包含了以下几个心理和行为偏误。

首先是过度自信，频繁交易导致了亏损。其次是处置效应，赚了一点钱的股票早早被抛售了，留下了亏损的股票，痴痴地等着它涨回去的那一天。最后，还有一个叫作“心理账户”的偏误。它指的是我们在组织和经营自己生活的时候，会像会计一样，给决策建立不同的账户，衡量利弊，计算损益。

这些行为偏误都和框架效应密切相关。

心理账户就是框架效应的典型。心理账户概念的提出者理查德·塞勒讲过一个故事。有两个球迷要到很远的地方去看篮球赛，一个球迷的门票是自己掏钱买的，另一个球迷的门票是朋友送的。球赛这天，天气预报突然通知“晚上有暴风雪”。显然，这两位球迷中那个掏钱买票的球迷更有可能冒着风雪去看球赛。塞勒教授对此给出的解释是：我们不自觉地替这个决策单独开了一个账户，错过比赛就等于在账户亏损的情况下关闭了账户。对于买票的人来说，他的亏损会更厉害，为了弥补这种损失，他会倾向于暂时不关闭账户，冒着风雪看球赛。

同样地，我们在投资上也会开设这样的“心理账户”，把自己的投资割裂开来。尤其是拆解了亏损的投资以后，一方面单个资产（证券）亏损的金额小了，缓冲了亏损带来的痛苦；另一方面，将赢利的资产（证券）单独拎出来，会带来额外的效用。比如说，你需要一笔钱付房子的装修费，得卖掉部分股票。而现在市场行情不好，自己持有的股票整体上亏了不少，但还有一两只是赚钱的。你挣扎了半天，最终选择卖出，也就是关闭那几只赚钱的股票的账户。这样做一方面获得了成功投资带来的快乐，另一方面，选择延迟关闭那些亏损的账户，使亏损还只停留在账面上，痛苦会少得多。

过度自信也是“窄框架”下的产物。女生在考虑自己容貌的时候，之所以会觉得自己比一般人好看得多，是因为她们会自动筛除类似“她是电影明星”“她是主持人”这些对自己不利的信息，选择对自己更有利的信息，比如“我是女博士”“我是女 CEO”等。构建窄框架来进行比较，就更容易得出过度自信的结论。

为什么我们如此容易陷入窄框架呢？这可能和语言所构筑的“框架”有关。比如现在某个国家疫情大暴发，6 万人受到影响，有两个治疗方案，请你快速选择其中之一。

方案一：目前有一种治疗方案，可以治愈 4 万人。

方案二：目前有一种治疗方案，采用这种方案会有 2 万人无法治愈。

稍微思考一下，我们就会知道这两个方案是一样的，但在极短的时间内，人们会倾向于选择“治愈了 4 万人”的表述方案。由于语言构建了治愈和无法治愈这两个不同框架，我们很容易选择在某个框架下进行思考和决策，从而陷入有偏的视角中。

有限注意力与投资决策

但这是不是意味着窄框架一无是处呢？

答案是否定的。比如说，人类的“有限注意力”会使得窄框架的思考模式对投资决策有利，因为它会使投资纪律更容易实现。

就像俗话说的，“一心不能二用”，每个人的注意力在认知过程中都是稀缺的。所以我们在处理信息或任务时，必须分配自己有限的注意力。在一件事情上投入关注度，必然导致我们对另一件事的注意力下降。人类认知上的这种特征，被诺奖得主丹尼尔·卡尼曼在他 1973 年发表的论文中定义为“有限注意力”。在金融市场上，投资者的有限注意力会对资产价格产生影响。比如说股市上常见的“周五效应”。

仔细观察，你会发现很多上市公司、政府部门经常会选在周五甚至周六发布坏消息。为什么呢？因为人类是“有限注意力”的。一来周末休市，二来大家更关注即将到来的假日，所以市场价格对坏消息的反应会迟钝很多。

2009 年，加州大学的斯特凡诺·德拉维尼亚（Stefano Della Vigna）和艾莫瑞大学的约书亚·波莱（Joshua Pollet）在《金融学期刊》发表一篇论文[①]指出，市场价格对在周五公布的消息的反应比其他日子的反应低 15%，对交易量的影响降低 8%。换句话说，企业和政府部门都掌握了这个诀窍，利用公众的有限注意力来减轻事件对市场价格的震荡。

除此之外，宏观指标中的“CPI 效应”也和注意力有关。

尽管市场上重要的宏观经济变量有很多，比如 CPI（消费价格指数）、PPI（生产价格指数）、社会零售总额、社会融资总额……但是大众对 CPI 的反应比对其他指标要强烈得多。我和合作者曾有篇论文发表在《期货市场》杂志[②]，研究不同宏观消息公布以后股指期货市场的

① Stefano DellaVigna, Joshua Pollet, “Investor Inattention and Friday Earnings Announcements”, *Journal of Finance*, 2009.03.

② Jing Chen, Yu-Jane Liu, Lei Lu, and Ya Tang, “Investor Attention and Macroeconomic News Announcements: Evidence from Stock Index Futures”, *Journal of Futures Markets*, 2015.04.

表现。我们用百度指数表示人们的注意程度，发现市场对 CPI 的关注程度是 PPI 的 2.5 倍，是其他宏观变量的 10 倍。同样，市场价格对 CPI 的反应也要强烈得多。大众的有限注意力会导致一些宏观信息不能及时反映到市场价格里，从而影响市场定价的有效性。

有限注意力也会对投资者的个人决策产生影响。

以分散投资为例。之前有人曾批评巴菲特风险分散的策略做得不够，太过于重仓可口可乐这类股票。但是巴菲特认为，投资是一个需要消耗时间、精力和成本的事情，人类的认知注意力有限，自己只能分析、研究、选择极少数的富有前景的优秀标的。而一旦有了选择，就应该将资金投在这些确定的好资产上，而不是为了“原则”分散在那些不确定好不好的资产上。现实中不少投资者把 10 万元、20 万元的资金投在八九只股票上，美其名曰是风险分散。但实际上，他们并没有沉下心研究这些企业，这种“分散”明显是没有意义的——其结果不是把鸡蛋放在一个篮子里，而是放在了好几个烂篮子里，将鸡蛋全都打碎。

| 思考题 |

思考一下自己在投资和生活中，是否曾经因为这些心理和行为偏误导致错误决策?

第十一章

世界投资：大师的顶级智慧

过去的100年间，全球投资市场顶尖高手辈出，各有独门绝技。一个有趣的现象是，这些投资大师几乎全部来自美国，而且投资风格随着时间迁移在不断变化：早期的杰西·利弗莫尔、威廉·江恩都以趋势交易和技术分析见长，之后的沃伦·巴菲特、查理·芒格更注重价值投资，20世纪八九十年代之后的乔治·索罗斯、彼得·林奇则更追求投资的量化。这些现象是偶然还是必然？这些投资哲学的背后是否有更底层的逻辑？

带着这些问题，我们将开始一场百年顶级投资智慧的巡礼。

第 059 讲　投机之王：杰西 · 利弗莫尔

杰西 · 利弗莫尔（Jesse Livermore），被誉为 20 世纪初华尔街最传奇、最放荡，也最聪明的交易大师。

对股市略有了解的人应该都知道一本叫《股票作手回忆录》（*Reminiscences of A Stock Operator*）的书，这本书阐述了利弗莫尔近 40 年在股市博弈中的操作经验和交易思想。巴菲特对这本书的评价是：如果你连利弗莫尔的这本书都没有读过，要想在股市赢利，基本等于妄谈。

作为一个远超过他所在时代的伟大交易者，利弗莫尔首次挖掘出了趋势交易规律，将交易原则结构化，形成了一套行之有效的交易方法论。这套方法论穿越了近百年的证券市场，至今仍然是华尔街，甚至金融学术圈的重要思想源泉。

利弗莫尔式交易

20 世纪初，美国伯利恒钢铁公司的股票一直表现不佳，股价低迷时在四五十美元，流动性也严重不足。公司的一个高层找到利弗莫尔，希望他能够给股票做市抬价。利弗莫尔仔细研究了这家公司的财报，又调查了生产经营的情况后得出结论：这家公司的股票价格的确被低估了。

他决定答应企业的要求，来一次利弗莫尔式的交易。

他向伯利恒钢铁公司提了两个要求：第一，公司大股东持有的70% 股份必须用一个信托基金锁住，避免股价上升时大股东抛售股票；第二，拒绝现金报酬，要求钢铁公司给自己 10 万股的认购期权，约定的行权价格在 70~100 美元。这意味着，只有伯利恒的股票价格涨到70~100 美元以上，利弗莫尔才能赚钱。

所有准备工作就绪，利弗莫尔开始建仓，一点点地加仓，一直加到几乎买断了市面上所有伯利恒钢铁公司的流通股。也就是说，市场上已经没有这只股票的卖盘。同时，由于价格节节上涨，市场上出现了大量求购这只股票的需求，股票经纪人开始坐不住了。这时候，利弗莫尔卖了一小部分股票套现，接着用更高的价格在市场上求购这只股票。很多刚拿到股票的投资人受不住诱惑，又卖给了他。

这个过程反复了几次之后，伯利恒股票价格上涨的趋势被确立下来了，股票价值也逐渐获得了市场的认可。在股价达到 85 美元的时候，利弗莫尔果断地对他的认购期权提出行权，赚了一大笔钱。

利弗莫尔式交易原则

这种当时属于合法的操作在今天来看，是典型的内幕交易，会受到金融监管机构的严厉处罚。但是它所传递出来的利弗莫尔式交易原则和交易哲学，却一直沿用至今。

原则一：顺势而为

在上述案例里，利弗莫尔自己制造出了一个“趋势”。但要注意，利弗莫尔的造势行为是基于他对企业基本价值的判断。如果企业价值不是被低估而是被高估，造出来的就不是真正的“势”，而是泡沫。当确定了趋势之后，交易一定需要顺势而为，不能逆势而行。

现在人们津津乐道的趋势交易，就是遵循了“顺势而为”的逻辑，百年之后，这仍然是金融圈交易的制胜原则之一。

原则二：金字塔原则

金字塔原则是利弗莫尔的另一个交易特色。它指在证券交易中，要顺着趋势试探性地买入或者卖出，等趋势确定了，再不断地加码。除非你确信自己的判断完全准确，否则全部买进或卖出的一把梭行为是不可取、不明智的。

这点对证券市场上的散户意义重大，可以提高散户在市场上活下去的概率。散户资金少，把钱全部投入证券市场的交易习惯很容易导致血本无归。金字塔原则告诉我们，要留后手，给自己犯错留出一定的空间。“剩者为王”才是散户该有的交易指导思想。

原则三：逆向操作

利弗莫尔在华尔街以“精准做空”著称。1929 年，他成功预测了美国股市大崩盘，并运用金字塔原则，持续做空美国股市，一年赚了 1 亿美元（按美国消费者物价指数折算，相当于今天的 15 亿美元）。这个例子反映的是他的第三条交易原则——逆向操作。

逆向操作的基本逻辑是，如果绝大多数人对股市都持有某种相同的意见，并且每个人都朝着那个方向采取行动的话，就意味着趋势转向的时候到了，因为已经没有新的资金能推动股价朝预想的方向前进了，这时逆向操作就可能取得奇效。这也是华尔街谚语所说的，当一个鞋匠开始跟你谈论股票时，就该果断卖出股票了。

原则四：跟随龙头

在顺势的基础上，追随行业里的领头羊，买本行业里最强势公司的股票——这就是龙头原则。这条原则穿越百年，历久弥新。证券市场和互联网世界一样，是一个赢者通吃的世界，资金会朝着头部集聚，形成强者恒强的局面。

直到今天的A股市场，这条原则也非常实用。几乎所有人都熟悉的茅台酒就是一个现实案例，2003年到2012年是我国白酒行业发展的黄金10年。这10年中，生产五粮液的企业业绩从63亿元提高到了272亿元，生产茅台的企业业绩从24亿元提高到了265亿元，两家企业算是行业里的第一和第二了。2012年时，很多人认为现在排名第一和第二的企业的股票价格不会差多少，买二三十元一股的五粮液会比买将近200元一股的茅台划算。而从2012年下半年“限制三公消费”的政策出台开始，五粮液业绩开始下滑，但茅台逆势而上，把危机变成了转机，收入不仅反超了五粮液，还突破了300亿元大关。截至2019年第3季度，五粮液的股价为每股120元左右，而茅台的股价已经飙升到每股1200元，充分证明了“龙头中的龙头”具有更强的资金吸附能力。

交易员的特质

利弗莫尔留下了很多有价值的交易战略和战术，但懂得交易的道理和懂得交易是两码事。按照利弗莫尔的说法，要成为一个成功的交易员，需要具备几项特质。

第一，控制情绪。情绪是交易的敌人。交易需要在精准判断的基础上，等待最关键时刻，伺机而动。而恐惧、贪婪、急切、渴望、犹豫这些情绪会影响判断。

第二，掌握大势。即使最牛的技术派，也要以理解大趋势为基础。

没有势，任何术都是假话。

第三，充满勇气。交易需要决断力，在找到势之后，要敢于用金字塔原则扩大仓位，扩大利润。

道德的力量

尽管是不世出的交易天才，但利弗莫尔的人生却颇有些一言难尽。63 岁这一年，他以开枪自杀的方式结束了自己的生命，死后仅留下 500 万美元的财产。在自杀前的 10 多年中，他在事业上也经历了很多挫折，生活上挥金如土、放浪形骸，婚姻也充满了不忠和扭曲。这些经历导致他在人生的后期情绪控制力变得非常差，还患上了抑郁症。

但真正导致利弗莫尔走下坡路的并不是他的能力问题，而是时代大势的改变。20 世纪 30 年代以后，美国证券市场转向正规化，对那些司空见惯的市场操纵行为开始严加管理。利弗莫尔用了一辈子的交易技巧遭遇了巨大挑战。他的生活方式也一点点蚕食了他的自律性，加重了抑郁，使他丧失了跟随时代一起转型的能力，也就失去了投资的准心。

作为一个多世纪以来难得一见的金融天才，利弗莫尔毁誉参半的一生告诉我们两件事。第一，任何成功在本质上都是时代的成功，利弗莫尔的挫折就源于时代背景的改变，所以找准时代大势是最重要的。第二，持续时间最长的成功一定是道德上的成功。有道德的约束，才能自律，才能更好地控制情绪，做出判断。

第 060 讲　技术分析鼻祖：威廉·江恩

作为股票技术分析行业的鼻祖，威廉·江恩和杰西·利弗莫尔一样，都是19世纪末20世纪初投机时代的标志性人物。除了也准确预测了1929年股市大崩盘外，江恩曾创造过25个交易日交易260次、本金25天内增长10倍、获利概率高达92.3%的短线操作纪录。现在电视节目中一些所谓专家做的炒股技术分析，大多也就是一百年前江恩所用知识的皮毛。

江恩的技术策略

很多普通投资者觉得，江恩的理论充满了专业术语、晦涩难懂。但如果剖开来看，江恩的方法论并不复杂。他的交易思想大都来自一个古老的信念——太阳底下没有新鲜事，历史的规律会不断地重现。如果我们能找到这些规律，自然能在某种程度上洞察先机、抓住机会、赚取利润。

百事可乐股票操作的案例就反映了江恩交易策略的很多精髓。

1947年8月，百事可乐的股价从每股40美元跌到了30.45美元。江恩判断这只股票的下行趋势已经形成，股价还将继续下跌，于是他在32美元左右的价位上卖空了百事可乐的股票。

但事情到这里还没有结束，为了防止自己判断出错而造成巨大损失，江恩在35美元左右的价位上设置了一个止损位。也就是说，如果百事可乐的股价不降反涨，他就立马止损，这样就亏10%左右，损失不会太大。

到了1948年，果真如江恩所料，百事可乐的股价掉到了20美元，这比之前40美元高位时下降了50%。

在江恩的交易理论中，50%是一个重要的支撑位。如果一只股票的下行幅度突破了50%的支撑位，就意味着下行的趋势还会扩大，这时应该继续做空。但是做空的同时也要记得设置一个止损位，防止股价回弹。比如在 20 美元做空百事可乐股价的同时，设置一个 21 美元或 22 美元的止损位，即使股价反弹，也最多是 10% 左右的亏损。

如果股价继续下跌，比如跌到高位股价时的 25% 以下，并在某个价格位置上出现很久的盘整，这就意味着股票在这个价位上获得了很强的支撑力，反向操作的时候到了。

1948 年 12 月，百事可乐的股价跌到了每股 7.5 美元，并在这个价位上盘整了很长时间，其实这就是价格回弹迹象，此时基本可以反向入手建仓了。后来，百事可乐的股价果然逐渐从每股 7.5 美元回调到了 10 美元。

做空如此，做多也遵循着类似的策略原则。

当一只股票的价格上涨突破 50% 这个阻力位，甚至涨到 100% 时，就意味着这只股票的涨势确立，此时投资者应该勇敢地放量补仓。等股价的涨幅突破 100% 的阻力位时，则应该继续持有一段时间，以获取更多的利润。

当然，在做多建仓的同时，也要设置止损位，防止自己的判断出错或者市场出现突如其来的变化，让胜利果实丢失。

在江恩的技术分析里，50% 和 100% 是股价最重要的两个支撑位或阻力位。突破了这两个点位，就意味着股价向上或向下的趋势还会持续一段时间。

江恩的操作原则

凭着这些独特的技术操作手法，江恩纵横华尔街几十年，被奉为神一样的存在。但是如果我们再往深层次挖掘就会发现，江恩的很多技术操作原则都是基于对人性的洞悉，对人们想法和情绪的准确把握。

把握投资者情绪

刚才案例中的阻力位、趋势分析等专业名词背后，反映的都是人性。

为什么一只股票涨到50%的时候就会产生阻力呢？因为这时涨幅已经很大，很多前期买入的投资者都会忍不住套利离场。因此做多方和做空方的力量在这个点位上会出现一段时间的拉锯。如果这个点位被突破，就证明做多方占了上风。做多方把市场情绪带动起来后，除非碰到极端事件，上涨的趋势一定会持续，直到碰到下一个阻力位——涨到100%。在涨到100%这个点位上时，自然也会有很多人希望获利离场，所以多空双方又开始拉锯。一旦突破了这个阻力位，股票价格狂涨的趋势就会持续一段时间，因为大家的信念更加一致，投资者的情绪也越发地被激发起来了。

当然，根据利弗莫尔式交易的原则，当所有人对市场行情的判断基本一致时，就意味着没有新的资金入场了，此时趋势扭转的可能性增大，就可以考虑离场或逆向操作了。

在散户占据主流的市场上，江恩的这套分析尤其适用。因为散户的情绪更容易被煽动，整个金融市场上的股票价格更容易受到投资者情绪的影响。

止损原则

江恩注重安全第一，所以止损永远是他操作中最重要的部分。因为我们永远不会知道市场在什么时候逆转，所以不管做什么决策，一定要设置止损线，永远不对自己的判断过度自信，永远不将自己置身于过大的风险中。

保守投资原则

保守投资也是江恩操作中的核心要素。它主要有三方面的要求。

首先，不要过度交易。

江恩认为，要以静制动，一年中只要把握住几次交易机会就行了，千万不要频繁地交易。频繁交易的过程中，失手的概率一定会增加。这一点和利弗莫尔的交易准则有异曲同工之妙。利弗莫尔也常说自己总是因为“不动”而赚钱。

其次，不要轻易改变自己的立场。

这其实也是股市散户特别容易犯的错误。A股市场上的股民最喜欢打探内幕消息，经常会因为别人的一句话就轻易地入场或者离场，结果造成很大的亏损。在股市转向的理由没有明确时，不要轻易地入场或离场，也不要轻易地转向，因为只有跟随市场的发展趋势才能赚钱。

最后，要分散投资。

江恩认为，不要轻易地在一只股票上赌上全部。任何一次交易的金额都不应该超过全部本金的10%，再加上他所说的10%止损点操作，即使交易失败了，总损失也能控制在10%×10%，也就是1%之下，对整体财富不会造成太大的影响。

把握时代大势

江恩晚年时的交易战绩转差，尤其在1934年以后，他对局势的判断屡屡发生错误，甚至到去世时，他的账户里只有寥寥的数十万美元。这是为什么呢？

和利弗莫尔一样，威廉·江恩身处美国一个比较特殊的年代：金融市场监管非常松弛，短线操作、题材炒作是金融市场的常态，个人投资者占据了绝对优势。而江恩正是在准确把握那个时代市场特征的基础上，建立了一套自己的交易逻辑，进而大获成功的。

1934 年以后，罗斯福新政的推行让美国金融市场的整个风格为之大变，严监管成为趋势。而江恩却没有追上这一次时代转变。在一个市场真正发生结构性转变时，他所认为的“永远不断重现的历史规律”发生了重大变化，这导致他所依赖的交易规则也失灵了。

利弗莫尔和江恩的交易故事也告诉我们，任何人的成功都是建立在准确把握时代大势的基础上的，要获得持续不断的成功，需要把握时代大势的转折。

第 061 讲　可复制也不可复制的价值投资大师：沃伦·巴菲特和查理·芒格

沃伦·巴菲特和查理·芒格这对投资界最牛的“CP”（组合），可谓是一个时代的传奇，他们创下了“50 年平均 22% 的年化回报率”的投资战绩：假设一个人在 1968 年开始跟着巴菲特和芒格投资，即使当年初始投资只有 100 美元，只要中途坚持不退出，到 2018 年，收获的回报将是 208 万美元。这样长久的高回报率是否后无来者，我们暂时不知道，但一定是前无古人的。

关于巴菲特和芒格的资料和书籍汗牛充栋，很多人都对他们的至理名言烂熟于胸，大多也知道他们的成功源于对价值投资理念的坚守。但是，如果我们再进一步追问，巴菲特和芒格所坚持的价值投资中，价值源自哪里？仅仅是源于他们个人的智慧、眼光和判断吗？ 或者是一些更加底层的逻辑呢？

成功 / 失败案例中的价值所在

巴菲特和芒格投资过一家普通人不太熟悉的企业——喜诗糖果。1972 年，巴菲特和芒格决定以 15 倍的市盈率买下这家老牌糖果公司的全部股权。相对于巴菲特对投资标的“价廉物美”的一贯要求，这个价格其实是偏高的。但是芒格劝巴菲特说，与其花低价买一个中等的企业，不如花合理的价格买一个优秀的企业。

这个决策被证明是极其英明的：1972 年到 2007 年，这家企业在基本没有增加运营资金的情况下，一共为他们创造了 13.5 亿美元的税前利润，就像是一头不用吃草就能挤出无数奶的“现金牛”。这次投资也成了巴菲特自认为的“梦幻般最伟大的投资之一”。

除了喜诗糖果，他们还重仓了很多大家耳熟能详的企业的股票：占据全球软饮料市场 40% 份额的可口可乐，占据全球刀片市场 60% 份额的吉列剃须刀，还有像箭牌口香糖这样我们在平常生活中天天都能见到的品牌。而且和一般人不同的是，巴菲特和芒格对重仓的定义是一直持有，只增持，不卖出。

从对这些投资标的的选择和交易中，可以发现巴菲特和芒格的投资风格是固定的。

比如说坚持投资一个好企业。实际上整个20世纪，无论是1919年、1938 年，还是 1988 年，几乎任何一个时点买入可口可乐的股票连续持有 10 年，都非常赚钱。再比如说，便宜不是投资的第一要素。像喜诗糖果之类具有合理价格的优秀企业，才是最佳的投资标的。还有，要投资有“护城河”的企业——比如可口可乐、吉列和箭牌，这些有影响力的品牌、商誉，就是企业最大的护城河。

这些当然是巴菲特、芒格投资成功的原因，但是我们如果继续深挖一层，就会发现这些案例还具有一些共性。

第一，他们集中投资的大多是美国或者北美的企业。

第二，他们集中投资的领域大多是消费行业，而且是消费行业中的龙头企业。

这些共性意味着什么呢？回溯一下历史发展的脉络，我们会发现，巴菲特和芒格投资的主线，就是以消费品为核心的美国增长。

20 世纪毋庸置疑是美国世纪。过去 100 多年里，美国本土没有经历过大的战争，安全稳定为投资带来了极大的好处——即使包括两次世界大战在内，过去 100 年美国股市每年的平均收益率也大约是 6.5%，如果从二战后算起，这个数字能达到 9%。股市长期的高收益反映的是美国企业利润的持续高增长。尤其在 20 世纪 80 年代以后，美国企业迅速全球化，赚取的是全世界的利润。所以，巴菲特和芒格投资那些最具代表性的伟大美国企业，本质上就是投资“美国增长”。

而美国企业所获得的巨大成就又来自哪里呢？来自几次工业革命所创造的全球增长。工业革命之后近 200 年来创造的经济成就远远超过之前的 2000 年，近 40 多年里取得的成就又超越了过去的 200 年。技术革命推动了人类消费能力的极速提高，“果腹”不再是消费的第一追求。人类从一个匮缺的低消费时代走到了一个盈余的高消费时代，而伴随着的这个进程是美国企业和美国品牌，从麦当劳、肯德基到星巴克，再到苹果、谷歌——获得了全球增长红利的最大份额。支撑巴菲特和芒格投资收益的，是全球的消费力。

当然，巴菲特和芒格的投资经历中也有过失败的教训。1977 年，他们投资了《水牛城新闻报》（*The Buffalo New*）。这家报社曾是当地最好的传媒企业，拥有极为出色的管理团队。但是 20 世纪 90 年代之后，在互联网的冲击下，纸媒行业无可奈何花落去，报社业绩下滑无可避免。再比如，1989 年巴菲特斥资 3.58 亿美元购买了美国航空公司利率为 9.28% 的可转换优先股，但忽略了航空业放开价格管制的时代大背景。航空业工会力量强，管理上冗员问题严重，属于高成本运营模式，之前价格管制保证了高利润对高成本的支撑。但是价格管制放开后，高利润消失，在传统的高成本模式运营下，整个行业都进入了下行通道。之后即使管理层再努力，巴菲特的资本运作能力再高，也没法对抗行业下行趋势。所以，即使价值投资的理念不变，一旦没有把握准时代大势，高手也同样可能踩坑。

巴菲特和芒格的成功虽然和个人的智慧、能力、眼界都密切相关，但是追本溯源，对趋势坚定不移的把握和追随——投资美国增长时代和全球消费时代，才是其核心的制胜之道。

更确切地说，巴菲特和芒格价值投资的根本源泉是 20 世纪美国经济的快速发展。所以，时代大势才是投资中最重要的因素：一个真正的顶尖高手，就是要准确地把握住时代大势，然后坚定、毫不犹豫地顺应这个大势。

可复制和不可复制的智慧

投资界的很多传奇人物往往都是昙花一现，而巴菲特和芒格的光芒却跨越了多个经济发展周期、牛市熊市转换，闪耀了整整半个世纪。可见，除了把握时代大势，大师的个人智慧也是至关重要的。

可以复制的投资原则

巴菲特和芒格可以被复制的投资智慧当属他们的核心投资原则：市场先生、安全边际和能力圈。

第一点是市场先生。这是巴菲特的老师格雷厄姆最著名的投资心法，在巴菲特这里被推上巅峰。在格雷厄姆的描述中，任何人在做投资决策时，都要想着自己有一个交易对手——市场先生，这位先生每天都想着怎么购买你的资产，或者出售他的资产给你。而且他非常情绪化，出价会随着自己心情的变化而变化。要跟他做生意，你就必须注意他的情绪变化。很多人能熟稔地讲述市场先生的故事，但是很少有人思考，为什么格雷厄姆、巴菲特会使用“先生”这个词来描述市场——这个词意味着他们眼里的“市场”是动态的，也是具有人格化特征的。更直白地说，“人”和“人性”才是他们投资理念中最重要的核心。做投资，必须学会把控投资市场上的人性。

第二点是安全边际。除了对人性、非理性的洞察外，巴菲特和芒格都极度重视投资的“安全边际”。所谓安全边际，就是指投资时不能支付过高的溢价。买一个价格接近或者高于其价值的资产，就违反了安全边际原则。比如说，巴菲特和芒格投资时从来不追求过热的题材或企业，就是基于这个逻辑——一个资产一旦被“炒作”，就有很大概率价格上涨太快，脱离安全边际。

第三点是能力圈。能力圈的意思就是，只投资自己看得懂的企业。巴菲特和芒格投资的都是生产和普通人息息相关产品的企业，所以对企业的价值能做出最直观的判断。

比如说，尽管承认苹果是一家改变世界的伟大公司，但巴菲特和芒格一直不投资乔布斯时代的苹果公司。为什么？因为就投资回报的角度而言，需要的是确定性的结果，而不是不确定的伟大。所以，即使世人都对乔布斯时代的苹果公司充满了想象力和憧憬，巴菲特和芒格也对这种超出自己认知的事物保持距离，按兵不动。直到库克时代的苹果公司开始从一家天马行空的企业变成了一头利润非常稳定的现金牛，二老才开始大量入手苹果公司的股票。

不可以复制的是与时代、市场相关的“价值投资理念”

市场先生、安全边际、能力圈都是基于人性而生的原则，是可以跨越不同的时代背景被复制和模仿的。而巴菲特和芒格投资智慧中不能生搬硬套的，恰恰是很多人津津乐道的“价值投资理念”。

因为价值的来源会随着时代变迁而变化，更会随着市场变化而不同，所以将不同时期不同市场的价值投资混为一谈，就像与夏虫语冰，会不着边际。

比如说，中国的价值投资和美国市场信奉的价值投资就不可能是一回事。中国股市大盘和个股呈现出明显的同涨同跌的趋势，市场波动非常大，即使能找到一只很好的股票，但由于市场过度波动的影响，它的收益也会被侵蚀干净。

此外，在20世纪90年代以来相当长的一段时间里，中国的人均收入极低。城市中产阶层的概念也是2005年以后才慢慢出现的——当一个人仅有的资金需要应付各种基本生活的流动性需求时，你怎么可能要求他进行“长期价值投资”？巴菲特和芒格创立的伯克希尔·哈撒韦公司现在股价大约是31万美元一股，而且换手率极低。它曾经创下过一年内没有任何买入卖出的纪录。这意味着你得有一笔打算遗忘的大额闲钱，才能跟随巴菲特去投资。也就是说，一个人在具备一定的财力、对流动性的需求也不大时，才可能学巴菲特和芒格做长期价值投资。

更何况，A股市场从建立伊始，就肩负着很多政策性的目标，不完全是一个替企业筹资的场所，所以，中国近二三十年经济增长的价值并没有完全在A股市场上得到体现。

中国经济高速增长的价值最大程度地反映在哪里呢？房地产。之所以北上广深、长三角、珠三角的房价高，就是因为这些地方经济增速快、城市化率高。从这个意义上说，过去二三十年中国最好的价值投资是房地产。

所以，不同国家、不同环境下的价值投资是完全不一样的概念。你如果只是生搬硬套价值投资的概念，无疑是削足适履的举动。

这也是为什么巴菲特说希望自己被后人记住的不是最好的价值投资者、最伟大的投资大师，而是好老师（good teaching）。所谓好老师，就是要让学生学会这些投资原则和理念，永续传承，不断超越。

第 062 讲　反身性炼金术的开创者：乔治·索罗斯

因为在 1998 年亚洲金融危机中的犀利表现，乔治·索罗斯为中国人所熟知。除他辉煌的投资业绩外，更令人印象深刻的是他创立的“反身性理论”。

这是一个不可能出错的理论。这句话听上去很别扭，因为我们知道，世界上不应该存在绝对正确的真理。但这恰恰就是索罗斯反身性理论的神奇之处：它不是静态理论，而是一个开放的系统，运用这套理论时要在动态和反馈中不断地调整，才可以用它来指导未来。换句话说，“反身性炼金术”的秘诀就藏在“动态”和“反馈”中间。

反身性理论——索罗斯的哲学

“反身性”指投资者和市场之间的互动影响。比如关于“美国股市是不是处于牛市”这个问题，每个人都会有自己的判断。如果你认为美国股市处于牛市，就会以此指导自己的行动——买进股票。如果“美国股市处于牛市阶段”这个结论被更多投资者接受了，那么就会有更多的人急切地想进入市场，推动股票价格上涨，使“美国股市处于牛市”的假设变成现实，投资者的判断也因此得到印证。同样地，如果你相信A股市场现在是熊市，作为投资者，你的认知就会参与到熊市形成的过程中。所以，关于“美国股市是不是处在牛市”和“A股是不是处在熊市”的认知都不是静态的，而是由参与者创造和改变的一个动态过程，观点和事实之间会形成一个正向的动态反馈机制。

正像索罗斯自己所说，参与者的意识决定了未来的走向，而未来会因为个体的当前决策而发生变化。

在索罗斯的反身性理论体系中，世界是一个动态变化的过程，没有静态的均衡，只有“动态”和“反馈”。正如股票在任何一个时点的市场价格都是市场序列的一个截面，是历史过程中的一部分。如果你理解了整个序列，找到了动态变化过程中的规律，不管市场处在哪个阶段，你都能做好投资决策。

反身性理论的实践应用

索罗斯曾多次利用反身性理论获取了大量的财富，所以很多人将这一理论称为“反身性炼金术”。

一个例子和企业多元化浪潮有关。20世纪五六十年代，随着投资组合理论的发展，美国的企业界兴起了一股多元化经营的浪潮。大家也逐渐开始相信，风险分散可以增加企业的价值。

用索罗斯的反身性理论分析，多元化经营可以被称为基本趋势，“风险分散增加企业价值”则是一个主流偏向，即市场上各种倾向性的观点互相抵消以后，最后占主导的观点。在“风险分散增加企业价值”这个主流偏向下，多元化经营的公司开始产生市场溢价。一个公司只要宣布自己收购了其他企业，进行了多元化经营，股价就会开始上涨，索罗斯把这个称为“实现价格”，这个价格很可能会和教科书上的“内在价值”不同，因为它反映了市场观点的偏向。

和很多始终对均衡有执念的学院派经济学家不一样，索罗斯认为基本趋势、主流偏向和实现价格这三个变量始终处于一个动态变化、互相加持的状态。当三者形成正向反馈，市场就会呈现出繁荣，反之，负向反馈会导致市场萧条。当三个变量进入反馈过程，入场赚钱的好时机也就到了。

当时，市场上很多公司想方设法收购其他公司，把自己包装或转型为集团公司。市场随之对其抱以正向反应，股价开始上涨。股价上涨又给企业提供了更多的收购资金，这样也使被收购标的的价格水涨船高。于是，整个市场对风险分散增加企业价值的预期就更加地强烈，进一步促进了股票价格上涨。越来越多的企业蠢蠢欲动想加入这个游戏，同时市场上的其他参与者，如会计师事务所等也会帮助公司进行各种会计、审计处理，使其账面更加好看。基金经理们纷纷重仓多元化集团公司，分析师不断地唱多，学术圈也进行着各种证明多元化经营好处的研究，这促进了股价的进一步上涨。

进入这个市场的玩家在这种情况下自然赚得盆满钵满。而索罗斯当时也准确地意识到了上述反馈机制的形成，完美地抓住了正反馈的机会，全力进入这个市场。

但是索罗斯也清楚，这个反馈机制不是稳定和可预期的。因为价格的进一步上涨必须依靠越来越强的主流偏向，只要出现一点点反面信息，也就是负主流偏向，这个反馈机制就可以中断，甚至发生扭转，所以正向反馈机制变得越来越脆弱。

到 20 世纪 70 年代，逐渐有人意识到多元化溢价的运转已经超负荷了。索罗斯也在这时撤出市场。随着某次收购行为的失败，股票的市场价格开始下降，正主流偏向转入负主流偏向，市场下行的趋势随之进入了自我强化的过程，市场由此从繁荣转入了萧条。而索罗斯已经赚得盆满钵满，全身而退。

另外一个例子和亚洲金融危机有关。20 世纪七八十年代，“亚洲四小龙”（中国香港、中国台湾、韩国和新加坡）起飞，全球逐渐开始认同“东亚奇迹”。趋同的认知加速了人们对亚洲国家金融市场的乐观预期，导致这些国家或地区的币值不断创出新高。

1997 年时泰国采取的是和美元挂钩的货币政策。在美元升值周期，泰国外贸业务量大幅下滑，银行坏账上升，所以泰铢已经被严重高估了。此时的索罗斯看到了机会，通过仔细分析，他认为目前关于“四小龙”货币升值的正反馈机制已经非常脆弱了，只要向市场传递足够强的负面信号，就可以中断这个机制，转入负反馈机制。

于是，索罗斯募集了数百亿美元，从最脆弱的泰铢下手，开始做空。有一天，泰铢的跌幅超过了 17%。强大的负面信号使市场的正反馈被打断，负反馈开始，人们开始恐慌性的抛售，市场预期从“乐观”转为“悲观”，甚至转为“超级恐慌”。泰铢的失守继而导致了全球金融市场对整个东南亚货币预期的态度扭转，短短几个月，负反馈迅速蔓延开来，资本疯狂逃离泰国和东南亚，犹如多米诺骨牌形成的连锁反应，东南亚国家一片哀鸿。索罗斯则从中赚取了超过 10 亿美元的利润。

反身性理论的启示

透过这两个例子，你会发现，市场在索罗斯的脑子里从来不是静态的，而是一个动态变化、互相反馈的演变过程。他的投资成就，都是基于对这个演变过程的深刻理解。

这对普通投资者非常有意义。和理论中的“均衡”不同，无论在什么时点，市场总会显示出一定的偏向，而且这种偏向会影响市场的预期。也就是说，市场观点和价格是内生关系，市场观点倾向塑造价格，价格加强或改变市场观点和倾向。

所以，对个人来讲，投资就是要找到一个动态的平衡。而我们在决策的过程中特别容易陷入静态分析的窠臼。比如，“在某个价位买某个产品”，这就是在静态中分析，我们真正要分析的，是市场动态演化的可能方向。

既然市场是动态的，那是不是静态分析、均衡理论就没用了？当然不是。静态分析、均衡理论其实给我们提供了一个思考动态演化的出发点。如果连出发点都没有，动态也无从开始。投资时对价格谷底和高点的把握，其实就是基于假想的均衡，然后运用反身性原则做出判断。

第 063 讲　像正常人一样投资：彼得 · 林奇

作为美国历史上最伟大的基金经理之一，彼得 · 林奇曾创造了年均收益率连续 14 年（1977—1990 年）29% 左右的水平，被誉为华尔街神话。更传奇的是，他在职业生涯的巅峰，也就是 1990 年，急流勇退，大有“事了拂衣去，深藏功与名”的侠客风格。

彼得 · 林奇写了很多书，市面上对他投资策略的解读也多如牛毛。但在我看来，彼得 · 林奇投资智慧中最核心的内容是：像正常人一样投资——这条原则从他推崇的蜡笔理论、有限分散理论和逆向选股理论中可以窥见一斑。

蜡笔理论

人类都有一种追求复杂性的倾向，迷恋那些复杂的概念和框架，但往往忘记了“唯有简单，才可能正确”的道理。投资和做人一样，只有力求简单直接，在底层逻辑上做自己，才是长久制胜之道。

彼得·林奇始终坚持的一条投资原则就是：不投资任何一个业务不能用蜡笔描述清楚的公司——这就是他的蜡笔理论。

彼得·林奇喜欢陪女儿逛商场。每当女儿在某个店铺或商品前停留特别久时，就会引起他的注意。有一次，彼得·林奇陪女儿来到了一家叫“美体小铺”（Body Shop）的化妆品店，他觉得店里的味道奇怪又难闻，但他的两个女儿却“流连忘返”。这激起了他的好奇心。回家后他查阅了这家公司的信息，发现这个品牌源自英国一个家庭妇女的后院，号称化妆品全部用纯天然的水果、蔬菜做成。在短短的几年时间里，这个品牌已经俘获了各个年龄段女性的心。它的产品概括起来就是几个简单的关键词：天然、有机、色彩鲜艳、可爱。

了解完这家公司后，彼得·林奇果断地入手了它的股票。之后几年，随着美体小铺在全球的风靡，彼得·林奇的这笔投资也取得了不菲的收益。

还有一个彼得·林奇自己讲述的真实例子。1990 年，他得知美国一群七年级小学生进行模拟投资组合时取得了令人惊异的成绩，于是就去访问学校了解情况。他了解到这群小学生就是在老师的指导下，学着读一些财经报道，做一点简单的分析而已。这些孩子做投资决策时坚持的基本原则仅仅就是“自己喜欢且觉得实用”。

本着这个原则，最终进入这些孩子股票池的股票基本上就是迪士尼、麦当劳、沃尔玛、孩之宝。他们选股的理由非常简单，分别是：

“有哪个孩子能抗拒迪士尼啊？”“人人都吃麦当劳呀！”“爸爸妈妈每个星期都带我去沃尔玛。”“哈斯布罗，这可是一家玩具公司啊！”在这类简单逻辑的指导下，果不其然，这些股票都取得了惊人的回报率。

这些小朋友所选股票中唯一失败的就是 IBM 的股票。其实，孩子们只是因为大人喜欢才选择了这只股票。确实，IBM 的股票一直是专业基金经理们都非常青睐的，孩子们并不太理解这个股票，所以反而遭遇了“滑铁卢”。

这些例子在彼得·林奇看来，都意味着一件事——投资需要简单直接，要像正常人一样思考，坚持“说人话，做人事”。这也是蜡笔理论的核心逻辑。

对普通人来说，蜡笔理论非常有借鉴意义：投资时，要在仔细分析的基础上，避免专业化幻觉的产生，警惕“信息过载”的问题。核心的基础信息就可以帮助我们做出最正确的决策——“大道至简”永远是基本原则。

有限分散理论

和巴菲特的“专一”不同，彼得·林奇的股票池里常常有 1000 多只股票。当时很多金融圈的同行讽刺说“市场上没有彼得·林奇不喜欢的股票”。彼得·林奇也因此得了一个“分散投资大师”的称号。

单从数据来看，彼得·林奇确实表现得很喜欢分散投资，而且股票换手率很高，是当时美国市场上平均换手率的 3 倍。但是如果对数据进行细致的拆解，你就会发现他的分散策略并不是那种平均主义的分散。他的基金 90% 重仓投资几十只股票，这部分股票的持仓非常稳定，并不会经常换手。只有 10% 的资金投入到他在调研中发现的几百只“可能的潜力股”上。彼得·林奇会对这几百只股票进行长期观察。几个月、几个季度以后，如果这里面有些股票不符合他的要求了，他就换一批新的进来。再经过一段较长时间的检验，如果某些股票表现稳定，就可能成为彼得·林奇的重仓股。这意味着，彼得·林奇的策略是一种有限分散的投资策略，这样既保证了投资的稳定性，又保证了有效对冲投资风险。

逆向选股理论

彼得·林奇还有一个非常有趣的选股策略，叫作逆向选股。彼得·林奇不喜欢投资那些热门行业，比如当时的科技、医疗行业，因为他觉得这些行业都有估值过高的风险，加之一个行业在上行的时候，进入的竞争者会非常多，竞争激烈，企业很难赚钱。所以，他更偏好投资一些低迷行业的领头羊。在低迷行业中，弱者更容易被淘汰出局，幸存者的市场份额会随之扩大，反而容易赚钱。

比如20世纪八九十年代的美国，白色家电行业是一个下行行业，一般不受机构投资者青睐。但彼得·林奇反其道而行之，低价重仓了白色家电行业里几个优秀企业的股票，并在中短期取得了非常好的收益率。

这点对我们中国投资者也是非常重要的。因为中国市场庞大，各个地域的产业发展非常不均衡，一个产业在这个区域是下行趋势，在另外一个区域则未必。也就是说，我国产业和行业转移的空间很大，看似下行的行业，未必不是赚钱的行业。

彼得·林奇的上述三个理论实用且极具启发性，它们也反映了彼得·林奇对投资的根本看法——投资是一门艺术加科学，再加经验的学科。

艺术代表着不能死板地进行静态分析，很多人对量化分析都太过迷恋，总是想着建模型，很容易陷入静态分析框架的窠臼。科学代表着做投资不能采用天马行空的印象派做法，也不是真的就像大猩猩一样随便选股，投资也要有科学的精神，基本分析必不可少。经验代表着投资行业是一个实践性非常强的行业，不是看两本书、背两条原则，就能成为投资大师了。所谓大师，都是在不断地淬炼中才能养成的。

第十二章

投融资决策：每个决定都重要

融资决策是现代企业最重要的决策之一。

资金是企业的血液。对企业来说，融资决策是性命攸关的一步：它会深刻影响企业的估值、未来发展方向和增长速度。

从内部融资到债权融资、股权融资，企业融资决策的终极目标是在现实条件下最大化企业价值。利息税盾、破产风险、重组成本，以及行业特征、企业的生命周期，都会影响现实中的融资决策。

公司的资本结构

一个比萨，你用什么刀法切，切成八块还是十块，都不会影响比萨的大小。

——莫顿·米勒

第 064 讲　融资决策：决定企业的风险和成本

资金是企业的血液。对企业来说，融资决策是性命攸关的一步。它会深刻影响企业的估值、未来发展方向和增长速度。

MM定理[①]：企业融资决策的地平线理论

企业的融资方式多样，可以发行股票、发行债券或者向银行借款。在很长一段时间内，“哪种融资方式更好”一直困扰着学界和业界。

1958 年，卡内基理工学院的米勒教授和莫迪利亚尼教授提出的 MM 定理给这个问题提供了一个富有哲学意义的答案。

为了把理论讲清楚，米勒和莫迪利亚尼假设了一个最简化的世界：A、B 两家企业做相同的业务，以相同产量生产相同的产品，唯一不同

---

① 莫迪利亚尼 – 米勒定理（Modigliani-Miller theory），由 1990 年诺贝尔经济学奖得主默顿·米勒（Merton Miller）和 1985 年诺贝尔经济学奖得主弗兰科·莫迪利亚尼（Franco Modigliani）提出，简称 MM 定理。

的是融资时，A 公司打算发行股票，B 公司打算发行债券。

假设市场非常完美，没有税收，也没有信息不对称等市场摩擦。那么企业的价格就应该等于未来现金流总和的贴现值。由于两家公司的产品和产量一样，所以现金流也会一样，即 A 和 B 的市场价格应该相等。所以，一旦 A 和 B 出现价格差异，一定会有人进行无风险套利。比如说 A 的价格比 B 高，就会有投资者卖空 A，再用卖空的资金购买 B，这样自然导致 A 价格下降、B 价格上升，直到两个公司价格相等为止。

这就是 MM 定理的第一条推论：一个企业的市场价格仅仅取决于它未来能创造的价值之和。在完美市场的假设下，不管你是用股票、债券，或者其他方法融资，企业的定价都不受影响。换句话说，企业价值与融资模式（资本结构）无关，这就是著名的“资本结构无关论”（Irrelevance of Capital Structure）。

很明显，这个“无关”是一个假设条件下的无关。任何假设条件的变化都会导致“无关”变“有关”。

比如考虑税收。现实中利息可以抵税，发行股票没有利息，发行债券有利息，这意味着在同等情况下，利息抵扣的税金会增加公司的价值。比如，A 公司和 B 公司都创造了 100 元的现金流，A 公司交 30 元的税，B 公司由于要支付债券融资的利息，抵扣了部分税款，只交 27 元税即可。这时,B 公司的价值会因为减免的税比 A 公司整整高出 3 元。

这就是 MM 定理的第二条推论：在存在税收的情况下，一个企业的价值会随着债务比例的上升而上升。增加的价值恰好等于利息乘以公司的税率。这条推论意味着，越是税负重的地方，债权融资越能提升公司的价值。但是债权融资也是有成本的。企业负债太重，银行很难给企业贷款，而且负债太高企业破产的风险也会升高，这会导致企业估值下降。

这就是 MM 定理的第三条推论：当债务多到引发破产风险时，企业的价值会随着债务比例的上升而下降，而价值减少的部分，就等于公司总价值乘以破产的概率。

从 MM 定理的这几个推论中，我们会发现，一个看似如此简单的理论被视为公司金融的奠基石，原因就在于它将“简洁”与“丰富”完美结合：先假设一个没有摩擦的世界，然后一步步地加入摩擦，估算每个摩擦对公司价值的影响；再以此为起点动态地思考下去，度量和评估不同条件下的融资决策。

比如，当高科技或生物制药企业现金流不稳定时，或者经济下行时，企业应该加大还是减少负债？当企业利润很高但投资机会不多时，应该增加还是减少负债？当企业面临很重的税负，三五年后就可能有很高盈利的情况下，企业的债务应该怎么定？每个现实约束条件的改变，都可以通过 MM 定理得到具体解释。随着理论和现实的相互印证，学界逐渐形成了一套关于企业投融资的体系化思想。比如，在股东价值最大化的目标下，我们该如何选择投资项目，如何确定融资结构，如果考虑分红政策，如何选择能提升公司价值的内部治理结构。

这是一个优秀理论的一般特征：从简洁干净的设定出发，得到丰富的现实解释。

优序融资理论：降低信息的不对称

MM 定理帮我们建立了企业融资决策的思考基础，而著名金融学者迈尔斯（Myers）和迈勒夫（Majluf）在 1984 年提出的“优序融资理论”（Pecking Order Theory）则是关于真实世界里融资决策的一般原则。

20 世纪 80 年代，有人就“企业融资时会优先考虑哪种方法”的问题对美国500强企业做了调查，总结后得到了一个“链条”：企业首先会采用内部融资的方式，接下来才会考虑采用债权融资（如银行贷款或者债券），最后才会采用股票融资。即：

内部融资＞债权融资（银行贷款、债券）＞股票融资

中国有家著名的企业“老干妈”，它的创始人陶华碧女士就坚持“不借债，不上市，不贷款”——老干妈创立二十多年来，企业扩大再生产时用的都是自己的利润，即都是通过内部融资实现的。企业一直稳步发展，2013年光纳税就5亿多元。无独有偶，阿里巴巴在美国上市之后，就没有再发行股票融资过，而是发行了10亿美元的企业债。

换句话说，美国大企业和老干妈、阿里巴巴在融资决策方面是一样的：能不外部融资，就尽量不外部融资；即使要进行外部融资，也尽量选择债权，而不是股权。

这些现象就是金融学上的优序融资理论：公司为新项目融资时，将优先考虑使用内部盈余，其次会采用债券融资，最后才考虑股权融资。这个现象会在股票价格上有反应：一个公司进行项目融资时如果使用内部盈余，公司股票价格就会上涨；如果通过增发股票的方式筹集资金，股价会下跌；而以发行债券的方式筹资，股价下降的幅度会小一些。

这可以用金融世界里最重要的摩擦“信息不对称”来解。由于企业外部投资者和内部管理者存在着明显的信息不对称，所以管理者的每个动作都会被投资者解读成某种信号：

一个赚钱的企业不会无缘无故让他人分一杯羹。自1997年开始，老干妈的年利润就超过千万元，有足够的资金扩大再生产，而且扩大再生产后的利润也是有保障的，如果发行股票融资就意味着要让渡企业利

润，那还不如用留存利润进行项目投资。用留存利润投资给市场传达了两个非常强烈、清晰的信号：第一，企业不差钱；第二，企业有投资增长的机会。这样一来，投资者信心增加，对公司的估值也就增加了。

在这一逻辑下，如果选择外部融资，债券传递给市场的信号比股票正面。因为发债要强制性地还本付息，这意味着企业对投资项目有把握，至少会取得超过债券利息的收益。而发行股票传递给市场的信号是项目的风险更大。

所以，像娃哈哈和老干妈这类利润高、产品单一的企业大都是靠内部融资完成发展的，不愿与别人分享利润。阿里巴巴等大企业上市后也更愿意采取发行债券的办法融资，其根源就在于要向市场传达更加正面的信号。

但是优序融资理论似乎在中国A股市场显得势单力薄——中国的企业大都追求上市。造成这种现象的原因可以追溯到A股市场的制度环境。作为“僧多粥少”的融资市场，A股每个上市名额都意味着权力，甚至是地方政绩，所以上市名额中有明显的“制度溢价”。另外，因为我们市场管理的水平相对较低，对违规行为的处罚也不到位，所以A股市场反而成为“便宜”的融资渠道，大家都蜂拥而至想分一杯羹。

权衡理论：企业的最优融资结构

我们分析美国企业的资产负债率时，曾发现过一个现象：医药行业、互联网等高科技行业的企业，以及创立时间较短的企业，普遍负债率都很低，大都采取股票融资的模式，很少发行债券或者从银行贷款；而农林牧渔企业和水卫煤电等公用事业企业则普遍负债率较高。

再进一步分析企业的财务报表，可以进一步发现三个显著趋势：

第一，企业现金流充沛或者利润多的企业，更喜欢发行债券，债务比例会更高一点；

第二，现金流波动大的企业，发债的意愿就迅速下降；

第三，研发费用和企业的负债率呈现出很强的负相关性，研发费用越高，企业的负债率就越低。

现金流充足的企业之所以愿意发债，一方面是因为企业还本付息的压力小，另一方面是因为发债可以对管理层形成约束。当企业现金流过大时，很难保证管理层不产生乱花钱的冲动。20 世纪 80 年代，很多美国上市公司的 CEO 以公司名义买飞机、买游艇、捧明星。我国很多企业也有不分配红利、到处去收购等类似情形。这也是企业普遍存在的代理问题。在这种情况下，通过发债或银行贷款可以增加企业的利息支付，减少管理层手里可支配的自由现金流。而企业现金流波动大或研发费用高时，未来的收益会有不确定性，企业自然不愿意通过发债把自己绑在还本付息这个确定的支出上，否则容易造成市场预期的不稳定，导致公司价值起伏波动。

这也说明，企业都有意或无意间根据自身情况权衡最适合自己的负债策略。这在金融学中有一个对应的理论——“权衡理论”，它专门研究如何找到企业的“最优融资结构”，即最优负债率。一般来说，除了帮助企业解决现金流的代理问题外，由于债务的利息是免税的，所以负债率上升会减少企业税负，这被称为“税盾”。但另一方面，负债率上升也会带来更高的破产风险。所以权衡时企业会根据股东利益最大化原则，在债务的成本和收益之间进行平衡。

权衡理论认为（如图 12–1 所示），当债务比例较低时，负债增加带来的税盾利益使公司价值上升；当债务比例达到一定高度时，负债增加带来的税盾利益开始被财务困境成本抵消；当边际税盾利益恰好与边际财务困境成本相等时，公司价值最大，此时的负债率即为公司最佳资本结构。图中负债的成本、收益相抵消的交叉点，就是公司的最优债务率。

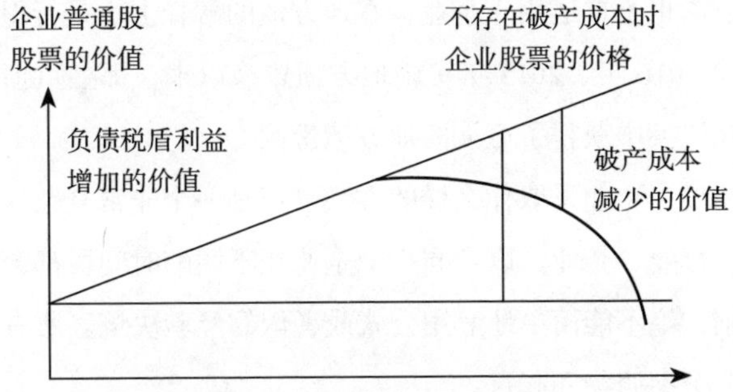

图 12–1 企业最优资本结构

从 MM 定理、优序融资理论到权衡理论，企业的融资决策看起来也没有那么难：研究现实世界里的摩擦，比如税收、破产、信息不对称、代理问题等，然后结合企业具体情况，分析几种力量的影响，计算债务的成本和收益，最后确定“最优”负债率。

但理论和现实之间永远隔着一道墙。在现实世界中，当一个企业的负债率远高于同行业水平的时候，反而会倾向于增加负债，而且这个趋势在负债金额很大的企业里更加显著。也就是说，在债务成本极高但收益极低的情况下，企业反而更倾向于提高负债率。

因为企业借债的规模越大，债权人就越难以承受债务人破产清盘的亏损，所以债权人会更倾向于选择和债务人谈判，进行债务重组、减免债务、延长债务偿还期限或者追加借款，帮助企业起死回生。此外，破产清算还会带来裁员、失业等社会问题，政府、工会等各种机构也都鼓励债务重组的行为。所以，负债率越高的企业借债越多，越是债台高筑的企业越能借到钱，杠杆率越高。这种现象不仅存在于中国，在世界其他地方也都普遍存在，美国就有很多关于企业债务重组方面的法律规定，也有很多专门提供债务重组法律服务的大律师。

这个逻辑也不单适用于企业，在地方债的解释上也是行得通的。比如，自我国 2016 年、2017 年实施地方债置换以来，那些负债率最高的省市反而在置换中获得了更大的地方债份额。

换句话说，企业采取什么样的方法融资是一个非常复杂的问题。不同的环境、行业、企业，以及同一个企业在不同的时间段都会有不同的方法和原则，绝不能简单地套用公式或者依靠经验决策。所有的理论都只能作为一个参照物和起点。

思考题

你觉得投资的时候是否应该避开那些长期频繁进行定向增发的公司呢？为什么？

首次上市：上市其实没那么神

水能载舟，亦能覆舟。

——《荀子·哀公》

第 065 讲　IPO：是融资还是圈钱

对很多创业者和投资人来说，企业上市就像“封神之路”，是追求的终极目标之一。但上市也是一把双刃剑，中间有很多利弊的权衡。

IPO 上市意味着什么

腾讯和京东在 2004 年和 2014 年上市时，分别融到了 15.5 亿港元和 30 多亿美元，为企业下一步发展奠定了良好基础。

除了融资功能，对于投资方或创始团队来说，上市是一个退出通道。今日资本曾在 2006 年向京东投资了 1800 万美元。2016 年，也就是京东上市后两年，今日资本抛售了自己持有的近 8% 的京东股票，套现近 20 亿美元。9 年间，其投资增加了近 150 倍。同时，京东 CEO 刘强东也凭借 20% 的持股比例，成为身价过百亿美元的超级富豪。

IPO 上市的利

如果把企业经营看作打游戏，上市就像外挂，可以在短时间内让企业的战斗力飙升，实现跨越式增长。

上市最重要的功能是拓宽筹集资金的范围。公司上市以后，任何人都可以认购公司股份。尤其在现代科技的助力下，企业筹资可以跨越时间、地域的限制，筹资范围扩大，最大限度分散了风险。这种融资方式对于企业，尤其是创新型企业具有重要意义 。比如，新药研发需要大量资金投入，研发过程也是九死一生，失败概率很高。所以，制药公司不太可能借助银行贷款研发新药。但如果能上市融资，就等于千万人以小额资金分担风险，参与到创新中。很多人认为，美国医药公司的新药研发之所以一直遥遥领先于全球，和美国资本市场的良好运作是分不开的。

除此之外，上市还能让企业获得公众的关注，打开企业的知名度，企业的品牌、商誉由此能得到极大的提升。各行各业中我们所熟知的品牌一般都是上市公司，如沃尔玛、宝洁、宝马、奔驰、微软等。

但是近年来，美国资本市场上主动要求退市或者私有化的企业不少。1996 年，美国上市公司的数量是 8090 家；到 2018 年，就只剩下了 4397 家。美国的钢铁侠马斯克曾经公开表示希望特斯拉退市。为什么那么多人梦寐以求的上市，却有这么多上市公司要放弃？

因为上市也是“围城”，城外的人想进来，城内的人却知道其中弊端，多有权衡。

IPO 上市的弊

首先，公司成为公众公司后，无法再控制新股东的类型。有资金约束的小股东、散户很难做价值投资者，他们大多是冲着股价短期上涨而来。即使是机构投资者，也是从散户手里募集资金。所以，上市公司必须盯着季度或年度的收益率和股价，业绩一浮动，就引起市场波动，投资人人心不稳。短期的盈利目标其实也常会和企业的长期发展目标冲突。

著名培训机构新东方 2006 年在美国顺利上市，成为中国教育第一股。之后 10 年，新东方的利润实现了 10 倍的增长，完成了从“草莽创业”到正规管理的蜕变，学会了资本运作。但新东方的创始人俞敏洪曾多次在公开场合表示后悔新东方上市，因为上市后企业的关注点就会发生变化。像新东方这样的企业本应该关注教学质量，但在股价的指挥棒下，数据的增长变得更重要。资本运作、市值管理的短期目标常会取代企业持续增长的长远目标。这同样也是马斯克对股市的抱怨。他认为，股价的震荡对员工和股东都造成了干扰，给特斯拉带来的是季度赢利压力，而不是长远发展的思考。当然，马斯克想退市的真正理由是否是这个，也是市场讨论的热点之一。

不仅是马斯克，很多创新企业也对上市比较迟疑。这些企业普遍比较担心上市以后带来的短期利润压力，可能会让他们无法再像上市之前那样专注于创新，从而陷入和“短视”的抗争之中。

除此之外，上市之后，企业有义务向股东公开自己的销售、财务、管理、产品等各种信息。这在无形中会导致上市公司在和竞争对手的对峙中让自己处于敌暗我明的劣势中。欧美很多优秀的家族企业，尤其是德国，就对上市持有特别保守和谨慎的态度、不愿意接受这种信息披露的要求。

IPO 上市的替代品

整体而言，上市像一把双刃剑，一方面帮助企业突破了资金约束，另一方面又让企业遭遇短期赢利要求和长期目标不一致以及信息过度曝光的问题。近一二十年，美国企业的上市热潮逐渐退却，这和全球金融环境的变化有很大关系。

就像讲义之前说过的，最近几十年，金融市场的结构发生了很大变化。随着20世纪60年代硅谷开启风投模式，90年代私募股权基金兴起，尤其2000年以后全球量化宽松趋势显著，企业的资金约束问题有了越来越多新的解决途径。

很多创新型企业不愿意因为上市而被迫遵守严格的监管要求，更加青睐风险资本或其他私募基金。另外，一些超级大企业现在也是投资市场的主力，出于企业集团的战略考虑，往往会在市场上购买其他企业扩充自己的版图。

2017年，以阿里巴巴、腾讯为代表的互联网企业一共投资了197家企业，耗资近4000亿元，俨然成了中国市场上最大的企业买家。阿里巴巴用28.8亿美元买下了高鑫零售30%左右的股份，还入股了欧尚和大润发。腾讯则用40多亿元购买了永辉超市5%的股份，还向唯品会投资了6亿多美元。除此之外，它们投资的新兴企业不胜枚举。而作为对比，2017年在A股上市的公司，包括主板、创业板、中小板在内，一共有438家，筹资2300多亿元。可见，如今有互联网巨头参与的企业买卖市场，实际比IPO融资市场的规模要更大。

和IPO相比，企业买卖市场属于点对点的交易，程序简单、中间费用少，而且出让股权的企业还可能获得大企业除资金以外的其他支出。比如，蚂蚁金服投资哈罗单车，带给哈罗单车的不仅有资金，还有很多网上入口。所以，如果创业者未来希望将自己沉淀在企业中的人力资本变现，实现财务自由，不一定要通过上市，将企业卖给更有实力的大企业也能获得同样的效果。

不过，在全球上市热潮逐渐退却的趋势中，中国内地的企业对于“上市”仍然热情高涨：除了A股上市的“一票难求”外，许多内地企业都看中了香港市场。2015年、2016年和2018年，在香港市场IPO上市的企业数量居全球第一，其中内地企业占据着主要份额。比如，

2018 年 7 月 12 日，8 家内地企业在港交所上市，而港交所只有 4 口钟，导致当天上市的企业只好轮流敲钟。

中国企业为什么热衷于上市?

为什么中国的企业这么热衷于上市呢？除了筹资范围和知名度方面的优势外，更重要的是中国特有的市场和制度环境，使很多中国企业面临更大的融资约束。

资金无论对于企业的生存还是扩张都至关重要。美国是全球融资渠道最多元、融资体系最完备的地方。企业在美国发债和发股都相对简便和容易，各类私募基金体系也比较成熟，再加上与融资体系相配套的法律环境，各种生命周期的企业都能在这个巨大的资金池里找到适合自己的融资方式，而上市只是其中的一种融资模式，并不算华山天险一条路。

而中国的融资体系以国有大银行为主导，始终更青睐大中型国有企业，民营和小微企业面临更多融资约束。20 世纪 80 年代之后，虽然进行了系列改革——放开信托业，开放资本市场，进行股份制改造，接着又进行股权分置改革和改革债市，融资体系初步建立，但金融体系的底层逻辑并没有发生根本性改变。国有大银行始终对大中型国有企业青睐有加，为它们提供相对畅通和廉价的融资渠道，大多数中小民营企业却处在资金饥渴之中。

20 世纪 90 年代以后，股市对部分优质的民营企业敞开了大门。三一重工就是通过上市走上了跨越式发展之路的。和欧美股市以“社会和企业信用”为基础不太一样，中国资本市场有很强的政府信用的影子。所以一个企业上市，相当于被赋予了某种信用额度。比如，在宏观经济紧缩期，一般而言，中小民营企业缺乏足够的风险对抗能力，金融机构不愿意放款。但上市公司有国家的市场信用做后盾，即使在资金紧张的情况下，银行也愿意给上市企业放贷。而且，上市公司还可以通过股权质押获得资金。上市公司的股权在二级市场上进行着活跃的交易，有明确的价格，流动性好，一旦企业发生违约，金融机构也可以在二级市场上出售质押股票。现在很多企业集团就通过上市公司搭建融资平台，滋养整个集团体系。

除了融资便利外，上市企业的融资成本也相对低。2013 年我国市场利率高企之际，央企的贷款利率是在基准利率的基础上下浮 10%，其他企业从大到小上浮比率依次增高，上市公司上浮 5% 到 6%，中型企业上浮 8% 到 9%，小微企业则上浮 13% 到 14%。可见，上市公司和其他企业的融资成本相差近 1 倍甚至 1 倍以上。

整体上，在一个高度融资约束的官办金融体系下，“上市”带来的巨大信用溢价，是企业对上市趋之若鹜的根本原因。这种溢价不是一笔私募资金可以取代的。

所以，要解决上市在中国企业中“奇货可居”的局面，最根本的还是要落足在改变中国金融市场结构和市场制度环境上。2019 年开始的金融开放、科创板注册制等，2020 年进一步推行的资本市场制度建设，尤其是法律层面的完善可能会带来很多新气象。

| 思考题 |

上市公司除了拥有发债、增发等融资优势外，还有其他融资便利吗?

第 066 讲　壳价值：中国 A 股市场之怪现状

追捧“借壳上市”是中国 A 股市场上的一个独有现象。一有公司被借壳的消息，股价就会大涨。昔日“假疫苗案”中的长生生物就是通过借壳上市的，它的股票一度在市场上大受追捧。

借壳上市：曲线上市

所谓借壳上市，也叫反向收购（reverse merger），是一家企业暂时没有办法通过正常的途径上市，就收购一家经营不善，只剩下空壳的上市公司，注入自己的资产，从而达到上市的目的。对于买壳的企业来说，这算是曲线上市；对于卖壳的企业来说，这就是重大资产重组。借壳上市完成后，收购企业成为壳企业的实际控制人。

现实中利用反向收购曲线上市的情况并不新鲜，很多在美国上市的中概股就是通过买壳来实现的。但是借壳上市在欧美国家并不流行。因为这些市场上上市名额并不稀缺，如果采取借壳上市，大多因为企业在信息披露或资质方面没有达到上市要求，所以市场会相应给出比较负面的反应。

A 股市场的借壳上市很兴旺。2014 年到 2016 年，三年间通过借壳上市的企业差不多有 80 家，占了同期 IPO 数量的 15% 左右。这一现象，可以说是中国制度环境下的特殊金融现象。由于上市名额有限，2015 年，800 多家公司排队等待上市，最后只有 77 家获得了上市资格，剩下的都被堵在了外面，这被称为“IPO 堰塞湖”。除了上市后可以享受诸多好处，退市也极其罕见，所以，一个企业只要占据了上市的坑，即使经营得一塌糊涂，其“上市名额”也是非常有价值的。2015 年，一个上市公司的壳可以卖到四五十亿元。

对欲上市而不得其门的企业来说，借壳上市的好处显而易见。

第一，时间短、效率高。在 A 股市场上，排队等 IPO 的时间动辄数年，如果借壳上市，只要资金到位，几个月就能完成上市。对于那些处在高速发展中的、亟待资金支持的企业，时间就是金钱，借壳上市可能提供弯道超车的机会。

第二，审批手续相对简便，信息披露的要求相对较低。任何企业都忌讳将自己最核心的信息公之于众，降低自己的竞争壁垒，借壳上市的这一优势对企业具有非常大的诱惑力。

但是借壳上市也伴随着很多问题，其中最典型的就是“借壳炒作”提升股价、对散户进行割韭菜等。原因比较简单，一般而言，“壳企业”是市场的落后生，像茅台这样的企业是不可能成为壳公司的。借壳上市相当于为壳公司注入了新鲜血液，会对股价产生正向刺激。所以借壳上市很容易成为概念炒作的重点，甚至形成内幕交易，影响市场的公开和有效。

2011 年，360 在美国上市后，由于公司的成长性一般，股价一直低迷。2015 年,360 的创始人周鸿祎联合多家投资机构，以 93 亿美元（约 600 亿元人民币）的市场价格完成了 360 的私有化。与此同时，360 找到一家叫江南嘉捷的壳公司，开始筹划在 A 股市场借壳上市。2017 年 11 月，江南嘉捷改名 360，复牌之后开盘即是 18 个一字板涨停，让投资机构赚了个盆满钵满。上市后，360 的市值达到了 3582 亿元人民币，是之前美国市场估值的 6 倍。

涨停板打开之后，很多散户踊跃跟进，想搭乘互联网行业发展的大车。但实际上这时 360 的业绩已经大幅下滑了一段时间。之后，360 的市值从最高点时的 4500 亿元人民币下滑到了 1600 亿元，跌幅达 60% 之多。即便如此，以 93 亿美元参与私有化的机构投资者，都实现了数倍的投资收益，创始人周鸿祎的财富翻了几番，江南嘉捷原来的大股东套现了数十亿元，投行也赚取了不菲的佣金。倒霉的只有高位站岗的散户。

像360这样用借壳上市的方式“割韭菜”的并不是个例。曾有学术研究发现，2005年到2011年在A股市场借壳上市的公司，股价一般在停牌前的60个交易日就开始上涨，股东、机构投资者会大量增持壳公司的股票，等到借壳上市消息发布，也就是重大资产重组的消息公告之后，股价会再度大涨，这时股东和机构投资者会减持套现，最后等股价下跌时，就只剩下散户这些“韭菜”被套在了“韭菜盒子”里。买壳的钱看似是企业出的，但归根结底还是分摊到了小股东身上。

| 思考题 |

你认为科创板的推出会降低A股市场上市公司的壳价值吗?

第067讲　红筹股：中国企业境外融资的金融创新

以2020年的眼光来看，包括境内外上市融资、私募股权、风投创投在内的各种融资方式都不算新鲜事。但30年前，不管因为企业实力，还是因为意识形态、历史背景等原因，中国企业面临的融资约束比我们想象的还要大得多。

人们容易将“现在”视为理所当然，其实所有的现在都是从崎岖的历史中点滴累积“创新”过来的。20世纪90年代开始，中国境内企业就曾不断以金融创新的模式去寻求境外融资，追求自身发展。

红筹崛起：从“买壳上市”到“造壳上市”

改革开放初期，境内企业和外部世界相对隔离。为了招商引资，特别是外资，中央部门率先在金融发达的香港设立了“窗口公司”。所谓窗口公司，就是打开窗户先行先试的意思，一般是中央部门或内地省一级政府直接出资，在港澳地区成立经济实体。中国国际信托投资公司（中信集团的前身）、光大实业公司（光大集团的前身）、联和行（华润的前身）都是当时中央部门设立的窗口公司。除了中央部门外，当时各省也分别在香港设立了窗口公司。

内地还没有资本市场时，很多窗口公司已经开始尝试资本运作。最开始是中信、粤海等窗口公司尝试“买壳上市”，反向收购香港本地的小型上市公司，从而变成本港上市公司的实际控制人。当时中信是新景丰的实际控制人，华润是永达利的实际控制人。这类公司发行的股票就被统称为红筹股（red chip stocks），专指国有企业把境内资产拿到香港融资市场上市的股票。在香港上市的、具有中资背景的企业也被称为红筹企业。后来，红筹的含义有所扩大，那些业务背靠境内，上市公司注册地又不在境内的企业也都被称为红筹企业。

除此之外，当时的红筹股还有一层含义：因为红筹股的企业规模相对较小，市场活跃度低，所以和香港市场上的主力蓝筹股是有区别的。但这个局面被上海市政府在香港设立的窗口公司上海实业打破了。20世纪90年代，上海进入了高速发展期，资金约束成了城市建设的瓶颈。设立上海实业的目标之一就是为上海吸引外资。但作为一家地方级的窗口公司，上海实业的资金实力不强，如果买壳，资金方面会有些捉襟见肘。于是，上海实业大胆地进行了一次创新的上市运作。

通过深思熟虑，上海实业决定先确立“上海消费”的概念，并通过上海市政府的协助，把像上海家化、三维制药等老牌国有企业按照港交所的上市规定进行资产重组、明晰产权，之后再把重组过的资产注入上海实业，相当于将上海实业打造成上市控股的壳，在香港上市募资。

这种模式，即“本港公司 + 内地增长”，彻底把“买壳上市”变成了“造壳上市”，实现了将境内资产在境外进行资本运作的突破。当时的境外投资者对内地背景公司的信任感不强，本港公司的壳能让境外投资者更放心，减少制度摩擦。更重要的是，和买壳进行纯资本运作不同，这个模式能让境外投资者真正分享内地经济增长的红利。在这种运作下，上海实业公司股票超额认购 158 倍，上市当日股价大涨，成交量更是占当天港股成交量的近 10%。

靓丽登场之后，上海实业乘胜追击，先后收购了代表上海消费和成长领域发展的多家国企，诸如东方商厦、联华超市、光明乳业、南北高架、内环高架等。短短一年之内，一个名不见经传的地方窗口公司，就用“上海消费”这个概念，替上海募集了 100 多亿港元。这个数字比当时上海所有 A 股上市公司一年的募资总和还要多，也让中国地方政府见识了资本市场的强大力量。

随后，北京、天津都采取了这个模式，1996—2000 年，香港资本市场刮起了一股红筹旋风，上海实业还因这次出色的表现，在 1997 年被纳入了恒生指数，成为香港资本市场上的蓝筹股。这也是拥有内地背景的红筹股，变成香港资本市场有影响力的蓝筹股的开始。到目前为止，中信泰富、华润置地、中银香港、联想等众人耳熟能详的企业都是采用类似模式，将内地的资产和业务注入香港壳公司，并在香港上市的。

上海实业的这次创新所带来的影响远远超出了资本市场的范畴。其中最大的影响是它对旗下一系列国企的改造，改变上海国有资本的面貌。在上海这种传统国企的大本营进行国企改革，其实远比我们想象的更困难。而上海实业以“本港公司 + 内地增长”的模式，借助资本的力量，对上海老国企进行了现代化的改造和洗礼，让股份制、产权、资本运作这些理念得以传播和扎根。和获得的巨量资金相比，这些理念对上海的滋养其实更加深远。上海实业这些年来培养的人才，至今仍是沪港资本市场上最活跃、最耀眼的群体之一。①

这里需要厘清一个容易混淆的概念。红筹股和H股，两者都在香港上市，也都是对境内资产进行资本运作，但两者之间其实区别甚大：发行H股的企业是在内地注册，在香港上市主要是融资目的，更多受到内地监管机构的管理和监督；而发行红筹股的企业是将“境内资产”注入境外企业并上市，更多和境外资本市场接轨。

VIE 架构：境外上市的新模式

围绕着境内业务，在境外注册公司、境外上市的各种制度设计，我们统称为红筹架构。红筹架构是目前跨境私募与海外上市的首选架构。在红筹架构下，人们根据境内权益控制方式的不同发展出不少变种架构，其中“协议控制”模式最为知名。“协议控制”模式，又称“VIE”模式（variable interest entities，可变利益实体）或者“新浪模式”②，这种模式曾大量应用于互联网公司等民营企业的境外上市。新浪、搜狐、网易、百度、腾讯、阿里、蒙牛、国美、玖龙纸业、无锡尚德等这些我们熟悉的明星民营企业，都是VIE模式上市的。

---

① 本节成文得到原上海实业董事长蔡来兴先生、上海实业CEO吕明方先生、上海实业原战略部总经理周道洪先生的大力帮助，谨此致谢。

② 协议控制模式实际上是新浪2000年左右为在境外上市而创立的模式。当时我国不允许外商投资网络信息服务业，但对境内网络信息服务企业对外提供技术服务没有限制，于是新浪就设计了境外投资者投资离岸公司，再以独家服务合作的方式取得对境内公司控制权的模式。所以，协议控制模式也被称为“新浪模式”。

VIE 模式的运作流程

使用 VIE 这种架构时，多数情况下，先由境内公司在英属维京群岛、开曼群岛等地设立离岸公司（法律上称为“特殊目的公司”），之后通过各种协议让离岸公司控制境内企业的权益，最终实现离岸公司的境外上市，即红筹上市。

为了说清楚这个结构，我们不妨用一个虚拟的例子。假设现在成立一家香帅科技信息公司，公司业务范围涵盖线上教育、动漫金融、咨询业务、投资业务等。公司经营了一段时间后希望继续扩大规模。如果寻求在 A 股上市融资，胜算很低，耗时也长。如果寻求境外融资，作为一家境内企业，香帅科技信息公司需要满足一系列要求：企业总资产不少于 4 亿元人民币，上一年利润不少于 6000 万元人民币，上市的融资额度不少于 5000 万美元。此外，就算满足了以上条件，还需要去商务部、外汇管理局等部门履行一系列手续，而且上市以后再增发股票或发行债券，还需要另行报批。

面对这种情况，用 VIE 架构就变成了一个更优选择。

首先，我们可以在像开曼群岛这样的离岸金融中心注册一家公司“香帅国际”。离岸金融中心注册公司手续简单、便宜，多有一条龙的注册服务。接下来再签署一系列协议，让“香帅国际”为境内的“香帅科技信息公司”提供包括咨询、管理、技术在内的各种独家服务，收取高额的服务费。通过这种服务协议的方式，“香帅国际”实际上控制了境内“香帅科技信息公司”的收入，这就是所谓的协议控制。之后，我们以“香帅国际”作为上市主体，到港交所或美国纳斯达克申请上市即可。

VIE 模式在民营企业的境外上市中被广泛应用，且结构也越来越复杂，以满足各种需求。比如，有人希望隐藏股东身份，就可以在开曼设立的公司的上下游再设立 BVI 公司。[①] 再比如，人们还可以利用香港和内地之间的税收安排和税收优惠，在开曼公司下设立香港公司，建立复合型的 VIE 结构，等等。

红筹上市的利弊

对于民营企业来说，通过这种模式境外上市好处非常多。第一，获得了通畅的融资渠道。第二，避免了烦琐冗长的审批程序。第三，企业上市后股票流通没有限制，股东可以随时抛售变现，实现财富的最大化。第四，可以绕开境内相对严格的监管。比如，我国有外资不可进入网络出版业的规定，所以境内企业如果从事网络出版服务，是无法去境外上市的。但是在境外注册的公司就不受这一限制了。通过 VIE 结构，境外企业可以获得境内企业的收入和资产，但在经营管理上，又不会形成对境内企业的冲击和改变。也就是说，通过协议控制，企业既能达到满足国内监管的要求，又能实现在境外的上市融资。

红筹架构是中国的民营企业在生存发展过程中创造的金融模式，但在实践的过程中，这个模式也面临各种各样的问题，首要问题就是监管风险。

在我国现行的法律制度下，VIE 结构的法律地位比较模糊。监管机构没有明确承认其合法地位，但在实践中对此是采取默许的态度。目前 VIE 结构面临着政策方面的不确定性。比如，红筹上市需要将境内企业的收入转到境外，这涉及资本外逃的问题，有些企业可能会利用境外和境内联动的通道进行资本转移，一些官员还可能利用红筹上市模式中隐藏股东信息的机制转移非法所得。国家外汇管理局后来也加强了这方面

---

① 即在英属维京群岛注册成立的公司。英属维京群岛是全世界公司注册最宽松之地，连股东材料都不用提交，隐秘性好，且几乎没有任何税收。

的监管。2006 年，商务部、国资委、税务局等六部委联合发布了著名的“10号文”[①]，给红筹上市设置了很多关卡，增添很多成本，也使很多民营企业的筹资之路，变得更加不平坦。

除了监管风险，红筹上市还存在回流问题。2008 年以后，我国金融市场扩容很快，尤其是 2013 年之后，国内金融自由化的步伐加大，市场上的金融工具逐渐丰富了起来，加上 A 股市场估值高，很多企业都产生了回归 A 股的想法。要回归 A 股，就得拆除境外上市的 VIE 结构。但打碎一个旧世界，往往比建设一个新世界还要难。拆除 VIE 的成本非常高，整个拆除的过程也非常漫长。这使得 VIE 模式的前景又蒙上了更多的不确定性。

思考题

为什么 20 世纪 90 年代中资企业大多选择在香港开设窗口公司呢？这和香港金融市场有什么关系吗？（可以参考香帅的著作《金钱永不眠》之“客途秋恨”。）

① 全名为《关于外国投资者并购境内企业的规定》。

兼并收购：门口的野蛮人

爱德华·刘易斯：我不是卖掉整个公司，是把公司分开卖出去，这比整卖赚钱。

薇薇安：是不是有点像把偷来的汽车拆开，卖掉零部件，对吗？

爱德华·刘易斯：是有点像，但合法。

——电影《风月俏佳人》

第 068 讲　兼并收购决策的底层逻辑

自 20 世纪初美国第一次兼并收购浪潮之后，兼并收购一直在企业发展的历史中扮演重要角色。20 世纪的 30 年代和 60 年代，美国第二次、第三次兼并收购浪潮相继来袭。之后，内生式的发展越来越无法满足企业的扩张需求，兼并收购成为扩张的主要途径。随即在 20 世纪 80 年代和 90 年代，美国又各出现了一次兼并收购浪潮。目前，兼并收购已经成为全球企业扩张的主流方式。

兼并收购的驱动力

兼并收购为什么会此起彼伏，一浪接着一浪？为什么会成为企业扩张的主流方式？这背后有深刻历史原因。

内因：技术革命和行业变革

从内因上看，兼并收购的本质是行业的资源重构，每次兼并收购浪潮都是前期技术革命和行业重构的结果。

回溯历史，我们会发现，自己熟知的“企业”模式其实是第一次工业革命以后才逐渐形成的，之前制造业多是作坊形式。20 世纪初，以电力为核心的第二次技术革命更是带来了全球制造业的飞跃。机械化和流水线的出现使大规模生产成为可能，无线电技术则使广播、广告等传播方式逐渐普及，也使市场越来越大，刺激着人们需求的增长，而扩张的需求又反过来刺激了更大规模的生产。同样道理，20 世纪 60 年代的计算机信息革命、90 年代的互联网技术革命，都使人类的交互更加快捷便利，跨国商品和资金流动更加频繁，市场规模再次扩大。面对市场的变化，企业的规模扩张越来越成为必要。而相比企业自我积累式的增长模式，兼并收购明显在时间和效率上占据绝对优势，能够快速地为企业铺平扩张之路。

更重要的是，每次技术进步都会对社会原有的生产、商业、消费等模式造成冲击，资本、劳动力等要素都会被重新配置。这意味着每次技术革命都伴生着大规模的行业重构。蒸汽机行业、制冰行业、电报行业、制笔行业、电视机行业等都曾经是一个时代最热门的行业，但是随着新技术的渗透和改造，新的行业和商业模式雨后春笋般不断崛起，很多固若金汤的行业被迅速迭代。人力、资金都涌入代表着新技术的地方。企业面临着“不进则退”的压力。所以老行业会率先出现大规模的兼并收购，进行产业升级，接着就是跨行业的兼并收购。

通过兼并收购，旧的行业、企业中的人力、技术，甚至土地资源，都会被其他行业和企业吸收，快速地实现社会资源的重新配置。

外因：金融创新工具的演进

从外因上看，现代金融工具的不断创新也影响着兼并收购浪潮的形态和特征。

20 世纪初，专业投资银行家出现，兼并收购成为投行的重要业务。20 世纪 60 年代之后，各种金融模式层出不穷，兼并收购从单一的现金交易发展为各种股权交易。80 年代以后，垃圾债券的出现使得“蛇吞象”式的企业并购成为可能，资金不再是并购交易的约束。到了 90 年代，私募股权基金等各种金融模式和工具的流行，也让企业的兼并收购变得更加便利和频繁。

2004 年以来，全球的独角兽企业（估值超过 10 亿美元的初创企业）平均形成年限从 7 年下降到了 2.5 年，平均规模则从 10 亿美元上涨到了几十亿美元——兼并收购是这两个趋势变化背后最大的推手。中国网约车平台企业滴滴，就是通过兼并优步（中国）和快的之后快速形成现在垄断规模的。其余的独角兽企业，如美团（大众）、携程（去哪儿），字节跳动等，也都是如此。没有大规模和密集的兼并收购，企业很难在短短数年之内呈现爆炸式增长。

上市公司也一样，美国市值排名前十的公司占整个市场的份额已经从 20 世纪 90 年代的 10% 上涨到了今天的 16% 左右，这种市值集中度更高的局面的最大推手之一，也是兼并收购。

兼并收购的利与弊

作为重要的金融创新，兼并收购能帮助企业突破自身约束，快速实现规模化，形成头部效应，这也是过去半个世纪以来兼并收购越来越频繁、涉及金额也越来越大的原因。

但就像所有的创新事物一样，兼并收购也是利弊并存的双刃剑。

硅谷巨头思科不断进行兼并，原因是思科一直担心新的颠覆式技术出现，损害自己的优势地位。所以 1990 年以后，思科不断在全球范围内对新技术进行地毯式的搜索和收购，20 多年一共进行了 260 项技术收购。为了对这些技术进行产业孵化，思科和投资过谷歌、甲骨文、雅虎、苹果的著名风投机构红杉资本形成战略联盟。思科用自己的技术、产业经验和全球网络发掘项目，推荐给红杉资本；红杉资本则进行风投和孵化，孵化成功后再溢价卖给思科，或用思科的股票换股，实行变相“上市”。

基于这个战略合作，双方进行了一场著名的并购。

依靠红杉的孵化能力，思科得以源源不断整合技术和人才，保持住了自己的业内领先地位，市值也节节攀升；依靠思科的行业地位和全球网络，红杉资本也不断挖掘出优秀项目，并获得稳定的退出渠道，降低投资风险；创业企业也在此过程中获得资金、平台、人脉等全方位的支持。

思科和红杉资本之间的并购完整地展现了兼并收购带来的优势。第一，协同效应。思科在项目筛选上有优势，红杉则善于孵化项目，并购后双方实现资源的互补共享，降低企业创新的成本，获得价值提升。第二，规模效应。并购以后，思科的创新能力、市场覆盖能力、议价能力均大大增强。

尽管兼并收购对企业有诸多好处，但现实中它也遭到不少诟病。其中最引人注目的就是管理层可能为个人利益最大化，滥用并购来打造超大规模的企业。这种被称为“帝国制造”（empire building）的代理问题在 20 世纪六七十年代的美国特别多。美国企业的股权结构分散，一般是职业经理人掌握着公司的话事权，其薪酬、权力、名声、地位，都随着企业规模的增加而增加，所以，他们有很强的个人动机用企业的现金流过度进行多元化并购。这一方面浪费了企业的利润，另一方面会导致企业的整体经营绩效变差，股价打折—— 这个现象曾一度在美国市场非常普遍，被称为“多元化折价”。

如何判断兼并收购后的市场反应

总之，一个企业的兼并收购决策很难用简单黑白二分法来进行判断。需要结合市场环境、行业特性、企业特征等更多微观的信息进行动态的考量。正因为如此，市场对兼并收购的价格反应也差异颇大，一般的认识中，主动收购的一方应该财大气粗，被收购的一方比较“怂”。但现实总是跟我们的直觉相差甚远。

被收购方：股价一般会大涨

大多数情况下，被收购方处于可进可退的位置。收购方只有出价高，被收购方才会愿意卖。所以，被收购方能享受一定的市场溢价。如果被收购方是上市公司，只要收购要约出现，股价就会大涨。美国学者布伦纳总结了 20 世纪 70 年代到 21 世纪初所有的并购案例后发现，兼并收购中，被收购方的股价一般会上涨 10% 到 30%，之后随着时间推移，上涨幅度还是上升趋势。这个规律在中国 A 股市场上也适用。一家企业被收购，在公告后两三个月的短期内，价格大涨是大概率事件。

收购方：分情形考虑

而主动收购方的市场反应，相对比较复杂。很难找到“放之四海而皆准”的准则，但通过挖掘历史数据，我们可以从“买什么”“谁在买”“用什么买”三个问题的答案中，得到一些规律。

“买什么”。一般行业内收购比跨行业收购更容易受到市场的认可，股价反应也相对更正面。如果是跨行业收购，兼并收购的双方需要在业务上有较强的互补，股价才会有正向反应。在业务上毫无内在逻辑联系的企业进行并购，市场会担心未来企业经营状况，从而给出负面反应。

“谁在买”。并购如果发生在朝阳行业，市场容易将其理解为扩大市场占有率，产生规模效应，推动股价上涨；如果发生在夕阳行业，市场更容易将其理解为是管理层代理问题在作祟，导致股价下跌。

“用什么买”。兼并收购如果采用现金交易，市场价格反应更加正面。因为在存在明显的信息不对称的情况下，外部投资者一般会做如下推断：企业只有在现金流充沛，且对并购后的协同效应、效率提升、市场占有方面都很有信心的情况下才会采用现金交易。采用股票交易的并购给出的正面信号相对会弱很多。

| 思考题 |

中国有哪些行业可能出现较大规模的兼并收购浪潮？

第 069 讲 海外并购：中国企业“出海”的喜和忧

近几年，中国企业“出海”进行海外并购的消息不时见于报端。海外并购能够给企业带来什么？跨国并购是否真的是企业实现跨越式发展的万能药？对“海外并购”这个自带光芒的词语，企业的决策者应该保持清醒和全面的认识。

为什么要进行海外并购

在 2008 年“4 万亿”的刺激下，中国出现基建热潮，工程机械成为炙手可热的造富行业。2011 年，中国最大的工程机械制造商三一集团业绩耀眼，创始人梁稳根登顶中国首富。尽管当时三一集团的业务已经遍及了全球 40 多个国家和地区，但 95% 的销售仍来自国内，而且在国外大项目的竞标中，三一的名字也不是特别响亮。

同年底，稳坐全球“混凝土机械制造全球第一品牌”几十年的德国企业普茨迈斯特因创始人要退休而打算出售企业。梁稳根在得知这个消息的瞬间，就下定决心要买下它。但觊觎普茨迈斯特的不止三一，三一的老对手中联重科也对这个企业虎视眈眈。大家都知道，谁能拿下普茨迈斯特，谁的海外布局就会更加顺利，所以两个企业不断暗中角力。最终三一集团以 3.7 亿欧元的价格拿下这个案子。收购完成后，三一集团在海外的销售迅速地超过了中联重科，普茨迈斯特的品牌效应也很快也显现出来，在不少世界著名建筑工程的投标中频频中标。2015 年，普茨迈斯特的大象泵车在迪拜刷新了混凝土泵送的世界纪录，母公司三一集团在国际上也获得了更高关注。

三一对普茨迈斯特的收购是中国企业进行海外并购的典型案例：帮助中国企业实现技术和品牌资源的快速累积，从而在国际化布局上实现弯道超车。中国很多企业的成长都开始于 20 世纪 80 年代，相比国外百年老店在技术、品牌和管理上的积淀，年轻的中国企业很难在短期内通过自我积累赶上来。通过海外并购，企业有机会进入技术提升和品牌国际化的快车道。比如：潍柴动力收购了世界最大的豪华游艇公司法拉帝，并通过并购一举成为世界游艇市场的主要玩家；海尔集团收购了美国 GE（通用电气）的家电部门后，占有的美国市场份额从 1% 左右一下子跃升到了 15%；吉利汽车收购了沃尔沃之后，在技术上实现了跃升，推出了被称为中端价位的高端车——领克；等等。

2008 年之前，中国企业很少“出海”。即使有海外并购，也主要是国企收购一些经营自然资源的企业，如秘鲁的铁矿企业等。全球金融危机后，欧美国家的资产价格下挫，欧美企业和中国企业的实力呈现出此消彼长的态势，中国企业，尤其是民营企业，直到这时候才真正开启了大规模的“出海”行动。

海外并购：并不是万能药

尽管海外并购是中国企业进行产业升级和国际化布局的重要助力，但海外并购中存在的问题也不少。

TCL 集团的李东生是最早在海外并购方面“吃螃蟹”的民营企业家。但如果你问他“海外并购好不好”，他可能会得出和梁稳根不一样的答案。2004 年，TCL 两个月内闪电收购了法国的彩电企业汤姆逊和阿尔卡特的移动电话业务。这是当时最大的中国企业海外并购案，李东生因此当选了 2004 年度“CCTV 十大年度经济人物”。但仅仅一年之后，这两个项目都发生巨额亏损，导致 TCL 股价大跌，变成 ST 股（上市公司经营连续两年亏损，被特别警示的股票）。

TCL 并购最终失败的原因很复杂，最主要的有两条：一是李东生当时对彩电行业的方向性把握出现失误；二是并购过程中 TCL 踩了很多海外并购的坑，比如商业制度和文化沟通方面的巨大差异。

一个典型例子是，彩电行业在欧洲属于夕阳行业，从事该行业的熟练工人很少，招聘成了巨大问题，再加上欧洲工会力量强，解聘工人要提前几个月通知，而且还要支付高额的赔偿金，成本非常高。TCL 对这个问题估计不足，导致自己陷入了既招不到人，也裁不了人的局面，生产效率特别低下。此外，文化隔阂也很难克服。法国人对讲英语比较抵触，而 TCL 的法语人才很少，所以双方的沟通成本极其昂贵。总体上而言，并购就像结婚，婚后时刻可能出现类似看似不起眼的摩擦。如果不加以注意，摩擦的成本会越来越高，直到双方筋疲力尽，婚姻破裂。

TCL 的失败不是孤例。中粮集团收购荷兰农业公司尼德尔、联想并购 IBM 的 PC（个人电脑）机部门、上汽集团收购韩国双龙等，都是失败的海外并购案例。数据显示，在全球海外并购中，只有 30% 左右的并购是琴瑟和鸣的美满婚姻，商业制度、法律环境、文化差异，甚至意识形态，都可能成为并购这种“婚姻”的杀手，影响海外并购的成败。

监管也会成为并购的阻力。到美国投资都要通过美国的外国投资委员会（CFIUS）的审查。这个机构否决了很多并购案，近年对来自中国企业的并购则更倾向否决 。2016 年特朗普任总统后，这个趋势更加明显。中海油、清华紫光、蚂蚁金服都曾遭遇过并购被否的困境。

整体而言，尽管“出海”收益不小，但中国企业“出海”的风险暗礁到处都是。企业决策也好，投资者也好，对这种风险一定要有清醒的认识，避免冲动投资。

思考题

最近几年中国很多科技企业在寻找投资海外创业项目的机会，你认为这和中国市场的估值水平有关系吗？

延伸阅读

IPO 抑价还是 IPO 溢价

中国股民大多知道新股申购（俗称“打新”）。如果中签，就意味着能用发行价买到即将上市交易的股票。A股上市后的交易价格通常都比发行价高，所以打新成功通常意味着稳赚不赔的高收益。

从全世界的经验来看，IPO打新的收益普遍比较高。美国著名学者杰·瑞塔（Jay Ritter）发现，从1980年到2001年的20多年间，美国有6000多家企业IPO，这些企业的股票上市第一天的收盘价比发行价格高了近20%，即IPO打新单日收益高达20%以上。

IPO抑价之谜

按照市场有效的理论，一个企业的绝大部分公开信息已经被包含在价格中，“发行价”和首日上市价格差异不应该这么大，所以有种可能是在IPO过程中，价格被人为压低了——为什么会出现这样的情况呢？学者将这个令人费解的现象称为“IPO抑价之谜”，并提出了很多有趣的解释。

赢者诅咒

赢者诅咒原来是指拍卖中最后赢得拍卖品的人会亏损。拍卖场上最后赢得拍卖的人常常会支付超过拍卖品价值的价格，导致亏损。用我们中国的老话说，就是“赢了面子，输了里子”，所以赢反而成了诅咒。

最先用赢者诅咒解释IPO抑价现象的是一个叫罗克（Rock）的学者。1986年，他为IPO的定价过程构建了一个理论模型。在这个理论模型中，存在两类投资者：一类是具有信息优势的，如大的机构投资者、业内人士；另一类是普通投资者。普通投资者处于信息劣势，但是他们知道自己处于信息劣势，会根据这个处境对市场进行分析推演、做出决策。

举个例子，假设一只新股内在价值20元，如果发行价比内在价值低，那么有信息优势的投资者会先下手为强，普通投资者根本拿不到新股；而如果发行价比内在价值高，那么有信息优势的投资者就不会买，普通投资者买到过高发行价的股票的概率就大。这就是赢者诅咒：买到新股的投资者看起来是胜利者，但反而会亏损。根据这个推演，为了不被割韭菜，普通投资者会选择退出市场。怎么避免 IPO 流产呢？一个选择就是我们必须让股票的定价低于均衡价格 20 元，即压低发行价格，对处于信息劣势的投资者进行一定的风险补偿，让他们只要买到新股就能赚到钱，这样投资者自然就不会退出市场，IPO 也就不会流产了。

信息瀑布

20 世纪 90 年代，耶鲁的教授伊沃·韦尔奇（Ivo Welch）用前文提过的信息瀑布理论重新解释了 IPO 抑价的原因。

他认为，在 IPO 认购中，大家不会集体行动，而是有先后之分，前面人的行动会对在后面行动的散户的决策造成影响。如果前面认购的人特别多，就会传递很强烈的正面信号，后来者做出买的决策的概率就会更大。这种效应一层一层地传递下去，整个 IPO 就会像瀑布一样顺利地流淌，有一个完美的发行过程；反之，信息瀑布断流，会造成 IPO 流产。

因此，IPO 市场上的发行人和承销商有时候会折价，以吸引初始的投资者，以便形成正向的信息瀑布，保证 IPO 发行成功。

赢者诅咒和信息瀑布虽然是不同的理论，但都建立在信息不对称的基础上，只不过赢者诅咒更强调的是不同类型投资者之间的信息不对称，而信息瀑布强调的是公司和投资者之间的关系。

所以，归根结底，IPO 折价是信息不对称导致的，IPO 市场上巨大的信息不对称才是折价的根源。信息不对称性越大的 IPO 公司、IPO 市场，折价越大。很多实证证据显示，越是新的行业，越是现金流不确定的企业，发行价和市场价中间的差额会越大。类似的逻辑可以在中国的

IPO 市场上进行推演：由于制度性和发展阶段等因素，中国 IPO 市场的信息不对称性更大，自然也会比美国有更大的 IPO 打新收益。

首次公开发行的股票在二级市场上的溢价

既然 IPO 打新是个安全的投资策略，那长期持有 IPO 股票是否也同样靠谱呢？真实情况是，如果一个人守着 IPO 股票三五年，经常会面临严重亏损。

有学者对美国 20 世纪七八十年代进行过首次公开发行的公司做了一项长期研究。研究结果表明，如果一位投资者专门买新股，另一位投资者买和新股规模相仿的同行业公司的股票，3 年之后，买新股的投资者得到的收益仅是另外一位投资者的一半。将持有期延长到 5 年，情况也差不多。

A 股市场也呈现出同样的趋势：IPO 之后，上市公司的股价会拉出不少涨停板。2018 年 A 股新股股价的平均涨停次数是 8 次，2016 年是 11 次。但如果长期持有，几年后这样的涨幅就大多被吞噬，甚至被打回原形。像 2011 年 1 月华锐风电上市初期，市值达到了 800 多亿元，但之后不到一年，市值就缩水了一半以上。

所以想一直在 IPO 的股票上做一个“安静的美男子”，也不是那么容易的事情。这种现象在金融学上叫“IPO 的长期弱势表现”（IPO long-term underperformance）。

这种现象引起学术圈的争论，前面认为股票上市日回报率之所以高，是因为批发价定得太低（发行抑价）。但从长期的弱势表现来看，会不会更可能是零售价太高，股票在二级市场上出现了溢价？也就是说，股票上市之后价格涨得太多，透支了股票未来的回报率。所以从 3 到 5 年的中长期来看，IPO 的市场表现不佳。

那为什么新股会在二级市场上产生溢价呢?

IPO 择时

“IPO 择时”是目前比较流行的一个解释理论。市场行情高涨的时候，对未来的预期就会更乐观，资产定价也会更高。企业会想办法在这种市场条件下发行股票。所以当二级市场处于牛市时，IPO 总会扎堆出现，这就是 IPO 择时。但市场情绪终归会恢复理性，从中长期看，这种因择时产生的溢价最终还是会消失。南京大学俞红海教授的研究就发现，那些在我国超级大牛市时进行 IPO 的企业，股价刚开始总是很让人眼热心跳，但是几年之后，变成 ST 股或者发展到退市边缘的概率是其他时期 IPO 股票的 3 倍以上。

盈利管理

除了 IPO 择时，我国 IPO 的股票在二级市场上产生溢价也有制度设计上的原因。 我国《证券法》对拟在 A 股市场上市的公司的盈利是有很多要求的。比如，在主板上市，要求最近 3 个会计年度净利润均为正且累计超过 3000 万元人民币，最近 3 个会计年度经营活动产生的现金流量净额累计超过 5000 万元人民币，或者最近 3 个会计年度营业收入累计超过 3 亿元人民币。

很多公司为了满足盈利管理方面的上市要求，会对财务报表的数据进行美化。所以上市前数据光鲜亮丽，上完市就业绩变脸。数据显示，很多上市公司在 IPO 当年的盈利大致处于最高水平，随后逐年下降。也就是说，上市公司的业绩以 IPO 当年为分水岭，形成一个很尖锐的倒 V 形。有人讽刺说,IPO 公司的财务报表就像泡过水的水果一样，拿出来的时候新鲜漂亮，时间一长，就容易腐烂变质。

曾有一家 2012 年在创业板上市的公司，上市前的 4 年，利润从 600 多万元飙升到 8 亿多元，增加了 100 多倍。但上市以后利润就开始断崖式下跌。从 2012 年到 2014 年，这家公司的利润分别下降了 66%、12%、167%，2014 年这家公司的亏损已经高达 2.5 亿元了。

这就是标准的盈利管理下的业绩变脸。随之而来的后果自然就是股价在短期内被疯狂追捧，之后一路下跌。

所以这么看下来，申购新股中签也不算是一件一本万利的事情。上市公司的业绩在上市后还面临很大的不确定性。对中签的新股保持短期持有，目前看来是一个更理想的决策。当然，这个结论是根据以往的数据测算出的大概率事件，是所有样板企业的发展规律，并不针对某个具体的企业，我们不能简单机械地应用。而 IPO 究竟是折价还是溢价发行，大概也没法"一言以蔽之"。

"并购时代"：中国市场上的兼并收购浪潮

今天的中国企业已经进入了"并购时代"：饿了么并购了百度外卖，中信资本收购了麦当劳（中国）公司并将其改名为金拱门，融创集团收购了万达集团旗下的酒店业务。除了这些众所周知的案例，企业间的举牌收购、资产重组、买壳交易、中小板、创业板的民企并购等兼并收购行为更是层出不穷。仅 2017 年一年，企业兼并收购案就有五六千起。

从宏观的角度来看，中国这一阶段的兼并收购大潮，是历史必然。

近些年，中国经济增长状况可以用两句话概括：第一，经济进入下行周期；第二，新技术应用不断涌现带来了频繁的资本流动。

从 2012 年开始，中国经济增长转型：GDP 增速持续下行，2017 年，金融去杠杆成为宏观政策的重要组成部分，2018 年到 2019 年，国际贸易环境动荡，很多行业"入冬"。经济下行的趋势意味着企业的投资回报率下降，企业的估值降低。从投资的角度来看，可以通俗地理解成，资产变便宜了。

此外，新技术应用不断地涌现，行业的边界不断地被打破和重塑，行业之间的资本流动越来越频繁。再加上由于投资机会减少，资金更加富余，2012 年以来监管面也更宽松，出现各种金融创新工具，银行对并购贷款的限制也逐渐放松，加杠杆的操作变得更加容易，这一切都给企业“买买买”的行为提供了资金基础。

这种情形在 40 年前的美国也曾出现过。

20 世纪 70 年代后，美国经济就陷入了停滞状态。再加上中东战争，原油价格大幅上涨，美国企业利润大幅下滑，企业估值下降。1967 年到 1979 年的 10 多年间，美国道琼斯指数的涨幅不到 5%，美国企业的市净率逼近 1 的水平。为了刺激经济，美国采取了包括下调利率在内的各种宽松的经济政策，市场上到处都是寻找投资机会的资金。再加上金融自由化浪潮，并购基金大量涌现，美国在 20 世纪 80 年代开始出现企业兼并收购的狂潮。

整体上来说，宏观环境的变化、技术的进步以及由此带来的金融资本流动为兼并收购创造了客观条件。所以，中国的兼并收购浪潮不是什么独有的现象，而是宏观经济面在微观市场上的一个反射。沿着这个逻辑分析，中国的并购时代才刚刚起步，还会持续很长时间。从投融资的角度分析，这可能意味着两点。

第一，融资渠道拓宽。上市可能不再是企业唯一的融资渠道，被其他企业收购已经成为重要融资或退出渠道。

第二，兼并收购可能成为新的投资热点。市场上形形色色的并购基金面临洗牌重组。前几年最活跃的并购是中小板和创业板的民企并购活动，国企混合所有制改革可能成为下一拨热点的投资方向。

第十三章

公司治理：

怎样同床异梦地过下去

公司本质上是一连串的合约关系。降低合同执行中的各种摩擦是公司正常有效运行的基础。协同各方的利益、制衡各方的权力是关键。

为解决利益冲突问题、协同各方利益，进行权力制衡的机制设计就是公司治理机制。

公司治理机制的好坏，关乎公司是否能持续健康发展。企业规模越大、利益冲突越多，治理问题也就越重要。

不对称信息与治理机制

永远小心谨慎者，如何做人？

——俄罗斯作家 亚历山大·索尔仁尼琴

第 070 讲　受人之托忠人之事为什么那么难

大股东掏空小股东，关联交易，股权激励计划，独立董事辞职——A 股市场的热点新闻大都和公司治理有关。公司治理是现代企业面临的最大挑战之一。

什么是公司治理

很多人会将“治理”和“管理”的概念混淆，其实“管理”和“治理”差之一字，内涵迥异。

以家庭为例：夫妻双方婚前签合同，规定婚后家庭财产管理、监督分配的权限、养育孩子的职责……这是家庭治理机制；结婚以后，每个月开销多少，做什么投资，孩子几点起床，去什么幼儿园……这些问题则属于家庭管理制度的范畴。

治理是管理的基础，治理机制越好，大家的权、责、利就越清晰，管理的目标也会更容易实现。

对公司而言，管理指维持一家公司日常经营运行而设置的机构以及相应的规则、制度、执行监管机制。在公司管理的过程中，经常会牵涉到公司各方（尤其是股东方和管理方）的权利和义务，大家难免各自为政，争夺话语权，为自己争取最大的利益。这些利益冲突现象，就是公司的治理问题。协同各方利益、进行权力制衡的机制设计，就是公司治理机制。

公司治理机制的好坏，关乎公司是否能持续健康发展。企业规模越大，利益冲突越多，治理问题也就越重要。诺贝尔经济学奖得主罗纳德·科斯（Ronald Coase）告诉我们：

公司本质上是包括生产、销售、雇用、借贷等在内的一连串合约关系。这意味着，公司要持续发展，就必须降低合同执行中的各种摩擦。协同利益、制衡权力是其中最关键的环节。如果无法协同和制衡合同所涉及的利益各方，就会大幅度增加交易成本，出现合同执行困难甚至违约的情况，企业自然无法持续经营。

随着企业规模的增长，利益相关方更多，结构更复杂，牵涉的权利、义务、责任更大，自然会对公司治理提出更高的要求。按照科斯的观点，这时“合同变得更加复杂了”，如果缺乏一套高效的利益协同和权力制衡机制，合同执行的成本会上升，效率会降低，公司自然也无法良性运转。

公司治理问题的根源

想要建立好的公司治理机制，首先要弄明白公司治理问题产生的根源。

公司治理问题的根源是委托代理关系（principal-agent relationship）问题。投资者买一家公司的股票或者买一只基金，就相当于把自己的钱委托给了公司管理层或者基金经理进行管理。在这种关系中，投资者就是委托人（principal），拥有资金的所有权，而管理层、基金经理是代理人（agent），拥有资金的经营权。委托人和代理人之间的利益协同，即委托代理问题。

美国企业大都股权极为分散。可口可乐的前十大股东都是大基金，没有一个绝对控股的大股东。这意味着，企业的经营决策由职业经理人团队负责。也就是说，成千上万的股东拥有的是可口可乐的所有权，而CEO 詹姆斯 · 昆西（James Quincey）带领的管理团队拥有的是可口可乐的经营权。

经营权和所有权分离之后，股东面临的最大问题是：如何能够让管理层和股东"同心同德"，尤其是股东和管理层之间碰到利益不一致的情况时，怎么能让管理层替股东着想，保证股东利益的最大化？

理想状态下，这种问题可以用完全契约解决：如果双方在事前能够准确地获得所有信息，比如一个产品在市场上受欢迎的程度、宏观经济基本面、竞争者的能力水平、管理层的人品和能力……股东和管理层根据这些信息签订一个合同，事无巨细地规定他们之间所有的权利和义务，就可以很好地对管理层进行约束。这个完美的、理想化的合同就是完全契约。

但在现实中，绝大多数关于未来的事件是难以描述和预测的，完全契约在技术上根本不可行，我们签订的都是基于不完整、不对称信息的不完全契约，这使得委托代理关系陷入了信任的僵局。

道德风险

道德风险是委托代理问题的一个集中反映。

通俗地说，道德风险就是利用自己的信息优势，为自己的私利做出损害他人利益的事情。如果企业经营中有很大的信息不对称，处于信息劣势的一方无法观察另一方的行动或者观察的成本很高，就容易产生道德风险。

2014 年 10 月 30 日，大连一家叫獐子岛的上市公司突然发布一则公告，宣称因为遭受了几十年一遇的“异常冷水团”，公司 2011 年和 2012 年播下的 100 多万亩虾夷扇贝都绝收，所以业绩扭盈为亏，从预报的赢利变成亏损 8 亿元。半年多之后（2015 年 6 月 2 日），这家公司又发布了公告，声明 2012 年（与上次抽测的区域不同）、2013 年、2014 年播下的 160 多万亩扇贝毫发无损。按照这个故事的逻辑，海底的冷水团特别通灵，只讨厌 2011 年和 2012 年播下的部分海域的扇贝，对 2013 年和 2014 年播下的扇贝却关爱有加。要不是白纸黑字地写着，你很难想象这么玄幻的故事会出现在一个上市公司的“公告”里面。

后来经过调查发现，獐子岛的大股东质押了自己的股权，向银行重复贷款，但大股东并没有把贷款投入海水养殖业，而是投到了房地产行业。2013 年之后，中国经济下行，宏观面紧缩，很多投到房产上的资金都出了问题。有人据此推测，獐子岛的大股东很可能是通过这种方法，将损失转嫁到中小股东身上。

这就是典型的资本市场上的道德风险事件，大股东利用自己的权力损害小股东利益。

一般来说，一家公司的财务报表可以靠会计师事务所的审计师来把关。但这个例子中，海底养殖的扇贝情况确实很难盘查，或者说盘查监督的成本非常高，甚至可能比审计费用还高。这意味着，越难识别和监督的产品和行业，越容易产生道德风险。如今食品行业屡屡出问题，就是因为食品行业识别和监督的难度特别大。

即使在成熟和发达的美国市场，道德风险也难以避免。

2001 年，美国爆出几十年来最大的上市公司丑闻“安然事件”——全球著名能源企业安然公司的管理层一直通过会计造假的办法掩盖公司的巨额亏损，造成赢利的假象，以此刺激股价上涨。等股价涨上去之后，管理层便在高位抛售股票，赚取高额的利润。2001 年 3 月，当安然的会计造假迹象刚开始在市场显露的时候，股价下跌。安然公司的 CEO 还出来发声，表示公司一切正常，投资者可以安心地继续买入。几个月之后，安然公司财务造假的信息被全部披露，其股票价格从 2000 年 8 月 23 日的 90 美元，跌至 2002 年 1 月 11 日的 0.12 美元，投资者遭受了巨大的损失。事情暴露之后，安然公司的 CEO 和 CFO（首席财务官）都被起诉，并送进了监狱。因为他们在明知财务报表有问题的情况下出来发表企业没有问题的声明，误导、欺骗投资者——这属于严重的犯罪行为。

直到今天，安然事件仍然是美国各大商学院，尤其是会计系和金融系课堂上的重点案例。它被视为美国企业史上的“耻辱”，必须被铭记和警示，即管理层的道德风险需要用制度加以控制和约束。

2002 年，美国颁布了《萨班斯－奥克斯利法案》——一个涉及公司治理、信息披露、市场监管等方面的重要法案，对这种管理层损害投资者利益的道德风险，进行了由内而外各个方面的控制。

从事前约束监督来看：法案对公司信息披露的准确性和可靠性要求大为提高，禁止公司管理层、董事等相关人员对审计事务施加不当影响；管理层的股权变动必须在两个营业日之内披露，还要求 CFO 和 CEO 对报表进行真实性承诺。

除了对公司管理层的约束外，该法案对注册会计师行业也加强了监管，具体措施包括：（1）成立一个管制机构，监督注册会计师的运行；

（2）加快财务披露的速度，包括对内幕交易和关联交易的电子披露；（3）禁止在退休和养老金冻结期间进行内部人交易；等等。

从事后管理来看，法案对于那种踩红线、灰线的行为零容忍，只要违反了《萨班斯－奥克斯利法案》，就会被处以市场禁入的处罚，严重的甚至要承担刑事责任。

这个法案被视为美国公司治理的里程碑事件。此后，美国市场上各个企业都更加重视公司治理问题。虽然说人性使然，道德风险不可能完全消失，但是通过一套机制降低信息不对称、减少委托代理问题，还是可以在一定程度上减轻道德风险。这也是公司治理的要害所在。

回看我国，现在市场上有谁还记得獐子岛那些“长脚”的扇贝呢？2016 年年初，证监会曾表示已对獐子岛的绝收事件启动核查程序，但结果却不得而知。只不过在两年后的 2018 年，獐子岛又发布公告，表示业绩再次大变脸，扇贝又跑了。2020 年 6 月，证监会对獐子岛做出了惩罚：对獐子岛集团股份有限公司给予警告，并处以 60 万元罚款；对相关人员处以 20 万元和 30 万元罚款。但獐子岛的中小投资者已经眼睁睁看着股价从 13 元跌到 3 元，成了公司治理问题的牺牲品。

| 思考题 |

为什么中国上市公司的公司治理问题特别严重？

第 071 讲　如何解决公司治理问题

公司治理问题的根源是委托代理问题。要解决这个问题，就需要一种机制设计，使管理层和股东的利益能够协同一致，同时对管理层的权力加以制衡，降低他们侵占股东利益的概率，这就是现代公司治理机制的核心。

一般来说，公司治理机制可以分为两类：一类叫作内部治理机制，即在公司内部协同股东和管理层的利益，对管理层的权力加以制衡；一类叫作外部治理机制，即指市场、媒体、中介机构、监管机构等对公司的监督管理机制。

就像前文所说，美国企业的股权普遍比较分散，大部分上市公司由职业经理人掌控。因此，企业更需要一套利益协同、权力制衡的机制。所以，不管是外部还是内部治理机制，这些制度安排大多起源于美国。

外部治理机制

外部治理机制主要分为以下三种。

第一种是市场压力。比如前面章节提到的兼并收购。一家公司一旦被收购，管理层大概率会集体失业。这种外部压力会使管理层学会自我控制，对自己的股东负责。

第二种是监管制度。上市公司的中小股东持股量少，在企业经营问题上根本没有话语权，属于市场上沉默的大多数。能否保护好他们的利益是关系市场公平与否的核心。所以各国在公司治理的法律法规上会加强对中小股东利益的保护。股东可以要求管理层对公司的经营情况以及与公司利益相关的行为进行详细的信息披露，减少信息不对称带来的影响。

第三种是声誉机制。在一个有效的职业经理人市场，职业经理人的操守、业绩都是公开信息，可以被共享。如果一个职业经理人曾经做过损害股东利益的行为，那么他以后就很难在这个市场上立足。给定这样的声誉机制，职业经理人更容易进入一个良性循环的博弈中。

内部治理机制

内部治理属于公司内部利益协同机制。一般来说，对于内部治理机制好的企业，市场会给出更高的价格。

世界著名的咨询公司麦肯锡和世界银行一起进行过一个关于“投资者在市场上买一家公司股票时，是否会关注这家公司的治理结构”的调查。当时参加这项调查的是世界范围内的 200 多家大型机构投资者，他们管理着 3.25 万亿美元的资产，在全球市场上有举足轻重的影响。

调查结果显示，3/4 的投资者认为，在选择投资标的时，公司的治理结构（比如董事会结构等指标）和公司的财务指标一样重要，甚至更重要。因为公司是人的公司，董事会是否能很好地进行权力制衡和利益协同，意味着企业的高层人力资本是否能够有效利用，创造更高价值。有大约 80% 的投资者认为，他们愿意为一个治理机制完善的公司出更高的价格，即“治理溢价”（corporate governance premium）。

在英国市场上，治理溢价是 18%。也就是说，在其他条件相同或者类似的情况下，一家公司治理优秀的英国企业，要比其他企业贵 18%。而在意大利，治理溢价是 22%；到了印度，这一数值就变成了 27%。

为什么印度的治理溢价比英国要高呢？这是因为印度市场上缺乏有效的投资者保护，越是外部治理环境不佳，企业内部治理机制就显得更重要。所以我们会看到的一个趋势是，对投资者保护越差的市场上，企业的治理溢价也会更高。

股权激励机制

股权激励计划是近些年公司治理机制中最主要的工具之一。20 世纪 70 年代后，美国企业股权分散的趋势加强。所有权和控制权的分离导致委托代理问题也越来越严重，管理层背离股东利益的事常有发生。

为了解决这些问题，业界和学界考虑以事前合同的方式协同管理层和股东的利益。方法主要有两种：一是在一定条件下，给予管理层一定的股票，即股票激励；二是在一定条件下，给管理层以某个价位买入一定数量公司股票的权利，即股票期权激励。这些方法的目标都是扩大管理层的股权，让他们的收入和企业的长期成长挂钩，所以也被称为股权激励计划。

这种制度安排被很多学者视为解决管理层和股东同床异梦问题的良药。从近几十年的全球实践来看，如果使用得当，股权激励计划对企业和员工之间形成双赢的局面确实有一定效果。

比如说阿里巴巴和腾讯的员工，入职后达到一定级别，会有股权发放，在企业的时间越长、资历级别越高，发放的股权就越多。这些公司的股权都非常值钱，占员工薪酬比例的很大一部分。但是，这些股权并不是随到随给，一般只有员工在企业工作满一定年限后才有资格获得。比如员工工作满两年能兑现一半股权，工作满四年才能兑现全部激励股权。这样，一方面可以让员工分享企业的成长性，另外一方面也降低了员工的流动性，帮助企业留住了人才。

成长型公司更依赖股权激励计划招人。在人力资本密集的行业，光靠固定工资很难吸引那些能力强而且愿意面对挑战的员工。股权激励计划充当了一种人才筛选机制。一般而言，喜欢非稳态薪酬结构的员工，是那种比较愿意接受挑战，也更加自信的员工。除此之外，很多企业投资机会多，需要源源不断的资金来扩张，所以长期处于资金饥渴中。股权激励计划会帮助企业减少在人力资本上的现金支出，节约成本。

但凡事都有两面性，在这个制度实施过程中，又产生了新的问题。

首先，股权激励计划助推了现实世界的贫富差距。在股权激励计划实施之后，管理层，尤其是 CEO 的收入大幅度上升，即使公司不赚钱也一样。巴菲特就曾直截了当地表示，股权激励计划只是富了高管们的腰包，却没有真正地提高公司的业绩水平。

从过去几十年的数据看，员工工资的涨幅和企业平均利润的涨幅大体相当，而CEO薪酬的涨幅远远超过企业利润的增长。在美国，CEO的薪酬和普通员工的工资比，在1978年时大概是29.7∶1，1989年是58.2∶1，到2018年则变成了260∶1。换句话说，在过去40多年里，美国CEO薪酬的涨幅是普通员工的9倍多，其中CEO薪酬的增长（20世纪90年代后）主要来自股权激励计划。

此外，股权激励计划使操纵股价的内幕交易更多了。

股权激励计划让管理层的个人财富直接和股价挂钩，本意是让管理层更加关注企业的市场价格。但是人性使然，这一策略也让股价变成了管理层的指挥棒。所以，自股权激励计划实施以来，反而出现了很多管理层操纵股价、增加个人财富、损害股东利益的行为。

比如，股票回购会刺激股价上涨。所以很多管理层会拒绝发放现金股利，不停地使用股票回购的方法刺激股价上涨，之后再通过高位抛售获利。还有的管理层故意在自己拿到期权之前宣布坏消息、压低股价，使自己以更便宜的价格拿到期权；到自己快行权之前再拼命拉升股价，从中获利。美国和加拿大的企业都曾多次曝出这样的丑闻。

中国的情况类似，而且由于市场信息透明度更低，职业经理人市场声誉机制尚未形成，所以公司管理层有时甚至会和基金公司一起操纵股价，制造更多内幕交易，损害中小股东的利益。

"两职分离"与"两职合一"

除了股权激励外，权力制衡也是公司治理的一个重要维度。

董事会主席是公司的最高权力长官，而CEO是公司的最高行政长官，理论上CEO的任免是董事会决定的。在两个职位分离的情形下，董事会主席的职责重点会更倾向于公司的战略发展、重大人事安排、组织架构，CEO 的职责重点则更倾向于公司日常管理经营。

不同企业会采取不同模式。马化腾是腾讯的董事会主席兼 CEO，而任正非只担任董事会主席，CEO 另有其人。

像华为这样董事会主席和 CEO 分别由不同的人来担任的情形，被称为“两职分离”，苹果公司、微软公司都采用这种模式。腾讯的这种情形被称为“两职合一”，亚马逊、脸书采用的是这种模式。

两职分离和两职合一反映的就是企业董事会权力的制衡。关于哪种模式更好、更有利于公司治理这个问题，美国业界已经争论了几十年。而学术界的“代理理论”和“管理理论”则分别支持这两种治理的实践。

代理理论

20 世纪 70 年代，美国学者迈克尔 · 詹森（Michael Jensen）提出的代理理论认为，董事会主席和 CEO 职位二合一意味着公司几乎所有重大事项的最终决定权，都集中在一个人手里，这是非常危险的事情。

作为有限理性的、自私的人，管理层在决策上不可避免会以个人利益最大化为目标。代理人一旦被赋予了过大的权力，就很容易做出损害股东利益的事情。所以董事会应该采取 CEO 和董事会主席分离的领导结构，监控代理人的行为。这样一来，一方面可以降低管理层侵占公司利益的可能性，另外一方面可以避免权力过度集中，整个董事会都沦为董事长的附庸，导致董事会主席的个人错误损害公司利益。

雷曼兄弟就是一个常被引用的例子，2008 年次贷危机爆发之前，很多人提醒，雷曼兄弟在次贷上的风险暴露过大。但当时理查德 · 福尔德身兼董事会主席和 CEO 两职，大权在握，把控着董事会，根本听不进别人的意见，最后导致了一家百年老店的覆灭。安然事件中，也有很多研究认为，当时董事会主席肯尼斯·莱（Kenneth Lay）兼任CEO，权力过大，一手操纵着财务部门、人事部门，所以才导致公司如此混乱的账目被掩盖了这么久，而他却中饱私囊。

管理理论

代理理论认为人是自私的，所以要尽量采取两职分离的模式，这也是金融和经济学术圈里比较流行的观点。但是，组织心理学、社会学的一些学者则提出管理理论，认为两职合一是更优的治理机制。

这个理论认为，人不一定受金钱利益的驱动。尤其是做到CEO及董事会主席这个层面后，很多人会不再把对金钱的追求放在第一位，而是受成就驱动，更愿意接受有挑战性的工作，从而实现内心的满足。换句话说，支持管理理论的学者认为，在物质条件达到一定水平以后，人的道德情操会凌驾于自私自利之上。在这种情况下，两职合一不仅可以实现更加强有力的控制，提高企业的灵活性，而且信息的传达也更加通畅，有助于提高企业的效率。

比如说，全球著名金融集团摩根大通的头号人物杰米·戴蒙（Jamie Dimon）就身兼二职。摩根大通也一再公开宣称，目前的权力架构是保证集团管理效率和方向正确的定海神针。星巴克的霍华德·舒尔茨（Howard Schultz）也是如此，他被视为星巴克的灵魂人物，正是在他强有力的领导下，星巴克才从一家小咖啡公司成长为全球的咖啡帝国。这些例子似乎也支持管理理论——所以对于这种优秀人才，应该赋予，而不是剥夺他们的权力。

实际上，在被公认为公司治理典范的美国市场上，采取两职合一的上市公司也占了一大半，很多公司还公开声称绝不会改变这个架构。

哪种治理机制更好？

总体来看，代理理论强调的是人自私的一面，所以它更注重权力制衡。而管理理论强调的是人的能动性，更注意执行效率。大家在不同的方向上讨论，哪种理论都说服不了对方，更无法简单下结论说哪种治理机制更好。

在实践中，我们可以根据企业生命周期这些因素来决定和判断一个企业更有效的治理机制是什么。

从职责定位看，董事会主席的着眼点是战略，而 CEO 更侧重于战术。所以，企业在初创期，规模小、结构简单、实力弱，主要目标就是活下来，这一阶段的战略和战术基本上没有太多差异，所以两职合一是更普遍的现象，这样公司在做重大决策时可以减少摩擦、提高效率。

但是，当公司发展到一定阶段以后，结构层级越来越复杂，规模也越来越大，这时候会对领导者个人的经验、体力、视野提出更高的要求。此时很多企业就会倾向于采用两职分离的模式，让董事会主席考虑更加长远的战略问题，在日常管理决策上赋予 CEO 更大的权力，形成协商机制。比如万科的王石就较早辞去了 CEO 一职，让自己从日常的管理中脱身出来，只在战略性的问题上做决策。当然，两职分离也是有代价的，即公司内部很容易产生多个“山头”，分为“CEO 派”和“董事长派”，彼此扯皮打架、影响效率。

美国是两职合一模式最坚定的堡垒，但即使这样，近几年来也有越来越多的超大型企业更愿意采取两职分离的模式。因为船大难调头，有时候宁可牺牲一点效率，也要保证公司有权力制衡，避免犯大错误。

此外，一个公司的文化和管理者的性格也会对权力架构产生很大的影响。如果一家公司的管理文化相对开放，董事长也从善如流，两职合一就有可能提高集中决策的效率。如果一家公司是一言堂的文化，董事长的性格又非常霸道强势，采取两职合一的结构就很容易被市场解读为公司治理较弱。比如，脸书的马克·扎克伯格就收到很多投资人的投诉，要求他将两职分开，减少他在公司各类事务决断上过度垄断的权力。

独立董事

独立董事也是一种权力制衡的制度安排。

20 世纪 30 年代开始，为防止管理层或者控股股东损害中小股东的利益，美国监管机构要求公司董事会要有 40% 以上和公司毫无关系的外来人士作为“独立外部监督力量”。从这时起，一个董事会就被分成了两部分：一部分是公司内部管理人员——执行董事，另一部分是外部的独立董事。所谓“独立”，就是指和任职公司没有利益关联，比如说没有担任过公司职务，和公司没有关联交易，和公司高管没有亲属关系，等等。

20 世纪 70 年代以后，随着美国公司的股权更分散，管理层的权力越来越大，对内部人员权力加以制衡的诉求高涨。独立董事制度作为一种解决方案受到了市场的一致推崇。之后，大家逐渐开始把独立董事制度视为特别重要的公司治理机制，希望独立董事能够站在中小股东的立场上，替他们监督管理层的投资决策、报表披露等重大活动。

美国各大监管机构和相关法案都要求独立董事在上市公司董事会中的比例占到绝对多数。也就是说，在由 11 个人组成的董事会中，独立董事人数的下限是 6 个。另外，董事会的薪酬委员会、审计委员会，必须全部由独立董事构成。在监管层的眼里，独立董事的数量和质量被视为一个公司治理结构的重要元素。美国有很多研究认为，由于声誉机制的影响，独立董事制度在公司治理机制完善方面取得了不错的效果，独立董事经常会在公司的重大问题上对管理层进行约束，发挥对管理层的警示和监督作用。

很多研究发现，一家公司的独立董事越多，财务造假的概率就越低，而且 CEO 的薪酬水平也相对比较温和。因为如果公司 CEO 要借手中的权力谋私利，必须把相关事项提交董事会表决。说服一两个独立董事同意提案比较容易，要说服 7 个以上独立董事，成功的概率就很小了。也就是说，在外来人员较多的情况下，内部管理人员作弊的成本会比较高。

一个独立董事如果对公司的决策予以否决或者持保留意见，甚至因此而辞职，投资者就能够从这些信息中推知公司内部出现了比较大的问题。所以，独立董事能对投资者起到一定的警示作用。

另外，美国市场很多独立董事都勇于发表自己的意见，经常会否决公司的决策，或者提出保留意见。这也在一定程度上对公司起到了监督作用。

从权力制衡角度来看，独立董事制度在美国确实起到了一定的效果。但任何制度都有自己的局限性，独立董事制度也不例外。

其一，独立董事是董事会选出来的。从人性的角度考虑，董事会一般会去找那些和自己熟悉或者说得上话的人担任独立董事，所以独立董事不独立的概率其实很高。

其二，独立董事最开始是由各大公司的 CEO、著名商科教授、律师等人担任。后来上市公司的数量越来越多，多到独立董事候选人不够用时，就开始出现很多问题，比如有名望的人不愿意到小公司当独立董事，结果小公司独立董事的质量越来越差。再比如，一人身兼多家公司的独立董事，而一个人的时间精力有限，不可能花费那么多时间在监督管理上，导致独董的“监督”质量下降。就像巴菲特所说，如果一个人收入的很大一部分来自这个职位，巨大的利益关系会导致他无法独立。只有当担任独立董事的收入占一个人收入的极低比例时，这个人才可能保持独立。

总体来看，独立董事制度作为一种对董事会权力进行制衡的安排，在公司治理机制完善中起到了一定的作用。但随着独立董事数量增多，利益纠葛变大，这个制度对董事会的约束力也非常值得商榷。

为了改善治理环境，中国在2000年以后，开始推行独立董事制度。但现实情形是，中国市场的特征导致了独立董事在公司治理方面作用非常有限。

市场上有个笑话，说在中国企业担任独立董事有两个诀窍：一是要"懂事"，就是识趣的意思；二是要不独立，这是指现实中很多独立董事从来都没有发表过任何负面的意见，基本上沦为花瓶。造成这种现象的原因有三点。

第一，中国是一个股权高度集中的市场，控股大股东是实际话事人，一般都会找和自己意见一致的独立董事。这种情况下，独立董事很容易就成了摆设。

第二，中国是人情社会，缺乏声誉机制。我们在碰到别人的家庭冲突时，总是会以一种"人家的家事，别管了"的态度来处理。独立董事对一家公司来说是外人，从根本上缺乏监督公司的动力。而且，我国没有一个公开的独立董事市场，所以即使独立董事没有行使监管职责，也不会给自己的名誉带来什么损失。

第三，利益牵扯大。中国的独立董事候选人中高校教授占主流，他们的薪水普遍不算太高，而上市公司独立董事的平均薪酬是年薪8万元。很多教授身兼数家公司独董，薪酬加起来可能比自己教授主业的薪水还要多。当独立董事收入成为其收入的主要来源时，希望独立董事能产生什么实质性的监督效果就颇强人所难了。

所以在中国目前的市场环境下，我们很难从独立董事制度来判断一个公司治理的优劣。但是独董制度的好处是，可以用来防止"黑天鹅事件”。

一般来说，独立董事在公司的一些小问题上可能睁一只眼闭一只眼。但是如果碰到重大事项，鉴于自己的利益牵扯和撇清责任方面的考虑，独立董事不会坐视不管。所以，如果一家公司的报表或者公告表示有独立董事发表了反对意见或者是有独立董事辞职，这个企业就可能存在着严重的问题，投资者最好抓紧离场。

另外，普通投资者可以多关注独立董事的情况，那些财富状况更好、社会地位更高，而且没有到处兼职的独立董事一般比较可靠。在商界有很丰富任职经历的人，也会更容易发现公司的问题，真正对公司起到一定的监督作用。

| 思考题 |

除了股权激励、独立董事、CEO 和董事长两职分离以外，你觉得还有什么方法可以减少公司的委托代理问题?

| 延伸阅读 |

互联网平台企业的治理难题

互联网平台企业已经渗透进了我们的日常生活：社交用微信、QQ、脸书，搜索用百度、谷歌，购物在淘宝、天猫，吃饭使美团，出门叫滴滴，租房、买房上链家。几乎所有人都生活在一个互联网平台构筑的世界里，这些平台给我们带来了便利。但是随着人们对平台依赖度的逐渐加强，人和平台间的张力也在不断释放。

从百度的魏则西事件到脸书的信息泄露事件，再到滴滴顺风车事件，都反映出一种趋势，即平台型企业的“社会组织属性”越来越强。

所以，互联网平台企业的治理不再仅仅是企业内部的问题，而变成了社会问题。很多时候，传统的公司治理目标可能会和社会治理目标发生冲突。

面对这种情形，企业到底应该怎么做？这可能是未来所有大互联网平台都必须面对的问题，也是和我们每个人都切身相关的问题。

平台型企业的兴起

究竟什么是互联网平台企业，为什么它们会对我们的生活产生如此重要的影响？这是21世纪经济学界和企业界最大的难题之一。自2010年以来，很多学者围绕这个问题写了大量的论文，给出了形形色色的定义。

总结下来，互联网平台企业必须同时具备三个特征：多边、交互，以及网络效应。亚马逊、腾讯、阿里巴巴、谷歌、脸书等都完美地符合这几个条件，都聚集了多种产品、技术和服务，拥有多个交易方或者使用方，而且各方之间会自发地进行交流、交易和匹配。同时，产品、技术和服务的聚集交互又形成了一个自我扩大、自我加强的反馈机制。这个反馈机制又会吸引和聚集更多产品、技术和服务的提供方和使用方，使得平台的规模极速扩张，组织快速复杂化，形成网络效应。

多边的交互越频繁、复杂，平台的自我演化能力越强，就越容易形成一个复杂的生态。换句话说，平台企业达到一定的规模以后就是一个独立的社会经济共同体，这也是为什么马云雄心勃勃地说，阿里巴巴在未来要做全球第五大“经济体”。

当一个平台企业演化到这一步时，它的社会属性自然开始凸显，而这时的平台管理者也不再仅仅是企业家的角色，他们必须开始充当社会组织者、管理者以及仲裁者的角色。如何在这些角色中取得平衡，将是未来平台创业者管理必须面临的难题。

平台企业的治理问题

普通企业以追求股东利益最大化为目标，是一种营利性组织。所以公司治理的核心是职业经理人和股东之间、中小股东和控股股东之间等代理问题。而平台企业随着“规模扩大”，会越来越像一个社会性的组织。除了追求经济利益最大化，还要强调社会秩序。所以，平台企业治理的核心除了委托代理问题外，更多的是社会责任以及公平正义的问题。这意味着，平台企业的治理应包括公司治理和平台治理两个目标。

很多时候，这二者是并行不悖的。比如，谷歌不断改进搜索质量，推进系统开发，从各个维度来改善用户的体验。这一过程有助于知识的社会传播，有助于社会创新，带来的社会正外部性非常强。与此同时，这一系列举措也让谷歌的企业规模和市场估值不断创出新高，股东从中受益。

但有时候，这二者会背道而驰。比如，百度的竞价排名策略，从企业追求利润的公司治理角度出发是站得住脚的，但这明显违背了平台治理中的社会责任。再看 2018 年滴滴的女生受害事件，我们会更深地理解平台型企业肩负的社会责任。为什么用异性交友这样暧昧的话题给顺风车业务做推广？因为这样的广告效果最好。为什么使用廉价的外包客服？因为这样节约成本。为什么会对司机的资质审查睁一只眼闭一只眼？因为约束可能造成司机流失，影响企业规模扩大。

现代公司理论告诉我们，企业要追求价值最大化，而企业价值等于未来利润折现之和，所以最佳的广告效果、最大程度节约成本、最大可能规模扩张，都是为了增加企业的利润——从企业治理的角度，这似乎不能说是错误或者邪恶。但作为一个平台型企业，这些举措和其社会治理的目标是不兼容的。滴滴的做法，正是强调治理中的企业属性，而忽略了其社会属性。

一个平台型企业的规模越大，其社会属性就越重。对这部分治理的忽视很可能导致极为严重的社会后果。

长期发展和短期利益的冲突与协调

为什么有些企业可以实现公司治理和平台治理的统一，而有些企业做不到呢？问题的关键在于很多企业只注重了短期利益。

从长期来看，公司治理的目标和平台治理的目标之间是相容的，社会责任感越强的企业，它的内部环境秩序越好，越能吸引和集聚更多的社会资源、人员、技术和服务，进而形成一个长期和良性的交互，演化出好的生态，最终创造出更大的企业价值，使股东利益最大化。

但从短期来看，在平台治理目标和企业短期利润目标发生冲突的时候，很多平台型企业选择了短期利润，尤其是还处于风险投资阶段的企业，更是如此。公司利益和平台型企业用户的利益由此出现矛盾，这也是公司治理和平台治理矛盾的根源所在。

随着技术进步对平台型企业的赋能，平台型企业变得越来越强大。它们塑造了一个更加紧密，但也更脆弱的社会结构。随着平台型企业的不断发展和扩张，这些企业平台治理层面的问题也会越来越突出。这不仅是未来企业，也是未来社会将要面临的最大挑战之一。

第十四章

财务报表：
你需要理解的公司账面秘密

资产负债表、现金流量表和利润表就像人的体检表，通过各项指标，你可以观察公司的财务健康状况。每张表都有不同的解读方法，但是整体而言，“反常必妖”是观察几张表的着眼点：和其他表不能铆合的、时间序列上有异常趋势的，都值得多加注意。

但显示的数字只是我们理解企业财务健康水平的一个起点，对企业实际情况的判断是一门艺术，而不是简单的数字和算术。

策略性信息披露

假话全不讲，真话不全讲。

——季羡林

第 072 讲　三分钟摸底公司财务健康状况

一个企业的财务报表就像体检报告，能给我们系统展示企业的基本健康状况。

公司的体检报告一般包括 3 张表——资产负债表、利润表和现金流量表。为了更形象地理解这三张重要的财务报表，我们不妨先把自己的家庭想象成一家公司。

资产负债表

要判断一个家庭的财务状况，要先看这个家庭有多少财产，欠多少债。了解公司的财务状况也一样，首先要看这家公司的资产负债表，了解它的财富状况和负债水平。

资产

现金、银行存款、金融资产、厂房机器，都属于公司资产，对应一个家庭的房产、现金、投资项目等。

在关注一家公司的时候，投资者到底应该关注众多资产中的哪一项？这个问题其实没有固定答案。正如餐饮店老板家的资产结构和大学教授家的资产结构可能大相径庭一样，不同公司的资产类型非常不同。比如，制造业公司的厂房、机器等固定资产比例比较重要，而互联网公司的人力资本、知识产权等无形资产比例则更值得关注。

负债

很多人会觉得负债是越少越好。但就像前面章节论述过的，对个人来说，“借贷买房”常常是更好的选择。对公司来说也是一样，尤其在利率下行的时代，负债率过低可能是资金配置效率不高的表现。

那一家公司保持多少负债率是合适的呢？这个问题也没有固定答案，但要注意两点。

第一，不同行业有不同的负债率。房地产行业可用于抵押的产品比较多，负债率也较高。而轻资产运营①的服务型企业的负债率则相对较低。所以评估企业的负债率，要横向比较行业负债率的平均值。

第二，经济上行的时候，钱也比较“便宜”，增加负债其实对公司有好处，经济下行的时候，过高的负债率就可能会成为压死骆驼的最后一根稻草。所以，评估负债率还要纵向区分经济上行期和经济下行期。

了解了资产和负债，就对资产负债表有了基本认识。这时要注意不被资产规模幻觉迷惑。比如，一个人拥有 5 套房子，资产规模看上去很大，可这些资产绝大部分来自银行贷款，银行贷款甚至已经占到了房款的 80% 至 90%，这意味着这个人的债务压力已经很大，其财务状况随时处于比较危险的境地。这就是资产规模幻觉。企业资产规模虽然重要，但资产结构更能说明其健康状况。

---

① 轻资产运营是指相比固定资产，企业的人力资本、知识产权等无形资产占比更高一些。重资产运营则与之相反，指公司的资产中，固定资产占比更大。

利润表

公司体检报告的第二张表是利润表，也叫损益表。

在这张表中，投资者最需要关注的是收入和支出的结构与净利润，即收入支出的差值。

收入与支出的结构

公司的收入和支出可以分为与主营业务相关的收入支出和与非主营业务相关的收入支出两部分。

对于普通个人或家庭来说，主营业务收入就是工资收入。这部分收入占家庭总收入的比重越少，证明家庭的财富弹性越大。但这一点上，企业和家庭很不同。

财务状况良好的企业通常在收入支出结构上有个共同特点：收入和支出都主要来自主营业务，也就是我们常说的主营业务非常“干净”。从财务的角度来说，那种营业外收支占比很大的企业，一般多少都有点猫腻。A 股市场上，很多出问题的企业都呈现出营业外收支比较复杂的情况。

净利润是投资者最关注的一个数字，也是判定一家公司是否能替投资者赚钱最直观的标准——如果上市公司公布的历次季报或者年报都显示它的净利润很高，超过市场的预期，上市公司的股价就很可能会上涨，反之，则会下跌。

但要注意，利润是一个可以轻易被更改、操纵的数值，所以利润表上呈现出来的利润很可能没反映出上市公司的真实情况。金融学术语“盈利操纵”，指的就是公司为了提升股价，给利润进行的“美颜”和“整容”工作。投资者看到的利润表，就像女生美颜过的自拍照一样，很有可能跟本人真实面目差异甚大。

利润之所以容易被操纵，是因为利润表是按照权责发生制原则编制的。

权责发生制指的是，只要权利和责任已经发生转移，就要把它记录在案。举个例子。商贩批发了一筐 50 元的苹果，用 100 元的价格把它卖出去，利润是 50 元。这叫作收付实现制，钱货两讫。如果商贩将这筐苹果，签订了一个以 100 元卖出的合同，或者先发货给对方，但对方还没有支付货款。这种情况下，商贩实际上没有收到钱，但是按照权责发生制，利润表上会显示 50 元的利润。换句话说，权责发生制下，账面上已有利润跟是否赚到钱是有差别的。

再举一个极端的例子。一家公司有 100 万元利润，但全部都是应收账款，这意味着钱并没有被收回。按照税法规定，即使钱没有收回，仍然需要缴纳 25% 的企业所得税。所以，真实的情况更可能是，税务部门收走了利润部分应缴纳的税款，这家公司不但没拿到钱，反而支出了 25 万元。

换句话说，不同会计定义和准则下，对同一个公司，我们很可能看到完全不同的数据，得到不同的解读和决策。这种差异，为修饰利润留下了很大空间。

同时，由于股票价格对利润的反应特别敏感，所以很多企业有动力对其进行美颜。

“洗桑拿”“寅吃卯粮”等都是常用的美颜手法。有本叫《手把手教你读财报》的书中，详细地描述了一个“洗桑拿”的真实案例。

一家公司某年亏损 1 亿元，但董事长却借助财务报表让公司在账面上实现了盈利。具体操作是：公司账面上有一幢价值 3000 万元的楼，在银行有 1.6 亿元的贷款。公司先和银行签一份合同，将那幢价值 3000 万元的楼作价 1.6 亿元卖给了银行，相当于还了原来 1.6 亿元的贷款。接着，公司又跟银行签了一份合同，把这幢 1.6 亿元的楼从银行买过来，但先欠着房款。这样一来，3000 万元的一幢楼一倒手在报表上就变成了 1.6 亿元，企业在账面上获得了 1.3 亿元的利润，账面上原本 1 亿元的亏损瞬间变成了 3000 万元的净利润。两份合同，银行和公司之间的实际债务关系完全没有变化，但财务报表却不费吹灰之力，实现了华丽转身。

这还不是给公司利润"洗桑拿"的唯一方法。很多时候，公司还会利用资产价格的变化，特别是存货资产价格的变化给利润"美颜"。

比如一家公司在 20 世纪 90 年代囤了大量的 BP 机，可是现在这些 BP 机价值还不到原来的 1%。正常情况下，在财务报表上，这些存货资产的价值应该定期进行减计。但是如果按照这种方法减计存货资产，就会影响公司当年利润。所以经常有公司一直拖着不对这些资产进行远期减计，而等到某一年忽然减计，通过这一年的大亏损，使其他年份的利润看起来比较光鲜。这种"洗桑拿"的行为就是利用了人记忆力短促的特征，让公司"牺牲这一年，幸福很多年"。我们总开玩笑说"鱼的记忆只有 7 秒"，其实投资者的记忆也一样短暂。

除此之外，"洗桑拿"有时还有更深层次的目的——操纵股价。2000 年美国在线以 1810 亿美元的价格收购了时代华纳，收购之后，公司股价狂飙。但是没有人注意到，两家公司合并以后，商誉（品牌的商业价值）的估值可能会有变动。两年以后，美国在线 – 时代华纳宣布当年商誉减值 1000 亿美元，这一消息致使股价大跌。而在此之前，很多内部人士和机构投资者都早已获利出逃。

除了洗桑拿外，通过挪移收入和费用从而"寅吃卯粮"来操纵利润也是常见手法。

假设一家公司跟某销售商的年均销售额度是 5000 万元，利润 1000 万元。当公司希望把盈利做大时，可以和销售商协商将明年的合同签到今年。这样一来，利润表上的收入马上会变成1亿元，利润也就变成了2000万元，这家公司的股价自然就会上涨了。这就是挪移收入操纵利润的方法。

费用也可以挪移。公司的会计费用中，都有折旧这个科目。所谓折旧，是固定资产在使用过程中因损耗而扣减的资产价值。一个花1000万元买的机器设备可以用5年，每年折旧费就是200万元。公司只要稍微调整一下固定资产的折旧年限，就可以操纵利润了。比如说，一台机器设备原本5年的使用年限延迟到10年，每年的折旧费用就从200万元变成了100万元，利润就增加了100万元。

有的共享单车公司号称一辆车的成本是3000元，给出3到5年的折旧期。但事实上，一辆车很有可能一年不到，就连尸骸都不见了。这就意味着单车的实际折旧期比公司给出的要短很多，公司费用被大大地低估，财报上显示的亏损也很有可能也被严重低估。这些都是挪移费用操纵利润的方法。

当然，操纵利润的方法还有很多。比如，企业这一年的利润不好，就可以通过变卖资产增加一次性的非营业收入，让这一年的利润表好看一些。这种和民间败家子变卖家产一样的行为叫非经常性损益。直到几年以后，大家才意识到，那些外表光鲜的大户人家，其实早就被掏空了。

这些例子都告诉我们，利润虽然是最重要的财务指标，但由于可操控和美化的空间太大，在看利润这个数字的时候要非常小心。

一个有趣的现象是，近二三十年来，资本市场上越来越多长期没利润也活得很滋润的公司。美国亚马逊自1997年上市以来，20多年间一直是以零利润甚至负利润经营的，但是股价却涨了200多倍。还有很多我们熟悉的独角兽公司，迄今利润都是负的，但市场却给予了这些公司很高的估值。

投资人究竟是怎么判断这些企业的潜力的呢？这牵涉到另一个判断企业健康情况的重要指标：现金流。这些企业即使没有利润，但几乎都有巨大的现金流。

现金流量表

现金流之于企业，就像血液之于人体。失血过多，人就会有生命危险；而现金流枯竭，对企业来说也是致命的。公司体检报告的第三张表就是现金流量表。

利润表和现金流量表都关于资金流量，但侧重点不同。前者重点讨论的是企业的经营能力，后者重点考虑的是企业资金的流动性。我们用一个生活中的例子来说明。

一个年轻人租房，房租需要押一付三，即每季度初这个年轻人得准备一笔钱给房东。从利润表来看，年轻人这三个月的财务状况没有变化。因为利润表遵循的是权责发生制，而房客每个月的房租都是一样的。但如果看现金流量表就不一样。现金流量表遵循的是收付实现制，它不记录账面的利润，只记录到手的钱和花出去的钱以及净现金流是多少。所以年轻人每季度第 1 个月的现金流量表的数据会不好看，后面两个月则会有很大改善。

在理想状态下，一个企业如果主业单纯、应收或者应付账款适度，也不追求过度扩张，现金流和利润应该呈现出高度相关或一致的局面。所以，一旦出现利润表和现金流量表大规模背离的情况，我们可以对企业财务的稳健性打个问号。

从现金流量表中观察企业财务状况是个技术活儿，其中最要紧的一条就是要辩明现金流来源，判断企业是否有自我造血的功能。

我们以几年前很火的摩拜单车为例，来拆解一家公司现金流的三种不同形式。

第一种是筹资性现金流。摩拜单车刚创立时，企业没收入，从投资人手里融了资，账面有了现金流。这种现金流叫作筹资性现金流。

筹资性现金流尤其对初创公司的扩大发展非常重要。就像一个人自我造血能力不足时就要输血一样，初创企业可以通过多轮融资满足自身现金流的需要，争取更大的存活概率。

上市公司也有筹资性现金流。比如通过增发股票或发行债务的方式筹到的钱就属于筹资性现金流。

第二种是经营性现金流。接下来，摩拜单车开展租车业务，客户每次用车后收取一定的费用，这是摩拜的主营业务。通过主营业务获得的资金就是营业收入，被称为经营性现金流。

一个运转良好、主营业务清晰的企业，经营性现金流一定是非常稳健的。比如 A 股市场的模范生——茅台，它绝大多数的现金流都来自白酒的销售利润，经营性现金流非常稳健和可观。

第三种是投资性现金流。

摩拜单车一开始被市场追捧，能不断地获得融资。即使在拓展业务上花费巨大，但账上还是有不少闲置资金。管理层就用这些资金投资各种项目，甚至买理财产品，这些钱叫作投资性现金流。所以，投资性现金流就是一家公司在非经营性投资项目上的资金进出。银行存款、理财产品的利息、项目的投入和收益等都属于投资性现金流。

真正身体强壮的人一定具有良好的自我造血功能，企业也一样。一家企业能够长久地活下来，有强有力的经营能力、能创造稳健的经营性现金流才是核心竞争力。

市场认识上曾有些误区，认为企业只要能“融到钱”就可以，这是很短视的想法。投资人看中的是一个企业未来的盈利能力，即未来创造经营性现金流的潜力。这两年很多拿到风投的企业倒闭或者估值大跌，本质上就是没有良好的经营性现金流，或者没让投资人看到其未来创造经营性现金流的机会。

“现金流”对普通投资者也是相对实用的概念。

第一，有公开数据的公司，直接看现金流量表上的“经营活动现金流净额”即可，它表示的就是企业的经营性现金流。如果这家公司的这一指标长期为负，就证明公司的自我造血能力很差，可以不将它作为接下来投资的考虑对象了。

第二，如果是初创公司，要仔细评估它在未来创造经营性现金流的能力，而不能仅看它的筹资能力。比如，共享单车这个模式在前两年特别火。2016 年我在朋友圈谈过自己的观点，认为这种模式低估了占用城市公地的成本，也就是大大低估了财务数据中的费用部分，所以在未来很难持续地产生正的经营性现金流。当时这个判断遭到很多攻击，但一年之后，不幸一语成谶。

所以，很多准确的“预测”其实并不神秘，都是基于一些非常基本的逻辑。普通投资者理解了这些逻辑，自然也能够对很多商业行为做出更好预判。

“现金流”也有坑

评估一家公司，现金流比利润更靠谱。因为现金流量表采用的是收付实现制，在会计处理上更难造假。但是，“更难操纵”并不意味着不能操纵，当利益诱惑足够大的时候，还是会有人想出种种办法来美化现金流，操纵市场。

A 股有一家农业公司，主营业务是茶油，曾使用过一种叫作“体外循环”的方法来美化现金流。

首先，从公司提取一笔自有资金。虚构原材料采购、基建等交易项目，让这笔钱就以项目名义流到公司之外。然后，公司在农村收集了很多人的身份证，用这些身份证在银行开设账户，然后将之前流转到公司之外的钱以销售款的名义打回公司内部。这样的操作使公司现金流量表的经营性现金流增加，造成了一种公司业务发展一日千里的假象。凭着这样的操作，这家企业还登上了创业板。

这种“体外循环”操纵现金流的方法，在中国的创业板、中小板以及新三板市场上并不少见。所以有时候，我们看到的美好的“经营性现金流”可能是个泡沫，或者是个陷阱。

普通投资者怎么才能在财务报表中识别公司的真面目呢？可以通过以下两点。

第一是看全局。在关注企业财报时，投资者一定要整体地看资产负债表、现金流量表和利润表这三张表。因为它们是一个自洽、平衡的整体。一个地方变动，一定会引起另外一个地方变动。比如反映在利润表上的挪移费用、给资产“洗桑拿”等美颜利润的行为，一定会在现金流量表或者资产负债表上显露出来。

第二是看异常点。一是纵看，即看这一年的财报是不是和其他年份有明显差异。如果公司某一年的利润或者费用特别高，这就是异常点。二是横看，就是看这一年这家公司和它所在行业的其他公司相比，是不是很不一样。如果有较多异常，则需要加以注意。

比如在上面提到的财务造假案中，审计人员发现这家公司披露的数据显示公司员工的人均净利润水平远远高出同行业其他公司。作为一家农业加工企业，这家企业 2011 年的人均净利润甚至超过了同期银行业的净利润水平。这明显是一个异常点，审计人员以此为突破口继续查证，很快就发现了造假痕迹。

| 思考题 |

试着编制一张有关你家庭的财务报表（包括资产负债表、现金流量表和利润表），给自己的家庭财务状况做个体检。

| 延伸阅读 |

谁是财务报表的看门人

中国上市公司的“财务数据造假”行为屡禁不止，尤其是当企业存心想欺骗时，就会形成流水线式的造假，普通人很难分辨。

为了监督企业的行为，制度设置了审计人员为财务数据的真实性把关的环节。但在现实中，即使资本市场上有了财务报表的看门人，财务数据造假的事件还是频繁发生。

中概股的信任危机

2020 年 1 月 31 日，美国著名做空机构浑水公司发布了一份长达 89 页的做空报告。报告指出，在美国纳斯达克上市的瑞幸咖啡捏造公司财务和运营数据。报告的证据来自 25000 张瑞幸咖啡小票和上万小时的门店视频。3 个月之后，这个指控成为实锤。4 月 2 日，瑞幸咖啡高管自爆伪造 22 亿元人民币的交易额。丑闻一出，瑞幸股价飞流直下，当日暴跌 76.46%，牵连其他中概股也暴跌。

这不是中国企业在美国资本市场的第一次财务丑闻。实际上，自 2010 年以来，美国市场上的中国概念股就因为虚假财务报表频频遭遇信任危机。

所谓“中国概念股”，简称中概股，是指在海外上市、在中国开展业务的企业的股票。新浪、百度、搜狐等公司的股票都是“中概股”。

在2010年之前，美国市场非常欢迎中国企业去纳斯达克上市，因为中国企业基本上是高增长的代名词。直到2010年6月，浑水公司发布研究报告，指证东方纸业、绿诺科技等多家中概股公司财务造假。浑水公司通过详尽的调查和数据分析，指出东方纸业将2008年的收入夸大了27倍，通过财务造假少记成本、虚增资产。

报告一出，市场一片哗然，这些公司的股价也应声狂跌。从做空报告发布起的三个月内，东方纸业股价暴跌近50%。不久之后，美国证券交易委员会介入了调查。调查结果显示，有30多家中概股企业都有不同程度的"财务造假问题"。这些问题包括信息披露不完整、不真实，行为不符合交易规则，虚报利润、收入，等等。

一石激起千层浪。2011年，美国券商盈透也公布了一张中概股黑名单，禁止自己的客户以保证金的方式买入名单中的股票。此后的一到两年里，几十家中概股公司相继因为财务造假而停牌或者退市。这一事件也让所有的中概股遭受重大打击，股价持续走低，赴美上市的中国企业数量开始下滑。2012年赴美上市的公司数量达到历史低位。直到2014年，随着阿里巴巴、京东和新浪微博等互联网巨头赴美上市，中概股才得以开始恢复元气。

2020年瑞幸咖啡造假事件，不但金额大，更发生在中美贸易摩擦加剧的大背景下，造成的影响不可估量。4月22日，美国证券交易委员会主席杰伊·克莱顿（Jay Clayton）甚至特地出来强调，投资者不要将资金投入在美国上市的中国公司股票。

除了对当事企业的投资者、员工、上下游合作企业造成不可逆的伤害外，这样的事件更给全球海外市场留下了中国企业财务报表不可靠的印象。这不仅仅是中概股的信任危机，更是"中国企业"和"中国概念"的信任危机。

审计机构的选择

关于这些事件的一个常见疑问是，为什么同是美国上市公司，中概股财务造假的比例要高出这么多？

这个问题涉及企业上市方法的选择和相关的审计制度。

中概股在美国上市主要通过 IPO 和反向收购两种途径。其中反向收购因为不需经过 IPO 程序，所以企业无须接受美国审计机构的审计，可以选择任何一国的审计机构。绝大部分采取反向收购的中概股企业，都选择中国的会计师事务所进行审计。不幸的是，实证研究告诉我们，以 2001 年到 2010 年这十年为例，在美国采取反向收购方式上市的企业中，相比美国公众公司会计监督委员会（PCAOB）监督下的审计机构进行审计的企业，由中国会计师事务所进行审计的企业，财务造假的概率要大很多。

那是否正常走 IPO 程序，用美国公众公司会计监督委员会监督下的审计机构，就能防止财务造假呢？答案是否定的。由于语言、文化、制度等多方面的原因，大部分中概股即使选择世界著名的四大会计师事务所（普华永道、毕马威、德勤、安永，简称“四大”）来进行审计，也大概率会选择设在中国的分支机构。虽然四大会计师事务所也受 PCAOB 的监督，但根据中国的法律规定，在我国出具的审计文件属于机密文件，不允许流向国外。所以，对于四大会计师事务所中国分支机构出具的审计报告，PCAOB 无权进行监督。

中概股危机后的 2011 年，美国证券交易委员会开始要求包括“四大”在内的五家会计师事务所的中国成员所提供其审计底稿，但是后者以中国监管层的禁令为由拒绝了这一要求。2013 年，中美达成深化跨境监管协议。而且在国际证监会组织（IOSCO）多边备忘录等合作框架下，中国证监会也开始逐渐向包括美国证监会、PCAOB 在内的境外监管机构提供少部分公司的审计底稿[①]，但是因为跨境监管中的灰色地带，对中概股来说，仍然存在巨大政策套利空间。

说到这里，我们大概可以看出，中概股以及A股市场的大量财务造假，和中国的审计机构，包括四大会计师事务所设在中国的分支机构，在履行"财务报表看门人"的职责方面没有严格做到位，是有密切关系的。

"橘到淮北则为枳"

为什么我国的审计机构不能很好地履行监督职责，甚至四大会计师事务所到了中国都会发生"变异"？

这个问题的答案，要追溯到中国金融监管制度建设的一些深层次问题。就像人性经不起考验一样，当犯错成本极低、犯错收益巨大时，企业、审计机构都经不起考验。

第一个是多头监管问题。中国对会计师事务所采取的是"多头监管"模式。证监会、财政部、注册会计师协会都有监管权力。这个模式避免了一家机构拥有过大的权力，压缩了权力寻租的空间，但也带来了严重的协调问题，容易出现监管真空。美国采取的是单一监管模式。21世纪初，安然财务造假丑闻让公众对美国整个会计界产生了巨大的质疑。为了加强信息披露监管，提高信息披露质量，加重对财务造假的处罚，美国出台了《萨班斯–奥克斯利法案》，PCAOB也随之应运而生，成为会计师事务所的监管机构。至此，任何机构只有在PCAOB注册、登记，取得资格以后，才能开展审计业务。而且，会计师事务所还必须

① 截至2020年4月，证监会已经向多家境外监管机构提供23家境外上市公司相关审计工作底稿，其中向美国证监会和美国公众公司会计监督委员会提供的共计14家。

定期向 PCAOB 报送审核资料。

第二是因为法律制度尚不完善。由于我国金融市场发展历史短，资本市场的法制建设还处于滞后和边缘化状态。在法律层面，对证券市场虚假陈述的处罚主要以行政处罚为主，很难上升到刑事处罚的高度。而且在民事诉讼方面也没有建立类似美国的集体诉讼制度，企业缺乏公众的有力监督。

2016—2018 年，A 股上市公司康美药业累计虚增营业收入 206.44 亿元、营业利润 20.72 亿元，同时，截至 2018 年 6 月末虚增货币资金 361.88 亿元，各项累计造假总金额高达 589 亿元。如此巨额的财务造假事件，2019 年证监会仅对其处以 60 万元人民币的罚款，相关责任人也只不过分别得到行政处罚和市场禁入的处罚[①]—— 这样“罚酒三杯”的处罚与其说是震慑打击，不如说是变相激励财务造假行为。

在财务造假的违法成本如此之低，稍微改头换面又能重新来过的情形下，审计机构和企业很自然就会建立利益联盟，上市公司有了财务造假的动力，审计机构也缺乏严加监管的动力。

| 思考题 |

为什么我国的审计机构不能很好地履行监督的职责，甚至四大会计师事务所到了中国都会发生变异?

---

① 2020 年 6 月，证监会进一步对 21 名责任人员处以 10 万元至 90 万元不等罚款，对 6 名主要责任人采取 10 年至终身证券市场禁入措施。同时，将康美药业及相关人员涉嫌犯罪行为移送司法机关。http://www.csrc.gov.cn/tianjin/tjfzyd/tjaljs/202006/t20200601_377308.htm

第十五章

分红：

上市公司的重要决策

分红是一个影响企业价值的重大决策。什么时候分、分多少、以什么方式分，都会对企业价值产生重要影响。

从一个企业的全生命周期来看，所有的利润都是股利。因此本质上，分红决策就是企业利润在时间维度上的分配问题，其目标函数应该是最大化企业价值。

从现金分红到股票回购，企业分红模式的选择反映了外部制度的变化，也是企业根据自身行业、处境、市场环境做出的相机决策。

企业的分红决策

第 073 讲　什么样的企业会分红？

股票收益由两个部分组成：股价变动带来的收益——资本收益（capital gain），股票分红带来的收益——股利收益（dividend gain）。

中国股民大多对资本收益比较敏感，很少注意股利收益。而实际上，即使在分红率不断下降的美国市场，从 2008 年到 2018 年，股票投资总收益中，股利收益也要占 24% 左右，A 股市场上的股利收益更是占到了总收益的 70% 以上。很多投资大师也偏爱那些分红多的“现金牛”。巴菲特最钟爱的可口可乐，每年光分红就给他带来 5 亿美元以上的稳定现金流。

分红决策与企业生命周期

虽然我们都爱“分红”，但很多人并不理解分红决策的逻辑到底是什么。

比如说，一个 100 年历史的企业在清盘的那天，它的分红应该占企业利润的多大比重？

理论上的正确答案是 100%。因为公司归股东所有，不管公司赚多少钱，最后都应该是股东的。所以在公司生命周期结束的那一天，所有的钱都应该返还给股东。在金融资产定价模型中，公司价值就等于未来所有股利的现值。未来股利取决于现在对企业利润的分配——分给股东多少，留存多少，在新项目上投多少——这意味着，“分红”是一个影响企业价值的重大决策。什么时候分、分多少、以什么方式分，都会对企业价值产生重要影响。

从一个企业的全生命周期来看，所有的利润都是股利。所以分红决策本质上是企业利润在时间维度上的分配问题，其目标函数应该是最大化企业价值。这意味着企业的分红决策和其生命周期密不可分，因为公司在不同阶段面临的约束完全不一样。

起步阶段，企业没有利润，更谈不上分红。当公司进入上升期，尽管已经产生了较多利润，但是同时也面临着很多投资机会，这意味着将利润用于项目投资，能在未来创造更多的利润，所以分红也不是这一时期的最佳决策。而当公司到了成熟期，现金流已经非常丰富，但好的投资机会也变少。这时候，利润大量留存在公司反而有被管理层挥霍的可能，所以企业在这一时期应该加大分红力度。当企业发展进入平台期，或者是行业开始下行的时候，投资机会已经变得很少，这时候应该将更多的利润分配给股东。

苹果公司的分红历程就是个很好的例证。

1997 年，乔布斯重新执掌苹果后拒绝分红。因为苹果正处于上升期，有无数好的投资机会，如果把利润拿去分红，公司就无法扩张和创新。不久之后，苹果公司就推出了 iPod、iMac 等风靡一时的产品。2007 年，苹果公司还推出了划时代的智能手机 iPhone，开启了全球智能手机时代。这一系列动作使苹果成了“利润收割机”，账上囤积了越来越多的现金。2011 年乔布斯去世，当年苹果账上的现金高达千亿美元。

2012 年 3 月，新上任的 CEO 库克宣布了分红计划，并表示在接下来的 3 年里，苹果会拿出 450 亿美元的利润回馈股东。伴随苹果庞大的分红计划，发生了两件事情。第一，原本对苹果持“我尊敬这样的公司，但是我不买它的股票”态度的巴菲特，开始大量购入苹果公司的股票。截至 2017 年年底，苹果公司的股票是巴菲特公司的第一重仓股。第二，在此之后，苹果再也没有推出像 iPod、iPhone 这样革命性的产品，多是在原有产品上的升级换代。

这意味着，苹果从一家创新型的、高成长型的企业，逐渐变成一家成熟稳定的高利润企业，它的分红决策也完美地对应着企业生命周期的变化。

如何根据分红决策选择股票？

那普通投资者是不是能够根据一家公司的分红决策来判断其股票的投资潜力呢？

答案是要根据分红的机会成本，即最佳替代抉择的价值来做决定。分红机会成本低的就是好的投资标的，机会成本高的则应该三思。

如果是饮料、电器、公用事业这些成熟稳定的行业，利润好、分红多的公司一般情况下值得投资。因为这些公司普遍盈利能力很强，但是投资机会并没那么多，分红的机会成本相对低。

但如果面对的是高成长型的企业，投资者需要三思而后行。对于处于这一阶段的公司来说，分红的机会成本较高，所以市场有时反而会将这一类型的分红决策解读为没有好的项目，企业未来增长乏力的信号。

全球企业分红下降的趋势

20 世纪 80 年代的时候，绝大部分企业都分红。但 80 年代之后，全球企业的分红率大幅度下降，这与股利黏性和避税两个因素有很大关系。

“股利黏性”是一个金融学术语，意思是一个企业一旦开始分红，市场就有了分红的预期，如果停止分红，会带来负面价格效应。曾有一个笑话，说分红和婆媳相处颇有类似之处：媳妇一进门抢着洗碗，几次下来给婆婆形成洗碗的预期，以后哪次不洗就成了罪人。索性一开始就不洗，让“不洗碗”成为预期，未来偶尔洗一次，反而成了贤惠的象征。现在很多企业都学得非常聪明，不给市场以分红的预期，以便为未来利润分配方案留下更多灵活性。

除了股利黏性外，税收也是投资者和企业均对分红有所踌躇的原因。按照美国的税法，股票上涨带来的收入面临的是 25% 的资本利得税，而股利的税率是 40%，相差高达 15%。企业为帮助投资人避税，就会对现金分红更加谨慎，转而采用其他方法进行利润分配。

| 思考题 |

市场上有家企业一直没有利润，但是企业每年都借债给股东分红。你认为借债给股东分红好不好？为什么？

第 074 讲　A 股市场的上市公司分红吗？

市面上有个常见的说法，说 A 股上市公司不分红。但真实情况确实如此吗？

A股市场的上市公司分红吗

北京大学曾有研究发现，从1999—2017年，A股市场上市公司的平均分红力度高于纳斯达克，也高于英国、德国、日本及中国香港等世界其他主要国家和地区。①

这里用一组数据作为佐证：如果2007年年底买入上证指数基金，2017年年底抛售，实际总收益率会接近60%，年平均收益率在7%左右。但是如果仅看上证指数的涨幅，同期总涨幅仅为16%。这意味着，上证指数基金的收益率主要是分红带来的。

从数据看，从2008年到2018年，A股市场上进行过现金分红的上市公司占全部上市公司的百分之七八十；2012年以来，A股市场上进行过现金分红的上市公司占全部上市公司的70%以上；2017年，这个比例更达到近80%。这意味着，即使随便买一只A股市场上的股票，你也有很大的概率会碰上分红—— 这个结论，估计炒股多年的老股民也无法相信。因为收到过“真金白银分红”的经历似乎真的不多。

那为什么数据和直觉竟如此相悖呢？

直觉并没有错，数据也没有错，其中的问题在于A股市场的现金分红呈现出高度集中的趋势，也就是极少数公司分了绝大部分的红。

还是用数据来说话。2010年，A股市场上分红数额排名前200的上市公司分了全市场86%的红利，而且这一数字还在上升。而这前200家上市公司中的10%又分掉了这86%股利中的绝大部分。这意味着，2017年，A股市场上2000多家上市公司中的80%都进行了现金分红，分红总额高达1.1万亿元。但是，分红额排名前20的上市公司，也就

① 冯时，徐远，《A股分红的国际比较》，载《上海金融》，2014年5月。

是 1% 的上市公司分掉了市场上近一半的红利。

可见，A 股市场上市公司的分红中，头部企业分红占了总量的绝大部分。很多企业只是迫于监管压力，进行走过场式的分红。所以，投资者的直觉和市场数据之间并不矛盾。我们投资的上市公司在大概率上进行过分红，但数额如此之少，以至于作为股东的自己根本没发现这笔收入的存在。

A股市场上“真正”分红的上市公司

那普通投资者要怎么选，才能找到分红多的上市公司呢?

下面有张图表，非常清晰地告诉了你，银行是分红最多的上市公司。“工建农中”四大国有银行平均每年分红 2500 多亿元，占整个市场分红总额的 25% 以上。以 2015 年到 2017 年的数据来看，在平均分红额排名前 20 的企业中，几乎全是熟悉的超大型企业，其中金融机构占了 12 席，非金融的 8 家企业中，除了美的是民营企业外，其他都是大型国企。更有趣的是，这些上市公司的股权都非常集中，几大国有银行的最大股东都是财政部或国务院，央企的大股东都是国资委。这意味着，A 股市场的利润或者分红主要去了国库。即使 2008 年到 2018 年这 10 年股市涨幅惨淡，但国家这个大股东的收益率还是得到了保障。

这个现象其实从大基金的持仓中也可以得到证实。中国市场上，凡是有一定规模的基金都会买银行股或者金融股。但我们也知道，银行股的估值低、涨幅小，那为什么基金公司愿意长期持有呢？这主要来自两方面考虑：第一，如果全部配置小盘股，基金的风险太大；第二，银行分红多。

表 15–1　A 股上市公司三年（2015—2017）平均分红前二十名[①]

排名	证券名称	行业	三年平均分红（亿元）	排名	证券名称	行业	三年平均分红（亿元）
1	工商银行	银行	841.594	11	中国石油	采掘	168.772
2	建设银行	银行	702.531	12	长江电力	公用事业	128.335
3	农业银行	银行	557.672	13	兴业银行	银行	125.991
4	中国银行	银行	509.291	14	中信银行	银行	112.224
5	中国石化	化工	362.810	15	贵州茅台	食品饮料	100.316
6	中国神华	采掘	278.455	16	中国人寿	非银金融	99.870
7	交通银行	银行	204.742	17	民生银行	银行	88.173
8	上汽集团	汽车	185.511	18	光大银行	银行	76.480
9	中国平安	非银金融	181.584	19	格力电器	家用电器	66.173
10	招商银行	银行	179.506	20	美的集团	家用电器	64.958

就像前面说的，金融资产的总收益等于资本收益加分红收益。银行股虽然资本收益低，但分红收益高，所以，买银行股没有想象中那么不划算。

2012 年年初到 2018 年年初，沪深 300 指数年化收益率为 9.44%，而考虑到每股 1.1 元左右的分红后，工商银行同期年化收益率约在 12%，其他几个大行也不相上下。

要提醒一句的是，这些数据并不意味着我们只要按图索骥买银行股和央企的股票就可以。历史收益不能预测未来。国有银行的资产质量和整个国家的经济发展状况有很大关系。未来一段时间内，经济下行的态势很可能会反映在银行的不良资产率上。

---

① 数据来源：冯时、徐远，《A 股分红的国际比较》，载《上海金融》2014 年 5 月。

但是，这些发现给我们普通投资者提供了一个重要的决策维度——在考虑投资收益率的时候，应该把分红考虑进去。长期持有一个稳定分红的股票，可能比炒短线的投资策略更理性、收益更高。

第 075 讲 股票回购是股价被低估的信号吗？

20 世纪 80 年代开始，随着全球企业的分红率大幅度下降，股票回购规模却一路上升，股票回购替代现金分红作为企业利润分配方案的趋势非常明显。

20 世纪 70 年代，美国经济增长不力，时任美国总统尼克松希望企业扩大再生产、提振经济，为了让企业多留存利润，尼克松颁布法令限制企业的股利发放，但“道高一尺，魔高一丈”，有监管自然就有创新。在无法现金分红的情况下，企业为了保护股东的利益，想出一个办法，用高于市场的价格将股票从股东手里回购回来，相当于避开监管，变相把企业利润分配给了股东——这就是股票回购。

不过整个 70 年代，股票回购的数额一直不大。因为回购股票的价位非常微妙，一不小心就可能陷入“内幕交易”的坑。直到 1982 年，美国证监会制定了 106–18 规则，要求公司提前公布自己的回购计划，详细披露回购数量、日期、价格等信息。这一方面给股票回购上了紧箍咒，但另一方面，在法律许可范围内也赋予了股票回购正式名分，股票回购不会被视为内幕交易。此后美国公司的股票回购规模开始一路上升，从几十亿美元，一直上升到 2017 年的 4000 多亿美元。

20 世纪 80 年代以后，随着金融自由化进程，对现金分红的监管限制早已不存在，但股票回购依然更受企业和股东的青睐，日渐变成利润分配的主要工具，这主要来自两方面的推动：一是前面所讲的股票回购解决了股利黏性问题，能帮助投资者避税；其二则是股票回购还可以美化财务数据。股票回购以后，流通的股份变少，在公司利润不变的情况下，可以提高市场对每股收益的预期，刺激股价上涨。

2018 年年初，特朗普总统实施大规模减税计划，使苹果账面利润大为增加，苹果随之进行了 5 亿美元级的股票回购。通过股票回购，苹果股价上涨，股东们既得到了利润分配，又避开了高达 40% 的股利税，皆大欢喜。

此外，股票回购对于推广股权激励计划也有很重要的作用。对于早期创业公司来说，股权激励计划是吸引人才的一个重要筹码。但是很多公司也有顾虑，因为越是优秀人才，越具有高流动性。假设部分高管拿到大量期权后离开，企业股权就会流落在外，稍有不顺甚至造成股权旁落的局面。在这种情况下，如果给股权激励加上一个限制条件，比如公司有权以某种价格回购即将离开公司的高管手里的股权，就可以既让高管分享到公司的增长，也避免了股权的旁落。

由于股票回购的这些特征，现在越来越多的企业倾向于用它替代现金分红作为一种主动的公司财务管理手段。一个企业宣布股票回购计划，市场会解读为“不缺钱”，要进行利润分配，所以股票价格上涨，因此“股票回购”是一个正面的价格信号。这个逻辑被应用在了市场博弈中，如果管理层觉得公司股价被低估，经常就会宣布股票回购计划，昭显自己公司有利润，来提振股价。2015 年股灾中，万科、海通证券、美的集团就都推出了股票回购计划。2020 年新冠疫情造成的全球股市波动中，也有很多企业果断宣布股票回购，向市场传达关于股票价值的正面信号。

这是否说明，企业进行股票回购就意味着股价被低估，是投资买入的好时机呢?

还是那句话，市场上很少有非黑即白、一劳永逸的原则——股票回购能否提振股价取决于其是否真正给市场传达了正向的价格信号。

2020年年初受疫情影响，格力电器股价从最高点下跌一度超过30%，4月12日晚上，格力电器宣布拟用30亿~60亿元回购公司股票。但直到消息发布之后三天，格力股价仅仅上涨1.2%，消息发布之后七天，股价反而下跌了0.6%。同期上证综指则分别上涨了0.5%和1.1%。为什么？因为股票回购的价格上涨效应主要是由于股本下降导致的。而格力的回购是用于股权激励计划或者员工持股，其总股本并没有改变，给出的价格信号并不强，市场自然也就没有给出强烈的正向反应。

| 思考题 |

既然股票回购是一个能照顾各方利益的金融工具，为什么中国监管机构还一直鼓励上市公司现金分红？

第076讲　中国上市公司“高送转”的秘密

几乎所有女生都有这样的经历：在商店里看到满100返20、满100送100的打折宣传，会满心欢喜，自觉“占了便宜”购买大堆东西；但冷静下来后，发现“返”和“送”的券都必须在商店内消费，而且对于券的使用还有各种各样的限制条款；再之后更经常会发现，大部分因这种宣传而买的东西不仅没用，而且价格也并不便宜。

这和中国A股市场的“高送转幻觉”颇为类似。

什么叫送转股

送转在英文中叫split，就是分裂、裂开的意思。在香港资本市场上，它对应的翻译是“拆细”，就是将一股拆成更小的单位。而将 split 翻译成“送转”，可谓既“达”又“雅”，很容易让人产生一种被馈赠的感觉。

假设投资者持有某个公司 1 万股股票，每股 40 元。今年公司利润不错，每股赢利 2 元。但公司不分红，宣布要采取“10 送 10”的分红政策，这意味着投资者手里的 1 万股就变成了 2 万股，买 1 送 1，有一种财富翻番的感觉。但是，这个数字不会改变公司的盈利状况，公司的价值没变，只是股票的数量增加了。通过 10 送 10 的分红策略，原来价值 40 元一股的股票现在变成了 20 元。

所以，如果你以为 10 送 10 就是公司给你的馈赠，那确实有点太傻太天真。

公司为什么要进行股票送转

既然送转对公司价值并没有影响，那它存在的意义是什么呢？金融学术圈的不同学者对此曾经给出过两种很不同的解释。

第一种是流动性假说。

有些学者认为，如果一只股票价格过高，会限制中小投资者进入市场，送转拆细了股票，相当于降低了股价，增加了股票的供应量，从而提高股票的流动性。这叫流动性假说。

腾讯的股票曾经一度涨到 600 多港元 1 股，管理层觉得这样的价格门槛太高，会阻止中小投资者的进入。而投资者数量有限就意味着交易量上不去，影响股票的流动性。所以腾讯进行了一次 1 拆 5 的股票拆细，股价从 600 港元 / 股变成了 100 多港元 / 股，之后果然股票成交量大幅上扬。同样，谷歌现在的 1000 多美元的股价也是几次拆细后的结果。

如果没有拆细，现在股票的价格可能已经超过了1万美元每股，这会使很多投资者却步不前。

第二种是股价迎合或价格幻觉。

另外一些学者认为，拆细没有造成实质上的价格变化，只不过是迎合了人类贪便宜的心理。用拆细代替真正的分红，相当于用画饼充饥。另外，通过拆细股票降低股价，比如原来100元的股票，现在50元就能买，会让投资者感觉股票一下子变便宜了，有种买到就是赚到的感觉。所以，拆细有时候也会被视为企业市值管理的工具。这些理论被称为“股价迎合理论”或者“价格幻觉理论”。

一千个人眼里有一千个哈姆雷特，市场上的送转到底适合哪个理论，至今也没有确定的结论，但A股市场上的送转股，用股价迎合理论或者价格幻觉理论来解释似乎更合理。

很多A股股民买股票和买菜颇为类似，喜欢“量大价平”。觉得50元/股的股票太贵了，10元/股的就亏不到哪里去。而且给定有限的资金，股价贵的股票能买的股数就少，便宜的能买的股数就多。

由于投资者的这些心理因素，A股市场一些上市公司和券商经常炒作送转的概念。炒作手法很多，中间猫腻也不少。比如说，有的机构会用送转股制造公司高成长的假象，吸引散户入场，还有的更是借助送转进行内幕交易。比如在宣布送转之前大量增持股票，然后通过炒作拉升股价，之后大股东和机构投资者再在高位减持。

2010年以后，A股市场有一股汹涌的送转浪潮。金融业内大家心知肚明，送转本质上不对企业价值造成影响。但是为了加入这场赚钱的游戏，大家都默不作声，致使后来送转的上限越来越高，看上去就像中国的上市公司变得越来越慷慨一样。比如2015年，沪深两市一共2000多只股票，采取10送10以上方案的上市公司竟然达到三四百家。

针对这种现象，北大光华管理学院曾经做过一个关于送转股的市场反应的研究。研究表明，送转的消息一般很早就泄露了。比如，一家公司 5 月 1 日打算公布送转消息，其实大概在 3 月的时候，公司股票就有了反应，会一直上涨。同时各种机构不断增持，股价上涨也吸引着更多散户入场，使交易量上升。到了送转前夕，其实已经有机构开始缓慢地减持，送转日之后，股价的上涨就基本结束了，之后还会被打回原形，只剩下一些韭菜被套在“韭菜盒子”里。

炒作高送转的行为也引起了监管层的关注，2017 年 4 月，我国证监会负责人就明确表示，要把这种行为列为重点监管对象。2018 年到 2019 年高送转被严格限制，一度几近绝迹。但 2020 年这个现象又有复苏之势。好在目前监管力度并未下降，只要推出高送转计划，企业就会收到交易所的关注函。此外，相较于前些年的“无脑”炒作，如今市场也更为理性。发布高送转预案后，股价有所表现的个股，几乎同时也为高额分红的个股，那些转增比例较高但分红“小气”的个股表现并不亮眼。

那我们该如何判断送转是否合理呢？

一个小原则：在企业高利润、高增长、高股价的条件下，企业可通过送转的方式降低投资门槛，增加流动性；如果不满足这些条件，或者出现那种罕见的高送转，则炒作的概率会比较大。

如果一家公司股价只有几十元或者公司出现亏损，送转并不能帮它化腐朽为神奇。2016 年，A 股市场上一家软件公司股价 90 元，但当年利润同比下降 20%，在这种情况下它推出了 10 送 30 的高送转股。理论上，送转后的股价应该是 30 元 / 股。但实际情况是，送转完成后，股价连续几日都封死在跌停板上，远低于 30 元。

| 思考题 |

作为普通投资者，你更愿意接受高送转的股票还是现金分红？你的答案和所处的投资时间段有关系吗？为什么？

第十六章

创新、监管与危机：金融市场的三位一体

金融危机本质上就是信用崩塌。个体或者机构的债务关系破裂，通过经济体的网络结构传染开来，进而导致恐慌情绪蔓延，并演变成更大面积的信用崩塌。

现代经济体的运行筑建于信用之上。一旦社会发生信用危机，很快会传导到企业和金融机构，导致机构破产、失业率上升、经济停滞、居民生活水平下降，触发经济危机，甚至演化成社会危机。

创新与监管：猫和老鼠的游戏

过去折射未来。世界亘古不变。现在和未来见于过去。同样的事物反复出现，只不过换了个名字。

——意大利历史学家 弗朗切斯科·圭恰迪尼

第 077 讲 金融创新的本质是思想革命

创新是什么？沿用著名经济学家约瑟夫·熊彼特（Joseph Alois Schumpeter）的定义，创新就是包括新产品、新市场和新组织方式在内的新生产函数的建立。金融创新也不例外。

从简单借贷到股票、债券到资产证券化，到衍生品，从柜台到ATM（自动取款机）；从现金交易到支票、信用证、支付宝；从合伙制到股份制，到双重股权结构。这些产品创新、交易模式创新和组织方式创新一次次重塑了金融行业，提高了全社会资金配置的效率，进而改变了经济增长的速度和路径，也创造了巨大财富。

但是，这些讨论都还只停留在创新的“形”，即工具创新上。金融创新的“魂”是思想革命。股和债两个创新的出现不仅助推了工业革命，也为欧洲自由主义的起源奠定了基础，彻底改变了人类社会的面貌。

债：将人从神那儿解放出来

债务是人类社会最古老的关系。但在历史上很长一段时间内，各个文明都将债权人视为邪恶的代名词，利息也被视为是违法或者不道德的。中世纪的欧洲对“债”的厌恶更是根深蒂固。欧洲的宗教氛围浓厚，人的生命也被视为对神的赎还过程，这意味着人的时间是属于神的。利息是“时间的价值”，收取利息意味着从上帝那儿偷窃时间。所以在中世纪的欧洲，放高利贷、收利息都是被严格禁止的。资金借贷是见不得光的生意，只能小规模、小范围在桌底下进行。

在这样的氛围中，“时间”成为一种缺乏流动性的要素，无法进行更优配置，时间的价值也得不到充分体现。直到12世纪，意大利北部的一个城邦小国威尼斯无意中打破了这个观念。就像前文说过的，当时欧洲大陆争战不休，军费是各城邦小国的最大开支。为了持续支付昂贵的战争费用，威尼斯城邦主向全体国民强制性地发行公债。这个金融工具使国家得以“向未来借贷”，大大扩展了国家的能力。更重要的是，大规模的公债使威尼斯人接收到了一个信息——金钱是可以繁衍生息的物品。

在挣脱神权束缚的历史进程中，这是具有里程碑意义的一步：它意味着在上帝之外，人类创造了一个超越神权的物种。这个“物种”可以替属于上帝的时间进行定价。通过公债这个工具，最具有神性的时间被货币化和世俗化了。尽管传教士们斥责这是对时间的偷窃，但公债所显示的强大的长期筹资功能，使欧洲小国君主们找到了一条解决国家战争和建设资金的途径，各国开始争先恐后地发国债，甚至用国债做抵押进行再融资。

这一系列事件对欧洲产生了不可估量的影响。时间被大规模地世俗化和货币化，人的生命和时间从神那儿被解放出来。全社会关于神和人的权利的认知逐渐改变，为下一步欧洲自由主义的兴起打下了思想基础。

股：将人从固化的阶层中解放出来

如果说“债”的大规模应用将人的时间从神那儿解放出来，让时间成为可流动的生产要素，那“股”的推广则更像一场社会革命的启蒙，打破了欧洲固化的阶层，将人本身的流动性释放了出来。

自从有了私有产权，人类社会开始出现“阶层”的分化。再究其本质，权贵、平民这些社会阶层的差异就是资金集聚动员能力的差异。用现代金融术语来说，就是个人信用不同。欧洲的封建分封制度下，绝大部分欧洲平民隶属于领主，普通人连人身自由都有限，更不用说人力资本了。换句话说，在现代社会之前，除了贵族和国王之外，欧洲社会民众是没有个体信用的，也缺乏资金集聚的能力。要想打破这种能力约束创造财富，只能靠战争改变自己的阶层。

而“股”的出现，从某种程度上改变了这种世袭的、缺乏流动性的社会结构。17 世纪，荷兰探险家为了开拓海上贸易设计了出售“股份”来筹措资金，从而演化出了一种利益共享、风险共担的机制——股份制[①]。这种机制打破了以社会阶层为约束的资金调集模式：只要某个人的项目能替大家赚到钱，不管这个人是什么身份，都能募集到资金。很多冒险家、商人通过这样的方式完成了财富累积，更实现了阶层跃迁。

更重要的是，股份制的推广刺激了技术进步和工业革命的萌芽。有

---

① 股份制的原型可以追溯到罗马帝国时期。具体内容参见第四章。

了大规模资金的支持，作坊才能发展成大规模协作的现代企业，技术才能得到落地、迭代和改进的机会，工业革命也才可能发生。新兴的工业家、资本家阶层也得以崭露头角登上历史舞台。

时间的货币化、世俗化，将人从神那儿解放出来。而社会阶层的重构，又将人从固化的阶层那儿解放出来。金融工具以“资本”运作的方式给欧洲带来了社会认知和社会结构的改变，更为即将到来的资本主义社会打开了天窗。

| 思考题 |

中国改革开放 40 多年，有什么改变社会结构和社会认知的金融工具吗？试着举出一个例子并加以阐述。

第 078 讲　金融监管：金融市场的逆熵过程

金融市场的繁荣衰退和金融监管的尺度密不可分。要理解这种内生性，我们首先需要理解“监管”对于市场来说究竟意味着什么。

什么是金融监管

我们不妨借用一个物理学概念——熵，来理解金融市场和金融监管之间的关系。金融监管就是金融市场的逆熵过程。

熵本来是一个热力学概念，用来描述分子运动的混乱程度，熵值越高，混乱程度越高。宇宙在时间维度上就是一个熵值增加的过程。后来，这个概念被广泛运用在生命科学、数论、计算机等领域，引申为一个体系的混乱程度。比如说，一条河流被色素、废渣等工业排放污染，我们可以将此理解为河流的熵值增加了，河流净化则是逆熵过程。人类社会的复杂度越来越高，其实也是一个社会熵值增加的过程。当熵值增大到一定程度，系统就会发生崩溃。所以从某种意义上，规则、法律这些变无序为有序的行为，就是逆熵过程。

20 世纪 50 年代以来，随着信息技术和金融工具的创新迭代，金融市场呈现出全球一体化、工具复杂化、边界模糊化的趋势。全球性金融机构的产生，各种衍生产品、影子银行的出现，都意味着市场越来越不可控，其混沌程度前所未有地变大。半个世纪以来，各种金融资产价格的频繁波动也证实了金融系统的熵值在持续增加。

为了让这个系统不发生崩溃，需要一个逆熵过程。这就是规范金融市场的一套秩序和规则，即金融监管。《巴塞尔协议》《格拉斯–斯蒂格尔法案》等都属于监管条例，中国的“一委一行两会”（金融稳定发展委员会，中国人民银行，中国银保监会和中国证监会）、美国的联邦储备系统、国际货币基金组织、国际清算银行等秩序、规则的制定者和维护者，则是监管机构。

文化与利益：金融监管尺度摇摆的根源

近半个世纪以来，全球的监管尺度总在“宽”和“严”之间摇摆不定，而且会不时就倒向宽松的一边。这种趋势的背后，是文化政治因素的影响和利益的博弈。

从文化政治根源来看，17、18 世纪以后，英美两国是现代自由主义最坚定的阵地，对待政府干预有一种天然的警惕。这种态度反映在金融监管上就是“越少越好”。作为 18 世纪至今的世界领导者，英美的监管态度也影响了全球金融市场的监管标准。虽然 1929 年的大萧条后，欧美各国普遍受到凯恩斯主义的影响，政府干预加强，开始对金融市场采取严监管措施，但是随着经济的高速增长，市场动荡的痛苦逐渐被忘记，金融深化整体上仍然是大趋势。每次危机过后，监管都会加强，但是随着时间推移，放松监管的呼声又会渐渐抬头，成为主流。

除了自由主义的文化政治根源外，国家间利益博弈是促使各国政府推行宽松金融监管的更强大力量。

全球金融市场像一片水域，资金犹海水，不停地往低处流。监管则是一个个的堤坝。监管严即堤坝高，其他区域的水将很难进入，监管松，则水会更顺畅地流入，使得区域间资金配置效率更高。20 世纪 80 年代，当美国仍实行利率管制时，英国率先实行金融自由化，短时间内大量债券业务流向伦敦，伦敦债券市场飞速发展，给美国金融业造成巨大压力。所以从 20 世纪 80 年代到 90 年代，华尔街天天在华盛顿游说，要求政府放松监管。为了不让严监管削弱美国金融业的竞争力，美国政府开始一点点放松监管。直到 1999 年，克林顿总统签署《金融服务现代化法案》，标志着美国金融自由化进入了快车道。之后，美国也进入长达十年的繁荣期。

欧洲也有类似例子。仅有 60.8 万人口、2586 平方公里土地的欧洲小国卢森堡，在金融方面实施类自由港的监管策略，从一个资源极度匮乏的小国成了全球金融中心。截至 2019 年，卢森堡是仅次于美国的全球第二大投资基金中心，共计有超过 14800 个注册基金，资产总额超过 4.7 万亿欧元。卢森堡的人均 GDP 更是长期高居世界首位。

在全球资本驱动的经济运行模式下，保持自己在金融业的竞争力确实是各国监管的一个重要考量。所以，在执行国际监管准则时，各个国家很大概率会在规则范围内，尽量采取睁一只眼、闭一只眼的监管态度，都以提升自身的竞争实力为目标。尤其当市场风平浪静的时候，这种现实考量和利益博弈的力量就会更强，放松监管也更容易成为一种均衡下的主旋律。

但是放松监管时间久了之后，市场预期也会逐渐上升，各种创新工具会更大胆，市场投资者也会更激进地加杠杆。市场风险因此不断积累，市场秩序开始逐渐失衡，直到破坏性危机发生。危机过后，市场对稳定安全的诉求才又占据上风，金融监管重新回到严厉的路子上。长此以往，监管也就循环往复、周而复始地在松紧之间左右摇摆。

| 思考题 |

2013—2014 年，中国曾掀起一阵“互联网金融热潮”，这个浪潮和 2017 年中国政府的“金融去杠杆”政策有关系吗？

第 079 讲 《巴塞尔协议》：银行监管的稳健性原则

作为现代市场的基础设施，银行业是全球化程度最高的领域，跨境和跨国经营极为普遍，这些特征决定了银行业的监管要以稳健为核心，同时强调国际合作和协同。

谈及银行业的全球监管，《巴塞尔协议》是绕不开的话题。

巴塞尔是位于瑞士西北部的一个城市，全球最重要的国际金融合作机构之一——国际清算银行，就设立在这里。20 世纪 50 年代后，金融全球化的趋势越来越明显，大银行跨国经营的现象也越来越普遍。为了防止某个国家或者区域的金融风险“牵一发动全身”地蔓延，各国都亟待在金融监管上进行合作协同。

20 世纪 70 年代，国际清算银行下设了一个常设监管机构——巴塞尔银行监督委员会（简称巴塞尔委员会），由英、美、德、法等十个国家的央行与银行监管部门的代表组成，开始对全球的银行业进行协调监管。从 20 世纪 80 年代开始，这个委员会公布了一系列全球银行监管的准则和文件，也就是俗称的《巴塞尔协议》（Ⅰ、Ⅱ、Ⅲ）。这三个协议是全球银行业最重要的监管准则。

作为一个跨国机构，巴塞尔委员会并不具有国家强制力，《巴塞尔协议》也不具备法律效力。它之所以能够成为全球监管的准则，主要还是基于实力和内容两个维度的原因。

从实力来说，巴塞尔委员会成员国代表了世界最强大的经济集团。2017 年，这 10 个国家的 GDP 总量接近全球的 50%，上市公司的市值总和接近全球的 64%。实力决定一切，这些国家共同确定的准则也自然是国际通用准则。从内容而言，《巴塞尔协议》是过去 30 年银行业态演进和监管博弈的产物，确实为大型金融机构提供了一套可行的标准和实用的监管操作体系。

我们可以通过三组关键词语来理解《巴塞尔协议》：协议的时代大背景，"全球化、信息化"；协议具体内容，"宏观审慎"；协议的特征，"简单可行"。

全球化与信息化的时代背景

20 世纪 60 年代到 90 年代，人类社会快速全球化和信息化。电脑与互联网的发明使信息沟通的成本快速降低，跨国的资本流动越来越频繁。这个趋势下，银行亟待跨国经营。但实践中银行的跨国经营却面临很多现实问题。

比如，一个欧洲银行的美国分部究竟归谁管？按照什么原则管？市场上的流动性风险怎么控制？出现了流动性问题由谁负责？原来各国分而治之的简单监管，明显已经无法适应新变化。

20 世纪 70 年代初，两家老牌跨国银行，前联邦德国赫斯塔特银行（Bankhaus Herstatt）和美国富兰克林国民银行（Franklin National Bank），相继因为外汇交易巨额亏损、不良资产迅速攀升而倒闭。这让各国政府开始意识到，跨国金融机构的经营风险比其他跨国机构要大得多。因为跨国金融机构一旦清盘倒闭，不仅影响总部的信用，而且影响分支机构所在地的经济和就业。换句话说，在全球化、信息化的环境下，跨国银行的倒闭不是一个独立事件，它会通过银行的网络传导到各个地区和行业，造成蝴蝶效应。所以，建立一个全球性协调监管机制越来越有必要，监管的重心有必要放在防止金融机构倒闭，即银行经营的风险管理上。

有了这个共识，西方主要国家的政府首脑很快就建设全球协调监管机制、进行风险管理达成了一致。巴塞尔委员会也于 1988 年通过了《统一国际银行的资本计算和资本标准的协定》，即俗称的《巴塞尔协议 I》。

以资本充足率为核心的宏观审慎框架

银行是负债经营的，如果自有资本过多，会影响利润。但如果银行资本充足率过低、杠杆过高，又会影响经营的稳健性。所以资本充足率，即自有资本和风险资本的比例，是衡量银行经营业绩的重要指标。

但使用这个指标有个前提，就是对风险资产的分类要准确而且相对统一。在《巴塞尔协议》之前，不同国家银行资产分类标准和监管标准都不一样，在银行跨国经营的情况下，这很容易产生套利空间，形成风险累积。

为了解决这个问题，《巴塞尔协议》对全球银行业的资产进行了详细分类，对风险资产进行了明确的界定，还根据资产风险度的不同为它们赋值（风险权重），让各银行的风险度更易衡量。

比如，抵押贷款和企业债券原先都算风险资产，但金融实践告诉我们，一般情况下，持有抵押贷款的风险比持有企业债券要低。针对这样的情况，《巴塞尔协议》给这些不同风险度的资产赋予不同权重——抵押贷款的风险权重是 50%，企业债券的风险权重是 100%。假设银行 A 全部持有抵押贷款，银行 B 全部持有企业债券，则银行 B 的风险是银行 A 的 2 倍。

再比如，之前任何国家的银行都会将自己的国债视为无风险资产。但根据《巴塞尔协议》，只有现金，以及英美等 OECD（西方国家政府间的经济联合组织）国家的国债被认为是无风险资产。虽然这个标准存在一定的主观性，但在整体上还是避免了很多国家低估本国银行业风险的问题。

《巴塞尔协议》为全球银行业的经营风险提供了具体的量化指标。在此基础上，各国银行的资本充足率也更具有可比性，更容易实施全球合作和协同监管。随着全球协同监管的迭代改进，全球银行业逐渐形成了一套跨机构、跨国、跨时间的系统性风险管理的思路。在《巴塞尔协议》框架下，各国更关注机构之间的风险关联、金融风险的周期波动，并开始据此进行事先的风险预防和事后的风险控制，这就是现在经常被提及的“宏观审慎监管”。

简单可行的操作守则

尽管被称为“协议”，但和很多人想象的不同，《巴塞尔协议》并不是僵化的条文，而是不断演进和改变的一个监管体系。

20世纪80到90年代，金融自由化趋势下，银行开始混业经营，涉足外汇、债券、股票、商品、期货等资本市场业务。为了顺应时代变化，90年代后，《巴塞尔协议》进行了重大修改，增加了外汇、证券、头寸等内容，形成了新的监管标准，即《巴塞尔协议Ⅱ》。2008年金融危机后，各国政府感受到了金融风险的巨大破坏力。为了保证银行体系的安全，巴塞尔委员会又在2010年推出了《巴塞尔协议Ⅲ》，对银行进行了更加严格的监管。

过去三四十年，全球金融市场虽然膨胀式发展，但基本保持了稳定。即使在2008年金融危机之后，也没有像1929年那样陷入长时间的萧条，金融市场快速趋稳，经济也逐步恢复。从这个意义上说，《巴塞尔协议》对整个时代的金融稳定功不可没。

| 思考题 |

现实世界有两面性，像《巴塞尔协议》赋予监管机构更大的权力，给风险资产以量化的标准，这些措施会产生什么弊端吗？

第080讲　创新、监管和危机：金融市场的新陈代谢

金融创新、监管和危机之间存在着内生的博弈关系。创新带来野蛮生长，刺激市场繁荣；监管提供约束边界；危机则是繁荣泡沫化的结果。金融市场则在创新、监管、危机的博弈中不断向前发展。

英国的南海泡沫

18世纪，英国财政部长模仿荷兰东印度公司，设立南海公司开展

国际贸易。当时英国政府最烦心的事情就是巨额的政府债务——英法七年战争之后，尽管取得了军事上的胜利，但战争的巨大耗费让政府债台高筑。怎么从债务中脱身成了英国最紧迫的任务。

为了解决这个问题，南海公司帮政府进行了一次债转股的金融创新：南海公司接收英国政府 900 多万英镑的债务，全部转成公司股权。英国国债的债权人被转变成南海公司的股东，从南海公司收取股息。这样一来，还本付息的债权关系被转换成了风险共担、利益共享的股权关系，英国政府也从沉重的债务枷锁里被解放了出来。

南海公司给英国政府帮了这样一个大忙，自然也有丰厚报酬。英国政府赋予南海公司很多特许权，包括南美海域专属贸易权等。南海公司的特殊地位给市场以极大的想象空间，开始有人利用这种“官商背景”进行炒作，围绕着南海公司在南美海域的专属贸易权，市场上出现各种小道消息。比如位于南美海域的秘鲁、墨西哥等地都发现了黄金，等等。在这种真真假假消息的刺激下，南海公司股价一年多的时间里上涨了十多倍，达到每股 1000 英镑以上，差不多相当于现在的每股 30 万英镑。

整个英国开始为之疯狂，连英国国王和大科学家牛顿都陷入了股票致富的美梦里。大量的资金涌入市场，南海公司的股票一股难求。在求购南海公司股票不得后，资金开始流向其他股份公司。与此同时，人们争相开办股份制企业，发行股票。因为只要是股票，当时就会有人追逐、炒作。整个英国的资产迅速地金融化和泡沫化，南海公司吹出的泡沫变成了整个英国的资产泡沫。

政府开始担心继续下去会让国家的经济彻底泡沫化，开始采取加强监管的措施。1720 年，英国通过了《泡沫法案》，对遍地开花的股份公司进行严厉整顿。其中最核心的一条是成立股份公司需要得到王室的特许权——这意味着当时市面上大量的股份公司一夜之间变成了非法企业，其股票也变得一钱不值。

尽管初衷只是要对股市进行治理整顿，但监管者没有考虑到金融市场是预期驱动的，市场恐慌情绪具有传染性。大批公司股东拼命抛售股票，踩踏出逃。市场的悲观情绪像瘟疫一样开始蔓延，一发不可收拾。“当雪崩的时候，没有一片雪花是洁白的”——古老的谚语一语成谶，南海公司的股价也开始了雪崩式下滑，几个月时间就从 1000 多英镑跌到不足 100 英镑，包括牛顿在内的很多投资者倾家荡产。

这就是金融史上著名的“南海泡沫事件”。从债转股开始的金融创新，刺激了英国股市的一次繁荣，最终演化成泡沫，然后在和监管的博弈中泡沫破灭，酿成金融危机。因为这次危机，英国政府对股权市场有了戒心，在之后的一百年中，英国都对股份制公司采取严格控制的态度①。

美国的资产证券化

美国金融市场也发生过类似的事情。

20 世纪 30 年代之前，美国金融市场几乎没有成形的监管。这一时期随着经济实力的快速上升，美国资本市场也呈现出野蛮生长和投机套利的繁荣局面。虽然其间市场也不断有小波动，但就像人在成长的过程中不断发生小感冒，扛一扛或喝点药也就过去了一样，这些小危机也很快得到了解决。不管是政府、金融机构，还是普通投资者，都坚信自由

① 虽然股份制遭到打击，但英国的金融创新并未因此停止。当时正处于工业革命的早期阶段，需要大规模资金的动员和集聚。股权市场受挫后，信托基金开始发展。英国中产的资金通过信托基金聚集，源源不断地投入到工业生产中去。

市场带来的繁荣将稳定持续下去。

但是历史总有变脸的时刻。1929 年金融危机爆发，随即是长达 4 年的全球经济大萧条。这次萧条给全社会留下了破产、失业、饥饿、贫穷的鲜明记忆，也彻底改变了美国政府对宏观管理的态度。金融监管被提上议事日程。

1934 年，美国颁布《格拉斯－斯蒂格尔法案》，开始对金融市场进行严监管。除了严格限制内部交易、进行利率管制外，将投行和商业银行的业务分开的“分业经营”是对全球金融业影响最为深远的一个措施。

商业银行的资金来自储户，对资金安全的要求高。而投资银行覆盖的资本市场波动大、风险高。将投行和商业银行进行分业经营，有利于隔离风险，维护银行储蓄资产安全。这之后“分业经营”的思路成为全球金融监管的共识，金融创新的速度也因此慢了下来。

随着时代的发展，分业经营的弊端开始逐渐显现。其中最重要的一条就是“期限错配”：银行存款大多是几个月的短期存款，但贷款一般是几年甚至几十年的长期贷款。这种存贷两端的期限不平衡会导致银行资金出现缺口，产生流动性风险。另外，这些长期贷款趴在账上，使银行资产的流动性很差，也使得银行的资金配置效率受到很大影响。

聪明的银行家开始进行产品创新：他们将这些趴在账上不动的长期贷款进行打包，以打包后的贷款所产生的利息作为抵押，在资本市场上发行债券，实现再融资。由于贷款在银行资产负债表上属于资产，所以这个过程也被称为资产证券化。资产证券化产品解决了银行流动性和期限错配的问题，让长期资产都“活”了过来。随着资产证券化产品规模和品种的丰富，美国金融市场的深度和广度也被不断拓展。但是资产证券化产品也带来了一个后果：原先被分业隔离的银行业和证券业产品，通过“贷款抵押债券”又被连接在了一起。而这类资产证券化产品既不适用商业银行的监管，也不适用证券行业的监管，因此产生巨大的监管真空和套利空间，围绕着资产证券化的各种再证券化、再保险，还有复杂的加杠杆的衍生品等创新工具开始不断涌现。

20 世纪 90 年代末，美国《金融服务现代化法案》彻底放松对金融市场的监管，进一步为高杠杆创新工具创造了有利条件。进入 21 世纪之后，在美国低利率环境和房地产市场泡沫的助推下，大量低质量房贷进入市场，通过各种金融创新工具和通道被打包成证券化产品，在市场上转手交易。2000 年以后，各类资产证券化已经占据了整个美国金融市场 30% 多的份额，形成了一个庞大的、缺乏监管的影子银行体系。体系内产品链条越来越长，产品结构越来越复杂，投资者们也越来越无法辨别底层基础资产的质量。在各种炫目的结构化产品的包装下，高杠杆的有毒资产快速蔓延到了全球市场上。2007 年，随着房地产市场泡沫的破裂，次贷危机爆发，继而引发了全球性金融危机。危机后，对金融创新的反思，以及对金融监管的加强又一次被提上议事日程。2010 年《多德–弗兰克法案》的出台，开启了新一轮的严监管。

和资产证券化伴随的创新–繁荣–泡沫–监管–危机链条并不是特例。20 世纪 70 年代以来，货币基金、垃圾债券、利率掉期等金融创新产品大多都是在市场自由和监管的博弈中出现的。这一系列的创新，一方面拓展了金融市场的规模和深度，另一方面又绕开监管，赚取更多的利润，形成了监管上的盲点和风险点，引发或大或小的危机，从而开启新的周期循环。

表 16–1 是 20 世纪初到 2018 年美国资本市场监管的变迁表。从表中我们不难看出，过去百年美国的资本市场就是一个“放松监管–鼓励创新–创新兴起–泡沫上升–酿成危机–收紧监管”的过程。

表 16–1 美国 20 世纪初—2018 年的资本市场监管变迁

<table>
<tr><th>年代</th><th>监管趋势</th><th>监管法规</th><th>创新活动</th><th>金融危机</th><th>金融业态</th></tr>
<tr><td>20 世纪初</td><td>宽松</td><td></td><td>野蛮生长</td><td></td><td>自然混业经营</td></tr>
<tr><td>1929 年</td><td></td><td></td><td></td><td>大萧条</td><td></td></tr>
<tr><td>1934 年—20 世纪 70 年代</td><td>严厉</td><td>《格拉斯－斯蒂格尔法案》</td><td rowspan="2">投行时代
绕开监管
创新金融
理论爆炸
式发展</td><td></td><td>分业经营</td></tr>
<tr><td>20 世纪 80 年代—90 年代</td><td>放松
金融自由化</td><td></td><td></td><td>通过金融创新开始向混业变化</td></tr>
<tr><td>1999 年</td><td>宽松</td><td>《金融服务现代化法案》</td><td rowspan="3">以量化工具为核心的工具创新（加杠杆）</td><td></td><td rowspan="3">金融控股公司下的混业模式（影子银行）</td></tr>
<tr><td>2001 年</td><td></td><td></td><td>安然造假丑闻</td></tr>
<tr><td>2002 年</td><td>整体宽松
信息披露要求提高</td><td>《萨班斯法案》</td><td></td></tr>
<tr><td>2008 年</td><td></td><td></td><td></td><td>次贷危机</td><td></td></tr>
<tr><td>2010 年</td><td>趋向严厉</td><td>《多德－弗兰克法案》</td><td>创新复苏</td><td></td><td rowspan="2">混业状态保持，科技＋金融业态（Fintech 科技金融）兴起</td></tr>
<tr><td>2018 年</td><td>开始松动</td><td></td><td></td><td></td></tr>
</table>

金融监管的未来趋势

不管是英国还是美国的历史经验都可以看出，创新和监管的相爱相杀是金融市场的一条主线：随着经济复杂度上升，新的投融资需求出现，为了绕开监管或者提高资金配置效率，金融工具会不断创新，并引起资产价格上升，引发监管关注或者遭到限制，导致市场萎缩或者崩塌。然后新的创新模式出现，突破现有监管格局……周而复始，演化出金融市场波浪式前进、螺旋式上升的趋势。

对于监管层来说，金融创新就像一个聪明但是调皮的熊孩子。如果引导得法，能够取得很大成就；如果不及时疏导，可能引起破坏性的灾难。所以，一方面要鼓励市场的创新和生机，另一方面要让市场的风险可控。

从目前情况来看，全世界的金融监管都面临着比以往更大的困境。技术革命不可避免会带来整个金融行业生产要素的重组。新工具、新的交易方式、新业态迭代的速度远远地超过了工业时代，监管滞后于创新速度大概率是全球的一个趋势。

比如，区块链技术带来的信用重组，各国的央行要怎么应对？金融大数据涉及的个人隐私要怎么保护，怎么在隐私和效率中间取得平衡？金融平台企业的治理问题到底该怎么监管？对于比特币这些创新产品的监管，底线要画在什么地方？

从目前的情况来看，一个更加复杂的混业经营生态可能是金融业发展的主流。随着移动互联网的铺开，即时大数据可得性提高，计算能力也跃升，“混业”将不仅仅局限于突破银行业和证券业之间的界线，更会将科技行业、平台公司所在行业与金融业之间的界线打破。未来的金融监管必须适应科技化、数据化加混业的趋势。这意味着，金融监管会朝着更加专业化和技术化的方向发展。监管领域的需求也不再局限于经济、金融等传统的学科领域，大量计算机、统计、数学、政治等学科的专业人才将是金融监管部门的迫切需要。

| 思考题 |

美国仅仅联邦层面的金融监管人员就有好几万，每年监管预算近百亿美元。中国的金融监管人员更多，光“一行三会”就有十几万人，而且这个群体呈现出学历节节攀升及教育背景日趋多样化的态势。你觉得这种趋势会继续吗？为什么？

第081讲 从“4万亿”理解2008—2018年的中国金融监管变化

中国的金融监管和教科书式的“监管”有着不太一样的逻辑。在讲义的第2章，我曾经讲过，从历史起源来看，中国金融市场的发展始终是“货币财政体系”的延续。金融市场是宏观经济发展这盘大棋中的一招，金融监管的变化也符合这个逻辑。所以，理解中国金融监管，不能脱离中国宏观经济基本面这个维度。

我们不妨从2008年以来的金融监管变化来理解这个逻辑。

影子银行、金融去杠杆……这些都是近年来在财经媒体、券商报告，甚至中央文件中曝光率最高的词语，也是这些年金融监管的关键词和风向标——而这些词语，很多都可以回溯到2008年著名的“4万亿”计划，即当年为了防止全球金融危机对中国经济的冲击，政府投资4万亿元的财政刺激政策。

2010年之后的很多监管政策变化，多少都可以看作这个“4万亿”计划的蝴蝶效应。

影子银行和互联网金融泡沫

影子银行就是指那些具有银行的揽储、信贷扩张功能，但又不在监管之内的机构和金融产品。由于处在监管真空中，这些机构和产品，很容易快速扩张，也容易形成风险扩散。从2008年的“4万亿”开始，中国影子银行经历了一次狂飙式的发展。

从2008年开始，中国宏观政策全面放宽，中国经济很快出现了过热的局面。2008年，全球经济哀鸿遍野，中国经济却一枝独秀，GDP

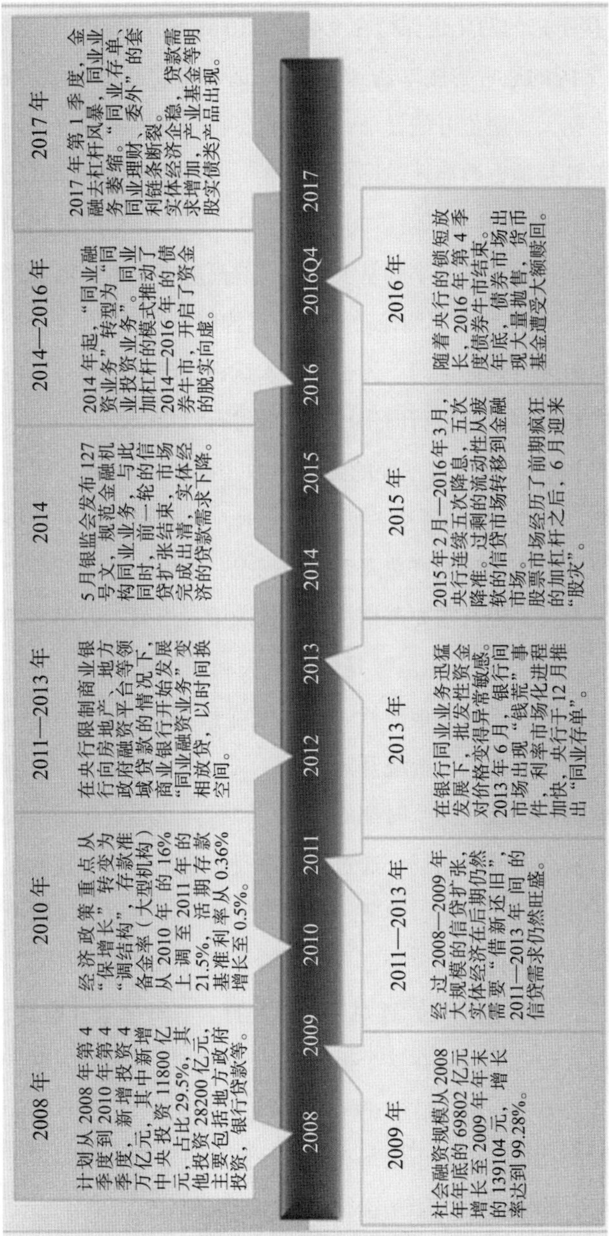

图16-1　4万亿元带来的余波

增速高达 9.7%，接下来的两年也保持在 9.4% 和 10.6% 的超高位上。到 2010 年下半年，中国的通货膨胀率达到了 5%，远远超过了 3% 的警戒线。全国基建热火朝天，房价开始暴涨，各种投资项目的回报率水涨船高——这时候，不管是地方政府还是国企、民企，都有投资冲动，开始拼命加杠杆。高负债意味着高风险。2011 年，中央感到了经济过热的压力，开始实施上调存款准备金率和基准利率，提高融资成本，以及严格银行信贷资金去向等各种宏观调控政策，希望抑制投资冲动。当时，宏观调控的主要对象之一是房地产。为了配合宏观调控政策，央行出台金融监管政策，严格限制商业银行向房地产行业进行放贷。

中国是标准的国有大银行占主导的金融体系。直到 2019 年，银行体系仍然占有 60% 以上的金融资产。所以理论上，只要限制住商业银行对房地产的信贷，就会让房地产热降温。更何况，大银行都是国有企业，从组织结构上而言，银行需要严格执行国家政策。但另一方面，国有银行同时也是商业银行，目标函数是赚取最大利润。在当时房地产如火如荼的赢利状况下，不给房地产行业贷款相当于“看着金山不挖”。所以很多商业银行开始动脑筋，要绕开监管。

银行的同业融资市场就是这个时期的产物。银行同业融资市场是银行等金融机构进行资金融通的市场。通过同业融资市场，银行与其他非银行类金融机构（如信托、基金、券商、保险等）合作，将资金以同业业务的方式变相贷出，银行变相放贷，在严监管下求“以时间换空间”。在同业融资市场上，银行通过发行理财产品募集资金。资金绕开监管，投向房地产或者地方融资平台。在这个模式下，大量非保本银行理财产品发行出来。截至 2017 年末，银行非保本理财产品达到 22.17 万亿元规模——这种理财产品虽然不属于银行揽储、受到严格监管，但实质上具有信贷扩张功能，构成了中国影子银行的重要组成部分。

在银行信贷环境趋严的同时，为了改变银行一支独大、融资体系单一的局面，中国资本市场的管束在放松，2009 年创业板启动，2010 年融资融券等加杠杆的金融创新工具被引入。2012 年以后，证监会又放松了对基金、保险等机构在分业经营上的监管。银行和这些机构一拍即合，开发了大量新模式和新产品，为银行资金的“绕道而行”创造了条件。

经过几年的宏观紧缩，到 2014 年，市场基本出清，实体经济出现不景气。为了不让经济持续下行，央行的货币政策转向宽松，连续十多次降息降准，给市场放水。虽然市场上资金多了，但是经济疲软，贷款需求下降，市面上就形成了流动性过剩的局面。再加上政策面又控制资金往房地产行业走，于是大量资金开始涌入资本市场：债市开启了长达两年的牛市，A 股市场也开始疯狂地利用场内外融资市场加杠杆。2015 年上半年，资本市场形成了著名的“杠杆牛”。为了控制股市的风险累积，证监会的监管突然加码，清理股市杠杆，结果刹车刹得太急，杠杆崩塌引起股市连锁反应，造成了“血流成河”的 2015 年股灾。

除此之外，经济对“转型”和“新经济”的迫切渴望也让监管层对市场上的很多灰色地带都采取宽容的态度。比如披着科技外衣的互联网金融，包括 P2P、众筹等在内的各种金融模式纷纷出炉，凭借着网络的放大效应，之前规模有限的“民间金融”变身为华丽的科技概念，遍地开花。

金融去杠杆

在这种情形下，中国的影子银行规模快速扩张。资金通过各种渠道腾挪倒手，整个社会的资金链越来越长，杠杆率升得很高。为了规避监管、增加收益，大量影子银行业务都采用了结构化产品设计，层层嵌套。再加上银、证、保三家的监管分割使得金融行业的监管被碎片化，增大了高杠杆、高风险结构化产品的穿透难度。

和美国的影子银行不同，中国的影子银行更像是“银行的影子”——实质是银行为了变相放贷，与其他类型金融机构合作所开展的信用、期限或流动性转换活动。由于资金的来源仍然多依赖于银行，但是又不在银行监管范围之内，所以出现的金融风险累积、资金脱实向虚、资金配置效率低下等各种问题，最终仍然会反映到银行体系上。

金融去杠杆就是在这个背景下提出来的。从2016年7月中央政治局会议开始，金融口从“放”到“收”。2017年春天，“金融去杠杆”风暴正式席卷市场。3月至4月间，银监会连发多份监管文件，针对“三违反”“三套利”“四不当”进行专项整治①。2018年4月，旨在规范金融机构资产管理业务，统一同类资产管理产品监管标准，有效防控金融风险，更好地服务实体经济的“资管新规”（即《关于规范金融机构资产管理业务的指导意见》）出台②。与此同时，中国的监管格局也发生了重大变化，从原来的“一行三会”（中国人民银行，银监会，证监会，保监会），改变为“一委一行两会”的新格局。

在强监管之下，影子银行的规模应声下落，截至2018年6月末，影子银行规模占GDP的比例降至73%，远低于之前十年其高速增长的态势。

市场内一片哀鸿：最开始破灭的泡沫是之前野蛮生长的互联网金

① 分别为45号文、46号文和53号文。“三违反”指违反金融法律、违反监管规则、违反内部规章，“三套利”指监管套利、空转套利、关联套利，“四不当”指不当创新、不当交易、不当激励、不当收费。

② 人民银行、银保监会、证监会、外汇局联合印发了《关于规范金融机构资产管理业务的指导意见》，简称“资管新规”。

融。债券市场违约事件和违约率攀升，2017 年，债券违约数量和金额为 35 只、337.49 亿元，而 2018 年该数据跳升至 123 只、1198.51 亿元，违约数量和金额均同比增加了超 2.5 倍。个别经营激进、高负债经营的民企风险开始暴露，市场情绪低落，而一些利用影子银行获得融资的地方融资平台、产能过剩企业、房地产公司的资金量也出现紧张的情形。之后，形形色色的以互联网之名、行金融之实的机构纷纷倒闭。

换句话说，不管是同业市场、影子银行、金融去杠杆，还是资管新规，过去十余年中国金融市场的监管之路是内生于中国经济基本面，服从于宏观经济调控需求的。由于这些年的很多经济现象都和 2008 年的“4 万亿元”相关，所以我们可以从源头顺藤摸瓜，用一根线串下来。

| 思考题 |

2019 年，中国金融市场有很多第三方财富管理公司暴雷的消息，你觉得这些暴雷事件和监管政策有关吗？

信用崩塌

金融危机就像美丽的女人一样，你很难定义，但是遇到时可以认出来。

——美国经济学家　查尔斯·P. 金德尔伯格

第 082 讲　信用崩塌是金融危机的本质

“金融危机就像美丽的女人一样，你很难定义，但是遇到时可以认出来。”著名的金融学大师、麻省理工的查尔斯·P. 金德尔伯格（Charles P. Kindleberger）教授说的这句话，真是对金融危机最贴切的诠释。第一，金融危机并不像媒体上渲染得那么常见。就像奥黛丽·赫本（Audrey Hepbum）那样真正的美女永远是罕见的。第二，金融危机是有一定判断标准的，就像美丽虽然是略微主观的感受，但还是有客观标准的。

金融危机的实质：信用崩溃

从古到今，不管是个人还是国家，金融危机的本质都是信用崩塌（credit crash）。

农耕时代靠天吃饭，若碰上一场自然灾难，日子过不下去，百姓就只能借债。假设来年的收成还是不好，就不得不借新债还旧债，导致债

务负担越来越重，最终丧失偿债能力，被迫变卖房子、土地，甚至妻子儿女。这种情形用现代金融语言来表述，就是家庭发生了金融危机（债务危机）。换句话说，个体的金融危机就是指个人在目前时点上丧失了借债和偿债能力，即信用崩塌。一个人如果在这个时候还能够借到债，就有机会以时间换空间，获得翻盘机会。

类似的逻辑也适用于企业和国家。从根本上说，个人的债务危机、企业的破产失信、国家的金融危机，都是在某个时点上丧失了借债的能力，即丧失信用，然后引发恐慌情绪蔓延，并演变成更大规模的信用崩塌。

2008 年全球金融危机中的标志性事件——雷曼兄弟破产，就是典型的信用崩塌事件。雷曼兄弟当时持有大量高杠杆的房地产次级贷款产品[①]。房价下跌，次贷产品的价格一落千丈，雷曼兄弟的资产大幅贬值，信用等级下降，这进一步引起了市场的恐慌情绪，大家纷纷开始对雷曼兄弟"落井下石"——大量客户转移资金，发生挤兑，对手停止和雷曼交易，市场空头开始大规模地做空，等等。如果当时雷曼兄弟还能从美国政府抑或其他国际金融机构筹措到资金，就证明自身信用还在，就有撑下去的可能。但是美国财政部最终否决了救助雷曼的计划，雷曼的信用就此崩塌，资金开始加剧流出，流动性丧失，业务停滞，最后只能破产。

在一个封闭的经济体中，个人或机构的信用崩塌会以破产画上句号。但雷曼处在一个非常开放的经济体中，作为巨大金融网络中的一个核心节点，它的信用崩塌带来两个结果：第一，与之相连的其他节点都会受到影响，开始信用萎缩、借债能力下降，这些影响还会不断向外扩

---

① 关于次贷产品的更多内容，详见第 18 讲"资产证券化：从美国梦到美国噩梦"。

散开来，进而变成连环的信用崩塌；第二，信用崩塌给市场传递了更强烈的负面信号，引起投资者的恐慌情绪，导致更多的节点受到影响，更大面积的信用崩塌就此发生。个体的信用危机最终演变为社会的信用危机。

金融危机的判断标准

所以，在国家层面，金融危机就是大面积的信用崩塌和市场恐慌。

那么，多大面积的信用崩塌才算得上国家的金融危机？这其中有很多主观的判断标准，但能确定的是，影响很小的个别机构信用危机算不上金融危机。比如，江苏省射阳农商行曾发生挤兑事件——即使这家银行有信用崩溃的迹象，我们也不能说江苏或者中国银行业发生了金融危机。

金融史专家雷蒙德·戈德史密斯（Raymond Goldsmith）认为，出现金融危机是有征兆的：如果利率、股票、债券、房地产、土地等的价格以及商业清偿能力等重要的金融指标，发生了不同寻常的恶化，金融机构就会倒闭，并引发危机。基于他的结论，我们可以总结关于金融危机的一些判断标准。

第一，多种资产的价格大幅度地下降。金融危机发生的一个重要标志就是股票、债券、货币等资产短期内价格降幅达 20%~30%。一般来说，金融危机都会伴随一系列金融资产价格的剧烈波动和下行。

第二，市场出现恐慌情绪的苗头。比如，“危机、崩溃”等负面性很强的词语在各种自媒体、社交媒体以及各大网站上成为搜索热点，民间恐慌持续发酵。

第三，企业和金融机构都出现破产的迹象。

换言之，金融指标的全面恶化是金融危机的标志。现代社会信息发达，这几项指标的变化其实不难发现。当这几项指标同时恶化时，基本可以判断一场较大规模的金融危机正在来袭。

金融危机和经济危机、社会危机的关系

对金融危机的担忧并不止于金融本身，更重要的是，稍有不慎，金融危机就可能引起连锁反应，造成社会不稳定。北京师范大学的钟伟教授曾对危机有一个精辟的定义：危机即信用快速收缩，社会组织之间互疑取代互信，自保取代合作。

阿根廷的 2001 年：三重危机

20 世纪 90 代末，阿根廷陷入巨大的经济不景气，财政赤字惊人，通货膨胀严重，外债高达 1300 亿美元，光利息就占到其出口收入的一半左右，国家处在资不抵债的边缘。2001 年 11 月，阿根廷政府突然宣布无力偿还外债，12 月进一步宣布暂停偿付所有公债的利息和本金。

短时间之内，整个国家的信用发生了“雪崩”。雪崩最先反映在汇率上，阿根廷法定货币比索大幅贬值，贬值幅度一度达到了 75%。紧接着，阿根廷银行发生了大规模挤兑。很明显，阿根廷的债务和汇率两项金融指标全面恶化，机构破产，严重的金融危机爆发。

银行挤兑导致整个社会资金链发生断裂，引起更大面积的工厂破产、商店关门清盘。几周之内，失业人群暴增。除此之外，阿根廷当时累积通货膨胀率高达 80%，物价翻了一倍左右。根据国际标准，通货膨胀率只要超过 20% 就是恶性通货膨胀①。失业和通胀是经济危机的典

① 而在我国，3% 就是通货膨胀的警戒线了。

型症状，所以，此时阿根廷的金融危机已经升级为经济危机了。

但是，事情还没有结束。低储蓄、失业，再加上股票、债券、房地产等资产价格一落千丈，导致很多阿根廷人几周之内就从“中产”变成了“赤贫”。阿根廷整个社会就像一个炸药包，而飞涨的物价就是那根引线，引线被拉响后，摇摇欲坠的阿根廷社会就被炸出了一个大洞——大量人群涌上街头打砸抢，游行示威不断，当时的阿根廷充满了暴虐和绝望。阿根廷的经济危机演变成了一场巨大的社会危机。

阿根廷不是特例，从金融危机到经济危机，再到社会危机，这是现代社会一个递进的链条。

现代国家筑建于信用之上，金融危机根本上是信用危机。信用危机传导到企业和金融机构，导致经济停滞下滑，失业率上升，居民生活水平下降，触发经济危机。经济危机引发的大面积失业和物价上涨会让整个社会的收入分配结构恶化，激化社会矛盾，最后演化成社会危机。整个国家从经济到政治发生全面的信用崩塌。

从阿根廷到墨西哥，从津巴布韦到委内瑞拉，过去几十年中，这种“由金融危机导致社会溃败”的相互加强的螺旋式演进并不鲜见。这也是全球各国无不将防范金融风险视为监管之核心的原因。

危机链逻辑：社会结构的脆弱性

金融危机、经济危机、社会危机之间的链条关系并不是偶然现象。它是由现代社会信用网状结构内在的脆弱性导致的。

如果将一个社会看成一个由信用连接成的网状结构，银行、基金等金融机构就是网络的中心节点。中心节点对网状结构的稳定性就像一把双刃剑。

一方面，当小节点出现信用危机时，金融机构可以重新进行资金配置，使单个个体的信用危机更容易被化解，用时间换取空间的概率会更大，从而有效分散风险。所以，网状结构比线状结构更牢固。

但另一方面，在这种结构下，单独的危机事件可以通过网状结构扩散。一旦关键节点出问题，整个网状结构很容易被火烧连营。比如，金融资产价格下降，很可能引起资本市场的流动性枯竭，引发整个市场的恐慌情绪，并进一步导致整个市场的信用崩溃，发生挤兑，形成一个负向的螺旋。这种螺旋又会蔓延到实体经济，因为金融资产价格下降会导致企业的资金链紧绷，甚至断裂，企业可能因此破产裁员，使整个社会产能下降、物价上涨。为了解决物价上涨的问题，央行便开始大量印钞，形成物价上涨和通货膨胀的压力。金融系统的脆弱性逐渐蔓延成为整个经济体的脆弱性。

可见，一个经济体的信用崩塌很容易演化成社会的动荡。当失业规模扩大到一定程度，人们无力承担房贷、车贷，中产沦为无产时，必然会酿成更大的社会危机，甚至威胁政权稳定。比如，上述案例中阿根廷在不到两周的时间里换了 5 任总统。再比如，20 世纪德国的债务危机就导致了经济危机，并演化出极端的纳粹主义，导致整个国家走上法西斯化的道路。

| 思考题 |

对照金融危机的几条判断标准，请你思考，过去几十年里，我国是否发生过真正意义上的金融危机。

第 083 讲　金融危机真的是资本主义的不治之症？

明斯基时刻：金融危机为什么会周期性出现

从 20 世纪 90 年代开始，全球局部金融危机呈现出高发和破坏力逐渐增强的趋势，比如 1998 年亚洲金融危机、2001 年阿根廷的全面金融危机、2008 年全球金融危机、2012 年欧洲债务危机等。

业界和学界越来越多地开始思考：金融危机周期性出现的原因是什么？政府的监管为什么没能防止危机？这些问题关系到我们这个时代的发展规律和未来走向。

著名经济学家明斯基曾认为：金融危机发生的根源基于现代社会的信贷增长模式。在这个模式中，经济增长和衰退取决于社会信用的扩张和收缩。而信用的扩张（收缩）是一个自我加强的过程：信用扩张，经济增长，预期向好，信用继续扩张，超过实际需求，导致泡沫；反之，则导致萧条。这意味着“不稳定性”是内生于现代经济体的内在运行的。

明斯基的理论是这大半个世纪以来关于金融危机最透彻和最权威的诠释之一。以至于这些年，但凡出现金融危机的征兆，很多人就将其称为“明斯基时刻”。

经济周期 = 信贷周期

明斯基理论的第一个观点是，在资本驱动的发展模式下，（信贷）金融周期和经济周期是重合的，也就是说，信贷的扩张收缩和经济的繁荣衰退，是相互作用和相互加强的。

要理解这句话，首先要明白经济增长和金融市场之间的关系。明斯基认为，金融体系是经济运行的基础。比如，和农业时代相比，工业时代最大的特征是大规模的专业化生产，原来做鞋子的小作坊变成了流水线式的大工厂。而原来简单的自有资金积累式的融资模式无法适用这种生产方式。现代银行、现代资本市场等适配于规模生产的信贷融资模式逐渐成为主流，并开始内生于经济生产的内部。

从某种意义上说，金融信贷市场是现代社会经济增长最重要的基础设施。信贷宽松、紧张和经济的繁荣、衰退，就像一个区域的土地、气候和植被一样，自然地紧密联系，并相互作用，构成循环的生态。

如果经济处于上行阶段，企业有冲动通过银行贷款、发行股票债券等方式扩大再生产。同时，银行有冲动扩大信贷规模，投资者更愿意投资。整个资本市场的预期是乐观的，大家都觉得借出去的资金和投资能回收。供需两旺，信贷规模不断扩大，经济体像被吹大的气球一样快速扩张。企业赢利，员工的薪资就高，老百姓手里就有了钱，消费的欲望也就强烈了——买车、买房、买奢侈品……需求端的扩张会刺激企业进一步扩张，金融机构自然乐意配合，加大放贷的力度。生产、消费都呈现出扩张的态势。

而生产消费扩张的背后是杠杆率的上升。这意味着任何价格的变化都会被放大，市场对价格变化的敏感度上升。这时候，只要增长的动力放缓一点，或者有天灾人祸等任何外生冲击，企业、家庭的资产状况就会因为杠杆效应而数倍恶化，而大面积的恶化又会导致整个市场的预期转为悲观。

在悲观预期下，个体开始不愿意消费，企业不愿意借贷，银行也不愿意放贷，资本市场的价格快速滑落，导致预期进一步恶化。这意味着，伴随着信贷规模的收缩，消费和生产又呈现出螺旋式的下降。经济体此时像是被扎了一个洞的轮胎，慢慢地瘪了下去，出现经济萧条。如果这个洞太大，很有可能会爆胎，那就演变成经济危机了。

由于现代经济的增长都是资本和信贷驱动的，这种经济繁荣、衰退和信贷宽松紧缩的相互作用、相互加强的规律对几乎所有现代经济体都适用。

信贷周期的内在脆弱性

从上面的讨论可以推出明斯基理论的第二个观点：由于信贷市场具有内生的脆弱性，所以金融危机一定会周期性地爆发。

信贷市场很像儿童搭积木：搭了一两层，风基本不会将其吹倒；但搭得越高，就越不稳，最后哪怕只轻轻地吹口气，积木也会摇晃甚至轰然倒塌。积木就像我们的信贷市场，积木的高度就像杠杆率。杠杆率越高，信贷市场就越脆弱，越容易受到外界冲击。

那控制杠杆率不就可以控制信贷市场的脆弱性了吗？答案是：行不通。因为经济学有个最基本的假设：个人也好，机构也好，都是逐利的，都会做对自己，而不是对别人或者集体最有利的决策。所以，在经济上行的繁荣阶段，人们的理性决策一定是抓紧时间买房、买车，企业会扩大再生产，银行扩大信贷规模。同样，在经济下行的衰退阶段，人们的理性决策一定是抓紧时间去杠杆、降债务、开源节流——这是当时条件下的个体最优选择。没有人愿意在经济好的时候克己复礼，在经济不好的时候冒着破产的风险去为国消费、生产。这种信贷、生产、消费之间螺旋式的上升和下降，是由人类社会的天性决定的，也是内生的。而且，这个过程还会被预期加强：繁荣使我们的预期变得更乐观，并刺激信贷、生产消费进一步扩张。最后，杠杆率会攀升到社会不可承受的高度，整个经济体也像绷到极限的皮筋一样，一有风吹草动就断裂。这种信贷危机的临界点，即明斯基时刻，是信贷、生产、消费和预期共同作用的结果，不以个人的意志为转移。

危机爆发、一地鸡毛以后，经济体又会慢慢地从衰退里走出来，再次进入扩张、繁荣、危机，这一过程会周期性地发生。在过去几十年、上百年的时间里，不同程度的金融危机在全球此起彼伏，正是因为这种基于信贷的现代经济，金融危机、经济危机几乎成了这个经济模式下的不治之症。

明斯基认为，在资本驱动的现代经济运行中，每次繁荣都蕴含着不稳定因素。

政府的逆周期调控

要注意的是，以上都是在“完全自由”市场情况下做的推演。在过去几十年里，政府在全球经济发展中扮演了重要的角色。不管是美国政府还是中国政府，都会进行逆周期的调控，这也就是明斯基理论的第三个观点：政府的逆周期调控可以减轻金融和经济体的周期性波动。

比如：在信贷扩张时，政府会提高利率和存款准备金率，限制加杠杆、金融创新，或者削减政府开支，控制扩张的速度和规模；陷入萧条时，政府则会实行宽松的货币政策、加大政府开支、刺激投资，在制度上对金融机构的各种行为加以管理。这些宏观调控或者金融监管手段的目的就是熨平经济体内在的周期，避免繁荣演变成泡沫，也防止信用收缩演变成大面积的信用危机。

二战以后，各国政府在实践中都大力践行了明斯基的这一观点。所以，虽然二战后全球也发生了不少金融危机，但整体上控制得比较好，战后全球经济的波动大概不到战前的一半就是最有力的证明。

金融危机真的是资本时代的不治之症？

但为什么金融危机还是没有被彻底消除？为什么从全球范围来看，最近 10 多年金融危机还呈现出频繁多发的趋势？很多人感到越来越迷惑，“明斯基时刻”到底有没有解药？金融危机是否可以避免？政府逆周期调控是否真能“熨平”周期的波动？

宏观调控监管解药的内在缺陷之一：政府必须一直做对

宏观调控、金融监管常被当作解决经济周期波动的良药，用来预防和控制危机。但是，这个药要起作用是有前提假设的，即政府必须一直做对。而“一直做对”是一件非常难的事情。

正如我们生病发烧去看医生，如果碰到好的医生，对症下药，病很快就好了；如果碰到庸医，开错了药，说不定烧没退，还会产生副作用。

2001 年阿根廷的危机就是政府乱加补药导致的。阿根廷的执政党为了获取民众支持，任意加大公共开支。10 多年下来，财政赤字增加了 10 多倍，政府还借了很多外债，导致信贷扩张过度。而且阿根廷早早就大开国门，实现资本账户开放，资金自由进出。所以，只要国外的利率一波动，阿根廷的货币就贬值，发生货币危机，并在国内产生连锁反应。

政府终究是由人组成的，很难不犯错误。而且各国情况复杂，政府要搞清楚自己国家整体的信贷规模、信贷结构已属非常不容易，再加上 20 世纪八九十年代以后互联网等信息技术突飞猛进，无论在资金还是信息流上，全球联动越来越密切，政府还要考虑和其他国家的联动效应，提前做出预判，对症下药，这更是难上加难。所以，现在的金融监管和宏观调控，不但对政府的专业能力提出了更高的要求，也让政府“一直做对”变成了一件越来越难的事情。

除此之外，目前全球各个经济体的规模在成倍增长，金融创新层出不穷，信贷扩张的方式也变得越来越复杂。引发 2008 年全球金融危机的次贷产品，就是因为各种炫目的金融工具的包装而躲避了监管。金融创新和监管之间的博弈，根本就是一个无解的命题。

美国政府宏观调控和金融监管的水平在全球来看都是非常优秀的，但即使美国这样成熟的体系，在监管和调控上也出了很多漏洞。

比如，21 世纪初美国连续降息，这在后来被大家公认为是宽松过度，忽略了经济繁荣和信贷扩张之间相互加强的作用。再比如，1999 年《金融服务现代化法案》出台之后，宽松监管成为主旋律，各种衍生品的链条被拉得过长，形成了巨大的复杂无比的影子银行体系。而美国监管层严重低估了金融产品加杠杆的能力，在金融全球化的格局下，这个监管漏洞越来越大，最终演变成了全球性的灾难。

宏观调控监管解药的内在缺陷之二：大而不倒的道德风险

除了“一直做对”这个难题之外，政府调控监管体系面临的另一个困境是出了问题怎么补救。换句话说就是，政府要不要救市？按照自由市场原则，机构自负盈亏，政府是不能拿纳税人的钱来补贴机构的。可是，一旦某个机构的问题演变成全市场的危机，企业破产、银行倒闭、民众失业，最终还是要由纳税人买单。

比如，2007 年雷曼兄弟快破产的时候，美国政府内部就激烈讨论过到底应不应该救助雷曼兄弟的问题。讨论的结果是按市场原则行事——不救，最终雷曼倒闭。但是雷曼的倒闭有两个巨大后果：一是作为巨型金融机构，雷曼的所有交易对手、客户都被殃及，形成连锁反应；二是市场连锁反应成了市场预期扭转的转折点，悲观预期导致更大面积的信用崩塌，并引发了全球市场海啸。

所以，后来但凡大的金融机构遇到问题，美国政府就会果断出手。2008 年 9 月，面对美国国际集团（AIG）的破产危机，美联储首先向 AIG 提供了 850 亿美元的紧急贷款，作为交换条件，美联储获得其 80% 的股份。接下来，在 2008 年 10 月和 2009 年 3 月，美国财政部分别购买了价值400亿、300亿美元的AIG股票，成AIG的最大股东①。

现在看来这个举措是明智的，因为政府在危机时刻扭转了市场预期，防止了多米诺骨牌的倒塌。但是这同时又助长了一种非常危险的预期——只要机构的体量够大，政府就没有办法不兜底。在这种“大而不倒”的隐性保障下，机构的最优策略就变成了一定要肆无忌惮地进行扩张。

回到最深层次的逻辑，政府能够救市其实是以经济增长、税收增长为前提的，否则只能增加财政赤字、依赖杠杆。而杠杆率上升，整体经济的脆弱性就会上升，最后还是会演变为危机。

从目前全球的政治体制和增长模式来看，这几乎是个死循环，尚未找到很完美的解法。“明斯基时刻”虽然在过去几十年里一次次被化解，但从长远来看，它仍然是悬挂在资本时代头上的达摩克利斯之剑，随时都有掉落伤人的危险。

当然，我们也不必为这种根植于现代经济运行模式内部的脆弱性过度担忧。社会经济的发展和人类社会的演进一脉相承。在发现青霉素之前，人一发炎就容易因感染而死亡。仅仅在100多年前，肺炎之类的感染几乎都是绝症。有了青霉素之后，这类疾病很快就能治愈。20多年前，癌症基本上也是死亡的代名词。但现在，很多癌症都有药可医，早期治疗后存活率更是能达到90%以上。经济发展也同样遵循此逻辑，它在演化过程中会不断地产生新的突破。技术的进步会改变生产方式、商业模式，甚至社会组织结构，进一步提升效率。

---

① 资料来源：美国财政部官方网站 https://www.treasury.gov/initiatives/financial-stability/TARP-Programs/aig/Documents/20121212_AIG_v8.jpg

思考题

你认为在2015年7月A股的危机中，政府应该救市吗？从这次危机中，我们能获得哪些经验和教训？

延伸阅读

什么样的金融创新能在中国成功？

中国古代的金融创新大多是围绕信用物或货币而来。

周朝时就有被称为“傅别”（《周礼·天官·小宰》）的契约形式，即把借钱的契约写在竹简上，分成两半，借贷双方各执一份作为信物，这算是我国最早的信贷金融工具。

汉朝有过两次失败的货币创新。一次是汉武帝时期的“白鹿皮币”。当时汉朝跟匈奴作战，需要大量钱财。当时的通用货币是锡和银的合金，开采起来耗时费力，无法即刻满足巨额军费的需要。那怎么快速发行货币呢？汉朝官廷里养了很多名贵的白鹿，物以稀为贵，于是汉武帝就下令用白鹿皮充当货币，规定一张皮值40万钱——问题是这种货币面额过大，很少有人收得起，又缺乏广泛社会共识，流通更困难。不久以后，白鹿皮币就变成了历史文物，汉武帝的货币创新失败。另一次是王莽的“新钱”。王莽建立新朝后，雄心勃勃地进行了一系列改革，其中最重要的就是金融改革。他将民间的金子都收归国有，然后印制发行新钱。他用28种不同的材料，发行了28种货币，复杂得令人“发疯”。物价也随之暴涨，民间怨声载道。这个金融创新也很快夭折。

之后的历朝历代，也有过多次围绕货币的创新，其中最著名的就是北宋时期的交子，这也是世界上最早的纸币。宋朝对外贸易发达，出海港口众多，瓷器、丝绸和茶叶等紧俏商品通过海上运输的方式源源不断地销往世界各地。作为国际贸易的中心，各国商人都将宋朝铸造的铜钱当作结算货币，这也给宋朝带来了货币外流、通货紧缩的问题。这个问题在当时缺少铜资源的四川地区表现得尤为明显。无奈之下，四川地区只能选择用低价值的铁铸钱。据史料记载，在四川地区买一匹布需要2万文铁钱，重量达500斤。为了解决铁钱携带流通的问题，当地商人创造了一种凭证：将铁钱存入可靠的商铺，由商铺出具存款凭证，该凭证可以用于在市场上进行交换、抵押、转让。这个存款凭证就是交子。交子的兴起，不但解决了铁钱的流通问题，而且由于流通速度的加快，相当于创造了货币，还解决了当地通货紧缩的问题——宋朝统治者很快意识到交子可以用来控制国家的货币数量，开始介入交子的发行流通。北宋先后在四川和其他辖区设置了交子务，规定了一套交子发行、流通、管理的体制，还规定了30%的准备金率。

到北宋后期，由于政局动荡、战事连连，朝廷决定用增加交子发行量的办法解决军费吃紧的问题。过度发行纸币的结果是引发了严重的通货膨胀，交子一路贬值，金融崩溃随之而来，这也给了北宋王朝致命一击。改朝换代以后，交子也退出了历史舞台。

一个有趣的现象是，从"傅别"到"白鹿皮币"，再到交子，中国古代的金融创新一直来来回回地绕着货币打转，这是为什么呢？就像本书第一章所讲过的，作为一个早熟的中央集权帝国，中国历朝历代的金融体系是以中央财政为核心、以货币为工具的—— 我将其称为"中央货币财政体系"。这样的体系下，社会的信用结构呈单柱状：皇帝是柱顶，政府官僚机构是柱体，民间则是信用的空地。在一个缺乏民间信用的社会中，信用交易无法形成。所以关注财政目标，围绕当时的权力机构展开货币创新，就成为中国古代金融创新的主流。

除了货币创新外，曾盛极一时的山西钱庄，则可以被看作金融机构方面的创新——但我们稍微仔细琢磨就会发现，最初的钱庄并不是金融机构，而是商业发展过程中为了汇兑方便而开设的商业机构，后来才逐渐演变成存贷信用机构，和当时封建王朝的主流金融体系——中央货币财政体系没有太大关系。当时钱庄的发展规模和发展深度是随着商业的扩张而扩张的，是商业发展的附属品，属于“边缘创新”。

现代中国社会也有类似边缘金融创新的例子。目前非常普及的移动支付，就是从电子商务发展的附属品——支付宝开始的。淘宝最初设置支付宝是为了解决电子商务中信用缺失的问题。之后随着互联网技术的渗透、电子商务的扩张，以及移动支付应用场景的扩大，支付宝才开启了外延式发展的道路，并逐渐向全社会推广。

从创新的最终命运来看，钱庄在清末之后和洋行的竞争中败下阵来，更没有像欧洲的银行和股票债券市场一样，形成一个完整的行业生态，继而对整个社会结构的变化产生决定性作用。但移动支付很不一样。除了已经逐渐成为支付的主流方式外，整个社会的业态也随着移动支付发生了很大改变。不仅我们的生活方式有了很大改变，而且很多新兴的行业和企业也应运而生。如果没有移动支付，现在很多生活、娱乐、信息方面的独角兽，头条、美团、滴滴等都不可能有现在的发展速度和规模。

为什么同样属于边缘创新，移动支付能够比钱庄取得更大的成功呢？

因为移动支付推动了生产力模式的改变。在移动支付充分发展的基础上，我们隐约看到，基于移动互联网的万物互联模式正在形成，人的行为被记录沉淀，形成了大量数据。而数据的开发和使用深刻地改变了我们的生活和业态。

被我们称为划时代金融创新的股票和债券也具有同样的特征。

13—17 世纪的股票和债券代表的是强大的、规模化的资金聚集模式，有效地激发了人的能动性、创造性，推动了工业革命的到来。也就是说，股票和债券的金融模式恰好对应着工业时代的规模化生产，这种模式的创新是领先于时代的创新。而中国的钱庄虽然对应的是工商业的发展，但仍然是农业社会的工商业，没有在此基础上演化出更高阶的资金集聚模式，推动生产力方式的变革，最终在历史的大潮里被风吹雨打，零落而去。

第十七章

科技金融：

正在成为现实的未来

全球正在进入一个数字化主导的时代。人们通过在线实现了高效率、低成本的连接，形成了一个庞大而且复杂的线上数字社会。这个社会对于个人来说，既是微粒社会、信用社会，又是一个挣扎在便利和隐私之间的社会。

作为近年兴起的最大新物种，科技金融是技术推动行业边界变化的典型。

和所有创新一样，科技金融也是一把双刃剑。一方面，它可能带来成本更低、覆盖面更大、更精准的金融信用体系；但另一方面，新产品、新机构、新模式也可能产生新的风险、新的摩擦。

科技金融的全貌

陌生的世界将会在前方展开，一个乌云密布的世界，有着被闪电照亮的犬牙参差的边缘。很多人误解了这个世界，从来都没有正确认识过它。我径直走了进去。它敞开着。

——艺术家 鲍勃·迪伦

第 084 讲　科技金融在颠覆什么？

20 世纪 90 年代，“科技金融”这个名词第一次出现在公众视野。但令人惊异的是，这个现在被看成“颠覆式创新，技术前沿”的词语其实出自一场公关策划。美国花旗集团因为不接受芯片卡等新技术，被市场视为一家因循守旧的企业。为了改变大众印象，花旗集团创立了一个科技金融联盟 Fin-Tech，希望塑造“科技金融”（finance with tech）的形象。

科技金融在颠覆改变什么

但直到 2008 年之前，“科技金融”这个词并没有被赋予更多的内涵。因为技术一直在改变金融：从结绳记事到算盘，再到计算机；从排队取现金到 ATM，再到移动支付；从人工下单到电子交易屏幕，是技术对金融的“支持辅助”功能，在金融业内也只是扮演“支持部门”的角色，对金融业的核心特征冲击不大。

现代金融业有两个基本特征：（1）是一个以信用主体为中心的网状结构；（2）高度专业化。

所谓信用主体是指银行、投行、基金这些金融机构，它们通过其各类分支和业务形成网络。所谓“专业化”则是指业内有一套自己的专业训练体系，比如商学院金融专业、金融分析等，具有较高进入门槛。

20 世纪 80 年代之后，虽然金融工具和技术变得越来越复杂多样，但行业“中心化”和“专业化”的基本逻辑没有发生颠覆性的变动——金融和其他行业之间的边界非常清晰，行业组织架构稳定，其所依赖的信用基础更没有发生变化。金融监管体系也适应于这种信用架构和组织结构方式。

但千禧年之后，随着互联网信息技术的发展进入新阶段，人们对金融本质的原有认知开始受到冲击。

首先是脸书、推特、微信等社交媒体的兴起，智能手机的面世，人类社会进入移动互联网时代，人类活动越来越频繁地在线，一个完整的线上数字社会的雏形开始显现。由于高频、即时大数据的存在，基于数据智能的金融决策逐渐成为可能，“技术”和“金融”的边界开始变得模糊。

2008 年后，随着比特币面世，“去中心化”的区块链技术浮出了水面。这种技术使得分布式信用主体成为可能。而信用主体的变化，会让金融产品、交易模式、组织形态以及金融监管都随之被重构，远远超出“打补丁”式修改的范畴。

可以预判的是，进入 21 世纪的第三个十年，Fintech 这个词语，已经不再是简单的技术“叠加”金融（Fin + Tech），而是金融和技术融合变化的“Fin × Tech”。金融和技术在融合产生新业态，技术也逐渐脱离了原来行业支持辅助的范畴。

从目前来看，科技金融的发展路径有两条：一条是金融机构的科技化，比如高盛、工商银行、平安银行等传统金融机构会进行技术改造，或者收购技术企业，将金融机构全面数字化；另一条是科技企业涉足金融领域，比如蚂蚁金服、京东金融等科技公司利用自己强大的触达能力积累大量的数据，提供金融服务，以及 Startup（一家服务一级市场交易的数据化投融资服务平台）、以太坊等公司在科技金融领域进行的创新业务。

但不管是哪条路径，多少都指向移动支付、智能合约和区块链这三个板块。

以我们最熟悉的移动支付为例。

支付模式的变化带来了商业形态的线上化重构。俗话说“想要富，先修路”，路修好了，会衍生、创造出物流、收费站、基建等新业态，更会加快经济要素的流动，提高经济运行的效率。支付清算系统是社会经济运行的“路”。基于移动支付这种“数字基础设施”演化出了很多新的商业模式甚至业态。滴滴、美团、快手，这些 2011 年后产生的独角兽都和移动支付的推广密不可分。与此同时，之前很多传统的线下业务，银行、健身、教育培训等也都快速被线上化，开始逐渐向数据驱动的智能商业演进。可以说，近年来流行的几乎所有“新经济模式”——共享经济、新零售、智慧医疗等，无不和移动支付的兴起有着密切的关系。

除了移动支付，智能合约也可能带来金融业态的重构。传统金融行业的决策以人为主，数据是参考。但随着在线活数据的持续积累和算力算法等技术的突破，投行、商业银行、交易所等金融机构正在朝数据驱动的方向发展。这不是科幻故事—— 程序化交易已经占据了美国证券市场80%以上的交易份额。中国蚂蚁金服的小贷产品已经实现了全程无人工干涉、纯粹数据驱动，其违约率和成本都比传统小贷产品低。美国市场上智能合约也开始被应用在金融结算、保险赔付，甚至商业监管上。

当然，最具有想象力和颠覆性的方向还是旨在重构信用体系的区块链和数字货币。

区块链技术在比特币等数字加密货币的应用中发展起来。它的主要原理是通过分布式的信息同步认证，可以快速形成共识，通俗地说就是通过技术使原来没有社会关系和信用累积的人之间实现"互信"。这意味着，我们习以为常的"中心化"的金融机构可能面临重构。数字货币则是财富流转和交换媒介的彻底数字化。

在这两项技术创新下，随之而来的则是金融产品的交易模式会发生翻天覆地的变化。交易所还需要吗？结算中心还需要吗？银行会不会被"众筹"取代？金融行业面临前所未有的变局。更重要的是，区块链带来的"信用机制"的改变，会对基于信用关系的人类社会组织形态产生重大影响——去中心化的数字货币会成为人类共识吗？"机构"会不会消失？现有的商业模式会被彻底解构重塑吗？在科技和金融融合的"科技金融"眼里，这些问题都不再是遥远的未来。

思考题

科技金融影响现行的金融监管了吗？ 面对新技术带来的行业剧变，原有的监管是否仍然有效？需要做什么改变？怎么监管才能既保护好现有金融体系的稳定，又不阻碍创新？

第 085 讲 创造与挑战：科技金融是把双刃剑

科技金融给金融业态、监管形态、商业形态甚至社会形态都带来了巨大冲击。一方面，我们寄望它能改善目前金融体系的缺陷，带来成本更低、覆盖面更大、更精准的金融信用体系；但另一方面，新的产品、机构和模式都可能带来新的风险，产生新的摩擦。

比特币就是一个典型例子。作为一个脱离政府信用的加密货币，很多人认为比特币能够防止政府滥用货币发行权。2018—2019 年委内瑞拉的恶性通胀中，很多中产阶级就通过比特币转移资产，保护了家庭财产。但是匿名、难以追踪的特性，也使比特币成为全球色情、军火、毒品，甚至人口贩卖等暗网交易的重要工具。此外，在 2016 年特朗普赢得大选之后，脸书曾经一度陷入数据丑闻。一家叫剑桥分析的数据公司违规从脸书上获取了超过 5000 万名用户数据，并利用这些数据分析他们的政治倾向，再用心理学的手段生成干预内容，进而影响选民的政治倾向。

就目前来看，金融稳定、数据隐私和技术垄断导致的贫富差距加大都属于科技金融最伤人的“刃”，也是全球监管层最关注的问题。

金融稳定

金融业有两个基本特征：信息不对称和高杠杆。这两个特征也决定了金融一定会是受到最严监管的行业。但科技金融的创新很容易突破原有的金融模式和业务范畴，让行业边界变得模糊，从而影响金融稳定的国家目标。近年来，在科技金融指数级的突破速度面前，金融监管显得有点左支右绌。

比如2013年阿里系的余额宝横空出世，利用支付宝的庞大平台迅速做大规模，一年多时间就变成了全球最大的货币基金，其资金规模就已经超过了古巴、斯里兰卡、卢森堡一年的GDP，可谓富可敌国。这么大规模的货币基金一旦发生波动，就可能影响整个金融市场的稳定。所以市场也在讨论，是否有必要像对待传统金融机构一样，对余额宝收取存款准备金，进行风险控制？监管层不得不面对一个两难选择：管控太严格，可能会影响其创新性；管控太松，又有爆发危机的可能性。

和其他行业的风险蔓延不一样，金融体系是现代社会经济运行的基础设施，对整个社会的增长和就业有牵一发动全身的影响。所以金融稳定是每个国家政策制定中最重要的目标之一。目前，智能投顾、数字加密货币、区块链等科技金融的各领域都存在着大批新兴创业公司。其中一两家公司找到发展的突破口，其扩张就可以达到一日千里的速度，扩张范围也会跨越行业甚至国家，在社会各群体间渗透。而这些机构和产品大多不在现行金融监管和宏观调控的范畴之内，很多风险点会处于监管盲区。所以，各国都对科技金融带来的新挑战投以高度的关注。

数据隐私和数据归属权问题

除了金融稳定外，科技金融的另一个挑战则是数据隐私和数据归属权问题。这不仅仅是科技金融，还是未来数字化时代面临的一个最大悖论。

现代人每天的生活都离不开各种App，使用App就会产生大量的数据。这些数据包含大量私人信息，比如健康状况、财产状况、饮食习惯、家庭住址、个人隐私、当下心理活动等，我们的生活、工作、社交、交易全部都会被网络实时记录，个人在数字世界中几乎没有任何秘密可言。

毋庸置疑，对这些数据进行分析，会使未来的商业变得越来越精准，决策变得越来越智能。科技金融中的 AI 金融、智能合约的发展也都依赖于这样实时更新、可以形成闭环来支持决策的海量数据。

但随之而来的问题是，谁拥有使用这些数据的权利？

文明社会最大的标志之一就是对隐私和自由的尊重。各类 App 收集到的数据理论上属于个人隐私，任何人都不能随意使用。比如：医院不能不经你同意擅自将你的病例用于商业活动，更不能泄露和出售你的个人信息；你在酒店的住宿信息，在滴滴、携程上的行程信息，在券商 App 上的交易信息，都是你的隐私，企业不能随意使用。2017 年，支付宝推出了支付宝的个人年度数据回顾，由于涉嫌泄露了很多个人支付引起哗然。在推出不到 24 小时后，支付宝立刻下线该产品并公开道歉。

但从另一方面来说，“数据”即数字时代的石油，石油埋在地下就无法转化成生产力——数据也一样，完全不开发使用数据会影响智能商业、智能金融、智能制造的发展。

怎么界定数据的所有权、使用权、管理权，怎么在保护隐私和数据整合使用中找到平衡，这对于下个时代来说都是终极拷问，也是监管甚至立法层面必须面对的问题。

目前，各国对这一问题的态度并不一致。欧洲各国对于数据隐私权极度重视，2016 年就出台了《一般数据保护条例》(General Data Protection Regulation)，对欧盟公民的个人数据权利采取措施高度保护。从个人隐私保护来说，这当然是文明和进步的标志，但另一方面，这种高度保护的状态也会阻碍欧洲互联网企业的发展，现在欧洲在移动互联网的发展方面就比较滞后。所以这种数据保护的两面性，确实是业界、学界和监管的两元悖论。

中国在数据保护方面的管理比较粗放。早期只在2016年制定的《网络安全法》中有少量相关规定，条文陈旧而且比较模糊。所以2013年后，很多“大数据公司”都游离在灰色地带，以扒取、整理和贩卖个人数据产品为“商业模式”，导致大量私人数据在用户不知情的情况下被占有使用，形成实际上的权利侵害。直到2018年，《信息安全技术个人信息安全规范》正式实施，对个人信息做出了非常清晰和严格的规定：所谓个人信息是以电子或者其他方式记录的，能够单独或者与其他信息结合识别特定自然人身份或者反映特定自然人活动情况的各种信息。2019年5月，国家互联网信息办公室发布《数据安全管理办法（征求意见稿）》，提出网络运营者通过网站、应用程序等产品收集使用个人信息，应当分别制定并公开收集使用规则。仅当用户知悉收集使用规则并明确同意后，网络运营者方可收集个人信息。

在这个规定的原则下，中国开始对“大数据行业”进行治理整顿，严厉打击非法数据爬虫和售卖个人数据信息。2018年到2019年，很多曾经被风投资金青睐的“大数据公司”都被公安机关立案侦查。有些商业模式建筑在这种灰色数据使用上的上市公司则市值暴跌80%以上。

技术壁垒与贫富差距

2014年，法国经济学家皮凯蒂的《21世纪资本论》指出一个残忍的真相：从资本主义时代以来，资本回报率远大于经济增长率。所以富人更容易积累财富。这意味着随着时间推移，阶层固化和贫富差距拉大几乎是不可逆的趋势。金融体系越发达，这个趋势越显著。在2008年金融危机后，2011年爆发的“占领华尔街运动”也正是对这一趋势的不满和发泄。比特币、区块链等技术出现的时候，也承载着创始者对现代货币体系的反抗。很多人曾对科技金融寄予厚望，希望它能够提供一个低成本、高覆盖、风险可控的金融体系，减小贫富差距，实现社会公平。

然而，现实总是充满了失望。

2010年11月到2020年5月，比特币的涨幅高达2万倍，并催生数字加密货币热潮，也催生了一个庞大的“币圈”。在“因币致富”的人群中，少部分是技术宅，更多的则是胆大的冒险投机家。技术壁垒并没有让更多普通人享受到更快速的财富增长。之前资金垄断导致贫富差距拉大，现在一方面技术寡头通过技术垄断累积更多财富，另一方面技术更容易被资金链顶部的群体占有和利用，从而加速而不是减缓财富的聚集。过去几十年来，技术进步和资金集聚密切相关，最终也伴随着贫富差距的拉大。

所以说，科技金融是一把双刃剑，在带来进步的同时，也会像利剑出鞘一样，带来新的风险。只有理解了科技金融的两面性，才能够真正以理性的态度认识这个全新物种。

思考题

和欧洲在数据隐私上的保守相比，中国相对激进，但是我们也享受了比欧洲更多的数字时代带来的便利。在便利和隐私中间，你觉得应该如何取舍？

科技金融巨头的关键词

地球上整个复杂的生态系统，都可以被生殖、遗传、变异、自然选择这几种最原始的自然力量解释，这是造物主多么美妙的创造。

——达尔文

第 086 讲　蚂蚁金服：数据驱动的金融平台生态

在对科技金融有一个宏观性的认识后，我们换一个视角，以全球最大的科技金融企业——阿里系的蚂蚁金服为例，来理解科技金融企业的特点和潜力。①

新物种：蚂蚁金服

蚂蚁金服是阿里巴巴的姊妹企业，也是从阿里系衍生出来的一家超级独角兽企业。截至 2020 年 1 月，它的估值近 2000 亿美元，是字节跳动、滴滴和快手的总和。在全球科技金融企业的排行榜上，蚂蚁金服连续三年蝉联第一。支付宝、余额宝、蚂蚁花呗、相互宝、芝麻信用，这些十几亿中国百姓熟悉的金融产品都来自蚂蚁金服。

---

① 2020 年 7 月，蚂蚁金服宣布改名为蚂蚁科技，并启动 IPO 计划。

我从 2015 年开始追踪调研这家企业，几年中数十次到杭州实地考察，和高管、员工面谈，积攒下了几十万字的笔记和资料。2017 年，我曾经试图写一本关于蚂蚁金服的书，但是最终放弃。因为这个企业的边界一直在快速变化中，我无法给出一个结论性的定义。

蚂蚁金服没有按传统意义上的金融企业路径来发展。它更像一个数据驱动下的快速演进、自我迭代的物种。理解了蚂蚁金服，也许能对现在的科技金融巨头们有更深层次的理解。

尽管无法给出一个确切定义，但我们可以将蚂蚁金服视作一个“数据驱动的金融平台生态”。“数据驱动”和“平台生态”这两个特征也正是传统金融机构和科技金融企业的分野所在。

理解蚂蚁金服的关键词之一：数据驱动

和传统金融机构是使用数据进行分析决策不同，蚂蚁金服更倾向于数据驱动决策。从“使用数据”到“数据驱动”，这不是简单的不同表达，而是金融模式上的降维打击。

之前我们曾经提到过，浙江泰隆银行是一家在小微企业贷款业务方面表现极为出色的传统银行。众所周知，小微信贷风险很高，但泰隆银行在小微信贷业务的业绩、风控和坏账率等各项指标上都表现抢眼。它的法宝就是“实地获取一手信息”。但实地调研的成本是相对比较高的，一个信贷员能精准覆盖的区域也非常有限，这就决定了泰隆模式的推广会面临更多约束。此外，这种模式对信贷员的诚信与判断力的依赖度很高，而银行和信贷员之间的委托代理问题也会带来额外的成本。所以，泰隆银行的业务大多集中在当地，规模也始终较小。

蚂蚁金服旗下的蚂蚁小贷也主要经营小微企业信贷业务。由于生长于淘宝系，蚂蚁小贷并不愁客户。很多淘宝店家都有融资的需求，但由于企业规模小、融资额度低，而且一般都没有抵押、信用资质差。这类企业根本无法通过传统银行风控体系的审查，从银行获得贷款。于是，蚂蚁小贷就开始探索自己为淘宝店家贷款——蚂蚁小贷最大的优势在于数据。多年的电子商务经营，使淘宝平台上累积了众多店家的海量交易记录，泰隆银行要花大力气收集的流水、活跃度等信息，都是淘宝平台自身沉淀的数据，而且更加高频、细致。由于没有现成可用的信贷模型，蚂蚁小贷开始分析店铺的历史数据，并从电商的角度来为淘宝店铺放贷。一段时间过后，这些贷款又衍生出新数据：一方面，使用蚂蚁小贷业务的淘宝店铺的还款记录，比如详细的还款时间、还款额度等信息又成为数据池的一部分，进入蚂蚁小贷的贷款模型，这些数据都是实时在线的数据，能在模型中不断迭代，不断支持后面的决策；另一方面，蚂蚁小贷借助新数据，从中分析出店铺特征和违约率之间的关系。一个很有意思的细节是，蚂蚁小贷的工作人员发现，淘宝旺旺的活跃度，即店家响应买家的速度，是影响违约率的一个最重要的指标。仔细想想，这个逻辑非常通顺，在产品同质化较高的情况下，淘宝旺旺的活跃度决定了买家对淘宝店家的黏着度，所以会影响店铺未来的销量和现金流。

初看上去，蚂蚁小贷也是依靠精准数据进行信贷决策，和泰隆银行类似，但实质却很不一样。

泰隆银行的模式仍然是“使用数据”，信贷员是决策主体，数据是工具，决策和数据收集是相对独立的事件。

而蚂蚁小贷的模式中，数据是主体。数据就像粮食一样，不断地喂养模型算法这个生物体，使它具备越来越强大的自主决策能力，决策和数据形成一个闭环。信贷员既不参与数据的收集、整理，也不参与决策，其主要作用是调试模型、优化算法。这也就是本讲开始说到的“数据驱动”，让数据说话。

“数据驱动”逻辑在蚂蚁金服的其他产品上也非常清晰。比如在淘宝买东西时的退货险对数据决策的依赖度就非常高：并不是每个人都会退货，也不是所有的商品都会被退货，各种商品的退货难度不一样……只有在大量历史数据的基础上才有好的模型算法，才能设计出保险产品。而这种产品上线后，又会迅速形成新的数据，比如什么产品退货率高、更喜欢退货的是男性还是女性、哪个地区或哪个店的退货率高等。这些数据会反馈到模型算法中进行迭代，形成决策闭环。保险合同也会变得越来越精准、个性化和低成本。

实际上，蚂蚁金服旗下的大部分产品，不管是蚂蚁花呗还是蚂蚁借呗，其背后的逻辑都颇为一致，都是数据驱动决策的金融服务。从蚂蚁金服的角度来说，这些不断累积的数据、不断迭代优化的算法模型，会让企业覆盖和服务新用户的成本进一步降低，风险也下降。同时，新用户的数据再沉淀，又会逐渐形成数据驱动决策闭环中的一环，企业数据驱动的能力也越来越强，决策越来越精确，成本越来越低，其垄断性的优势也不断扩大。相对于传统金融模式，这种数据驱动的闭环算得上是降维打击。

总结来看，所谓数据驱动，不是简单地收集和使用数据，而是在线活数据的“动”和数据决策的“驱”。所谓动，是指数据不是存在硬盘里的一串串数字，而是实时在线的活数据，是能反映被服务者动态变化的信息。驱则是决策，比如是否提供借贷保险等金融服务、如何服务、费用如何计算等，这都是数据和算法决定的，人不干预决策过程。决策是数据累积、交易场景到算法优化这一闭环中的一部分。

这个问题曾鸣教授在其《智能商业》一书中提到，动态的“活数据”是驱动整个商业闭环顺畅运作的根本。比如，人们在进行网购的过程中，会自然而然地产生数据。你的浏览记录、搜索行为、点击行为，自动而全面地被记录了下来。模型算出来的推荐决策与用户实时在线的行为数据进行交互，直接的结果是帮商家做更好更快的广告决策以及改进运营效率。整个过程中，算法与历史数据、新生成数据一起形成新的决策，并通过客户反馈不断优化。整个业务就此走上了反馈闭环的正向循环。事实上，数据驱动的金融模式和传统金融模式有着本质的差别。

第一，数据驱动实时动态捕捉服务对象的数据变化，并进行迭代优化，这让金融服务的精准度产生了质变，也降低了金融服务的风险。

第二，数据驱动将金融服务高度标准化，使服务规模扩大、成本下降。

第三，新的数据不断在数据驱动决策闭环中沉淀，使数据变得越来越智能，业务模式的扩张和创新有了更多的可能性。

理解蚂蚁金服关键词之二：平台生态

截至 2019 年 6 月，蚂蚁金服覆盖了 12 亿全球用户，企业估值高达 1500 亿美元以上，支付宝 2019 年全年交易金额约为 125 万亿元，和中国 GDP 在同一个量级；截至 2020 年 6 月，余额宝平台的基金管理 1.43 万亿元财富，相当于华夏、博时等几大资产管理公司管理财富的总和。

可见，蚂蚁金服虽然经营的是最小微的金融服务，几毛钱的支付、几元的保险、几百元的贷款，但是其规模确实超级庞大，业务线更是复杂。更重要的是，蚂蚁金服才成立 5 年多，即使算上支付宝，也不过 15 年，相对于动辄百年才颇具规模的金融机构来说，这样的扩张速度是难以想象的。但是如果仔细分析蚂蚁金服的“平台生态”特征，就会发现，快速扩张能力和庞大复杂的业务网络正是一个平台生态所应该具有的基因。

媒体报道喜欢动辄将互联网企业称为“平台生态”，但实际上，真正能成为平台生态的企业寥寥可数。因为平台生态需要满足多边交互、网络效应，以及动态演化的特征。

所谓多边，是指能够聚集很多产品和服务，拥有多个交易方或者使用方。蚂蚁金服有数亿的用户，包括保险公司、基金公司等各种服务提供商，能提供信用评级、水卫煤电缴费等各种服务，是一个极为复杂的多边体。多边体的各方会自发地进行交互、交流或者交易匹配。产品、技术、服务在这个多边体的聚集和交互中形成了一个自我扩大、自我加强的反馈机制，即网络效应。这个反馈机制又会反过来吸引和聚集更多的产品、技术、服务的提供方和使用方，使多边体的规模急速扩大化、组织快速复杂化。在多边复杂交互和网络效应的框架下，平台会逐渐演进成一个具有自我生长能力的生态，不断拓展边界。

就像适宜的气候和良好的土壤条件是自然生态的重要组成部分，科技金融平台生态需要丰富的数据和金融服务场景。数据越多维、客观、高频，土壤就越肥沃。金融服务覆盖的场景，尤其是直接的商业场景越丰富，气候就越适宜生态的多样性演化。

蚂蚁金服的生态演进是从支付宝开始的。作为脱胎于淘宝电商的辅助工具，支付宝最初仅仅是要解决当时电商缺乏信用的问题，并没多少金融属性。但这个支付工具不断长大，开始逐渐变成电商系统的支付基础设施平台，沉淀了大量数据信息。基于这些数据信息，支付宝平台得以突破自己的边界，开始为卖家提供融资服务和保险服务，也为买家提供消费信贷服务，比如阿里小额贷款、蚂蚁小贷，运费险、退货险，花呗、借呗等。在拓展过程中，支付宝平台的金融属性也逐渐加强。2014年，阿里系的小微金融服务被整合成了蚂蚁金服—— 蚂蚁意指“小微企业和个体”。支付宝平台正式成为金融服务平台。

由于这些金融服务都是以在线方式提供，所有服务相关数据都能被及时地反映、记录，用以推动蚂蚁金服覆盖更多的场景：从电商领域扩展到水卫煤电缴费、交通出行、看病、点餐等生活领域。随着场景覆盖面的不断扩大，平台使用者的数字画像也变得更加立体和多维，这又催生了像芝麻信用这样的新业务模式。和美国FICO这种个人信用评分类似，蚂蚁金服利用其平台的多维高频数据来刻画一个人的信用度，让个人信用转化成个人资本——芝麻信用分高的住酒店可以免押金、抵扣部分房租、免费飞机升舱，甚至可以提高小微贷款的信用评分等。

这些金融服务都是数据驱动，而服务过程中产生的新数据又一次次回到平台的数据池中，形成一个迭代优化的闭环。随着数据的规模、维度、频率的增加，蚂蚁可以触及的服务业态也越来越多——平台逐渐进入“生态”的演化进程。从企业信贷、保险、个人信用卡到财富管理、基金超市等各种金融服务都开始顺理成章地浮出水面。

所以说，蚂蚁金服的整个演化过程犹如一颗种子长成一棵树，然后慢慢地在树的周围又长了花草，引来了鸟和蜜蜂，鸟又叼来了别处的种子，长出其他类型的植物，吸引其他飞禽走兽在这里筑窝、打洞、定居。加上适宜的气候和土壤，慢慢地就形成了一种自然生态。这个生态不是设计出来的，而是自然演化出来的。在演化的过程中，随着物种丰富度的增加，生态会不时地呈现出爆发式增长的态势。作为企业的蚂蚁金服就是护林人，它的任务就是想办法不断引进新的动植物品种，让生态的发展形成良性循环。

这种动态的演进造就了蚂蚁金服在短时间内的快速扩张和复杂的业务形态，这使得我们很难用传统金融框架定义它的类型。它不是商业银行，不是投资银行，也不是保险公司，不是我们理解的任何一种金融机构的形态。它是一个提供数据驱动小微金融服务的企业平台，也是一个仍然在迭代、演化的平台生态。就像自然生态的边界无法清晰确定一样，我们无法用传统的企业边界来定义平台生态。

从一个金融企业的角度来说，平台生态的复杂度和扩张能力具有巨大诱惑力；从社会的角度来说，这种生态会丰富现有的金融体系，实现金融服务的下沉，也从某种程度上提高金融服务的效率。但是给定金融行业的特殊性，这些特征也可能制造新的风险点和监管盲点。这也是为什么各国监管对这些不断演进变化中的科技金融巨头，大多采取边走边看的谨慎态度。

第 087 讲　哪家企业有成为科技金融平台生态的潜力？

在 2018 年全球十大科技金融企业排行榜上，中国有 4 家企业上榜，蚂蚁金服和京东金融占据了前两席，度小满（百度旗下的金融企业）位列第 4，陆金所（平安旗下的 P2P 平台）排在第 10 位。

你也许会发现，现在的科技金融巨头都脱胎于大的科技平台或金融平台。其中缘由不难找到——数据是科技金融的土壤，在现在的环境下，只有大平台才有沉淀数据的能力。

腾讯在科技金融方面的竞争力

一个让人费解的问题是，具有无与伦比数据累积能力的腾讯为什么没有上榜呢？

进入数字化时代以后，社交网络本身就代表着一种强大的资本，比如，通过一篇网络热文的打赏，一天就能筹资 100 多万元资金。这意味着像微信（腾讯旗下的产品）这样的网络社交平台可以快速地量化和资本化社交关系。更重要的是，微信对于我们的工作和生活几乎是无死角的覆盖，这种强大的渗透力能够沉淀个人全方位的社交数据。换句话说，腾讯的数据土壤之肥沃富饶，不是其他企业可以比拟的。而且围绕着社交形成的数据非常立体和多维，你朋友圈的层次、交互的范式、你的偏好……随着现代个人信用资本的概念越来越清晰，个人作为信用主体的可能性越来越大，理论上腾讯的产品线则为这个信用主体提供了强大的基础设施。

既然腾讯的数据土壤这么好，为什么没有发展出一个大的科技金融生态呢?

企业的演进发展有很多偶然因素，很难以一言而蔽之，但有些原因可能也有一般性的意义。比如说，社交场景和商业场景之间是有一定间隔的。现代金融最直接的应用是在商业信贷上，这也是电商出身的阿里和京东在金融业务方面跑得最快的原因。如果腾讯能在微商环节有重大突破，就可能对蚂蚁金服造成巨大的压力。当然，平台生态也是不断演进的。蚂蚁金服目前开始国际化，尤其已在发展中国家支付清算体系的布局中发力。而社交体系的地域文化属性很强，走出去的难度和支付清算体系走出去的难度不在一个等级上。

再比如说，社交数据更涉及隐私权问题。腾讯在高维、多频的社交场景中沉淀了数据富矿，但这些数据的隐私安全、确权等都牵涉到非常复杂的法律和技术问题。腾讯、脸书、推特等企业在使用这些数据时需要非常谨慎。

当然，数据时代已经到来，人类未来一定会在数据确权和数据使用方面设计出行之有效的治理机制，使数据社会能够协同利益、进行制衡，但这可能需要点时间。

所以，腾讯有最富饶的数据土壤，但因为面临着商业场景不足、数据隐私和确权等问题，形成生态所必需的气候条件不够适宜，还欠一点东风。但是，数据的富矿本身已经具有足够大的想象力，腾讯要在科技金融方面发力，其潜力和后劲可能比我们预想的更大。

谁会领跑科技金融的平台生态

一个有趣的猜想是，未来哪些科技企业有机会做成科技金融的平台生态，挑战蚂蚁金服的江湖地位呢？

首先看京东，京东虽然是电商，但是与淘宝系比，它在场景交互的频率和渗透率上还显著更低，和消费者（C 端）联系稍逊，而且目前京东的支付严重依靠微信支付这个端口。所以，京东金融更像是腾讯系下的一个子生态，面积比较小，土壤的厚度也不够，生态扩张的能力会相对弱一些。但是，庞大和坚实的物流体系是京东的强项，京东很可能在数字化供应链金融这个生态上跑得更远。

百度虽然没有支付端口，也没有商业场景，但是搜索功能其实是所有功能的导流口，企业的搜索数据会让百度在企业和用户关系的判断方面非常精准，而且搜索本身会形成和商业场景的互动。换句话说，百度在数据上有自己的优势，在人工智能上是可以取得突破的。

但百度出于战略上的考虑，过度地关注短期利润，使它这些年的数据质量堪忧，引导性搜索导致数据驱动决策闭环内部腐烂。基于这种数据的智能决策，会发生不可预知的变形。也就是说，当年把百度送上利润巅峰的竞价排名，现在变成了它在数据时代最大的也是最没有办法克服的硬伤。腾讯、阿里巴巴，甚至京东，储藏的都是高品质的数据矿，而百度的竞价排名带来的数据不能说是废渣，也是品质很低的矿，要挖金，真得费很大的力气。

实际上，平台企业所做的就是“连接”，以及提供信用背书，这使得几乎所有大平台都有很强的“金融”基因——携程、滴滴、美团，到近几年崛起的快手、抖音等短视频平台，都有拓展场景金融业务线的动机和能力，再加上传统金融机构加入战局，未来的科技金融行业一定会进入更加多元化和白热化的时代。这个时代刚刚启头，鹿死谁手，还真未可知。

思考题

蚂蚁金服究竟是一家科技企业，还是一家金融企业？

区块链、比特币与智能合约

革，去故也；鼎，取新也。

——《周易·杂卦》

第 088 讲　比特币到底是什么

比特币是这些年最炙手可热的金融现象，它的价格 10 年内狂涨了上千万倍。它所依赖的底层技术——区块链，是科技金融最富想象力的概念。它所代表的数字加密货币，会对全球的货币体系形成巨大冲击，重构我们的经济金融模式，甚至带来治理模式的变革。

理解科技金融，不妨从理解比特币这样一个具象的产品开始。那到底什么是比特币呢？我以一个虚拟的社区游戏为例进行说明。

比特币：数字加密货币创世纪

假设 40 个人成立了一个虚拟部落，每个人都是这个部落的一个节点。有一天，一个人发布了白皮书，设计了一个叫作“部落寻宝联盟”的游戏，号召大家一起参与。游戏是这样的：在这个虚拟世界的某个地方，埋藏着巨大的宝藏，一共有 2100 万枚金币——姑且将它们称为“联盟币”，这个部落里的 40 个人都可以去寻找挖掘这些宝藏。

游戏还有一些规则：

第一，依靠计算来完成挖掘联盟币的任务。游戏要求参与者在一定时间内进行一定的数学计算，得到一串密码，每串密码对应着宝藏里的一枚联盟币。计算非常复杂，必须依靠计算机，而且算力越高，计算的速度就越快，挖掘的能力就越强。游戏中的这串密码是由密码学中的哈希函数给出的，这个函数有一个非常有趣的特征：输入任何长度的字符串，最后得到的都是一个固定长度的输出。联盟将输出的密码设定为一串 256 位的数字。要知道，得到两个完全一样的 256 位随机数的概率接近 $1/10^{77}$，比小行星撞地球的概率（$1/10^{5}$）还要小得多。这样一来，就保证了寻宝者得到的密码是独一无二的。

第二，得到密码后，还需要“认证”，才能获得那枚联盟币。为了保证在取得联盟币上达成“共识”，游戏必须让这个认证建立在一个绝对公平和权力制衡的共识机制之上。所以挖掘者得到密码后要马上向部落里的 40 个节点同时公布，让所有节点对此进行验证。只有验证全部通过，这个密码才会加上数字签名，同时存储在所有人的账本上，即公开宣布一枚联盟币已经被挖出来，并归属于找到密码的挖掘者。

所有联盟币的寻找都要遵循这样的原则。密码通过全体验证后，所有数据就按照时间顺序被存储记录在所有人的账本上，形成一个相互连接的区块。

这样一来，这个虚拟部落里的信息就是透明的了，因为 40 个人都会知道这个部落的财富结构变化。但信息同时又是不透明的，因为所有数据都是一串加密数字，大家并不知道这枚联盟币的所有者在现实世界里是谁。但是，参与者可以用这些挖出来的联盟币和部落中的任何人进行点对点的交易，每一笔交易也都会被记录在所有人的账本上。同样地，参与者也不会知道和他交易的人是谁。

换句话说就是，在虚拟部落里，每个人的行动都是透明的，但又是绝对隐私的，没有任何一个中心化的信用主体，所有节点（人）都具有同样的知情权和验证权。

现在，一个由哈希函数、区块链等技术支持的寻宝游戏已经开始。

和所有游戏一样，开始的时候，算出密码的难度很低，一台电脑就可以支持运算了，有时候一个人就可以挖出好多币。大家也都不把这些联盟币真当回事儿，只是相互交易着玩，毕竟是只有 40 个人承认的财富，无法当真。

后来，越来越多的人知道了这个寻宝游戏，都加入了进来，虚拟部落迅速扩大成 400 人、4000 人……这时候游戏产生了两个变化。

第一，游戏升级了，挖掘的难度明显提高。就和挖金子一样，挖到一定程度的时候，浅层的金子都被挖出来了，要挖到深层的金子，就必须依靠更先进的技术。这时候，有的大玩家就开始使用大型计算机，算力也大幅度地提高，小玩家越来越难挖到宝藏。

第二，随着加入的节点越来越多，联盟币可以使用的场景也越来越多了，尤其是那些不喜欢使用信用卡、不想透露自己信息的人或机构，都开始加入这个联盟。

联盟币的流通速度明显加快了，其代表的虚拟财富也开始和线下世界重合，很多人开始收集和储存联盟币，认为它是一笔“财富”。一段时间以后，由于全世界很大一部分人在联盟币上达成了共识，联盟币已经变成了一种可以在很多场景流通的硬通货。我们可以用它买咖啡，进行网上购物……一个新的信用货币体系逐渐建立。

在这个体系中，货币的价值取决于所有节点的共识和预期，不管节点是 40 个或者 40 万个，所有交易都是点对点、公开的，会被记录在所有节点处。和线下世界不同，这个货币体系没有央行，没有清算中心，也没有执法机构，是数学、密码学、网络科学、经济学，还有信息系统这些技术以特定的方式组合在一起，共同支持的一种货币信用体系——去中心化，支持点对点交易，保护个人隐私的数字货币体系，联盟币就是数字加密货币。

数字加密货币中的自由主义根源

这不是一个杜撰的故事。实际上，比特币就是这样产生的。作为一种数字加密货币，比特币的技术基础是区块链。作为最早和最成功的区块链应用，比特币可以被看作一个由加密算法、共识机制、点对点网络等技术组合而成的系统。

最开始的比特币社区只有 40 个人，这些人大多是崇尚绝对自由的网络技术朋克①。他们为什么要创造比特币这样一种数字加密货币呢？要回答这个问题，就会牵涉到货币及比特币的本质。

自从主权货币产生以来，有不少人认为，只要解决了价值共识和稀缺性等问题，谁都能创造货币。尤其是 20 世纪 90 年代之后，有一群技术天才，思想崇尚绝对的自由主义，他们认为现行的货币体制和他们的理念存在很大冲突。

其一，中心化的货币信用体系是不民主、不透明的。掌握权力的一方很容易滥用权力，比如国家滥发货币会造成通货膨胀，委内瑞拉政府就在几年之内制造了高达 1000000% 的通货膨胀率，这等于将老百姓的财富掠夺一空。所以主权国家的信用主体不可靠。

其二，现在的社会多是一个无现金社会，国内的移动支付、欧美发

① 网络技术朋克，又称赛博朋克（cyberpunk），是“控制论”（cybernetics）与“朋克”（punk）的结合词，以信息技术作为主题的科幻故事分支之一。其背景大都建立于“高等科技与低端生活的结合”，通常拥有先进的科学技术，再与一定程度崩坏的社会结构做对比；其情节经常是关于社会秩序受到政府、财团或秘密组织的高度控制，而角色利用其中的漏洞做出了某种突破。

达国家的信用卡，都会导致我们没有个人隐私。因为我们的资金动向都记录在银行，银行随时可以查验我们的资金动向，但我们却对此一无所知。这也与其自由理念相违背。

考虑到货币本身只不过是一种关于价值的共识，于是，这些天才一直孜孜不倦地利用技术寻找一种更优越的货币来充当一般等价物。这种货币体系要具备以下两个特点。

第一，去中心化，货币的账本必须是分布式的，每个人都能拥有对这个货币的监督权和创造权。

第二，使用时一定要匿名，让个人的隐私得到最大程度的保护。

这种努力从 20 世纪八九十年代就开始了。经过了几代人，一直到 2008 年，一个网名叫中本聪的人吸收了很多前人的成果，设计了这种去中心化的、点对点交易的、分布式记账的虚拟数字货币——比特币。

比特币很接近网络朋克们梦寐以求的“民主货币”：一方面，它的发行脱离了政府、央行这些中心化的中介机构，在流通中支持点对点交易；另一方面，它具有高度的匿名性，也就是这些数字加密货币拥有者的身份，在这个网络世界里是完全保密的。这种信用货币，打破了人类社会现行的主权货币的概念，在全球一石激起了千层浪。

比特币的狂热追随者们认为这是人类信用历史的创世纪。强烈反对者则认为它是秩序的破坏者，匿名货币一定会助长网络犯罪行为。

比特币能解决现行货币的问题吗

那么，比特币到底是福音还是诅咒？它真的能解决传统货币存在的问题吗？

对很多网络朋克来说，比特币代表的不仅是货币，更是一种他们向往的公正、透明、自由的信用体系。在这个体系中，没有信用主体，每个人都是平等的信用节点，即平权制衡的一方。现行货币体系存在的问题——信用主体中心化、不平等、通货膨胀等，通过现代的技术都可以解决。

那事实是否和理想一样美好呢?

比特币是否真的实现了“去信用主体”

最近，人类考古学中的很多发现都表明，由于货币是一种关于价值的共识，而人与人之间达成共识其实很难，所以在人类社会货币形成的过程中，某个强有力的权力主体一直如影相随，不管这个权力主体是主权国家，还是酋长，或者是某地区的望族。而且，货币越是大规模地广泛运用，越需要一个强有力的信用主体。信用主体的产生，实际上是把点对点的共识协同变成了点对面的共识协同，即将共识达成的过程大大地标准化和简化了。

比特币的信用机制依赖的是分布式记账，所有节点都要完全同步，透明地形成共识。这种设计理念上非完美，但在现实生活中其实有很多局限。比如现在比特币才有几万个节点，内部就已经开始产生分化了。而且，当节点达到一定的数量之后，协同工作在技术上本身就面临着很多限制，当节点数量突破一定数目后，“同步”本身可能就会极度冗余和低效。

换言之，不管是从人类社会的历史发展来看，还是从现在的技术约束来看，比特币要在更大的范围内实现去信用主体化，现在看来，都还不是一个既成的事实。

比特币是否真的实现了“去中心，平等化”

在比特币的运行体系中，很多人的第一感觉是，每个节点都是“同权平等”的。但是细想后你就会知道，这不现实。

在比特币的挖掘过程中，算力是决定因素。那些拥有巨大能耗的大型计算机的“矿工”，越来越占据主导地位了。有一家叫比特大陆的企业，其生产的“矿机”算力就占据了全球算力的一半。更何况，比特币的整个核心游戏规则目前掌握在一批核心玩家手里。

换句话说，比特币的世界并不是真的没有中心节点和垄断型节点，只是以技术中心和算力中心的垄断取代了原来主权国家的中心和垄断地位而已。

更深层地想，在目前的教育程度下，99% 的人都不了解比特币的机制原则，更不要说自己去挖掘了。而且，直到 2018 年年底，全世界只有 48.3% 的人接触到了电脑[①]。这意味着还有 30 多亿的人可能连电脑都没接触过，他们怎么可能作为一个平等的节点，参与到这样具有技术门槛的游戏中来呢？

所以，到今天为止，比特币并没真正完成去中心化的任务，没有真正消除不平等，只是用一种技术中心取代了国家中心，用网络朋克的集体信用取代了国家机器的信用主体，用算力的不平等取代了地位的不平等而已。

比特币是否真的能解决通货膨胀问题

比特币的拥护者们反对现代的信用货币制度，认为这种制度依靠的是一个不可靠的主权政府，政府的权力不受控制，所以天生具有制造通货膨胀的冲动。于是，比特币的创造者们模仿金本位制度，规定比特币

---

① 数据来源：https://www.statista.com/statistics/748551/worldwide-households-with-computer/

的上限是 2100 万枚，这就像世界上的黄金储量是有限的一样，他们认为控制总量就不会发生通货膨胀了。

这其实是技术直男对现代货币信用经济的误解。从某种意义上说，比特币和之前作为流通货币的金银颇有类似之处，只不过比特币的生成和挖掘靠的是现代信息技术。所以，比特币体系经常被称为“技术金本位制”。但他们都忘了，金本位制虽然在历史上存在了很长时间，但最后还是崩溃了。

前文提过，在人类前 2000 年的农业社会中，经济的增长很慢，也就增长了 3 倍。所以，市场上并不需要太多的流转货币，货币的供应量自然也不多。但是，工业革命后到 20 世纪的这 200 多年，世界经济增长了 10 倍，尤其是第二次工业革命后，经济增长得就更快了，黄金的增长速度远远跟不上经济增长的速度，发生了货币紧缩，导致金价狂飙，经济波动，金本位崩溃。换句话说，就是当时黄金的开采量不足以支撑经济的增长，货币体系也无以为继。

黄金的储藏量是有限的，它的供应量取决于挖掘的能力和意愿。也就是说，黄金的开采供应是一个相对稳定的自然增长过程。如果经济增速发生了巨大的结构性变化，黄金支撑的货币体系必然具有不稳定性。工业革命后期金本位制的崩溃，信息技术变革之后布雷顿森林体系的崩溃，甚至中国清朝末年白银本位制的崩溃，本质上都是经济增长和货币制度之间的根本矛盾导致的。当货币供应量大大超过经济增长的速度时，就容易发生通货膨胀，反之则容易发生通货紧缩、经济萧条。所以，货币供应量和经济增长必须是动态适配的，货币体系的稳定依赖于整个经济体相对稳定均衡的状态。

“技术黄金”比特币的储藏量是 2100 万枚，现在已经挖出了 1500 多万枚。如果将它作为法定货币，一旦技术革命导致经济增速加快，比特币的供应量不足，就可能引发通货紧缩，这时我们就不可避免地面临两个选择。

第一，选择扩容比特币，此时货币供应量增多，有发生通货膨胀的压力。

第二，选择绝不扩容，除非全球的经济不再增长，否则就不可避免地面临金本位制当年的困境。

也就是说，比特币其实没有解决通货膨胀的问题，因为通货膨胀从来都不是货币问题，而是一个货币与经济增长动态适配的问题。

动态就意味着我们不可能预设一个均衡的位置。所以，当创始者们在预设货币发行规则的时候，其实已经违背了人类社会动态演化的规律。人类社会是一个演进的过程，任何要当上帝的想法，可能都是某种意义上的乌托邦。

比特币到底算不算货币

虽然比特币没有完成对现行货币体系的革命，但它打开了人类社会对“新货币”的想象力。所以我们需要弄清楚，比特币算一种新货币吗？回答这个问题要特别谨慎。作为最早和最成功的数字加密货币，比特币的定位牵涉到数字加密货币发展的方向。所以，我们不妨从货币的功能特征和本质，以及货币机制的可行性这两个方面进行一个全景式的思考。

货币的功能特征和本质

货币本质上是一种对价值的共识。基础的经济学教科书告诉我们，货币要完成交换媒介、价值尺度和价值储藏这几项功能。所以，价值稳定是货币存在的必要基础，只有价值稳定，才有利于形成更大范围的共识，也才能完成交换媒介、价值尺度和价值储藏这几项功能。

那什么叫价值稳定？我们可以参考美元、欧元这些世界主要货币的走势来回答这个问题。

2008 年到 2018 年，美元（兑人民币）、欧元（兑人民币）、日元（兑人民币）的波幅分别是 4.89%、23.68%、11.13%。我们可以据此推演说，对于现行货币而言，20% 左右的波幅是一个可以接受的范围。

图 17–1 给出了比特币兑美元的价格：2009 年 1 月比特币正式问世，到 2010 年 10 月，比特币兑美元价格公布，1 美元可兑换 1309.03 比特币，所以每个比特币价格大概是 0.00076 美元[①]。2017 年每个比特币可兑换 10000 美元，2018 年年底又掉到不到 4000 美元（2018 年 10 月为 5000 美元左右），2019 年 10 月又返回到了 10000 美元以上的位置，即与首次发布价格相比，比特币的价格增长了 1315 万倍。

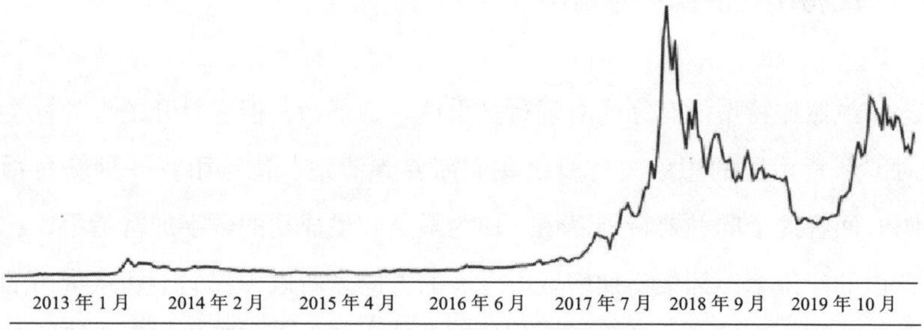

图 17–1　2010—2019 年比特币兑换美元价格走势图

货币是其他资产的锚，如果一个经济体的货币涨跌幅度有比特币这样大的波动，整个经济会比坐过山车还刺激，稍不留神就翻车，这样的

① 数据来源：https://en.bitcoinwiki.org/wiki/Bitcoin_history

波幅自然无法形成一个社会的稳定预期。更何况，比特币还有很高的技术门槛，在目前的条件下无法形成大规模共识。既然难以形成关于价值的共识，就无法在更大范围内实现交换媒介、价值尺度和价值储藏的功能，如果充当货币，流动性或信用等级都会遭遇很大的挑战。

货币机制的可行性

货币不仅仅是我们看到的硬币、纸币，还包括发行、流通在内的机制设计。所以，一套好的货币机制，最核心的要点是维护经济的稳定增长。说得更具体一点，好的货币机制以维持物价稳定、充分就业为目标，以此促进经济增长。这也是现在各个国家货币政策的目标。

美联储的货币政策，采取的是“相机决策”的泰勒规则。相机决策就是先设定一个目标，比如维持物价稳定，充分就业，促进经济增长，然后在这个原则下，根据具体环境的变化调整货币政策。这个原则是著名经济学家、美国斯坦福大学经济学教授约翰·泰勒（John Taylor）提出来的。他给出了著名的泰勒公式：

$$\text{名义利率} = \text{实际利率} + \text{通货膨胀} + 0.5 \times (\text{通货膨胀} - \text{通货膨胀目标}) + 0.5 \times \text{产出缺口}$$

这意味着名义利率会随着实际利率、通货膨胀水平、就业水平进行调整。

这就是为什么每次新闻说到美联储加息与否，都会提到通货膨胀率（CPI，即消费者价格指数）和就业率。这两个指标对美联储是否加息具有非常重要的参考意义。也就是说，它代表美国的货币政策规则是一种动态规则，会时刻根据现实情况进行调整。

欧元、人民币等信用货币的货币政策细则虽然不太一样，但是同美元一样，也都是进行动态调整的。

恶性通货膨胀会导致大规模失业，造成社会动乱，甚至最终会使政府倒台。所以，一个稳定的国家基本上都会把控制通货膨胀当作最重要的执政目标之一。所以，很多比特币支持者认为的“现代国家的货币政策完全受制于政府权力，而且权力不受约束”只是一种想象罢了。

再看比特币的货币政策，是以下面两项规定为原则的：第一，储藏量的上限是 2100 万；第二，比特币不是由中央机构发行的，而是所有节点挖掘的结果。尽管它也有一些调节机制，比如动态调整算力，比如将比特币单位“聪”无限细分，等等，但是整体上，比特币的供给弹性非常小，基本适配于一个较为静态的均衡经济增长模型。比特币的设计者们深受自由市场理论的影响，认为市场会自发地达到均衡状态。所以，在这个经济体中，技术进步、自然灾害，甚至政治动荡这些巨大的外生冲击都没有什么要紧的——而我们都知道，这恰恰是现代经济体的复杂之处，外生的冲击经常会内生于经济体内部，造成巨大波动。

经济体并不像天体运行那样规律和稳定，而更像人的生长过程，虽然有规律可循，但是会受到很多不可控因素的影响，是动态变化的。

换句话说，比特币目前创造的货币体系是一种缺乏弹性的机制。它预设了一个想象中具有自我痊愈能力的市场，而这在现实社会是不存在的。这意味着，从货币机制的可行度来说，目前比特币在应对复杂脆弱、高波动的经济体运行时，是无法拿出一套行之有效的解决方案的。

比特币到底是什么

不管从货币的功能特征和本质，还是货币机制的可行性来说，比特币都无法满足通用货币所要具备的条件。所以，至少在目前的条件下，比特币及其他数字加密货币，都不是通用意义上的货币。

更何况，在可见的将来，主权国家仍然是人类社会最主要的社会组织机构，货币发行的权力是现代国家最核心的权力。没有国家会轻易放弃这种权力。国家主导下的数字货币可能会对未来产生更深远的影响。

那比特币到底是什么呢？我认为，比特币虽然具有一定的货币特性，但是它现在不能很好地完成货币功能，从它现在的价格波动中可以看出，它更适合被看作一种高风险、高回报的数字金融资产。而对这种数字加密的金融资产的监管和容忍度，我想会是各个主权国家，尤其是各个国家央行的一个重大课题。

| 思考题 |

你认为未来对科技金融的监管会趋于严厉还是趋于宽松，为什么？

第 089 讲　区块链：对世界的颠覆性改变

伴随着比特币的风靡，区块链开始浮出水面。

区块链是科技金融领域最具想象力的概念：它的出现意味着主导了我们现代社会几百年的“中心化”的信用模式遭遇了强有力的挑战，随之而来的，是金融模式、经济运行模式，乃至社会治理模式的重构。

区块链带给我们的是一个既激动人心，又让人惶恐不安的未来，它的学名叫分布式账本（distributed ledger）。要理解区块链可能带来的颠覆性变化，我们必须要彻底理解“分布式账本”这个晦涩概念的原理。

石头货币与分布式账本

究竟什么是分布式账本呢？我们从一个故事讲起。

当代最著名的货币专家米尔顿·弗里德曼，在一篇名为《石头货币岛》[①] 的论文中讲述过一种奇特的石头货币。

这个石头货币是在太平洋一个与世隔绝的小岛——雅浦岛上被发现的。岛上的一群土著人世代居住于此。由于岛上没有金属资源，所以岛上居民无法铸造金属货币。后来岛上的一些土著探险家发现，在离雅浦岛 400 英里之外的另一座小岛帕劳岛上有一种十分稀有的石灰岩。他们去采集了石灰岩，将其打磨成外圆中空的形状，再用木筏把它们运回雅浦岛当货币。货币价值取决于石头的大小，岛上的人在交易时，需要多少钱，就用多大的石币进行付费。

这时就产生了一个问题：假设买家拥有一个大石币，而卖家的商品价值只有买家石币价值的 1%，怎么办？他们的解决方法很简单，卖家在买家的石币上做个记号，证明这 1% 的石币已经归属于卖家就行了，尽管这个石币在买方那里。

更有意思的事情是，雅浦岛上有一个公认的首富家族，这个家族拥有一块巨大的石币。但奇怪的是，这块石币从来没有人见过，包括这个首富家族的人。这是因为首富家族的祖先出海探险时，在帕劳岛上挖掘到了一块巨大的石灰岩，并将它制成了石币。但在运回雅浦岛的路上碰到了大风暴，他不得不扔掉石币逃命，那块石币也就沉在海底了。但是回到雅浦岛之后，所有探险队的队员都证明了这位首富家族祖先拥有这块石头，这就相当于在土著居民中公开确认了这个人对石头的所有权。从此之后，这笔财富就在家族中代代相传了下去。

石头货币的故事告诉了我们关于"货币"的两个特性。

第一，货币是一种关于价值的共识，货币流通就是一种记账方式。

---

① Milton Friedman, "The Island of Stone Money", *Stanford University Hoover Institution*, 1992.02.

比如，石币的价值以及首富家里代代相传的财富，就是通过大家的共识形成的。货币流通不过是在不同石币上的账目记录而已。

在这个逻辑下，理解货币的价值就更容易了：货币的价值来自大家的认可。当人们对货币的信心向上走，货币就升值；信心向下走，货币就贬值。货币流通就是从央行到各大银行、家庭等全社会各个单位账目的变化而已。

第二，既然货币是一种关于价值的共识，为了取得这个共识，价值就必须相对稳定。比如金银等贵金属，还有故事里用于制作货币的石灰岩，都是用稀缺性保证价值的稳定性。

现代主权信用货币，比如人民币、美元，是靠国家的政治稳定、经济增长，以及相应的货币制度来保证价值稳定的。

除此之外，石头货币的另一个独特之处，就是分布式记账。

现实世界中的通用货币无非是人民币，美元、英镑、日元……人们对这些货币的共识都是围绕主权国家形成的。比如，先有了中华人民共和国的概念，才有了人民币的概念，因为大家先相信这个主权国家，才相信它发行的货币具有价值。主权国家是信用主体，而货币流通是以这个信用主体为核心的中心辐射型账目记录。

换句话说，现行货币的共识是基于中心化记账模式的。主权国家以及相应的金融机构（比如央行）就是中心账本。但雅浦岛上的石头货币不同。石头货币的价值共识没有任何信用主体支持，是由全体岛民共同的认同构成的。所以，石头货币价值的流转也不用经过任何中心化账本，而是点对点交易、分布式记账的模式。

区块链的一个重要核心就是分布式账本。

我们用个例子来说明。假设在一个两万人规模的会议上，我们要通过一项关于《香帅金融学讲义》的决议。为了保证议程完全可靠、决议完全可信，传统的做法是由我邀请的工作人员专门负责记录，把会议内容全部记录下来，像记账一样，再由参会人员举手表决，承认这份笔录的真实性。

但是，会议是我和我邀请的工作人员进行记录的，也就相当于账本在我们这里，属于中心账本，我们要篡改相对容易。而且举手表决时有多少参会人员真实表达了自己的意见，也不得而知。

和这种中心式账本相反，分布式账本的账目是所有参加会议的人一起记录的，每个人都是一个节点，每个人表达的观点都会被所有节点同时接收到，然后进行验证。验证通过后会形成文件，盖上一个时间戳（time stamp）。这个带有时间戳的文件就会沉淀下来，存在所有人的账本里。两万人同时拥有一个账本，而且账本的所有记录都是经过验证的共识。任何一个人想要篡改账本的内容，就必须改掉所有账本中的内容。很明显，这几乎是不可能完成的任务。

通过这些步骤，分布式账本快速有效地完成了"形成共识"的过程。在全球数以万计的陌生人中，关于比特币的"共识"，就是通过分布式账本，即区块链完成的。

这种形成共识的机制可能对人类社会带来颠覆性的改变。

区块链的变革：价值重构

区块链会改变价值交互的方式，在此基础上重塑商业模式和生活方式，从而对人类社会进行"价值重构"。

要理解"价值重构"，我们首先需要清楚什么是"价值"。

在市场经济体中，价值体现在价格上。比如，一个美甲套餐的市场价格可以是100元，也可以是800元。但是从美甲本身来说，这些甲油、工具、工作时间都相差无几，因此价格差异肯定不是由成本决定的。那套餐的价值由什么决定呢？由市场（平台、手艺人和顾客）的“共识”来决定。

一般来说，一个商品（服务）的价值就是人们的共识。这个寻找共识的过程通过市场来实现，价格则作为信号反映供给、需求面的变化，也影响着供给和需求的改变。

既然价值是共识，那么两两之间只要能达成共识，从理论上说交易就是可行的。跳蚤市场其实就是点对点的交易。但是这种模式很难大规模复制。因为缺乏信任的两者之间达成共识的成本很高，即交易成本太高，所以一般的跳蚤市场只是卖家里没有用的小件物品。

信任的建立不是朝夕之功，它需要银行、国家、企业等通过时间累积或者通过权力制衡协调。

假设现在有一种机制能够帮助人们快速达成关于价值的共识，这个机制必须满足以下两个条件。第一，要能快速完成信用的建设，且不需要第三方的认证和加持。第二，要保持价值交换、流通的唯一性。第一点比较容易理解，第二点我解释一下：和互联网的信息重构不一样，虽然信息可以重复流通，但是价值不行。比如，一个人读过的新闻不妨碍另一个人阅读，但是一份报纸是不能同时卖给两个人的。所以，和信息的交换、流通不同，价值的交换和流通一定要保持唯一性。

而区块链就是这样一种满足以上两个条件，跨越时间的共识机制。

首先，它以分布式同步记录的方式达成可信的共识。假设一个群体有 N 个人，分布式账本的技术手段就相当于这个群体中的每个人都有 N–1 个人替他做担保。N 越大，信任度就越高，共识也就更可靠。不需要时间积累，也不需要中枢机构背书，信任乃至信用就这么产生了。

也就是说，区块链以去中心化的方式解决了信用这一价值交换基础设施的建设，使任何规模的价值交换都有了生存土壤。

此外，区块链还有一项重要技术——时间戳。每个经过验证的文件都会被盖上一个时间戳，按照时间顺序存储在所有人的账本里，这就相当于解决了所有权问题。如果一笔资产被使用和转移过，就会形成唯一的合法交易记录。也就是说，时间戳解决了价值流转过程中唯一性的问题。

作为一个包括分布式账本和时间戳等各种技术的集合体，区块链构建了一种跨越时间的共识机制。这不但能改变价值的定义，更会改变价值交换的方式。这种机制还使人类社会得以突破时间和权力的限制，进行信用共建，完成所有权的确认。随着关于价值的共识和价值交换方式的改变，市场的概念也会被相应地重新塑造，这才是比特币推出之后，全球从业界到学界的精英层会为区块链着迷的根本原因。

重构会发生在哪些领域

那么，未来的重构究竟会发生在哪些领域呢？我们先看一下“信息重构”的路径。20 世纪 90 年代，互联网最早的应用是门户网站，雅虎、新浪这些网站对传统信息媒介，比如报纸、杂志、电视进行了降维打击。从这时开始，信息的传递开始初步去中介化，之后又出现了谷歌、维基百科，接着是脸书、推特、YouTube（油管）等，点对点和多边、多点的信息开始进行交互。从报纸、杂志到门户网站，再到社交媒体，互联网的出现最终重构了整个信息世界。

可见，互联网对信息的重构有两个路径：第一个是从与信息联系最紧密的行业开始渗透，第二个是从静态编辑发展到动态交互。

虽然不能将区块链的发展轨迹和互联网做类比，但发展路径中的规律是可以借鉴的。区块链的重构很有可能也遵循这样的规律：第一，与信用联系最紧密的行业会最先受到冲击；第二，区块链带来的是从静态到动态的变化。

区块链是一种去中心化、去中介化的信用构筑模式。金融行业做的是信用中介的生意，所以区块链会对金融行业产生直接影响。

以金融交易中最常见的结算为例。完成一笔股票交易时，我们的资金会先到券商处，然后由各券商汇总到专门的清算机构，比如中国证券登记结算公司，证券登记结算公司在清理数据、进行结算以后，再将数据传回各券商处。之后，各券商再通过结算公司的托管账户进行证券划拨及资金划拨。资金划拨要经过结算公司的开户行，而银行业又有一套清算流程。

平时看上去十分简单的交易，背后其实有一套非常复杂而且庞大的资金清算体系。在这个体系中，每个机构都独立记账。所以一笔交易可能出现在很多机构的账本上，而且是出现在不同的科目里。在全球资金广泛流动的情况下，为了让各个账本之间能够对应吻合，中间的验证过程十分复杂，且容易出错。

区块链希望简化复杂的清算流程，于是把清算的路径简化到最短的点对点。这不是天方夜谭，实际上，2015—2016 年，伦敦证券交易所、清算所，还有芝加哥期货交易所已经成立一个叫“交易后分布式总账工作组”的组织，探索将这些清算机构清算的金融资产都转换成编码，通过区块链完成交易传输。2017 年以后，纳斯达克交易所也在考虑通过区块链技术对所有的资产进行溯源和追踪。当这一步稳定地迈出后，像支付清算体系这种金融基础设施就会发生改变。

这只是对区块链的静态应用，带来的可能是浅层次的变化。至于动态的变化，就是信用的交互了。比如众筹、P2P 借贷等资金融通模式，理论上确实可以借助区块链技术完成。这将对未来投行和银行业务构成真正的挑战。

当业态发展到改变信用交互模式时，受到冲击的就不只有金融行业了。因为人类社会的绝大部分交互都以交易为基础，交易的基础就是信用。所以，从交易到市场，再到社会，都可能因为区块链的发展而发生重构。商业、消费、医疗、教育、公共服务等各领域都会受到影响。

包括区块链在内的科技金融，给我们展示了一个未来的远景，虽然模糊，却是完全不同的风景。

三种区块链：价值重构迈向现实的过程

在关于区块链的概念中，一个常见的误区就是，所有区块链都是一样的。其实，区块链也分不同的“品种”。几种不同的链的产生，正是这种“价值重构”从理论迈向现实的一个具体过程。

公链、私链和联盟链

总体来说，现在的区块链有三种：公链（public blockchain）、私链（private blockchain）和联盟链。其中，联盟链也叫共同体区块链（consortium blockchain）。

下面这个比喻可以很好地区分这三种区块链。

有个地区经常下大雨，到处都是泥泞的路面，很难行走。这个地区村落中有个村的人聪明勤奋，自发地扛着锄头修了一条石头路，而且参与修路的人把一块块刻着自己名字的石头埋在地下，作为凭证。后来，临村的人也加入修路的工程中来，这条路越修越长，变成路网。

大家发现修好的石头路特别好走之后，就在各家门前也划地修起了路，同时竖起了一块写着“私家路，非请勿入”的牌子。接着，各村开始修自己的路，但各村修好的路都不对邻村开放。

在这个故事中，最开始人人都可以参与修建和行走的路相当于区块链里的公链。全世界任何人都可以对公链进行读取，也都可以参与共识过程的建设，比特币这些数字加密货币运用的都是公链。

各家修自己门前的路相当于区块链里面的私链。这是一个不对外开放的链，哪些人可以参与都是由管理者自己决定的。比如，公司自己的区块链就是私链。

每个村内部修的和其他村不通的路，就是区块链里面的联盟链。一个联盟里哪些节点可以参与共识的构建，是可以通过联盟链进行选择的。

不同“链”的不同之处

区块链以分布式同步记账的方式，得到一个“不可篡改”的数据结构，形成共识，取得信任。所以，区块链涉及的所有节点都是这个共识的组成部分，即一个群体 N–1 个节点为其中任何一个节点做担保的局面。

公链是一个开放生态：上面的数据都是公开的，谁都可以访问，谁都可以发出交易邀请。换句话说，这个链的信息是全透明的，理论上也不存在一个中心化的管理机构，当然也无法界定产权和边界。

这是很多网络朋客最初的梦想——找到一种绝对平权、透明、开放的社会机制。但是这样的设想仍处于乌托邦的阶段，当权者不会放弃权力，获利者不愿公开信息，技术上则困难重重。也就是说，这种机制面临着很多技术、制度以及人性上的摩擦。十年过去了，截至目前，除了数字加密货币以外，公链还没有找到其他特别适宜的场景。

和公链相对，私链是有主权、有边界的。比如，一个公司的区块链就相当于一个公司内部的分布式账本，访问权限在这家公司手里。所以，私链的信用主体是公司。因为私有用户这个信用主体的存在，私链的数据是可以更改的。

所以从理念上，私链是反区块链的，在很多网络朋客的眼里，私链根本不是区块链，它只是一个可以加密的扁平化数据库而已。因为区块链的理念是以开放体系的共识来构筑信用体系，一旦私有化、中心化、边界化，就相当于丢失了区块链本身的性质。

公链很难找到应用场景，私链又失去了去中心化的特质，一种介于私链和公链之间的折中路线——联盟链就出现了。

从某种意义上说，联盟链可以被理解成一个行业的区块链，或者局域链，是某些运用区块链技术的场景组成的一个联合共同体。在这个联合共同体中，因为应用场景事先已经确定，所以可以参与的节点也是有选择的，节点之间一定有某种“共识”或者“合作”的链接。我认为联盟链很像民主协商的治理结构，链上的节点因为某种利益而结盟，共同建立一种成本更低的信用关系。

在商业世界里开发的众多区块链大多属于联盟链。比如，香港金融管理局正在联合12家跨国银行进行的区块链项目——贸易联动（eTrade Connect），就是一个典型的联盟链，旨在解决全球银行业的痛点——数据不能共享。

全球银行业的各个机构因为商业竞争关系，数据不共享，在融资方面很容易被人钻空子。比如，一个人以价值1000万元的物品向银行质押借款，在渣打银行质押了800万元，又在汇丰银行质押了800万元，总质押额已经达到了1600万元，远远超过了他的风险承受能力。这种风险过载的情况，在全球金融业中是常态。在2008年的次贷危机、2018年中国A股市场的股权质押危机中，这种数据不共享造成的信息不对称就扮演了重要角色。

但是，让各银行分享自己的核心业务数据又完全不符合它们的利益，区块链的分布式记账方式和加密技术解决了这个问题。

数据共享是区块链的一个重要概念，区块链上每个节点的数据都是可溯源、可验证的，整个链上的数据变动，每个节点都知道，但是并不会一一对应到各个银行。这就相当于在增加行业透明度的情况下，还尽可能地保护了各个机构的隐私。所以现在很多金融机构都在考虑这样的联盟链，希望能在跨境支付、票据清算、客户征信、反欺诈等需要全行业验证的领域应用区块链技术。

蚂蚁金服推动的联盟链项目“商品溯源”，也是一个多维的局域链，同样解决了信息不对称的问题。

比如，消费者想在网上海淘一件贵得发烫的奢侈品或者来自国外牧场的婴儿奶粉，这时候消费者最关心的一定是奢侈品和奶粉是不是真的来自卖家所说的地方。消费者原本依靠的是对平台的信任，对海关报关单等单据的信任。但道高一尺，魔高一丈，这些东西都能造假，而个人对此进行验证的成本是很高的。

“商品溯源”就是一种让所有海淘商品都上链的机制。比如生产一罐奶粉，从奶牛场开始到制成奶粉、装罐、物流运输的数据，都存储在区块链上，而且所有生产环节的数据都经过验证，取得数字签名，成为这一商品独一无二的“身份证明”。当消费者拿到这个商品时，只需要扫描二维码，它的生命周期就全部出来了。

这种由多环节、多次验证的信息所构建的信用，自然比单一的平台信用高得多，也靠谱得多。

由此可以看出，无论是行业链还是局域链，本质都是类似的。第一，它们部分地去中心化（在行业内或者场景内）；第二，虽然数据篡改的难度远大于私链，但并不是没有更改的可能，只要链上的节点能够达成共识，数据就可以更改。

区块链的未来是美好的，但是发展道路一定是曲折的。现在看来，联盟链可能是前进道路上的一个折中路径。不过，联盟链也有自己的问题，如何协调联盟内部的利益，使各节点有留在链上的动力是一个非常烧脑的问题。现在，很多商业机构，尤其是金融界的机构都在这个方向上摸索前进，希望找到更大的突破口。

区块链的局限

虽然区块链给我们展示了一个激动人心的远景，但这个远景仍然是模糊的。现实和理想之间还有不短的距离。

第一个距离来自技术层面。

区块链的应用依靠的是同步式的分布式记账方法。在一个复杂的网络里，要进行分布式记账，就要同步验证存储信息，这对算力、算法都提出了极高的挑战。从现实来看，目前的算力算法还不足以支持区块链大规模地应用落地。

第二个距离则是制度摩擦。

区块链是用技术取代信用主体。目前，人类社会最大的信用主体是主权国家，而金融体系相对于一个国家经济体的血液循环体系，是牵一发动全身的关键系统。从国家角度来看，信用崩塌和主权合法性丧失几乎是同义词。所以，金融行业在任何国家都是受监管最严的行业，容不得闪失。而新技术在落地、应用、演化的过程中，一定伴随着泡沫。从蒸汽机到电力，再到互联网，莫不如是。所以，所有国家都会对涉及金融信用的技术应用保持警惕，小心翼翼。这中间可能产生的制度摩擦，可能要远远超过我们的预期。

第三个则是更根本的人性问题。

按照区块链的底层逻辑，它是开放的，入链的节点越多，链的信用度就越高。从市场演化的角度来说，我们一直试图通过各种制度设计创造一个更透明的环境。但是从个人角度来说，数据一旦上链，一切都会透明化，一切可溯源，可这真的是我们每个人都需要的吗？

这些问题也许会逐步得到解决，但是就像伟大的凯恩斯告诉我们的："在长期，我们都死了！"所以从普通人投资的角度来说，区块链项目目前还是"美人如花隔云端"，离大规模商业化应用还有距离。

| 思考题 |

1. 2019年脸书推出的虚拟加密货币Libra会取代旧的信用货币体系，成为新的货币形态吗？
2. 为什么区块链截至目前除了在数字加密货币方面取得了一定的成功外，在其他应用上至今依然很难取得商业成功呢？

第090讲 智能合约就是"如果……则……"

在学校、机场、地铁站等公共场合，自动售货机十分常见。投入几元钱，一瓶汽水或者一包薯片就会滚出来，并自动找零钱给你。这些不起眼的自动售货机背后，其实是一种关乎未来的技术——智能合约。

智能合约不是什么神秘的新事物，我们常见的自动售货机就是智能合约的原始版本。而区块链技术将这种合约的智能性推到了一个更高的高度。

智能与合约

合约是确立双方权利义务的一种契约。

绝大多数人类社会关系都是合约关系。婚姻、就业、买房过程中产生的是白纸黑字的、看得见的合约。在商场里、网络上，银货两讫的交易中也存在着看不见的合约。所有机构都是合约的产物。按照诺贝尔经济学奖得主罗纳德·科斯的定义，公司就是一连串的合约，包括雇员与雇员之间的合约、雇员和雇主之间的合约、生产与销售之间的合约等。国家也是由一连串的合约组成，从中国古代的城下之盟到欧盟，再到国际贸易、货币同盟，没有一个不是合约关系。可以说，合约是我们这个世界正常运行的一个基本要素。

智能合约，指的是可以自动重复执行的合约。

以自动售货机为例。通过这个简单的机制设置，任何买东西的人都可以直接和供应商交易，售货机根据商品价格收取费用、传送商品，购买人付钱拿到商品。每一次都是点对点的交易，只不过多次点对点交易中的共性被计算出来，形成了一个自动合约。所谓自动，就是合约的执行不依赖于人力，靠机器主动和动态地去执行。

根据这个逻辑可以得知，合约其实是帮助个人、机构及财产之间达成某种共识，形成某种关系。而智能合约则是使这种共识或者关系能够重复进行下去的机制设置。

在计算机语言中，这就是最简单的“if... then...”（如果……则……）的语句，相当于触发某个条件（if）之后，就（then）执行某个程序。

基于区块链的智能合约

智能合约的概念是计算机天才尼克·萨博（Nick Szabo）在 20 世纪 90 年代提出的。和大多数 IT 天才一样，萨博十分怀疑交易中这种第三方授信模式的可靠程度。

比如，现在我们在网上购物的时候，常用信用卡、支付宝这种第三方担保的方式确保对方会信守承诺。但是，支付宝和信用卡的信用又从何而来呢？萨博一直认为这种第三方信用都是不可靠的。那么，能不能设计一种机制，让计算机自动完成执行合约的任务，不需要任何第三方中介信用呢？

这与区块链和比特币的初衷十分类似。实际上，比特币、区块链中去中介化、点对点等概念的发明者都是萨博。

萨博认为，所有交易合同都没有必要通过第三方完成，只要合同条款可以用编程语言表达，让计算机自动处理即可。这样不仅避免了合同执行中的尔虞我诈，还节约了大量交易成本。

这个设想虽然很理想，但是有两个漏洞。

第一，交易涉及资产的转移，如果一个交易完成以后，资金的转移还要到银行进行，智能就丧失了意义。所以，为了实现全程计算机控制，交易的资产必须以数字资产的方式存储和呈现。

第二，计算机程序存在被篡改的风险。所以，合约条款的可信度也是需要解决的大问题。

由于这两个漏洞，智能合约这个概念被萨博提出后，很长时间都没有找到突破口，只能停留在自动售货机、自动售票机这种比较初级的模式上，直到区块链的出现。

区块链具有信息不可篡改、去中心化的性质，使交易合约条款的可信度有了保证，比特币的成功又让人们看到了数字加密资产的可能性。有了智能合约两个漏洞的填补方案后，一种基于区块链的智能合约就浮出水面了。

存在于区块链上的智能合约是一段代码，比如“if... then...”这样的语句。也就是说，智能合约分布在所有人的账本上，只要符合交易条件，程序就会自动执行，完成数字资产的转移。在合约的执行过程中，智能合约扮演的是技术仲裁者的角色，它依靠区块链的技术特性，保证了合约按照规则执行，使人们不必担心各种违约和失信行为。

下面的例子可以说明智能合约和传统合约的区别。

2018 年 11 月，著名导演张艺谋的新片《影》的出品方被中央音乐学院 20 多位老师和学生告上了法庭，理由是《影》使用了他们创作的音乐，但在影片公映中并未署名。出品方对此的解释是：制作后期，出品方又请来了其他音乐人在音乐中添加了商业元素，音乐已经不属于他们的原创作品了。

按照一般惯例，这种案子比较难打，因为双方各执一词，法庭也需要大量的人力、物力来调解和处理案件，最后的结果也难以判断。

但如果这是一个区块链上的智能合约，事情就简单多了。所有的合同条款、内容都上链，由程序判断：电影是不是使用了音乐学院老师和学生创作的作品？使用过程中是否署名了？如果出品方违约了，合约就会自动执行，数字资产也会自动划拨，强制执行，不需耗费法院的人力和物力。

所以，这种基于区块链的智能合约被认为是一个很有潜力的场景，现在美国的很多创业公司都在这个方向上发力。

通过区块链上的智能合约，现在的失信被执行人数量可能会大幅下降，征信行业也会面临冲击。因为合约是自动按照规则执行的，不以双方当事人的主观意愿为转移，这样，“老赖们”的生存空间就被压缩了不少。

智能合约的局限

区块链技术的成就似乎使智能合约变得顺理成章。但是，在可能大规模改善合约执行效率的同时，智能合约也面临着自己的问题。

第一，安全性问题。一个企业或者一种技术，它的盔甲往往就是它的软肋。基于区块链的智能合约的最大优点是按照合同条款不折不扣、不可逆地执行。但它的问题也出在这里，如果一个人不幸签署了一份具有欺诈性的合约，交易也会不可逆地执行下去。通常我们有机会通过中心化的系统撤销合约，但智能合约是不可逆的，无法撤销。

第二，隐私性问题。要让合约智能就必须上区块链。上链之后，这个合约的代码对所有节点就是公开的。这可能会引发其他非合约参与者的反应。比如，你与对手签订了一个衍生品互换的智能合约，这个信息就会在链上公布。即使其他机构不知道你是谁，但是这个信息足够让他们进行套利行为。这无疑会损害交易者的利益，使大家缺乏上链签订智能合约的动力。

这两个问题是智能合约的开发者们都必须面对的。这也再次证明了，虽然区块链是代表未来的技术，但是和所有技术落地、应用、成熟的过程一样，区块链技术也注定会在发展的道路上跋涉很久。

思考题

请你用一个例子或者场景说出智能合约和传统合约的差异。你认为智能合约面临的最大难题是什么?

未来社会

我是自由的，那就是我迷失的原因。

——卡夫卡

我们身处一个数据驱动和金融深化的时代。这个时代面临一些结构性变化。微粒社会、信用社会、数字社会，都是我们要面对的未来。

第 091 讲 微粒社会：高清的个人主义时代

如今是一个数字化的时代，所有信息，包括我们的行为，都可以存储成数据，进行流通。在数字化的基础上，人们在线实现高效率、低成本的连接，进而形成一个庞大而复杂的网络，这个网络的一个结果就是微粒社会。

什么是微粒社会

什么是微粒社会？我们先从 GDP 这个大家比较熟悉的词语说起。

GDP 是最常用的衡量国家（地区）经济实力的指标，这个指标兴起于 20 世纪 60 年代，当时全球经济增长加速，精准衡量评估国家经济增速的需求越来越强烈。经济学家开始计算一个国家各种商品的价格与数量的乘积，然后进行加权，这个经济指标可以准确衡量一国的“总产出”，简单、直观、好用，很快风靡全世界。

在工业化时代，这个指标确实非常有用，因为那时候企业生产的大多是具体的、可数的产品。但事情后来逐渐起了变化，尤其是20世纪90年代互联网兴起以后，GDP这一指标变得越来越捉襟见肘。

第一，GDP无法捕捉质量或者效率。

20年前一台笨重的手提电话价值3万元，现在一部好的智能手机不过四五千元。更何况20年前的3万元和现在的四五千元不可同日而语。更不一样的是，现在一部手机的计算能力相当于20年前银河计算机的计算能力，存储量相当于20年前的几十台电脑，更不用说它还带摄像、摄影等各种各样的功能。除了手机以外，汽车、电脑、冰箱，所有工业产品几乎都有这个特征——价格没涨，或者已经下跌，但是质量和工作效率却有了飞跃。只考虑“价格”和“数量”的GDP几乎无法捕捉到这些质量、效率的提高。

第二，GDP无法计算免费的数字服务。

GDP中计算的是“有形产出”，必须有计价，没计价的服务都不会被纳入。谷歌的搜索引擎、即时通信软件Skype、各种应用程序，还有我们正在使用的微信等，所有这些免费的数字服务都无法计入GDP进行核算。但我们都知道，这些服务创造的正外部性、创造的连接，是经济增长的强大动力，也创造价值，只是这些价值没用“价格”即时表达出来。

第三，GDP对于选择的多样性无能为力。

比如，买一双鞋，现在的选择是20年前的很多倍。在外面吃饭，选择也是20年前的很多倍。这种选择的价值在GDP里无法得到体现。

实际上GDP的这些不足很多人都看到了，诺贝尔经济学奖得主罗伯特·索洛（Robert Solow）就讽刺说："计算机时代随处可见，唯独在衡量生产力的指标里看不见。"（You can see the computer age everywhere but in the productivity statistics.）

为什么一个成功刻画工业时代生产力的指标，在数字化时代变得局促呢？

因为两个时代具有极其不同的特征。工业化时代是一个粗放型的社会。在没有大规模数字化之前，关于个体的数据非常缺乏，所以商业世界都在研究群体特征。比如，用均值大概地描述一个群体，然后找到某个规律和趋势，用平均的数量和价格作为生产力代表。

但数字化时代不一样，通过数字化和在线化，社会上那些看不见的个体可以被看见了。个体的行为、偏好、诉求都可以留下痕迹。任何一个微小的人或者微小的点都可以浮现出来，清晰地呈现在社会大图片上——这就是颗粒度极细、多样性很足的微粒社会。

在这个社会里，粗放的描述是无法满足这个社会的需求的，因为很多细节隐藏在数字化连接、数字化技术的变革里。作为一个粗放的轮廓式的静态概念，GDP 很难捕捉颗粒度更小的事物，比如质量、效率所带来的价值，也缺乏对现实动态变化的捕捉。

如果将人类社会想象成一帧帧的照片，之前的工业社会就是像素极低的照片，除了个别的权贵、国家、大机构以外，大部分事物都是模糊的，只有一个轮廓。而现在的微粒社会就像超高清的动态照片一样，任何一个人物的表情都能被精确地捕捉到。

微粒社会的影响

从农业社会到工业社会，我们的伦理价值观、商业模式、法律法规都发生了重大改变。同样地，微粒社会的到来对于所有个体、商业形态、社会准则都会产生巨大的影响。

比如，现在年轻人在消费和表达上越来越倾向于追求自我、追求个性化了。宝洁公司那些我们曾经耳熟能详的品牌，就被90后，尤其是95后视为面目模糊的“妈妈品牌”，他们会去追逐那些小众的网红品牌。

之前，我们会用均值统计变量来对产品使用的群体做描述、贴标签。比如，使用飘柔、海飞丝这类产品的人群主要是年均收入5万美元的中产阶层家庭。但中产阶层的标签语义模糊，很多具有特殊需求的中产阶层也被笼统地卷入其中。你我身为中产阶层女性中的一员，就这么被一个笼统的词语概述“平均”了。

而在微粒社会中，“被平均”“广泛的中产阶层”等概念有了巨大改变。通过在线数据的连接，每个人的喜好、特质都容易变成显性数据凸现出来，换句话说，中产阶层这个语义模糊的大标签消失了，关于个体的独特的诉求会直接进入生产环节。这其实就是人们都在说的精准商业，本质上精准商业反映的就是社会颗粒度越来越小的趋势。

精准医疗的逻辑也一样。过去，一个糖尿病患者的治疗方案是根据以前所有糖尿病患者的平均表现来制定的。而现在，仪器可以得到关于特定患者每分每秒的数据，医生完全可以制定一套针对特定患者的独特治疗方案。也就是说，模糊的均值式的商业、医疗、金融，都因为每时每刻的在线数据改变了。一种清晰的、颗粒度极小的社会形态正在我们身边展开。

比如，现在科技金融谈论的普惠金融、智能金融，都是基于微粒社会的金融模式。社会上原来不可见的颗粒，比如你、我，他，这些普通人现在都清晰可见了。而有了关于这些微粒的数据记录，就可以进行精准的信用评估和测量，所以，未来金融服务的覆盖面会更大，精准度会更高。不仅金融是这样，从粗放社会到微粒社会带来的影响，会越来越多地体现在商业世界的每个角落。

| 思考题 |

在微粒时代，你觉得中国的 GDP 会被高估还是被低估？或者可能被局部高估或低估吗？

第 092 讲　信用社会：可以量化的未来

在数字化时代，我们每个人的影像都可以清晰地呈现出来，整个社会都变得高度清晰。在这种高清的社会中，精准商业、精准金融都成为可能。此外，颗粒度更细的高清社会还会带来一个变化，即个人信用能够快速地资产化，从而形成个人信用社会。

社会信用与个人信用

一个社会的信用包括机构信用和个人信用。我们现在的信用体系是以机构为主导的——国家信用、银行信用、企业信用等。个人信用在信用体系中显得非常薄弱。这和社会的颗粒度有关，一个个体模糊，甚至没有个体痕迹的社会，是不存在个人信用的。中国的情况更是如此，无论是历史的，还是现实的原因，都决定了我们是一个缺乏个体信用的社会形态。

美国在文化上崇尚个人主义，信息技术一直走在世界前列，所以美国社会颗粒度相对于我们一直较细，在个人信用发展方面也更领先。尤其自 20 世纪 60 年代信息化革命以来，美国社会一直很重视个人的数字化记录，每个人的社保、医疗、养老、房贷、资产情况，甚至欺诈行为都有比较完整的数字记录。通过对这些数字记录的整理和分析，再依据一定的算法，就可以量化一个人的“信用度”。美国有好几家个人信用分数评估机构，其中影响最大的是美国个人消费信用评估公司 FICO。FICO 评分对个人来说是一个很重要的信用指标，相当于一个人的信用画像。FICO 分数低了，申请贷款时可能会有麻烦；FICO 分数高，不仅贷款容易，还能拿到更低的利率。甚至华尔街的金融行业在招人时也会查看面试者的 FICO 分值，如果低于一定的分值，面试者就无法拿到金融行业的录用通知书。

这意味着，美国的个人信用资产化一直做得比较好，这也是美国普通人比较讲信用的制度基础。他们都清楚，个人行为会转化成信用资产，和自己的生活息息相关。所以说不存在“美国人更讲诚信，中国人缺乏金融意识”——信用不是国民性问题，而是制度和技术问题。

中国信用社会的弯道超车

从制度方面来看，几千年以来，中国崇尚集体主义，和机构相比，个人基本处于“看不见”的状况。换言之，中国社会的颗粒度一直很粗。

从技术方面来说，由于众所周知的原因，中国在 20 世纪五六十年代和现代信息化世界完全脱节。到 1978 年改革开放，中国的数字化、信息化程度都非常低。那时候，一个人如果要调到另外一个城市，是要拎着一袋子个人档案的。个人的信息极其零碎、分割，导致很多诈骗犯换个地方就能卷土重来。直到 2000 年左右，中国还是一个现金社会。前文提到过，现金的使用是匿名的，现金交易背后的所有信息都会流失。

各种偶然和必然，导致直到 20 世纪末，中国仍是数字化和金融化的沙漠地带。

但事情的发展往往否极泰来。20 世纪 90 年代互联网兴起，2007 年以后移动互联网兴起，这两波革命性技术浪潮都让中国赶上了。

更有意思的是，和改造旧城相比，直接建设一座新城市更迅捷高效。在数字化和金融化的荒地上，中国修建了一个互联网新城。到了移动互联网时代，支付宝出现，微信支付紧随其后，中国从现金社会一步跳跃到了移动支付社会。

我对移动支付的评价一直很高。它的成功不仅仅是商业上的巨大成功，更具有不曾被预想到的重大意义——信用向前迈进了一大步。

移动支付打通了中国社会个体数字化的最后一公里，我们一下拥有了多维度的庞大数据累积。自然地，以这些数据为基础的个人信用产品开始出现。比如，蚂蚁金服的芝麻信用和美国的 FICO 评分类似，也是根据一套算法给用户的行为打分。

虽然芝麻信用分仅仅依靠阿里生态的数据，有其局限性，但是它使用的是不断变化和沉淀的活数据，也有其独特优势。更何况芝麻信用可以适用于很多场景，比如，达到一定分数以后，用户就可以住酒店免押金、租房免押金、坐航班的时候升舱……最重要的是，通过这个信用分，一个人的信用终于慢慢地变成了钱，这就是个人信用资产化的一个小小应用。

当然，芝麻信用也有它天生的弱点。首先，它主要覆盖的是年轻人和习惯线上支付的群体。其次，代际之间的消费行为是不同的。比如，我的很多 70 后朋友就比 90 后的小朋友芝麻信用分低，因为他们的消费一般是买车、买房等大额支出，而不是在淘宝购物，根据芝麻信用判断他们的信用是不太准确的。最后，由于平台之间的竞争性，芝麻信用的信用刻度也很难实现立体多维度的覆盖。

但是，有了个人数字化的基础，即使有关个人信用的产品暂时有缺陷也不要紧，因为类似的更完善的产品一定会不断地推出。比如，中国人民银行就以各个银行的信贷数据为基础，推出了个人征信信息查询。当个人生活不断在线化和数字化之后，其他维度的数据也同样在累积。比如个人租金、押金、定金的缴纳情况，水卫煤电公用事业费用缴纳情况，各种交易、社交数据都会累积转化为个人的信用分数。越多平台、维度的分数，越能覆盖每个人更多的方面，进而精准地刻画个人信用，并将其转化成个人信用资本。

个人行为金融化、个人信用资本化是数字时代的可见未来。

所以，P2P、众筹这些模式并不是狂人呓语，只是它们必须建立在一个个人信用高度资本化、个人行为高度金融化的社会。这个社会既要有较好的信用基础，也要有较好的包括区块链等在内的技术基础。

在数字化时代，个人的行为逐步地数字化、金融化，转化成个人信用资本，使普通人也能通过信用构建获得更大的资源动员能力，这或许是下个时代值得期待的远景之一。

| 思考题 |

你觉得芝麻信用分能真实反映中国百姓的信用度吗？可以将芝麻信用分金融化吗？

第 093 讲　隐私和数据石油：大数据时代的两难命题

请你思考两个问题。

第一个问题：两个人结婚了，女方将婚礼的照片放在了博客上。但不久，两个人离婚。男方要求把自己的照片从博客里全部删除，女方则要求保留照片，因为里面有很多是亲友的集体照。你认为，博客的管理者应该删还是不删？

第二个问题：脸书的收入 90% 以上来自精准广告，而广告能做到精准，源于对用户数据的挖掘。这些数据包括用户的年龄、地址、爱好、身高、体重、社交互动。在这种情况下，美国有学者认为，脸书使用用户的数据赚取了数十亿美元，而用户什么也没得到，这种模式必须改变。你认为这个说法有道理吗？

目前，全世界对这两个问题都没有统一、完整和肯定的答案。因为它们涉及我们这个时代最大的两个悖论：数据开发和个人隐私之间的矛盾以及数据的确权和利益分配问题。

数据时代个人隐私的二元悖论

我们身处的这个时代的 A 面，是高清的微粒社会。在这个社会里，个人的信用是可以资产化的。所以，每个人在社会上留下的痕迹会越来越多，关于我们的数据累积也越来越多，个人信用也越来越强。

但是还有 B 面。B 面是我们身处一个被窥探的环境中：我们的行踪留在了打车、外卖、社交等各种平台上，我们的职业、口味、偏好、情绪、健康状况等都可以从包括搜索在内的各种行为里推断出来。

人类文明的一个重要标志就是对个人隐私的尊重，这几乎是全世界的共识。所以，对个人隐私的保护也是所有国家法律的重中之重，而数据时代却让隐私保护变得十分困难。

虽然各国都有数据保护的法律，法律要求严格保护个人数据。但问题是，在现实生活中，区分个人数据和非个人数据基本上是不可能的。

如果以最简单的匿名和不匿名数据为标准进行区分，只要是有个人名字的数据就都属于个人数据，根据保护个人隐私的要求，机构是不能使用这类个人数据的。但这实施起来并不现实。

比如，医院不用个人数据来做研究、分析，如何进行诊断和确定治疗方案？再比如，一个人购票出行的记录应该算他的隐私，但这个记录也属于车站调度安排时要使用的信息，这时应该如何界定个人和非个人呢？更何况，只要数据量足够大，维度足够多，即使是匿名数据也很容易被推断出来，这只是反推的游戏而已。也就是说，现在世界上所产生的数据，绝大多数都是和个人相关的，要在海量的数据中区分个人和非个人数据，就像把雪花牛肉的肥肉和瘦肉分开一样，几乎是不可能的。

禁止使用数据看起来也不现实。下个时代是精准商业的时代，精准商业一定是数据驱动的。现在最热门的人工智能，本质上就是数据智能，是数据驱动决策的过程。而不能使用数据，技术进步就成了空话。

而且，很多领域为了让我们获得更精准的认知，需要尽可能多的数据。比如医疗方面，相信绝大部分人都愿意让渡自己的详细数据以获得更精准的医疗；交通网络方面，相信绝大多数人都愿意让渡自己的行踪，使自己免受堵车之苦。

所以，数据使用和数据隐私存在着二元悖论。我们要如何在数据使用和隐私保护中取得平衡?

数据的确权与利益分配问题

除了隐私保护以外，数据的确权和利益分配问题是数据时代更大的难题。

人们现在都已意识到，大数据是未来最重要的生产要素。既然是生产要素，就有产权，以及随之而来的利益分配权。但和其他要素相比，数据要素的确面临很多问题。

第一，数据是非排他性的生产要素。所谓非排他性，是指一个人使用数据后并不妨碍其他人使用。这使得确定权利应该归属于谁的问题就变得非常复杂。

第二，只有“大”数据才有用。数据就像细胞，只有足够多、足够复杂的细胞聚集起来，才能产生有生命力的生物体。零散的、非结构化的个人数据并没有太多商用价值。

从目前的情况看，数据是这个世界上唯一无法明晰产权的生产要素，这使得数据行业成了最大灰色地带。一家在美国上市的中国公司，它的商业运作模式是：公司为手机上的 App 提供服务套件，并借此获得了 App 中用户使用套件情况的数据以及位置数据。然后，它再把这些数据输出转化为精准的营销方案、市场情报方案等。这家公司的运作就是建立在使用用户数据的基础之上的，但很少有人知道自己的信息被使用了。

换句话说，在毫不知情的情况下，我们的行踪和设备使用情况被企业制作成了产品，并从中获得了高额利润。

数据产生的利益不大时，我们的感知力偏弱。但是，当进入数据智能时代后，数据成为最重要的生产要素，而数据的生产者，也就是我们，却没有得到任何利润，这样大的利益分歧毫无疑问将成为很大的问题。

所以，怎样对非排他性的、必须聚集才能产生效应的生产要素进行确权和定价，是全世界技术界、法律界和产业界共同密切关注的问题。

现在有人提出了一种第三方的解决方案。比如，多克·希尔斯（Doc Searls）在《意愿经济》一书中提出，用户和服务方一样具有占有、存储和经营数据的能力，我们可以设立一个服务于用户的第三方，由它代表用户利益和数据使用方谈判。数据被使用后，数据使用方要把数据删除。

看上去不失为一个解决之道，但仔细想想这个方案有太多乌托邦色彩。

首先，也是最重要的，这个方案忘记了数据必须是大数据、活数据才有价值。个人的、一次性的、截面式的数据是没有多少价值的。

其次，在巨大的利益诱惑面前，谁来监督第三方，如何控制第三方的欲望呢？这是方案带来的新难题。

那么，数据的确权和利益分配问题到底有没有更好的解决方案呢？我的回答是，暂时没有。目前，全世界都没人能给出真正完善的答案。

大数据是我们这个时代的生产要素，而数据隐私和数据的产权和利益问题是这个要素在使用中的最大难点。谁对这一问题更敏感，未来谁就能够在大数据市场上占领先机。谁能够在数据使用的规则秩序上取得任何一点点突破性进展，谁就能引领这个时代。

| 延伸阅读 |

数字时代：从在线到演化

科技金融领域的企业巨头的核心特征是数据驱动的金融生态平台。其实，这种生态的背后是“在线”，在线又构造了“会演化”的生态。对这种生态的理解至关重要。它不但是了解未来行业竞争力的关键，也是分析数据时代产业、行业和企业潜力的一把钥匙。

在线

什么是“在线”？凭第一感觉，很多人认为在线就是上网。其实，在线和上网根本不是一个概念。

阿里巴巴的 CTO（首席技术官）王坚曾举例说，直到 20 世纪 90 年代，各大高校食堂还在广泛使用饭菜票，这种饭菜票就像食堂里流通的现金，使用后留下的信息量很少。因为每个月食堂才进行一次账目整理和记录，所以这种饭菜票的数据集只是月度的集合信息，而且留存的信息也是离线的。2000 年以后，学校食堂变成了刷卡就餐，饭卡就像银行卡一样，刷卡后留下的信息也不一样了，人们一日三餐的就餐情况都被记录了下来。通过数据分析，我们可以知道什么人在什么时间去哪个食堂买了什么，这样的信息就远远超出了用饭卡进行支付清算的初衷。后来，有学校还通过数据分析得出了学生的饮食习惯，有针对性地做了很多改进。这时信息就从离线状态变成了在线。

在数据量完全一样的情况下，如果是离线状态，数据就像散落在各处的微粒，毫无用处，而且很快就会烟消云散。如果是在线状态，散落的微粒就被连接在了一起，有了形状和结构，开始产生价值。刷饭卡生成信息的这种在线状态其实还是最原始的，而且只应用在了很小的场景里，所以能获得的价值有限。目前广泛应用的移动支付是一种范围更广的在线状态。使用现金就像使用饭菜票一样，交易行为背后的信息都被淹没了。而移动支付在渗透到商业领域、公共交通服务领域以后，连接了人、物、事，产生了巨量信息，比如说我们能从这些信息中发现每个人的消费习惯、饮食偏好、资产状态等。

更进一步思考，移动基础设施的建设，4G、5G 等通信技术的发展，以及智能手机和海量应用程序的发明，其实让整个世界都处在了在线的状态。点和点、线和线、网和网全部被连接在了一起，构成了一张跨地域、跨时间的超级复杂的多维网络。以前离散的、简单的社会变成了一个前所未有的、复杂的网络结构。而且，网络中的每个点都是动态的。所以，这个复杂的结构还是动态的，中间还会发生无数次变形。

比如，在纸上画 10 个点，通过连接，你觉得可以创造出多少组合？数学好的人会脱口而出：45个[①]。但学工程的人马上意识到，在45个组合中还会形成其他的诸如 120 个三角形、240 个四边形等图形，最终呈现出 1024 个几何图形。这还只是线性结构，线性结构之间还会继续发生连接，形成更复杂的结构。

这意味着，仅仅通过 10 个点的连接，就可以在一个静态的截面上创造出这样巨量的数据结构。如果再加入动态的变化，产生的信息、形成的结构更是难以估量。

---

① 根据组合原理，10 个点两两组合，共有$C_{10}^{2}=\frac{10\times 9}{2}=45$种组合方式。

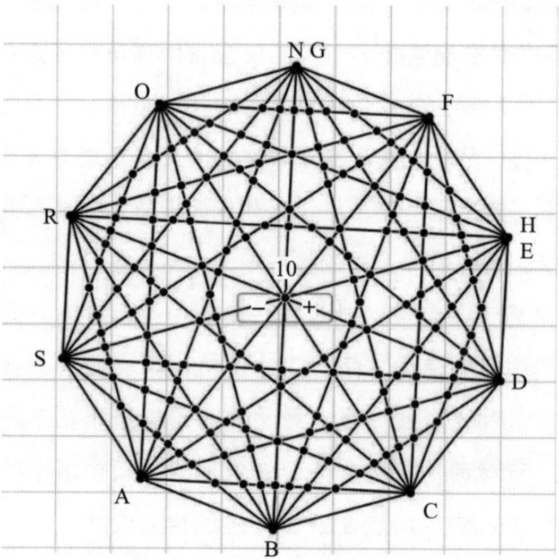

图 17–2　10 个点形成的数据结构

“会演化”

十几个人或几十个人被连接在一起后，就会演化出一个小小的社群生态，就像村庄的形成一样。村庄又演化出了城邦、国家，国家之间再连接，就有了国际贸易，演化出了初级的全球化生态。接着，金融市场逐渐把全世界的资金连接在了一起，在资金层面形成了国际资本生态，再加上电话、电报、互联网等信息技术的发展将更多的人、机构、事物连接在一起，又形成了一个更加复杂的全球化生态。正是各种生态之间的相互作用，才产生了巨大的能量。

最近几十年令人目眩的经济增长，就来自这些生态的互动。其实，整个人类的发展也是这样一个不断连接互动的过程。传统时代的连接是粗放的、物理形态的。到了互联网时代，这种连接互动是借助信息技术的发展，以在线的形式完成的。因为在线，所有的连接互动都是以数字化的形式呈现的，并会形成数据。数据之间不断连接、交互，产生了动态的、无穷大的复杂结构。这种连接互动有两个明显特点：第一，连接的颗粒度极小，一个人的一个动作都可以被连接进来；第二，连接的成本低、效率高。鉴于这两个特点，最终形成的网络结构是高度精细化的，覆盖面是无穷大的。比如，在现在的技术条件下，位于赤道的几内亚人和位于北极圈的因纽特人可以随时随地交流信息、物品。

说实话，现在我们窥见的只是这个复杂网络结构的一条缝隙。一位对互联网生态有很深研究的专家曾形象地告诉我，我们对目前复杂网络的认知理解还处于开普勒时代，离牛顿时代都还很远。但即使是这样小小的一步，也已经重构了现在几乎所有的商业生态，微软、谷歌、苹果、腾讯、阿里巴巴等，都是这个复杂网络结构的产物。

第十八章

金融思维方法论：

金融其实是人生决策

希望你能将这些思维方法运用到自己的投资和人生决策中，更好地站在高处，理解财富，理解人生。

这本讲义的最终目标，不是像原来的金融学教科书一样，为机构培养专业人才，而是着重培养普通人的金融思维，然后将这些思维用在投资决策及学习工作中。在一年的课程内容基础上，我总结了 6 种我认为最重要的金融思维：预期思维、贴现思维、复利思维、风险思维、杠杆思维和信用思维。

第 094 讲　预期思维：金融市场的底层逻辑

预期思维，这个看似简单的词语，其实是金融最重要的底层思维，也是金融市场的底层逻辑。

预期与金融市场

“预期”在字面上很好理解：“预”是关于未来的，涉及的是不确定性，“期”就是判断和估计，关于未来情况的估计和判断就是预期。

金融和预期，天生就是联系在一起的。资金融通是金融的基础功能。它的本质就是一方用自己的未来作为信用的抵押物，获得另外一方的资金。然后，双方共享这些资金可能创造的增长和收益。传统社会里的借苗还谷，现代社会里的银行贷款、债券、股票，都是建立在这个基础上的。

换句话说，资金能够在社会上实现流动，本质上是因为融通双方关于未来形成了某种共同的预期。预期越乐观，资金流动的规模就越大，速度就越快，资金市场也就越发达。反之，预期越悲观，资金流动的规模就萎缩，速度就下降，资金市场就崩塌。

金融的历史以 14 到 18 世纪欧洲的国债和股票市场兴起为分水岭。在这之后才有了我们现在熟悉的大规模、大范围、长时间、低成本的现代资金融通市场。而这个转变的根本，就是预期模式的变化。

这个结论听上去很抽象，我们不妨用莎士比亚的名著《威尼斯商人》做个对比。《威尼斯商人》的主人公安东尼奥是个体面的商人，而且挺讲义气，为了朋友的婚姻大事，用自己出海的商船作为抵押品，找犹太商人夏洛克借了 3000 英镑。结果很不幸，他的船出事了，没法还款，就被夏洛克逼着要割一磅肉来偿还。

这个故事大家都耳熟能详。但是我猜很少有人会注意到其中的一个细节。故事里的安东尼奥是一个挺成功的商人，海上贸易也做得不错，但即使这样，他的资金筹措能力仍然是非常弱的。借 3000 英镑就要用整整一船货物，也就是大量的实物资产来做抵押。

在现代金融市场出现之前，所有的资金融通都需要实物抵押。真正将实物抵押转换成信用抵押，是从欧洲国家发行国债开始的。

一个国家要发展、要打仗，却没钱，那就只能将尚未实现的未来增长，比如说税收作为抵押品来筹集资金了。当国债这个模式出现以后，资金融通市场才真正地和未来预期联系在一起。这时信用才开始成为一种和未来相连的资产。至此，未来的增长和现在的预期变成了内生关系。

股票的出现又将这种关系往前推进了一步。在此之后，一个国家或者企业、个人，其资金实力就不再受限于原始的积累，而是取决于他给市场、社会的预期。预期越乐观、越长期、越稳定，能获得的资金就越多、期限就越长，而且成本也更低。

环顾全球，现在哪个国家的筹资能力最强？美国。哪些企业的筹资能力更强？谷歌、阿里、亚马逊这种大型互联网数字企业。为什么呢？

因为市场对它们的预期非常乐观、长期，而且稳定。

顺着这个逻辑思考下去，你就会明白，为什么金融市场特别喜欢"预期管理"这个词。它的意思是说，你要用尽一切办法给市场传达信号，让市场相信你的未来，这样才能最大限度地撬动资金资源，提高未来预期成为现实的概率。

预期思维

预期思维到底是什么呢？基于刚才的讨论，我们可以把预期思维理解成一种关于未来的前瞻式的思维方式。

现代金融是人类社会拥有的一种能力，即借用未来为现在提供动力的能力。更深层次地说，金融市场是不在意过去的，一切金融资产的价格都取决于它的未来预期。

预期和金融资产价格之间的关系，使得预判、信心、信号这些非常虚的词语，实际上拥有很强大的能力。关于未来的想象、判断和信念，会塑造你今天的状态。

这句话的意思是——人会成为自己想要的样子。这么一句滥俗的鸡汤，背后其实是有深刻的金融逻辑的。预期能够重塑一个人的现在和未来。

在资产定价理论中，预期占有很重要的地位。2019 年，我和我的一位合作者讨论过，我们其实可以把一个人看作一个金融资产，而他的工资和薪酬，就可以看作市场给他的定价。那这个价格是怎么决定的呢？是由市场对他的预期决定的。和其他金融资产类似，假设市场认为你有持续学习、提升的空间和能力，或者认为你在公司会安心工作，也就是说对你的预期越长期、稳定、乐观，认为你的风险越低，那给你的定价，也就是你的薪酬水平和上浮的弹性自然也就越高。

因此，要提高自己的市场价格，关键就是要提高市场对你的预期。这是关于你未来的预期，而不是关于过去的盖棺定论。也就是说，你所有的行为都必须给市场强烈清晰的信号——你未来有增长潜力。

那怎么给市场这种信号呢？个体的异质性这么大，我们无法给出一个统一的答案，但共同点就是要随势。势，就是趋势。比如说未来 10 年甚至 30 年，只要不发生极端的战争，整个世界的数字化就是不可抗拒的浪潮、势能。所以，要想给市场更乐观的预期，你就必须显示出你的技能是未来所需要的，在未来是不会被取代的。

一旦这种预期被市场认可，你就会发现，自己作为一个资产的价格会迅速上涨。一个非常典型的例子就是，传统媒体行业已经夕阳西下，无可挽回了，对不对？但是你去看一看，现在市面上绝大部分自媒体大咖，都是从传统媒体跳槽出来的。

我们生活中那些成功者大多有个共同的特点，就是对过去毫不留恋，对于那些并不清晰的将来具有强大的好奇心和去改变的意志力。其实，这就是我认为的预期思维。只有具有这种预期思维，才能够顺利地在任何社会形态、任何环境中实现转型。

在今天这种技术迭代、社会飞速转型的当下，预期思维真的不是一种奢侈品，而是一种标配。不管是国家、企业，还是个人，预期会内生于自己的决策，然后塑造我们当下的状态。

第 095 讲　贴现思维：思考未来是人生的起点

什么叫贴现？“现”是“现在”，“贴”是“折扣”。所以，贴现可以视作未来价值和现在价值之间的折算。这个折算比例就是贴现率。比如说明年的 100 元，现在值 95 元，这一年的贴现率就是 5%。如果明年的 100 元，现在值 90 元，那贴现率就是 10%。

所以，贴现率越高，现在的市场价格越低；反之，贴现率越低，现在的市场价格就越高。现代金融学其实就是围绕着怎么正确计算贴现率而展开的。

讲义的前面章节讲了很多这方面的术，现在我们把这些术上升到思维模式的层面。因为这种思维，不仅是金融市场的核心，更是我们生活中很多长期决策，比如职业、婚姻选择中必备的一种思考模式。

我们借用一个流传很广的庸俗的鸡汤故事来解释这个概念：

一个华尔街精英碰到了一个漂亮女孩，这个女孩一直想找一个大款结婚。他对这个女孩说："结婚啊，其实相当于一次长期投资，双方进行资产置换。看上去你貌美，我多金，是一个公平买卖，对不对？但实际上我很不划算。"

为什么呢？这位精英接着说："因为随着时间流逝，你渐渐年老色衰，而我的经验能力在增加。换句话说，你这项资产在贬值，而我这项资产在升值。所以，如果我们的婚姻维系很多年，比如说 30 年，折算为今天的价值，我的就很高，而你的就会偏低。所以，从我的角度出发，进行长期投资不合算，更优的策略是进行一个短期合同。"

这只是个故事，但我们可以从这个故事里看出典型的贴现思维。

折旧（耗损、成本）是决定资产贴现率的重要因素

首先，贴现是未来定价。而在这个给未来定价的过程中，有一点是被很多人忽略的，就是实际贴现率和名义贴现率之间的区别。

平时我们说到贴现率的时候，其实经常没有意识到，资产是有折旧

和损耗的，所以，实际的贴现率应该是名义贴现率加上折旧率。

实际贴现率 =（名义）贴现率 + 折旧率

比如在刚才这个故事里，如果我们把人看作资产，男方拥有的是能力资产，女方拥有的是美貌资产。

我们假定双方面临同样的名义贴现率，但美貌是一种折旧很快、耗损很高的资产，时间越长，折旧越快。所以，算下来，女孩有更高的折旧率。即使名义贴现率一样，女孩也会面临着更高的实际贴现率。

记住我前面说的话，贴现率越高，现在的价值越低。所以，这么算下来，女孩现在的价值就会变得比较低。从这个角度讲，男方确实不划算。但是别忘了，美貌资产的特点，对男方也是适用的。男生为什么那么在意秃头和大肚子？因为在现代社会中，颜值是人力资本里的一个重要组成部分。

我不是开玩笑，顶尖的经济学期刊曾经有研究表明，从长期来看，长得好看的人比一般人的收入要高出 5% 到 10%。而且更出乎意料的是，这个规律在男性中更加显著。也就是说，好看对于男性的收入提高是更重要的。

现在医美、健身行业之所以这么流行，就是因为现代社会是一个服务型社会，颜值或者说美貌在人力资本中所占的比重越来越大。所以，大家现在就越来越有动力去降低资产的折旧率，也就是降低自己的实际贴现率，提高自己的市场价格。

贴现率虽然主要看名义贴现率，但也要看折旧率。

什么样的资产能减少折旧，降低贴现率，提高价格？

从我们自身的角度，你可能会想：什么样的资产折旧率会低，甚至不折旧，反而增值呢？要回答这个问题，我们不妨将人力资本分成两类：

一类我把它称为自然人力资本，比如说容貌、体态、身体素质等。这类人力资本在时间维度上肯定是自然折旧，你再怎么努力，也只能降低而不能消除折旧和耗损。另一类是后天习得的人力资本，比如说知识、技能、智慧等。这类资本在时间维度上可以进行累积，只要你的累积速度超过知识、技能的更新速度，你的资产不但不会折旧耗损，反而可能增值。

这么一想，古人说的“书中自有黄金屋”其实就有了很强的金融含义了。因为知识资本的折旧率很低，甚至是负的，所以，那些以知识为生的人，在更长的时间维度上，面临的实际贴现率就更低，他们的市场价格，也就是收入也会更高。

这一点在现代更明显。西南财大一项抽样调查研究的结果显示：2015 年，在影响中国家庭平均财富的变量中，受教育程度是最显著的变量。有大学文化的家庭的财富中位数是 99 万元，而有小学文化的家庭的财富中位数是 13.8 万元，前者是后者的 7 倍。

现在你能明白父母让你好好读书的用意了吧！按照金融学的观点，他们就是希望在长期降低你的人力资本的折旧率和贴现率，提高你的市场价格。

再顺着这个思路想下去，你会发现很多全球性的社会现象都可以得到解释。为什么医生、教授这些职业有越老越吃香的趋势？为什么这些职业在婚恋市场上也比较受欢迎？因为这些职业所依靠的人力资本不怎么折旧，反而可能增值。所以，在长期合同的框架下，他们的实际贴现率比较低，市场价格自然也就比较高了。

现在再回到前面的那个故事，我猜这种故事会让很多女权主义者不爽。那现在你可以用金融思维对那位华尔街精英进行批判了：

你看，并不是只有男方有能力资产，女方也可以有；而且也并不是女方的容貌、体态会折旧，男方一样受到这个问题的困扰。所以，双方的价值最后都取决于长期的努力程度。

启示：未来和长期原则

在刚才人力资本贴现率的基础上，我们就可以得到关于贴现思维最重要的原则为未来原则和长期原则。

因为在贴现的框架下，一个人必须以更长远的未来为起点考虑问题。任何短视的行为，都可能使我们在瞬间提高市场价格，但在内部埋下高耗损、高折旧的根子。时间一长，这些成本就会显露出来，使得企业或者个人资产的实际贴现率极速上升，价格下降。

用这种思维又可以解释很多现象，比如说 OFO 小黄车，短期内小黄车经历了超高速增长。由于预期的高增长，小黄车的名义贴现率被定得非常低，所以市场价格非常高。但是投资者们忽略了折旧率。内部管理混乱、战线过度夸张这些隐性的成本耗损没有被计算进去。而时间一长，这些成本耗损就全部显性化了。等它显性化以后，小黄车的实际贴现率就会极速上升，然后导致市场估值一落千丈，落了一个墙倒众人推的局面。

不但企业，个人生活也是完全适用同样的原则的。在金融学的框架下，我们的一生可以被看作资产的动态变化过程。所以，贴现率不是固定的，而是时间的函数。任何希望提高自身价格的选择，都必须满足两点：第一要高增长，第二要低折旧。只有这样，才能够真正地降低贴现率，达到自己长期升值的目的。

第 096 讲　复利思维：请相信长期的力量

复利被称为“全世界第八大奇迹”，也是一个容易被滥用的鸡汤词语。所谓复利，本来是一种计算利息的方法，就是在下一期，这一期的利息要计入本金来计算。通俗地说就是利滚利。

那这种利滚利的威力有多大呢？比如，一笔 24 美元的资产，如果从 1626 年开始以 9% 的投资回报率进行复利增长，增长 374 年，到 2000 年的时候，就会变成 2386 万亿美元。

2386 万亿美元，是一个在现实生活中根本看不到的天文数字。2020 年苹果公司的市值一度达到 1.68 万亿美元，而美国全年的国民生产总值不过是 21 万亿美元。24 美元在 374 年间不断以每年 9% 的速度增长，会形成一笔相当于 1400 多个苹果，或者 100 多个美国国民生产总值的巨额财富。

所以，复利的力量真的是水滴石穿，积跬步以至千里。所以，我们平时谈的复利思维，它主要扣住的是“长期”和“增长”这两个关键词。“复”你可以理解成重复、不间断，“利”则是增长、进步、利润。

但这个理解还没有抓到复利的另一个核心——复利思维其实是一种加速度思维。

加速度思维

回到我们刚开始的例子，微不足道的 24 美元经过 374 年，以每年

9% 的速度增长，变成了 1400 多个苹果公司、100 多个美国的财富。

仔细分析这笔财富的增长过程，你会看到这么一串数字。到第 10 年的时候，这笔投资其实没有增加多少，只不过是从 24 美元变成了 56.8 美元；到第 50 年的时候，变成了 1784.6 美元。数字本身并不是很令人惊奇，对不对？但是，到了第 200 年的时候，这个数字就变得惊人了，一直到第 374 年就变成 2000 多万亿美元。

表 18–1　24 美元在 374 年间的变化

初始财富：24 美元 复利利率：9% 时间跨度：374 年	第 10 年 （1636 年）	第 50 年 （1676 年）	第 200 年 （1826 年）	第 374 年 （2000 年）
财富	56.8 美元	1784.6 美元	7.3 亿美元	2368 万亿美元

你发现这些数字里面的秘密了吗？这就是随着时间的推移，复利导致的绝对值的增长，呈现出一种加速的趋势。时间越久，这种绝对值的加速就会越快。

所以，当初始财富很少，在相当长的时间内，复利的效果不会特别明显。但是，一旦跨过一定的阈值之后，绝对财富累积的速度就会变得非常显性了。

这种趋势在企业的发展上也是非常明显的。全世界小微企业的生存周期都很短，中国的小微企业尤其短，只有两三年，原因之一就是其初始值太低，即使复利增长，早期企业的绝对规模和实力还是弱小。所以，它们抵御外界风险的能力是比较低的。

这就是中国顶级的战略专家曾鸣老师曾经说过的，企业首先要完成的是从 0 到 0.1 的突破。在达到 0.1 这个生存阈值之前，随时都会面临翻船的风险。所以，在这个阈值之前，任何长期战略远景都没有生存本身重要。

同样，在我们个人的成长中，经常也会碰到这个阈值带来的问题：唉，我努力了很久，看得见的效果却并不是很明显。而这种感觉，经常会伴随着很大的挫败感，让人坚持不下去。

比如说背单词这件事，很多人会停留在一本单词书的前面几页。当年我考 GRE（美国研究生入学考试）之前就是这样子，背一阵子，觉得词汇量没有什么显著提高，反复几次也没有什么效果。一直到快考试被逼急了，才拼命地花一周时间死磕，把整本书背完，不管中间忘掉多少，然后再花一周时间背完第二遍。

这个时候奇迹出现了，在第三遍的时候，我很明显地感觉到单词在脑子里开始呈现出有序的排列，而不同单词之间的联系开始浮现。所以，第三遍只花了不到 5 天就完成，而且明显能感觉背的效果要好很多。然后，第四遍、第五遍就完全是越过山丘的感觉了。到第六遍的时候，只花了一天多时间，很多词汇一眼扫过去，例句已经自动地呈现在脑海里了。

这个时候再做 GRE 的题，感觉就完全变了，因为生词没有了，数学部分、逻辑部分的理解基本上就没有了障碍。再加一点点套路式的训练，很快就能拿到高分。更重要的是，经过这么一次 GRE 的特训之后，你会发现自己读英文文献的难度降低了好多，在英语学习上能够进入一个相对正向的反馈机制了。

换句话说，只有经过一个阈值之后，复利的加速度才能显现，复利效应才能够真正地实现。

如何实现加速度

“加速度”才是复利奇迹的来源。而实现这个加速度必须跨过一个基本阈值，也就是要实现从 0 到 0.1 的突破。

那如果一个人的初始值很大，比如说有钱的人投资，比如说北大、清华的人毕业找工作，硅谷的精英自己创业，那他自然会发现复利效应更容易实现。

但是，对于绝大多数普通人来说，这个初始值都是比较低的。那么，怎么才能完成财富或成长路上的阈值突破，实现复利效应呢？我的答案是初始速度要快。

还是回到开始的例子，一笔 24 美元的小额资金，每年 9% 的收益率，复利增长，到 1 万美元要花 70 年时间，到 100 万美元要花 124 年，177 年以后破亿。很明显，最早的 1 万美元的积累花费了更长时间，后面慢慢有了加速度。

那假设这笔初始资金更小，只有 10 美元的话，给定 9% 的增速，到 1 万美元要花多少时间呢？要花 81 年。可是，如果我们改变增长速度，以 15% 的速度进行复利增长，事情就会起变化：到 1 万美元只要花 50 年，88 年后到达 100 万美元，116 年后破亿。

所以，你会发现，只要增长速度够快，初始值造成的差异很快就可以忽略不计，而且可以实现逆袭，更快地实现复利的加速度效应。

这个逻辑放在企业和个人成长上也是一样的，甚至更明显。在起步的阶段，你必须竭尽全力保持高速增长，争取在最短的时间内突破阈值，进入加速度的进程，这样才能让你在后期获得复利的红利。

就像我刚才说的背单词的小例子，如果没有第一、二遍的死磕式的狂背，后面的一切都是空话。同样地，很多创业企业为什么要在开始阶段狂飙猛进，跟自己、跟产品、跟市场死磕？都是为了更快地实现从 0 到 0.1 的突破，开始加速度，让自己和其他竞争者的差距拉大。

所以，当不少学生来跟我抱怨复利的效果在自己身上并不显著的时候，我经常会问他们一个问题：你的速度够快吗？你有没有把自己逼到墙角，再纵身一跃而过？

如果你认为自己的赛道是对的，但又看不到努力坚持的效果，那最好的办法是什么？就是加速、加速，再加速，直到突围为止。初始速度不够的话，实现复利效应会耗费长得多的时间。

所以，从这个意义上再来看复利思维，你就会发现，它不仅仅要求一个长期增长框架，更基本的是要求足够的初始速度，只有突破阈值，才能真正地抓住复利的加速度，实现复利的红利。

第 097 讲　风险思维：守住底线，大胆突破

“风险”可能是金融里最重要的词语。从某种意义上说，金融学就是风险学：怎么测量风险，怎么给风险定价，怎么给这些风险产品创造市场流动性，怎么在流通中实现风险在时间维度上的转移和社会维度上的重新配置。金融市场，本质上就是关于“风险”这个虚拟商品的市场。

那么，什么叫风险思维呢？

风险思维是一种底线思维

说到金融风险，我们最熟悉的可能是波动率。图 18-1 表示的是某个金融资产一段时间里的收益率，中间那根直线是均值，曲线则表示收益率的上下波动。当学术圈里说“最小化风险”的时候，通常是指利用分散化，将波动变小，也就是让这根曲线的波幅变得更窄。

问题是作为投资者，你会介意向上的波动吗？我猜很少有人会介

意，人性决定了我们真正畏惧的是向下的那部分波动。所以现实投资世界里，我们经常会听到一个词：最大回撤。当一个基金经理告诉你，他的产品表现如何好的时候，通常会说“市场下行的时候回撤非常小，最大回撤只有 5%”。

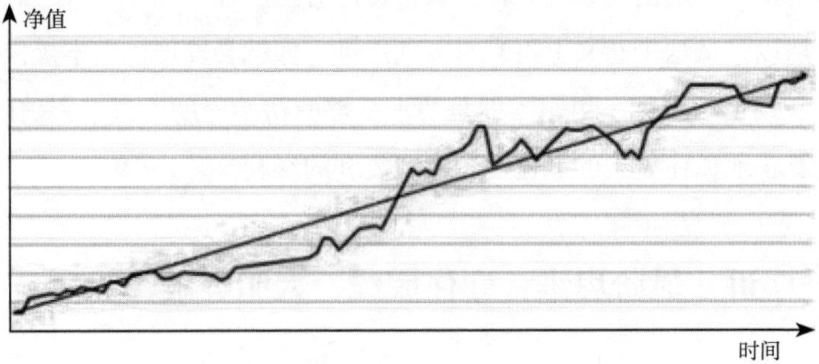

图 18–1 某项资产一段时间内的波动率

这句话的意思是，在一个给定的时间段里，比如说一年，这个基金净值的最高点到最低点的幅度仅仅只有 5%。这个指标用来描述你买入这个产品可能会出现的最糟糕的情况——数值越大，表示可能碰到的糟糕情况越糟。

这个风险指标甚至比波动率更重要。因为控制最大回撤，本质上是控制风险的下限——在对抗风险的过程中，我们并不是要消除向上的波动，而是希望下行的那个底部能够被控制。

这意味着，风险思维本质上是一种“底线思维”。之前提到的“投资是一场输家的游戏”“投资的世界里，活得久才是王道”，其实讲的就是类似的道理：

决定投资结果的，不是赢而是输。输得少的，能熬过最难时刻，活得久的，就是赢家。

江浙一带的民营企业家，有不少穿越了20世纪90年代以来的数十次宏观调控和经济周期，积累了极为可观的财富。问他们诀窍，就是一条：无论什么时候都控制负债率，一旦碰到经济下行，快速降杠杆。

这听上去容易，但做过企业的人可能都会知道，经济上行，信贷宽松时要控制加杠杆的欲望，经济下行时壮士断腕，都是非常艰难的事情。

风险思维还是一种突破思维

底线思维是风险思维中比较容易理解的部分，但是很少有人意识到，风险思维的另一面其实是突破思维。

《邵恒头条》（得到App的一档专栏节目）里说了一个有趣的金融现象——近十多年，优质的淡水资源以及相关行业开始成为投资玩家，尤其是高净值人群的投资标的。头条里举了个例子，美国有个叫Invesco的投资公司，旗下有三只和水资源相关的ETF基金，一只专门投资美国市场，一只专门投资国际市场，一只聚焦于水资源相关的技术，这三只基金的回报为8%~11%。换句话说，如果10年前你投资了100万元在这些基金上，现在你的财富上涨到216万元到285万元之间。

很多人能理解贵金属可能升值，具有投资价值，但是最普通的“水”，居然也可以变成投资品，还带来这样高的回报率，确实有点匪夷所思。

这就是我所说的“突破思维”。绝大部分普通人是“不确定性”（风险）的接受者，理所当然地将“现在的不确定性”当作一个静态的概念，但实际上，人类面临的“不确定性”（风险）是个不断变化的过程。你如果不能突破“当下”，就无法去接触未来。

比如说 1935 年，全球谷物产量是 5 亿吨，到 2018 年，这个数字是 26 亿吨，增加了 4.2 倍。中国的水稻产量更典型，20 世纪 30 年代不过 100 公斤左右的亩产，而现在则是快 500 公斤——而同期全球人口却只增长了 2.3 倍。换句话说，直到 20 世纪早期，粮食短缺还是人类社会面临的最大风险之一。所以当时农产品期货的交易特别活跃，芝加哥农产品期货交易所也是世界上最炙手可热的金融交易所。

但是现在，随着技术进步带来的粮食产量飞跃，半个多世纪以来，尽管人口增长，但人均的粮食占有量是不断上升的，粮食价格也在下降通道中。曾经被视为人类社会最大风险之一的粮食短缺，不再是人类社会的主要风险。

但是，随着全球人口的快速增长和环境的恶化，很多最普通的自然资源反而变得“短缺”。所以从 20 世纪 70 年代开始，绿色金融兴起，以清洁能源、碳排放为标的的金融产品开始越来越为人们所重视；90 年代之后，淡水、森林等资源也开始进入人们的视野，变成金融产品，而且都获得不错的回报。

这种产品的开发者，就具有“突破思维”——风险是相对概念，会随着时间、地点，甚至人种的变化而变化。所以风险解决方案一定不能仅仅着眼于当下，将现有风险视为理所当然，而是要从未来回溯到现在，动态思考。如果不能突破现有思维框架，寻找到未来的风险趋势，是无法完成“给风险定价，实现风险的转移、配置”和“帮助人类社会抵御风险”愿景的。

所以，风险思维是个非常二元对立的思维。一方面要守住安全下限，另一方面则要大胆突破当下框架的约束。具有这种思维模式的人，通常都更容易成功——他们既对底线有非常清晰的认知，又能快速进行认知迭代，并将认知付诸现实行动。

第 098 讲　杠杆思维：帮你找到时间的杠杆

杠杆原理是人类社会最基本的驱动力之一，这个原理在生活中几乎随处可见，从剪刀到起重机，从天平到自行车。在金融市场上，杠杆更是第一原理，个人买房、企业负债经营都是利用杠杆。金融机构干的就是提供杠杆的活儿。

那杠杆到底是什么呢？按照物理学的解释，在力的作用下，能够绕着固定点转动的一个机械，比如说硬棒，就是杠杆。人类为什么要使用这种装置？按照我们再熟悉不过的阿基米德的话：给我一根足够长的杠杆和一个支点，我就能撬动整个世界。

所以，对于人类社会来说，杠杆的本质就是放大效用，用小的力量撬动大的力量。放在金融领域，就是用少量资金撬动大量资金。金融的本质之一“资金集聚”，就是用金融工具、合约、制度、市场，把散落的资金组织和聚集起来，配置到更有效率的地方，这样的集聚就可以很多倍地放大资金的效用。企业贷款、个人房贷，都是利用这样的放大效用，使用这种金融工具，我们就可以用小资金撬动大项目，获得更快速度和更大幅度增长的机会。金融行业就是杠杆的行业，就是资金使用的放大器。

这种放大效应是有两个特征的。

第一，它是不分方向的，收益可以被放大，损失也可以被放大。杠杆用得越激进，这种放大效应就越强烈。

第二，放大效应的最终结果，取决于资金使用的地方。如果你的资金被配置在一个低效的，或者是错误的地方，那么这种放大效应就更容易形成泡沫。如果有大规模的配置错误，甚至可能造成全局性的崩盘。

更重要的是，杠杆的这些基本逻辑并不只适用于金融市场，就像我说的，杠杆原理是人类社会最基本的驱动力，因为它包含着两种特别重要的思维模式：一种我把它称为借力思维，另一种叫硬核思维。

借力思维

以小力撬动大力，这就是杠杆的核心原理。人类发展的根源在哪儿？就在于我们能找到各种杠杆，以更少的能量创造更大的能量。

吴军老师在《全球科技通史》中讲过，科技的进步就是人类生存的最大杠杆。比如说长矛的发明，使智人在同等的力量、体积下，投掷的距离有了巨大进步，成为种群竞争的胜者。同样，蒸汽机、电脑、通信技术的发明，都让人类获得了更大的能力。

换句话说，杠杆思维是借力的思维，生物的天生禀赋差异不是那么巨大，所以谁能拿到最优的、最长的那根杠杆，最成功地借力，谁就能够在竞争中脱颖而出。这样的道理在人类社会关系、个人的成长中也是非常适用的。

为什么我们要进入更好的学校学习，到更好的企业工作？因为学校也好，企业也好，都是杠杆。同样的专业，985 大学的毕业生就能够得到更多的面试机会；同样的创业项目，BAT（百度、阿里巴巴、腾讯）出来的创业者就会得到更多风险资本的关注，更容易拿到启动资金。

同样，周边的人际关系网络也是杠杆，一个能够拥有密集和高能社交网络的人，就能够以更低的能耗，更高效地完成事情，实现更大价值。

所以，企业也好，个人也好，其发展过程中，找到合适的杠杆是非常重要的。所谓合适，一是要适合自己，二是要在合适的时间节点。

比如说，为什么 20 世纪 80 年代到 90 年代初成立的制造企业有更高的成功概率？为什么在 2000 年之后中国城市居民的财富暴涨？因为这背后有两个巨大的杠杆，一个是中国的工业化，一个是城市化，凡是用到了这两个杠杆的企业和个人就容易致富，容易成功。

还有，为什么从 2008 年开始，原来很多好的行业和企业都不行了？尤其从 2013 年开始，很多商业模式都发生了巨大的改变呢？因为原来那种工业化和城市化的杠杆在消失，取而代之的是中国进入了后工业化时代，数字化、社会结构的网络化开始成为新的杠杆。李佳琦的成功、抖音的崛起，都是这种杠杆之力的一个小小侧面。

如果你弄错时间节点，就没有办法借到时代的力，是很难成功的。所以，找到正确的杠杆是每个人的必修课，这也是我做财富研究的一个初心，帮助普通人找到时间杠杆。

硬核思维

除了借力之外，杠杆原理中还有一个核心词是什么呢？支点。

没错，如果没有支点的话，多长的杠杆都是白做功，如果支点不是实实在在，而是虚的，那就更麻烦，因为它会导致短期内一个虚幻的放大效应。换句话说，杠杆效应要在正确的方向上起作用，硬核是一个必要的条件。

这点在金融市场上非常好理解。企业负债经营，如果是个优秀项目，杠杆经营就是放大收益，反之，很有可能就拖累企业破产。如果整个市场的金融杠杆缺乏实体经济和项目的内核的话，那就是所谓的资金空转。杠杆的线路越长，导致的虚幻收益泡沫就越大，然后市场就会陷入一个击鼓传花的恶性循环，最后崩塌。

这几十年来的金融危机，比如1998年的亚洲金融危机，2008年次贷危机，本质上都是债务危机，就是因为缺乏实体经济的支持，杠杆被无限度地放大而导致的。这也就是诺奖得主罗伯特·席勒先生说的：好金融，坏金融，它们之间的区别在哪里？就是金融的杠杆效用是不是有好的项目、好的实体经济、好的核心的支持。所以，中国政府一直强调，不允许资金空转，金融要服务实体，就是说金融杠杆要有硬核作为支持。

这个道理在人类成长上就更显著了。这个杠杆在人类成长上的支点是什么呢？就是个人的核心竞争力。一个缺乏核心竞争力的人，就是缺乏核心资产的金融产品。这种产品的杠杆是没有用的，即使短期有用，也是泡沫。

举个特别有意思的例子。社会上有一类人，有各种饭局、应酬不断，张三、李四、王二麻子全都认识，你会觉得他能量很足。但是，你发现他真正办事的时候，这些应酬的关系根本没用。所以，他这种所谓的杠杆，由于没有支点，都是白费力气。

而一个具有硬核的人，你会发现，他借力周边会变得非常容易。只要你有内核在，杠杆是容易得到的。所以，从这个意义上讲，杠杆是创造的而不是碰到的。

第099讲　信用思维：金融行业的灵魂

之所以把“信用”放在最后，是因为这个词最重要。它不仅仅是金融行业的灵魂，也是人类社会关系的灵魂。要理解这句话，我们首先从“信用”这个词开始说起。

信用、金融、货币和社会

“信用”的英文叫 credit，拉丁语词源就是“相信”的意思。个体（机构）的承诺是否可靠，就是“信用”。

信用可以用来干什么呢？在非货币化的环境中，信用意味着更强连接的关系网络，更低成本获取资源的能力。比如说一个村里，信用好的小伙子更容易娶上媳妇、租借农具，更容易获得其他资源。

到了货币化的环境中，信用就是钱。中国古代官员的“信当”，就是拿大皮箱装点不值钱的东西，送到当铺里，承诺到期赎回。一般官职高或者俸禄偏高的人，信当额度也高。

现代也是同样逻辑。钻石卡、白金卡或者普通卡等不同的信用卡，意味着不同的个人信用等级，所以可以获得的“授信额度”也大相径庭。

顺着人类历史演化的路径看，信用本来是“信任”，是人际和社会关系网络构建的黏合剂，这种信任通过血缘、婚姻、族群，或者组织结构等种种要素构建在时间轴上。然后，货币的产生使得很多类型的“信任”变成了标准化、可量化、可交易的资产。

更进一步地说，货币产生之后，个体之间的信任才得以被标准化和量化，才产生了流动性，有了“市场交易”，才可以“使用”，并被转化成了“信用”。

先有“信”，通过货币化后才开始“用”。

这就是人们曾经说过的，货币是一种显性的信用，信用是隐性的货币。支撑包括英镑、美元、人民币在内的“现代货币”的就是其背后主权国家的信用。

再想想金融市场的产生，各种金融工具的出现意味着什么呢？意味着更多的个体（包括个人、国家、企业、机构）可以将自己的“信用”转化成资金——债券的等级、股票的定价，其实都是在评估这个机构的信用值多少钱。

所谓“金融深化”，就是更多个体的信用可以跨越更大的地理空间和更远的时间维度进行估值，转化成流动的资金。换句话说，金融就是“货币化信用”的交易市场，整个金融业就是一个如何建立“信用”、如何衡量估算“信用”，并使其产生流动性的行业。

一个高度金融化的社会，必然是一个货币化信用非常发达的社会。例如在金融发达的美国，信用等于资金（资本）这一点体现得淋漓尽致：公司雇用员工的时候要查个人信用得分，一个人可能因为水卫煤电这样小事上的“失信”，失去好的工作机会。当然，对于信用得分高的个体，也会有相应的奖赏机制——更便捷的贷款通道，更低的融资成本，更多的资源获取能力。

所以，当我们说某个国家是信用社会时，其实是在说它是一个更加货币化的信用社会。而货币化所代表的“标准化”和“数量化”使得“信用”更容易下沉到个体，也更容易产生流动性，形成市场。

形成市场有什么好处？最简单的经济学原理告诉我们，市场是迄今为止最有效的资源配置机制，市场价格是最有效的信号，信用市场会促使信用社会走上良性的循环。

顺着这条线索思考下去，我们可以得到结论：数字化时代其实就是金融化时代，是金融从机构信用下沉到个体信用的时代，也是个体信用资本化的时代。这主要是基于以下两个原因。

一是因为个人生活场景不断被数字化，形成某个维度上的信用（可用的信任），比如芝麻信用分、微信支付分，还有官方基于银行数据形成的个人征信分数——这些产品都直接将个体信用和资本相连。

二是随着技术的发展，信用奖惩制度的执行成本更低，货币化信用市场也就具有了法律制度基础。

信用思维的两个层次

理解了上面这些逻辑后，信用思维其实就不难懂了：一个人具有信用思维，意味着他能够更快速“立信”并更高效地“使用”它们，即：信用思维是一种将“信任”转化为资本的思考方式。

比如直播的高流量李佳琦。他一人一年销售额上 10 亿元，顶一个大型商场。他“立信”于“亲验有效”和“全网最低价”，然后通过直播这个模式，将粉丝的信任转化成了自己在美妆电商销售中的资本。报道中有两个小故事很触动我。一个是家乡同学的产品通过李佳琦的妈妈来“打招呼”，一向孝顺的李佳琦发了脾气，坚决拒绝；另一个是一旦发现对手，比如说薇娅直播中的价格比自己低，他就会高度关注。这两个小细节说明，李佳琦非常明白自己的“资本”和“估值”是建立在“信任”基础上的。而信任，是正反馈很强的情绪，说强大特别强大，一旦崩塌，也可以变得非常脆弱。

虽然现在网红经济炒得火热，其实它的本质和之前的品牌经济是同一个逻辑——围绕着一个核心立信，通过市场快速、规模化地转化成资本，只不过在网红经济中，更立体具象的个人取代了抽象的品牌而已。

说到这里，我觉得“信用思维”的构建路径也就出来了。比如说，一个人要怎么立信，怎么使用？怎么将其转化成资本？最简单的答案就是把自己当作一个品牌来进行经营。评估这个品牌在所处关系网络中的位置，判断其竞争力，然后找最容易形成“增强回路”的点来快速突破，获取细分市场上的优势。

幸运的是，在我们现在面临的微粒时代里，整个社会的技术和商业基础设施都足够完备，而且还在不断进化中，为个体信用资本化创造了有利条件，也使得信用思维真正有了用武之地。

后记
金融视角下的人类社会演进

在20年的思考和研究的基础上，我终于得到了一个对自己至关重要的推论：

一部人类文明演进的历史，就是一部金融史。从金融视角观察，人类社会形态和商业模式的变化就是资金、技术、人力资本这几个要素不断数字化和网络化的进程。

增长 =（资金，技术，人力资本）×（数字化，网络化）

一些看似不相关的宏大命题，比如“为什么金融是资本主义时代的核心行业？”“20世纪末以来互联网企业兴衰背后的底层逻辑是什么？”“未来社会的走向会是什么？”……都可以在这个统一的框架下，得到一些长期的、根本性的洞察。

数字化和网络化：人类文明的进程

人类文明的进程就是整个社会网络化和数字化的结果。

网络化的本质就是“连接”。连接产生交互，然后就有了演化的可能性。

早期人类就像一个个散落的“点”，然后慢慢聚集，逐渐形成了部落、村庄和城邦国家，从点状形态变成了网状形态，这就是原始形态的“网络化”，其间产生了多种交互，演化出商业交换、社交活动、宗教祭祀等复杂的社会形态。从古巴比伦、古印度、地中海到中华文明，几乎所有早期文明都是人类社会缓慢网络化的结果。血缘宗族、城邦、国家，则是维持拓展这种网络结构的组织形式。

大航海时代是更大规模的一次网络化：航海技术的突破和国际贸易的发展使得局限在国家、城邦内部的“网状结构”开始向贸易、向全世界扩张。这次网络化的结果便是地球变“小”了，原来相对简单的独立的各国经济活动因为“连接”产生了各种变化，一个规模庞大的全球网状结构开始形成。商业模式，甚至国家格局都开始发生巨大改变，经济活动逐步演化成更复杂的全球经济生态。

之后工业革命加速了“城市化”进程，大量农民离开土地，聚集到工厂，原来相对离散的居住状态也变成了更加密集的居住状态。而城市化本身就是更大规模和更深层次的“网络化”：工厂、流水线、道路交通、水卫煤电这些基础设施都是“网络化”的工具，它们将更多的人更紧地“连接”起来，产生了更复杂的交互。

这种线下的网络化形成了复杂的连接交互，产生了巨大的协同效应，社会形态也随之发生巨大改变：大规模生产成为可能，工业品质量不断提高，价格不断降低，供给不再是增长的约束，如何刺激需求成为最大的“商业问题”；为更多人提供衣食住行等专业化服务的“服务业”出现并不断壮大。

更重要的是，随着人的密集交互，信息传播的速度加快，知识技术进步迭代的速度也加快了，技术创新越来越多——像通信技术、交通工具这样的技术创新，又开始推动人类社会朝着更深层次的网络连接迈进。

始于20世纪90年代的互联网革命则推动了更具革命性的一次网络化。这次“连接”的颗粒度之细，触及范围之广之深，都史无前例。直到今天，这次网络化还在进行中，尤其是移动互联网的出现和普及，使人类社会的“网络化”程度在深度、广度和颗粒度上都有了质的飞跃——这种高维、多元、动态的复杂连接所创造的交互、产生的能量、演化出的各种可能性，目前还只是揭开了一个序幕，但人类的生活已经开始从线下转向线上，并通过数字化的转型，开始往更复杂的“网络结构生态”演进。

在大规模网络化的进程中，数字化始终是助推。

人类社会结构越复杂，对数字化的要求就越高。同样地，数字化程度越高，就越能支撑复杂的社会结构。

一个五六十人的部落，酋长可以熟悉每个人，对劳动成果进行有效的管理分配。但一旦部落人数增加到100、1000甚至更多时，再依靠纯粹的具象化的“人治”进行管理分配，一定会陷入混乱。换句话说，不将具象事物转化成抽象数字，进行“数字化”管理，稍微大规模的、复杂的社会结构就无法支撑。

秦始皇在全国设置郡县，统一度量衡，对人口进行“簿记”登记管理——这些原始的数字化管理正是秦朝能对疆域广阔的国土实施中央集权的原因。同样地，中国历朝的农民起义，稍成规模后总是遭遇失败，究其内因也是缺乏数字化管理能力，一旦组织结构的复杂度超过其承受限度，组织就崩溃。

人类社会大规模的网络化依赖于数字化：数字化将人类网络化产生的交互进行简化和抽象化，并支持更复杂的社会网络结构。

而数字化和金融密不可分。

人类社会第一次大规模的数字化就是货币概念的产生。自从货币出现，人们关于“财富”的观念就发生了本质改变，财富从具象的“物品”变成了抽象的“数字”，财富的创造、分配、管理被大大简化。

复式记账法也是人类数字化进程中的重要一步。14—15世纪，意大利修道士卢卡·帕乔利（Luca Pacioli）发现商业活动如同“物质的此消彼长”：钱从一个地方流出，就会在另一个地方流入。所以，从更大的范围看，账目一定是循环的、平衡的。顺着这种“借贷平衡”的原则，他编制了借贷复式分类记账账本——从此，收和支两条线和借贷平衡成为会计最基本的准则。复式记账法的出现，标志着现代会计业的开始，卢卡·帕乔利也被称为会计学鼻祖。

复式记账法的意义远不止于此，它对整个商业世界、金融市场的演进乃至社会管理都产生了重要的影响。按照这种逻辑，任何具象的个人、企业、国家都可以抽象成一张张资产负债表。复杂的多边交易行为都可以在账本上进行“冲抵”简化。

金融工具、金融市场更和数字化天然相关。社会关系被进一步简化和结构化，从而支持更大范围、更大规模和更复杂的资金交互。

数字化始于最原始的金融需求。金融的演化本质上就是数字化的一种表达。随着数字化进程，人类的商业扩张能力、社会管理能力因此有了几何级数的增长。

某种意义上，“数字化”和“网络化”就是人类文明从低级、粗放、模糊向高级、周密、精确进化的进程，也是人类社会不断金融深化的进程。

技术、资金、人力三要素的网络化 = 人类社会和行业的演进

在经典的经济学文献中，人类经济增长依赖于三个要素：资金

（K,capital）、人力（L,labor）和技术进步（A,advanced technology）。

直到18世纪中期，人类经济增长速度非常慢。但是最近两个多世纪，全球的经济增长和经济复杂度发生了两次质的飞跃：一次是18世纪中期开始的工业革命，以及随之而来的全球快速的工业化和现代化进程；第二次则是从20世纪90年代开始的，迄今仍未结束的互联网进程。经过这两次质变，人类社会的增长曲线从平滑到陡峭，实现了超高速增长，从而摆脱匮缺，进入物质丰裕的阶段。同时，人类的交互方式、商业模式、经济增长方式，甚至国际格局都随着开始变化。

这两次“质变”背后的推动力，就是资金和人力这两个生产要素的“网络化+数字化”，以及随之而来的技术进步。

现代金融市场：全球第一次大规模的“数字化+网络化”

金融市场的发展是人类社会第一次大规模的数字化叠加网络化——资金是天然的数字化的存在，而金融市场聚集“连接”了散落在每个人，即经济学语言中的劳动力，手里的资金。

这种连接产生了超乎想象的后果。

资金被聚集后，大规模生产得以进行。工厂又聚集了人力，人力加上资金的巨大投入加速了技术进步，生产力产生质的飞跃，创造更多资本和资金 —— 技术进步、人力、资金和增长之间形成了一个强大的正循环。几乎所有影响我们生活的技术创新，蒸汽机、火车、电力、铁路、汽车、电话、计算机……都是这个正循环下的产物。实际上，在工业革命前的2000年中，全人类技术进步的增长只有3倍，而工业革命之后的200多年中，人类技术进步的增长超过10倍。

这个内生循环一直在持续进行中。20世纪60年代，信息技术的进步使资金的网络化程度加大，全球资本市场形成。资本市场又促进了人力和技术的全球流动和配置，进一步推动全球增长。

更简单地说，现代社会不断金融深化，实际上就是资金这个生产要素的网络化进程，而网络化的深度、广度则决定了增长的速度。

现在回头再思考，为什么金融被称为“显学”？为什么这百年来，金融行业持续独领风骚？为什么“金融立国”的美国一直处于世界主导地位—— 这些问题也就有了金融视角的答案。

互联网——人力的数字化和网络化

如果说资金的网络化，即现代金融市场的发展，是过去几个世纪经济增长的根本动力。那么 20 世纪 90 年代开始的互联网潮，则可以理解成生产要素网络化和数字化的进程。过去 30 年的经济增长、技术进步，甚至商业形态和社会结构的变化，很大程度上都是这一进程的结果。

更重要的是，和单维度的资金要素相比，人力要素是立体多维的。多一个维度，产生的交互会复杂百倍，所以人力的数字化和网络化所产生的聚变效应，会比资金大得多。

如果我们将“人力”这个生产要素拆解成单维的活动，互联网行业过去几十年的发展都能在一个统一的框架下来理解。

社交活动的网络化催生了腾讯、脸书，信息搜索行为的网络化催生了百度、谷歌，商业行为的网络化催生了阿里巴巴、亚马逊……仔细想想，迄今为止，我们看到的快速崛起的互联网巨头都是将人的某类活动“线上化、网络化”，实现“连接”，其巨大成功都来源于这些连接创造的网络协同效应。

移动互联网的出现是连接上的一个跃迁。更多细分的人类活动得以更高效、快速地实现连接。比如：现在年轻人爱用的 Keep App（一款具有社交属性的健身应用）就是对健身行为的网络化，我们用的得到 App，就是对阅读、教育、出版等活动的网络化……

一言以蔽之，过去 30 年互联网的发展就是人（即人力这个要素）

的网络化进程，网络化连接产生的交互和多样性，是巨大的互联网商业价值的来源。更重要的是，互联网在将人力进行网络化的同时，还将人类具象的活动转化成了抽象的数字，比如说你在淘宝上的交易次数、偏好、信用等信息都被存储下来，形成数据—— 这意味着人类社会的数字化程度在网络化进程中被进一步提高，这也是“大数据”时代来临的根源所在。

一个毋庸置疑的方向是，人力的数字化和网络化的进程速度会越来越快，范围会越来越广，颗粒度会越来越细。顺着这个逻辑推演，我们可以得到关于未来两个有趣的推论。

第一，越是高频的、抽象的人类活动，进行网络化的商业价值越大。

像“社交”这样高频的人类活动，产生的连接互动多，演化出新生态的可能性也更大。形态越不固化的人类活动，即抽象活动，有越强的延展性和想象空间。举个例子，吃饭就是比较固化的活动，而“娱乐”的形态是可以自定义的，所以快手、抖音这些产品有更大的生长弹性和空间。

第二，对与人的活动密切相连的“物品”进行网络化的商业价值巨大。

之前 30 多年，互联网进行的都是纯粹的人的连接，而对人开展活动不可或缺的“身外之物”，如车、房，甚至服装配饰等，都没有进行在线网络化，没有形成连接。下一步的网络化，会将这些“身外之物”卷入。目前市面上“智能家居”“智能穿戴设备”“车联网”等产品和概念被炒得热火朝天的原因即在于此。

基于这些推论，我们可以进一步思考和推衍一个更加基于科技进步的、更加“金融深化”的未来。

理论上资金内生于人的活动中，但人是一个复杂的概念，给定早先社会的技术水平，对其数字化和网络化非常困难。直到现代金融工具出现，将资金和人力分离，使得资金要素外部化于人力要素，随即金融市场的发展又完成了资金的网络化，从而激发了全社会巨大的增长潜力，加速了技术进步的突飞猛进。

包括数字、信息在内的技术创新让“人”的网络化成为现实，并越来越趋向于高频，这意味着“人”的行为也逐渐被数字化，为人的进一步“资产化”创造了条件。就像本书第十七章所说的，区块链、数字货币、数字资产……这些科技金融的创新，会将人类社会的数字化和金融化带入一个新的阶段。这些改变，可能不再是产品和工具上的迭代式创新，而会是人类商业乃至社会形态上的裂变。因为传统金融行业是单维变量（资金）的网络化，而科技金融行业是多维变量（人力和资金）的网络化，后者所能形成的生态复杂度和演化可能性会远远超过我们的想象。

这是一个已经来临的、数字化和金融深化的未来。

未来会怎样？我们仍然在等待，观察，探索。

答案还没有出现。就像鲍勃·迪伦的歌中所唱的：“我的朋友，答案仍在风中飘。”

希望这本厚厚的讲义能提供一个思考的框架，让我们离这个答案，稍微再近一点点。